U0789592

中华传世藏书

【图文珍藏版】

吕氏春秋

[战国] 吕不韦 · 原著

王艳军 · 主编

第二册

线装书局

（二）对后世的影响

　　《吕氏春秋》虽然受到吕不韦其人的连累而遭到冷落，但由于其自身价值的可贵，对后世还是发挥了一定的影响。虽然不具书名，但影响的脉络依然历历可寻。在西汉，影响尤其巨大而广泛。这一方面是因为政治实践的需要，另一方面也由于吕书理论上的较为周密。刘安全面效法《吕氏春秋》而作《淮南子》（又名《淮南鸿烈》）。董仲舒的《春秋繁露》是《吕氏春秋》中阴阳五行、天人感应部分的扩大和发展，他如陆贾的《新语》，贾谊的《新书》，刘向的《说苑》《新序》，无不或多或少受到《吕氏春秋》的影响。可是，自从《汉书·艺文志》把《吕氏春秋》贬为"杂家"之后，影响显著缩小（当然还有其他原因）。即使如此，如果细心检索，还能找出稀薄的踪影，余音至今不绝。

　　1. 在西汉的影响

　　《吕氏春秋》在西汉的影响，就其程度而言，首推刘安的《淮南子》。刘安的《淮南子》不仅在形式上效法吕不韦的《吕氏春秋》，在内容上更是颇多因袭。

　　天下方术之士多往归焉（按指刘安）。于是遂与苏飞、李尚、左吴、田由、雷被、毛被、伍被、晋昌等八人，及诸儒大山、小山之徒，共讲论道德，总统仁义，而著此书（按指《淮南子》）。

这和吕不韦"使客人人著所闻"一样，是集体编著的。

刘安塑像

　　夫作为书论者，所以纪纲道德，经纬人事，上考之天，下揆之地，中通诸理，虽未能抽引玄妙之中才，繁然足以观终始矣。

这和《吕氏春秋·序意》中所说的"凡《十二纪》者……"那段话一样，都公开宣布自己编书的目的与方法。只是《淮南子》做了详细的阐述。

内容方面的影响涉及自然、无为、人性、教育、民本、君道、德治、任贤等广泛的思想领域。有的则直接摘取，有的则综合、扩充。为了说明问题，我在必要时，采用最省事的方法——原文对照。这样做，虽然有点呆板，但能防止掺入己见，也便于读者参校。

是故天下之事，不可为也，因其自然而推之；万物之变，不可究也，秉其要而归之趣。

修道理之教，因天地之自然，则六合不足钧也。

这与《吕氏春秋·任数》《贵当》等篇所说的"修其数、行其理"，"因其固然而然之，此天地之数也"的自然主义思想完全一致。但《淮南子》说得更为细致晓畅。

或曰："无为者，寂然无声，漠然不动，引之不来，推之不往，如此者乃得道之像。"吾以为不然。

若吾所谓无为者，私志不得入公道，嗜欲不得枉正术，循理而举事，因资而立〔功〕，权自然之势，而曲故不得容者，事成而身弗伐，功立而名弗有，非谓其感而不应，攻而不动者。

这与《吕氏春秋·贵公》《贵因》等篇所说的"平得于公""成而弗有""因者无敌"的道理是一样的。不过，《淮南子》关于"无为"的论述更为深刻，更为系统。

圣人之治天下，非易民性也，拊循其所有而涤荡之，故因则大，化则细矣。……故先王之制法也，因民之所好，而为之节文者也。……此皆人之所有于性，而圣人之所匠成也。

这与《吕氏春秋·贵因》等篇所说的"三代所宝莫如因，因则无敌"的说法，完全一样，所举例证也基本相同。

夫纵欲而失性，动未尝正也，以治身则危，以治国则乱，以入军则破。是故不闻道者无以反理。

这节文字与《吕氏春秋·情欲》所说的"俗主亏情，故每动为亡败"那一节，立意完全一样。

> 世俗废衰，而非学者多："人性各有所修短，若鱼之跃，若鹊之驳，此自然者，不可损益。"吾以为不然。……欲弃学而循性，是谓犹释船而欲蹍水也。……

这一大段文字可以视为对《吕氏春秋·劝学》《尊师》《诬徒》等篇的阐发。

> 天地之气，莫大于和。和者，阴阳调，日夜分，而生物。春分而生，秋分而成。

> 生之与成，必得和之精。

这段话可以视为对《吕氏春秋·有始》所说的"天地和，生之大经也"的注释。

《吕氏春秋》说：

> 安危荣辱之本在于主，主之本在于宗庙，宗庙之本在于民，民之治乱在于有司。

> 地从于城，城从于民，民从于贤。故贤主得贤者而民得，民得而城得，城得而地得。

《淮南子》说：

> 食者，民之本也；民者，国之本也；国者，君之本也。

> 国主之有民也，犹城之有基，本之有根。根深则本固，基美则上宁。

把二书引文比较一下，其基本精神毫无二致，都是宣扬民本思想的，只是各自所强调的重点不同而已。

《吕氏春秋》说：

> 故有道之主，因而不为，责而不诏。去想去意，静虚以待。不伐之言，不夺之事，督名审实，官使自司。以不知为道，以奈何为实（宝）。

《淮南子》说：

有道之主，灭想去意，清虚以待。不伐（代）之言，不夺之事，〔官〕使有（自）司，任而弗诏，责而弗教。以不知为道，以奈何为宝。

这两段话，除个别字句外，完全相同。

《淮南子》说：

古之置有司也，所以禁民使不得自恣也。其立君也，所以剬有司使无专行也。法籍礼义者，所以禁君使无擅断也。人莫得自恣则道胜，道胜则理达矣。

这与《吕氏春秋·骄恣》《直谏》等篇的立意，相为表里，都是反对君主专独的。

《吕氏春秋》说：

凡用民，太上以义，其次以赏罚。

赏罚之柄，此上之所以使也，其所以加者义，则忠信亲爱之道彰，久彰而愈长，民之安之若性，此之谓教成。

为天下及国，莫如以德，莫如行义。

……今世之言治，多以严罚厚赏，此上世之若客（苛察）也。

《淮南子》说：

治之所以为本者，仁义也；所以为末者，法度也。……且法之生也，以辅仁义，今重法而弃义，是贵其冠履而忘其头足也。……故仁莫大于爱人，智莫大于知人，二者不立，虽察慧捷巧劬禄疾力不免于乱也。

二者相较，观点完全一致。

《淮南子》有些观点和事例，直接采自《吕氏春秋》。《泰族训》所引"黄帝曰：'芒芒昧昧，因天之威，与元同气'"是抄自《吕氏春秋·应同》的。《本经训》的"由此观之，天地宇宙，一人之身也，六合之内，一人之制也"是录自《吕氏春秋·有始》而稍加变化。《说山训》《人间训》所引儿悦为宋王解结的故事，来自《吕氏春秋·君守》。《氾论训》所载秦穆公饮盗马者酒的故事，来自《吕氏春秋·爱士》。《道应训》引用的楚王问詹何的故事，来自《吕氏春秋·执一》。等等。

　　《淮南子》有些内容是《吕氏春秋》的综合和扩大。《时则训》是《十二纪》首篇的综合。《堕（地）形训》是《有始》后半部的扩充。《天文训》是《有始》前半部和《音律》的综合和丰富。

　　但是，如果我们把《淮南子》和《吕氏春秋》全面比较一下，也会发现它们之间还有不少相异之处。在一些问题上《淮南子》比《吕氏春秋》更深入、更系统、更发展了；而在另一些问题上却模糊了、倒退了、逊色了。

　　《淮南子》的《原道训》《俶真训》《道应训》等篇，都是讨论道和阴阳的，在道论方面，比《吕氏春秋》显然深入了。《主术训》《修务训》《泰族训》都谈到自然无为，在无为方面比《吕氏春秋》更为系统了。《天文训》《墜（地）形训》《时则训》在天文、地理、历法等方面都比《吕氏春秋》更丰富、更充实了。这些成就的取得，乃是因为：第一，汉初人们对秦朝的速亡作了深刻的反思，认真总结了教训；第二，汉初无为政治的实践，取得了辉煌的成就，大大鼓舞了人心；第三，汉初人们对天文、数学等自然科学进行了大量的观测和研究，并取得了相当的成果。这些成就被《淮南子》总结了、吸收了，所以超越了《吕氏春秋》。

　　但是，由于历史形势的变化，《淮南子》在某些方面反而倒退了。首先表现在宇宙观方面。

　　《吕氏春秋》说：

　　太一出两仪，两仪出阴阳。阴阳变化，一上一下，合而成章。……万物所出，造于太一，化于阴阳。

　　天地有始。天微以成，地塞以形。天地合和，生之大经也。

　　凡人物者，阴阳之化也。阴阳者，造乎天而成者也。

这些话虽然还没有把宇宙观问题说得很清楚，但层次还是分明的：太一（气）→两仪（天地）→阴阳→人、物。而这个层次到了《淮南子》却反而模糊了。它说：

　　天坠（地）未形，冯冯翼翼，洞洞漏漏，故曰太昭。道始于虚廓。虚廓生于宇宙；宇宙生于气；气有涯垠，清扬者薄靡而为天，重浊者凝滞而为地。

有二神混生，经天营地。……于是乃别为阴阳，离为八极，刚柔相成，万物乃形。烦气为虫，精气为人。是故精神，天之有也；而骨骸者，地之有也。

第一段中的"太昭"是什么呢？"虚廓"又是什么呢？"道"是如何从"虚廓"里产生的呢？如果说"虚廓"是气吧，显然不是，因为"虚廓"比"气"还低了两个层次。而且"气"还有边界，并非弥漫"虚廓"。第二段中的"二神"是什么呢，它们能"经天营地"，似乎是有意志的。又把"烦气"分给"虫"，把"精气"分给"人"，似乎是有目的的。更把"精神"归属于"天"，把"骨骸"归属于"地"，使形神相离。所有这些，不但模糊了层次，而且很有神秘气味，很有唯心主义色彩。

其次表现在对真理的态度上。

吕不韦是秦国的相父，书又是在秦国编写的，但它并不偏袒秦国。他对秦国人物的评论和其他各国一样，用的是同一个标准。该褒扬的褒扬，该贬斥的贬斥，一切衡之于"义""理"。比如他对秦穆公多次褒扬，而对他的错误却不原谅。秦穆公不听蹇叔的谏诤，结果大败而归。他便毫不客气地批评秦穆公"智不至也"。秦惠王听信唐姑果的谗言，而失去了谢子。他便狠狠批评惠王"失所以为听矣。……今惠王之老也，形与智皆衰也"。这都显示出《吕氏春秋》的公正性和严肃性。

相形之下，《淮南子》就逊色多了。书中一再颂扬汉高祖刘邦。如说："逮至高皇帝，存亡继绝，举天下之大义，身自奋袂执锐，以为百姓请命于皇天。……"什么"存亡继绝，举天下之大义"，什么"为百姓请命于皇天"，完全是一派虚美之辞。而对于刘邦背离孝慈之行，残杀功臣之举，则绝口不提。这种阿谀行径，比之《吕氏春秋》，何啻天壤！

最后表现在时宜上。

《吕氏春秋》成书于战国之末，其时天下扰攘，吕不韦看出了统一的趋势，而且也看出了秦国的历史使命。正是在这样的预见下，他组织一批智略之士，以吞吐百家的气势，预为统一国家建构理论大厦，以适应新的历史形势的需要。这反映了地主阶级在夺取政权之前的信心与活力。而且，后来事实证明，他所构建的政治理论是符合历史潮流的。

《淮南子》的成书在西汉中期，文景之治已成过去。而在文景之治的背后，却隐伏了严重的社会危机。当时人贾谊说：

国已素屈矣，奸邪盗贼，特须时耳……然而献计者类曰："无动为大耳。"……俗至不敬也，至无等也，至冒其上也，进计者犹曰："无为！"可为长太息者此也！

就在这种形势下，刘安还大力鼓吹"无为"，不说反动，也难免"胶柱鼓瑟"之讥！

因此，单就著书的时代意义说，《淮南子》也不能和《吕氏春秋》相比。

综观以上三点，如果说，《吕氏春秋》反映了统一国家之前地主阶级的朝气蓬勃之势，那么，《淮南子》则反映了统一国家稳定之后地主阶级的朝气已经开始消退了。

《吕氏春秋》对《春秋繁露》的影响，仅次于《淮南子》。确切地说，《春秋繁露》是受了二重影响的。除《吕氏春秋》外，还有《淮南子》。因为《淮南子》是在《吕氏春秋》的全面影响下写成的，所以这里就略而不计了。《春秋繁露》发展了《吕氏春秋》中的次要的、神秘的成分，而对其积极成分也进行了改造。有的则完全类同。《吕氏春秋》说：

类固（同）相召，气同则合，声比则应。鼓宫而宫动，鼓角而角动。平地注水，水流湿。均薪施火，火就燥。山云草莽，水云角鳞（鱼鳞），旱云烟火，雨云水波，无不皆类其所生以示人。故以龙致雨，以形逐影。

《春秋繁露》说：

今平地注水，去燥就湿，均薪施火，去湿就燥。百物去其所与异，而从其所与同。故气同则合，声比则应，其验皎然也。试调琴瑟而错之，鼓其宫，则他宫应之，鼓其角而他角应之，五音比而自鸣，非有神，其数然也。美事召美

类，恶事召恶类。

二者所说的道理相同，例证也一样，都是以自然现象类推人事。

《吕氏春秋》说：

孟春行夏令，则风雨不时，草木早槁，国乃有恐。行秋令，则民大疫，疾风暴雨数至，藜莠蓬蒿并兴。行冬令，则水潦为败，霜雪大挚，首种不入。

《春秋繁露》说：

春行秋政，则草木凋；行冬政则雪；行夏政则杀。

火干木，蛰虫早出，蚿雷早行。

此类例证很多，不备举。二者所说的具体内容不尽相同，但手法却是一样的，都把自然规律神秘化。

《吕氏春秋》说：

……马有生角，雄鸡五足，有豕生而弥（婴儿语言），鸡卵多假（鷇），有社迁处，有豕生狗，国有此物，其主不知惊惶亟革，上帝降祸，凶灾必亟。其残亡死丧，殄绝无类，流散循饥无日矣。此皆乱国之所生也。

《春秋繁露》说：

凡灾异之本尽生于国家之失。国家之失乃始萌芽，而天出灾害以谴告之；谴告之而不知变，乃现怪异以惊骇之；惊骇之尚不知畏恐，其殃咎乃至。

这类思想在《吕氏春秋》中是次要的成分，到了《春秋繁露》就成为主体了。

《吕氏春秋》说：

天无形，而万物以成；至精无象，而万物以化；大圣无事，而千官尽能。此乃谓不教之教，无言之诏。

因者，君术也；为者，臣道也。故曰君道无知无为，而贤于有知有为，则得之矣。

夫君也者，处虚，素服而无智，故能使众智也；智反无能，故能使众能也；能执无为，故能使众为也。无智、无能、无为，此君之所执也。

《春秋繁露》说：

　　为人君者，居无为之位，行不言之教，是以群臣分职而治，各敬其事，争进其功，显广其名，而人君得载其中，此自然致力之术也。圣人由之，故功出于臣，名归于君也。

　　为人主者，以无为为道，以不私为宝，立无为之位而乘备具之官，足不自动而相者导进，口不自言而摈者赞辞，心不自虑而群臣效当，故莫见其为之而功成矣，此人主所以法天之行也。

　　从二书记载看，都主张君道无为，而且都以"法天"为据，但从整体看，二者的寓意却不相同。《吕氏春秋》主张君道无为，是为了充分发挥臣道有为，实际上是压缩君权、张大臣权的一种方式。而《春秋繁露》的君道无为，乃是为了比君于天，树立君主的绝对权威，是为其尊君抑臣的主张服务的。这是《春秋繁露》对《吕氏春秋》（包括《淮南子》）的改造。

　　《吕氏春秋》说：

　　群之可聚也，相与利之也。利之出于群也，君道立也。……置君非以阿君也，置天子非以阿天子也，置官长非以阿官长也。

　　圣人南面而立，以爱利民为心。

　　圣王通士，不出于利民者无有。

　　今兵之来也，将以诛不当为君者也，以除民之仇而顺天之道也。

《春秋繁露》说：

　　且天之生民非为王也，而天立王以为民也，故其德足以安乐民者，天予之；其恶足以贼害民者，天夺之。……故夏无道而殷伐之，殷无道而周伐之，周无道而秦伐之，秦无道而汉伐之。有道伐无道，此天理也，所从来久矣，宁能至汤武而然也。

单从民本思想看，二书所说，完全一致。但二书的根据则大相径庭。《吕氏春秋》强调的是君出于群，伐无道，为民除害，是君对民的应有责任。《春秋繁露》强调的是君权天授，伐无道，是代天行罚。二者旨趣根本不同。

　　《吕氏春秋》说：

> 为天下及国，莫如以德，莫如行义。以德以义，不赏而民劝，不罚而邪止。
>
> 故民之于上也，若玺之于涂也，抑之以方则方，抑之以圆则圆。
>
> 子韦曰：……"君（按指宋景公）有至德之言三，天必三赏君。令夕荧惑其徙三舍，君延年二十一岁。"……是夕荧惑果徙三舍。

《春秋繁露》说：

> 以德为国者，甘于饴蜜，固如胶漆，是以圣贤勉而崇本，而不敢失也。
>
> 五行变至，当救之以德，施之天下则咎除。不救以德，不出三年，天当雨石。

二书所宣扬的都是德治主义和天人感应思想。不过，天人感应思想在《吕氏春秋》仅是一种残留，而在《春秋繁露》则发展为核心，不能等同看待。

《吕氏春秋》对《春秋繁露》的影响还有很多，如德主刑辅，人伦教化，致贤任贤，义利观，荣辱观，民欲观，知勇观，等等，都是一脉相通的。这里不烦枚举。但有一点必须说明：尽管《春秋繁露》受了《吕氏春秋》许多影响，但整体思想却完全不同。作为政治理论，《吕氏春秋》所向往的是有限君主制。而《春秋繁露》所鼓吹的则是绝对君主制。这一点可从《春秋繁露·王道通三》的一段话中得到证明：

> 古之造文者，三画而连其中谓之王。三画者，天地与人也，而连其中，通其道也。取天地与人之中以为贯而参通之，非王者孰能当是！

从文字学的角度说，完全是一派胡言。因为甲骨文中的"王"，根本不是"一贯三"的。不过《春秋繁露》不是在讲文字，而是在讲政治。这段话的重点在于："取天地与人之中以为贯而参通之，非王者孰能当是！"这就一下子把"王者"驾临于一切人之上而成了唯一的权威。《吕氏春秋》也讲天、地、人三者合一，但它始终把王者置于人之中，不让他神化。这是二者在政治思想上的根本区别。由此而导致了二者在宇宙观、方法论，乃至具体实践上的一系列差异。如果说《吕氏春秋》反映了地主阶级夺取政权之前的思想，那么，《春秋繁露》则是反映了地主阶级夺取政权之后的思想。前者所要论证的是如何夺取政权，夺取政权之后又如何治国理民。后者所要论证的是封建制度的永恒性，君主专制的合理性。从当时汉王朝面临的问题看，是如何挽救统一局面的危机，如何解决严重的社会矛盾。《吕氏春秋》与《春秋繁露》的不同，乃是历史形势使然。

《吕氏春秋》在西汉的影响，除《淮南子》《春秋繁露》外，还反映在其他一些著作中。这些影响虽然比较零星，却也值得注意，反映了《吕氏春秋》在西汉影响的广泛性和持久性。今列举如下：

《吕氏春秋》说：

古之王者，其所为少，其所因多。……因冬为寒，因夏为暑，君奚事哉？故曰君道无知无为，而贤于有知有为，则得之矣。

《新语》说：

夫道莫大于无为……昔舜治天下也，弹五弦之琴，歌南风之诗……然而天下大治。……故无为者，乃有为者也。

是以君子之为治也，块然若无事，寂然若无声，官府若无吏，亭落若无民。《新语》所描述的无为局面，可以说是《吕氏春秋》君道无为的具体化。

《吕氏春秋》说：

先王先顺民心，故功名成。夫以德得民心以立大功名者，上世多有之矣。

善为君者，蛮夷反舌殊俗异习皆服之，德厚也。

祈奚曰：……"闻善为国者，赏不过而刑不慢。赏过则惧及淫人，刑慢则惧及君子。与其不幸而过，宁过而赏淫人，毋过而刑君子"。

《新语》说：

夫欲富国强威，辟地服远者，必得之于民。……天地之性，万物之类，怀德者众归之；恃刑者民畏之。……故设刑者不厌轻，为德者不厌重。行罚者不患薄，布赏者不患厚，所以亲近而致远也。

具体说法虽有差异，而精神实质则完全相同。都是强调德主刑辅，强调厚赏薄罚。

《吕氏春秋》说：

凡生，非一气之化也；长，非一物之任也；成，非一形之功也。故众正之所积，其福无不及也；众邪之所积，其祸无不逮也。其风雨则不适，其甘雨则不降，其霜雪则不时，寒暑则不当，阴阳失次，四时易节，人民淫烁不固，禽兽胎消不殖，草木庳小不滋，五谷萎败不成……

《新语》说：

故安危之要，吉凶之符，一出于身，存亡之道，成败之事，一起于善行。……故世衰道失，非天之所为也，乃君国者有以取之也。恶政生恶气，恶气生灾异，蝮虫之类，随气而生，虹霓之属，因政而见。治道失于下，则天文变于上，恶政流于民，则蝮虫生于野。

二者具体内容虽不尽相同，但天人相感、类同相召的思想则毫无二致。

《吕氏春秋》说：

人主之行与布衣异，势不便，时不利，事仇以求存。［人主］执民之命。执民之命，重任也，不得以快志为故。故布衣行此，指于国，不容乡曲。

《新语》说：

人主之行有异于布衣。布衣者，饰小行，竞小廉，以自托于乡党邑里。……故大人者，不怵小廉，不牵小行。故立大便以成大功。

旨意相同，文辞有异，正好互为补注。

《吕氏春秋》说：

成汤之时，有谷生于庭，昏而生，比旦而大拱，其吏请卜其故。汤退卜者曰："吾闻祥者福之先者也，见祥而为不善则福不至；妖者祸之先者也，见妖而为善则祸不至。"于是早朝晏退，问疾吊丧，务镇抚百姓，三日而谷亡。

《新书》说：

晋文公出猎，遇大蛇，退而自责。三日而梦天诛大蛇……使人视之，蛇已鱼烂矣。……故曰："见妖而迎以德，妖反为福也。"

故事内容虽然不同，但所说明的问题却完全一样，都是强调善德可以转祸为福。

这是天人相感的一个侧面。

《吕氏春秋》说：

> 故先王之法，立天子不使诸侯疑焉，立诸侯不使大夫疑焉，立嫡子不使庶孽疑焉。疑生争，争生乱。

《黄帝四经·称》说：

> 立天子〔者，不〕使诸侯疑焉。立正敌（嫡）者，○不使庶孽疑焉。立正妻者，不使婢妾疑焉。疑则相伤，杂则相方（妨）。

一望而知，《称》的这段文字是抄自《吕氏春秋》的，只是个别字句不同而已。

《吕氏春秋》说：

> 尧有子十人，不与其子而授舜；舜有子九人，不与其子而授禹。至公也。

同篇还举了两个“公”的例子：一是晋国的祁黄羊荐其仇人解狐为南阳令，举其子祁午为尉官，都得到国人的好评。一是墨者巨子腹䵍，其子杀人，秦惠王念其年老，只有这一个独子，便命吏弗诛，但腹䵍定要坚持“墨者之法”（指杀人偿命），谢绝了惠王的特赦，终于杀了他的独子。

《说苑》说：

> 古有行大公者，帝尧是也，贵为天子，富有天下，得舜而传之，不私于其子孙也……此盖人君之公也。……彼人臣之公，治官事则不营私家，在公门则不言货利，当公法则不阿亲戚，奉公举贤则不避仇雠，忠于事君，仁于利下，推之以恕道，行之以不党。

这与《吕氏春秋》立公去私的思想如出一辙。值得注意的是，刘向是高祖刘邦的后裔。刘邦曾刑白马盟誓：“非刘姓不王。”作为刘氏子孙居然背叛祖训，大唱“不私于其子孙”的高调，可见他受《吕氏春秋》影响之深了！

刘向的《新序》有些片段都是直接抄自《吕氏春秋》的，如：“天生人而使其耳可以闻，不学，其闻则不若聋；使其目可以见，不学，其见则不若盲；使其口可以言，不学，其言则不若喑；使其心可以智，不学，其智则不若狂。”这是抄自《吕氏春秋·尊师》的（仅改动个别字）。“其知弥精，其取弥精；其知弥犅（粗），其取弥桷（粗）。"这几句话是脱胎于《吕氏春秋·应同》的。

以上引文，陆贾的《新语》、贾谊的《新书》写于汉初，刘向的《说苑》《新序》成于汉末，由此可见，《吕氏春秋》在西汉的影响不仅深广，而且贯彻始终。

2. 在西汉以后的影响

《吕氏春秋》到了东汉，影响日见缩小，究其原因，主要有三点：其一，东汉以后，名教观念、门第观念，日益盛行。在这种风气之下，吕不韦既是"奇货可居"的商人，又是"以吕易嬴"的窃贼，当然为那些世家、名士们所不齿。因人及书，《吕氏春秋》也被冷落了。其二，东汉以后，儒、释、道三家长期角逐，统治思想多元化，统治者只要根据形势扬抑三家就够了，用不着依傍《吕氏春秋》一家之言。这样，《吕氏春秋》的地位自然也就降落了。其三，东汉以后，君主专制已得到肯定，而《吕氏春秋》中的某些言论却与之格格不入，乃至招惹嫌恶。什么"公天下"啦，"太古无君"啦，君臣分职啦，情欲自然啦，等等，都刺激着一般君主的神经。《吕氏春秋》得不到统治者的青睐，厄运也就不可避免了。

尽管如此，《吕氏春秋》的心声却并未绝响，还是断断续续，若隐若现地延传下来了。

在东汉，首先要提到的是高诱。他独具慧眼，看中了《吕氏春秋》，为它作注，而且评价甚高，这对《吕氏春秋》的流传，立下了不朽之功。其次要提到的是王充。他是东汉的大学者，他的著作《论衡》影响深远。但《论衡》中的思想却是渊源有目的。他自己说过："今《论衡》就世俗之书，订其真伪，辨其虚实，非造始更为，无本于前也。"事实上，他对先秦儒、墨、道、法、名各家既有所吸收，也有所批判，一切衡之以理性和事实。对儒家，有《问孔》《刺孟》，但也大量引用孔、孟之书。对墨家，批其《明鬼》，而取其《节葬》。就是对道家，虽然吸取了自然无为的精义，却也批评它"不知引物事以验其言行"。这种严肃的学术态度，不能不说是源自《吕氏春秋》。在具体论点上对

《吕氏春秋》也有所吸取。如：

> 天地合气，万物自生，犹夫妇合气，子自生矣。……夫天覆于上，地偃于下，下气蒸上，上气降下，万物自生其中间矣。

这与《吕氏春秋·大乐》所说的"阴阳变化，一上一下，合而成章。……万物所出，造于太一，化于阴阳"的观点完全一致。

> 然虽自然，亦须有为辅助。未耜耕耘，因春播种者，人为之也。及谷入地，日夜长夫（大），人不能为也。

这与《吕氏春秋·长攻》所说的"譬之若良农，辨土地之宜，谨耕褥之事，未必收也。然而收者，必此人也。始，在于遇时雨。遇时雨，天地也，非良农所为也"如出一辙。

> ［以］恬儋无欲，志不在于仕，苟欲全身养性，为贤乎？是则老聃之徒也。道人与贤者殊科，忧世济民于难，是以孔子栖栖，墨子遑遑。不进与孔、墨合务，而还与黄、老同操，非贤也。

这与《吕氏春秋》的思想十分吻合。道与儒、墨互补，正是《吕氏春秋》的愿望。

魏晋时期，还能找到一点《吕氏春秋》影响的痕迹。如傅玄说：

> 夫有公心必有公道，有公道必有公制。丹朱、商均，子也，不肖，尧、舜黜之；管叔、蔡叔，弟也，为恶，周公诛之。苟不善，虽子弟不赦，则于天下无所私矣。

这与《吕氏春秋·贵公》《去私》等篇是一脉相承的。

向秀、郭象也主张无为而治，但不赞成"拱默乎山林之中"。他们认为：

> 夫工人无为于刻木，而有为于用斧，主上无为于亲事，而有为于用臣。

> 故主上不为冢宰之任，则伊、吕静而司尹矣；冢宰不为百官之所执，则百官静而御事矣；百官不为万民之所务，则万民静而安其业矣。

这就是《吕氏春秋》反复论证的"主执圆，臣处方"的观点。

鲍敬言的无君论也与《吕氏春秋》有些瓜葛。鲍敬言认为"古者无君，胜于今世"。他说：

> 夫强者凌弱，则弱者服之矣。智者诈愚，则愚者事之矣。服之，故君道之道起焉，事之，故力寡之民制焉。

这与《吕氏春秋·恃君》所说的"昔太古尝无君矣"那段话不无渊源关系，但并不完全一样。《吕氏春秋》论君主的产生有两个原因：一是为了结集群众与恶劣的自然环境做斗争，以争取人类自身的生存；二是为了调解社会人际的纷争互斗，制定正常的社会秩序。鲍敬言单从暴力和智力解释君主的产生，远不如《吕氏春秋》的全面。《吕氏春秋》虽然发现了人类历史上有一个无君的时代，但它并不想让历史回到那个时代，眼光是向前看的。鲍敬言认为那个时代"胜于今世"，则是把眼光向后看了。

唐朝的建国与西汉有某种类似，它们都是在大规模农民起义之后建立的封建政权，君臣都亲身参加过推翻旧王朝的运动。在这种背景下，《吕氏春秋》的思想又得到了某种重视，这充分表现在唐太宗与魏征这一对明君贤相的言论中。

> 太宗曰："古称至公者，盖谓平恕无私。丹朱、商均，子也，而尧、舜废之，管叔、蔡叔，兄弟也，而周公诛之。故知君人者以天下为心，无私于物。"

这与傅玄所说的一样，都是来自《吕氏春秋》。但这话出自一个天子之口，就更加难能可贵了。这也说明《吕氏春秋》这一思想影响之大！

> 太宗谓无忌曰："朕即位之初，有上书者非一，或言人主必须威权独运，不得委群下，或欲曜兵振武，慑服四夷。唯有魏征劝朕偃革兴文，布德施惠，中国既安，远人自服。朕从其语，天下大宁！"

魏征的意见正是《吕氏春秋》所极力倡导的。《吕氏春秋》也反对"威权独运""慑服四夷"，这种思想的正确性，又一次得到了实践的证明。

魏征说：

> 古之善牧人者，善之以仁，使之以义，教之以礼，随其所便而处之，因其所欲而与之，从其所好而劝之。

这与《吕氏春秋·上德》《适威》《为欲》《爱类》等篇所论，若合符节。

韩愈的《师说》似乎也受到《吕氏春秋》的影响。

古之学者必有师。师者，所以传道、授业、解惑也。……是故无贵贱，无长无少，道之所存，师之所存也。

这在《吕氏春秋·劝学》《尊师》等篇都能找到根据。

宋、元时代，理学虽然占据正统地位，但也没有忘记《吕氏春秋》。张载说：

必要封建者，天下之事分得简，则治之精，不简则不精。故圣人必以天下分之于人，则事无不治者。……而后世乃谓秦不封建为得策，此不知圣人之意也。……今便封建，不肖者复逐之，有何害？岂有以天下之势不能正一百里之国，使诸侯得以交结以乱天下？自非朝廷大不能治，安得如此？

这与《吕氏春秋·去私》《慎势》等篇所论基本一致。《吕氏春秋》所主张的局部分封制是想在空间上对君权加以限制，张载主张恢复分封制主要是为了恢复井田制，二者的目的不尽相同。

元代邓牧倡言无君，他认为，古代君主没有什么特殊的享受，所以人们都不乐于为君。后世情况大变，做了君就可以"夺人之所好，聚人之所争，慢藏海盗，冶容海淫"，"以四海之广足一夫之用"。因此他幻想："欲为尧、舜，莫若使天下无乐乎为君。"官吏也是如此，因此他又幻想，"废有司，去县令，听天下自为治乱安危"。这种倾向可能受到《吕氏春秋》上古无君和公天下思想的启发。但邓牧不是解决矛盾，而是取消矛盾，这与《吕氏春秋》是大异其趣的。

明末清初，在封建社会的母胎里孕育着新的经济因素，资本主义经济开始萌芽，预示着整个封建制度的末日。思想界出现了一股清新的空气。一些有识之士，力图挣脱束缚人性的理学羁绊，抨击君主专制，宣扬天下为公，等等。在这里，《吕氏春秋》的影响又得到了回应。

罗钦顺说：

夫性必有欲，非人也，天也。既曰天矣，其可去乎！欲之有节无节，非天也，人也。既曰人矣，其可纵乎！

夫人之有欲，固出于天，盖有必然而不容已，且有当然而不可易者。于其所不容已而皆合乎当然之则，夫安往而非善乎！惟其恣情纵欲而不知反，斯为恶耳！

这与《吕氏春秋·本生》《情欲》《大乐》《为欲》等篇所论完全一致。

黄宗羲说：

古者以天下为主，君为客。凡君之毕世而经营者，为天下也。……不以一己之利为利，而使天下受其利，不以一己之害为害。而使天下释其害。

这与《吕氏春秋》的君道观如出一辙。

顾炎武说：

方今郡县之敝已极，而无圣人出焉，尚一一仍其故事，此民生之所以日贫，中国之所以日弱而益趋于乱也。

因此，他提出："寓封建之意于郡县之中"，"以天下之权寄之天下之人"，把"辟官、莅政、理政、治军"等"四权"分些给地方官。这与《吕氏春秋》的提法稍有不同，但主旨却是一样的，都是以"公天下"为根据，削减君主个人的权力。

王夫之说：

天下非一姓之私也。

秦之所以获罪于万也者，私己而已矣。

一望而知，这是从《吕氏春秋》"公天下"脱胎出来的。

鸦片战争以后，中国门户洞开，西方资本主义文化涌了进来。这种文化受到当时先进人物的热烈欢迎。但是，当时的中国知识分子都是在中国固有文化的熏陶下长大的，无法彻底革除这种文化传统。于是，他们便以中国的形式，中国的语言，表达西方的思想。而中国文化中的民主精华也就悄悄地变换自己的性质而与西方文化接轨了。他们对《吕氏春秋》的汲取便是其中之一例。这里只以谭嗣同、康有为为例，以见一斑。

谭嗣同说：

天理即在人欲中；无人欲则天理亦无从发现。……世俗小儒，以天理为善，以人欲为恶，不知无人欲尚安得有天理？吾故悲夫世之妄生分别也！天理，善也；人欲，亦善也。

这与《吕氏春秋》的人欲观基本一致。不过，谭氏把人欲和天理统一起来，比《吕氏春秋》更深了一层。

谭嗣同还指出，生民之初，只有"民"而"无所谓君臣"；所以有"君"，是因为"民不能相治，亦不暇治，于是共举一民为君"。"君也者，为民办事者也；…… 事不办而易其人，亦天下之通义也。""彼君之不善，人人得而戮之，初无所谓叛逆也！"这与《吕氏春秋》的君道观也基本一致。只是从"共举一民""人人得而戮之"等词句中看到一些资产阶级民主色彩而已。

康有为说：

夫性者，受天命之自然，至顺者也。不独人有之，禽兽有之，草木亦有之。……故有性无学，人人相等，同是食味别声被色，无所谓小人，无所谓大人也。有性无学，则人与禽兽相等，同是视听运动，无人禽之别也。

就一人言之，喜怒哀乐爱恶欲之七情，受天而生，感物而发，凡人皆同，不能禁而去之，只有因而行之。

凡属生人，莫不有欲，莫不求遂其欲。

这些言论与《吕氏春秋》中论性、论情、论欲，都是十分契合的。

康有为还指出："所谓君者，为众民之所公举，即为众民之所公用。"如果君不"以仁养民"，"以义护民"，众民就有反抗暴君、驱逐暴君的权利。这些话，除了"公举""公用"这类用词透露了一点现代民主信息外，其余都与《吕氏春秋》没有什么区别。

近十余年来，在文化寻根的热潮中，人们又重新认识了《吕氏春秋》，研究者日渐增多。出版了几部专著（包括训释、今译方面的专著），发表了许多论文。最近还出版了一本《吕不韦的 99 种智慧》，把《吕氏春秋》当作一座智慧宝库。在即将出版的《中华箴言》中，也有《吕氏春秋》的一份，把这份箴言当作古训来教育、启迪后人。这说明，一部包含着真理颗粒的著作，不管遭到怎样的压制、冷遇、嘲讽，一遇机会总是要发出自己的光辉的！

《吕氏春秋》除了在社会政治思想方面的影响外，在科技思想方面的影响也值得一提。科技思想方面有农学、养生学和律吕学。

《吕氏春秋·上农》等 4 篇论文，可以说是中国封建社会农学的根基，对后世产生了巨大影响。西汉《氾胜之书》的耕作法，就是继承并发展了《辩土》中所说的耕田法。赵过的代田法和氾胜之的区种法，也受到《任地》中所说的"上田弃亩，下田弃畎"的启发。特别是区种法，综合发扬了深耕、施肥、密植、保墒、灌水、中耕除草等丰产、高产的各个环节，在农业生产实践中发挥了持久的积极作用。

在养生方面有苏东坡和愚谷老人为证。苏东坡有《书四戒》一文，文曰：

出舆入辇，命曰"蹶痿之机"；洞房清宫，命曰"寒热之媒"；皓齿蛾眉，命曰"伐性之斧"；甘脆肥浓，命曰"腐肠之药"。此三十二字，吾当书于门窗、几席、缙绅、盘盂，使坐起见之，寝食念之。元丰三年十一月，雪堂书。

这三十二字除"洞房清宫，命曰'寒热之媒'"一句外，其余三句均来自《吕氏春秋·本生》。苏东坡对医道、养生都颇有研究，他对这段话如此之重视，可见其训诫之可贵了。

愚谷老人在《延寿第一绅言》中引《褚氏遗书》云：

《素问》所谓"月始生，则气血始精；月郭满，则血气实；月郭空，则经络虚"，盖气血自上弦至望则盛，自下弦至晦则衰。月郭满，鱼脑实，月郭空，则鱼脑减，蛤与蟹皆然。《吕氏春秋》与《淮南子》皆不诬也。愚尝见士大夫之未得子者，每以此语验之，多有得子者。

文中所说的《吕氏春秋》不诬，是指《精通》中"月也者，群阴之本也"以下的那段话。那段话居然产生如此之奇效，恐怕《吕氏春秋》的作者也始料所未及吧！

《吕氏春秋·古乐》《音律》等篇第一次完整地记录了十二律产生的理论和方法，这对后世的律吕学不无影响。蔡元定在《律吕新书·八十四声图第八》中说："黄钟独为声气之元，虽十二律、八十四声皆黄钟所生，然黄钟一均所谓纯粹中之纯粹者也。"这种理论虽是近承京房、《淮南子》，但其源头却在《吕氏春秋》。

至于天文、历法在西汉著作中的影响，那是尽人皆知的，这里就不必赘言了。

八、《吕氏春秋》用韵及韵读

先秦古韵研究，主要集中于《诗经》《楚辞》等韵文的用韵研究，对于散文中韵语的研究，还比较欠缺，但这是很可观的珍贵资料，对于古韵研究有重要的价值，应该引起足够的重视。

《吕氏春秋》是一部散文体著作，但其中有很多地方是押韵的。通过分析《吕氏春秋》的用韵，可以了解周秦之交的韵部系统。清代学者江有诰作有《先秦韵读》，其中包括《吕氏春秋》一书。江氏已经注意到研究《吕氏春秋》用韵的意义和价值，对后人富有启迪。但他做得还不够完整精细，有必要做进一步的研究。

（一）《吕氏春秋》韵例

《吕氏春秋》的用韵，与诗歌的用韵不同，如何确定韵语，规定韵例，是一件首要的和重宴的事。确定一个合理的韵例，是进行韵部系统的归纳和新的语音现象的分析研究的基础。

1. 韵语的分布

从总体来看，《吕氏春秋》是一部散文体著作。不过，其中韵语颇多。全书一百六十篇，有些篇，几乎通篇用韵，如《任地》《辩土》《审时》；有些篇，大段大段地用韵，如《论人》《大乐》《下贤》《君守》；有些篇，几乎是通篇不用一韵，如《顺民》《禁塞》《察传》《似顺》；一般情况则是韵散相间。通检全书，共得韵语 1085 条，分析这些韵语，大致有这样一些情况：

（1）排比句用韵。如：

《尽数》："集于鸟羽，与为飞扬；集于走兽，与为流行；集于珠玉，与为精朗；集于树木，与为茂长；集于圣人，与为复明。"（"扬""行""朗""长""明"阳部）

《圜道》："圣王法之，以令其性，以定其正，以出号令。"（"性""正""令"耕部）

《重言》："有鸟止于南方之阜，其三年不动，将以定志意也；其不飞，将以长羽翼也；其不鸣，将以览民则也。"（"意""翼""则"职部）

（2）对偶句用韵。如：

《先己》："故善响者，不于响于声；善影者，不于影于形。"（"声""形"耕部）

《大乐》："故知一则明，明两则狂。"（"明""狂"阳部）

《举难》："救溺者濡，追逃者趋。"（"濡""趋"侯部）

《恃君》："内之则谏其君之过也，外之则死人臣之义也。"（"过""义"歌部）

《不苟》："虽贵不苟为，虽听不自阿。"（"为""阿"歌部）

《辩土》："上田则被其处，下田则尽其污。"（"处""污"鱼部）

（3）其他较整齐的句式用韵。如：

《功名》："大寒既至，民暖是利。"（"至""利"质部）

《圜道》："水泉东流，日夜不休。"（"流""休"幽部）

《应同》：“师之所处，必生棘楚。”（“处”“楚”鱼部）

《务本》：“诈诬之道，君子不由。”（“道”“由”幽部）

（4）一般非整齐句式用韵。如：

《孟春》：“天子亲率三公九卿诸侯大夫，以迎春於东郊；还，乃赏公卿诸侯大夫於朝。”（“郊”“朝”宵部）

《慎行》：“因令其呼之曰：‘毋或如齐庆封，弑其君而弱其孤，以亡其大夫。’”（“孤”“夫”鱼部）

《审时》：“得时之麦，秷长而颈黑，二七以为行，而服薄糕而赤色。”（“麦”“黑”“色”职部）

（5）歌谣、民谚用韵。如：

《乐成》：“民相与诵之曰：‘我有田畴，而子产赋之；我有衣冠，而子产贮之；孰杀子产，吾其与之。’”（“赋”“贮”“与”鱼部）

《知接》：“齐鄙人有谚曰：‘居者无载，行者无埋。’”（“载”“埋”之部）

（6）引用《诗》《书》等用韵。如：

《贵公》：“故《洪范》曰：‘无偏无党，王道荡荡；无偏无颇，遵王之义；无或作好，遵王之道；无或作恶，遵王之路。’”（“党”“荡”阳部，“颇”“义”歌部，“好”“道”幽部，“恶”“路”铎部）《务本》：“《诗》曰：‘有睋凄凄，兴云祁祁。雨我公田，遂及我私。’”（“祁”“私”脂部）

《知分》：“《诗》曰：‘莫莫葛藟，延于条枚。凯弟君子，求福不回。’”（“枚”“回”微部）

《务本》：“《易》曰：‘复自道，何其咎。’”（“道”“咎”幽部）

2. 韵在句中的位置

《吕氏春秋》用韵，一般都是句尾韵。如：

《尽数》：“流水不腐，户枢不蝼。”（“腐”“蝼”侯部）

不过，句有大句、小句之分，比如有的排比句是由若干大句组成，而大句

又由若干小句组成。这时，押韵一般在大句句尾。如：

《尊师》："且天生人也，而使其耳可以闻，不学，其闻不若聋；使其目可以见，不学，其见不若盲；使其口可以言，不学，其言不若爽；使其心可以知，不学，其知不若狂。"（"聋""盲""爽""狂"东阳合韵）

《大乐》："故能以一听政者，乐君臣，和远近，说黔首，合宗亲；能以一治其身者，免于灾，终其寿，全其天；能以一治其国者，奸邪去，贤者至，成大化；能以一治天下者，寒暑适，风雨时，为圣人。"（"亲""天""人"真部）

《上德》："则四海之大，江河之水，不能亢也；太华之高，会稽之险，不能障也；阖庐之教，孙吴之兵，不能当也。"（"亢""障""当"阳部）

对偶句和其他句式也有同样的情况。如：

《重己》："是师者之爱子也，不免乎枕之以糠；是聋者之养婴儿也，方雷而窥之于堂。"（"糠""堂"阳部）

《重言》："太宰嚭之说，听乎夫差，而吴国为墟；成公贾之讔，喻乎荆王，而荆国为霸。"（"墟""霸"鱼铎通韵）

《大乐》："太一出两仪，两仪出阴阳。阴阳变化，一上一下，合而成章。浑浑沌沌，离则复合，合则复离，是谓天常。天地车轮，终则复始，极则复反，莫不咸当。日月星辰，或疾或徐，日月不同，以尽其行。四时代兴，或暑或寒，或短或长，或柔或刚。万物所出，造于太一，化于阴阳。"（"阳""章""常""当""行""刚""阳"阳部）

排比句、对偶句也有不在大句句尾用韵，而在大句之中、各小句句尾用韵的。如：

《君守》："故有以知君之狂也，以其言之当也；（"狂""当"阳部）有以知君之惑也，以其言之得也。"（"惑""得"职部）

《用民》："壹引其纪，万目皆起；（"纪""起"之部）壹引其纲，万目皆张。"（"纲""张"阳部）

《君守》："故昊天无形，而万物以成；（"形""成"耕部）至精无为，而万物以化；（"为""化"歌部）大圣无事，而千官尽能。"（"事""能"之部）

也有小句句尾、大句句尾相间用韵的。如：

《重己》："其为舆马衣裘也，足以逸身暖骸而已矣。（"裘""骸"之部）其为饮食酏醴也，足以适味充虚而已矣；其为声色音乐也，足以安性自娱而已矣。"（"虚""娱"鱼部）

如果句尾是虚字，往往虚字前一字入韵。如：之字脚

《观表》："隔宅而异之，分禄而食之。"（"异""食"职部）

《任地》："不知事者，时未至而逆之，时既至而慕之，当时而薄之，使其民而郄之。"（"逆""慕""薄""郄"铎部）

也字脚

《知接》："孰之壤壤也，可以为之莽莽也。"（"壤""莽"阳部）

《知度》："譬之若夏至之日而欲夜之长也，射鱼指天而欲发之当也。"（"长""当"阳部）

矣字脚

《君守》："故博闻之人、强识之士阙矣，事耳目、深思虑之务败矣，坚白之察、无厚之辨外矣。"（"阙""败""外"月部）

《圜道》："以此治国，国无不利矣；以此备患，患无由至矣。"（"利""至"质部）

乎字脚

《任地》："子能使吾土靖而浴土乎？子能使保湿安地而处乎？（"土""处"鱼部）子能使藿菽毋淫乎？子能使子之野尽为冷风乎？（"淫""风"侵部）子能使稾数节而茎坚乎？子能使穗大而坚均乎？（"坚""均"真部）子能使粟圆而薄糠乎？子能使米沃而食之强乎？"（"糠""强"阳部）

焉字脚

《离谓》："故惑惑之中有晓焉，冥冥之中有昭焉。"（"晓""昭"宵部）

而已矣脚

《重己》：“其为饮食酏醴也，足以适味充虚而已矣，其为声色音乐也，足以安性自娱而已矣。”（“虚”“娱”鱼部）

混合虚字脚

《节丧》：“以此观世，则美矣侈矣；以此为死，则不可也。”（“侈”“可”歌部）

《下贤》：“帝也者，天下之适也；（“帝”“适”锡部）王也者，天下之往也。”（“王”“往”阳部）

《赞能》：“管夷吾，寡人之雠也，愿得而亲加手焉。”（“雠”“手”幽部）

句尾韵也有一些灵活的地方，尤其是一些非排比、对偶句中。如：

《功名》：“大寒既至，民暖是利；（“至”“利”质部）大热在上，民清是走。故民无常处，见利之聚，无之去。”（“走”“处”“聚”“去”鱼侯合韵）

《精通》：“臣之母得生，而为公家为酒；臣之身得生，而为公家击磬。臣不睹臣之母三年矣。”（“生”“生”“磬”“年”真耕合韵）

除了句尾韵之外，还有个别句首句尾韵、句中句尾韵。如：

《制乐》：“故祸兮福之所倚，福兮祸之所伏。”（“祸”“倚”歌部，“福”“伏”职部）

《孟秋》：“命理瞻伤察创，视折审断。”（“伤”“创”阳部，“折”“断”月元通韵）

《介立》：“以贵富有人易，以贫贱有人难。”（“富”“易”职锡合韵，“贱”“难”元部）

《君守》：“不出于户而知天下，不窥于牖而知天道。”（“户”“下”鱼部，“牖”“道”幽部）

此种情况，有两个特点：第一，均在一句之内，句中句尾为韵，此句尾不再与他句为韵；第二，均有上下句相对应，并在同样位置入韵。江有诰认为《贵直》“有人自南方来，鲋入而鲵居，使人之朝为草而国为墟。殷有比干，吴

有子胥，齐有狐援。已不用若言，又斩之东间，每斩者以吾参夫二子者乎”中“居墟胥间吾乎”为韵。“胥”字不在大句尾，而其所

春秋五霸

在大句尾为“援”字，“援”不入韵，“胥”字不宜看作入韵。尤其是“吾”字不在句尾，而在小句句中，更不宜看作入韵，不能把它看作句中韵字看待。

江氏认为《士容》“傲小物而属于大，似无勇而未可恐狼……”中“物”与“大”为韵，“勇”与“恐”为韵。这也是不妥的。“恐”字不在句尾，其后又非虚词，此字是不能入韵的，而江氏不但认为它入韵，而且认为它与本句句中之“勇”字为韵，《吕氏春秋》中没有此例。“物”与“大”也不必认为合韵。其实，“大”“猲”与下文的“害”“越”“大”“外”“赖”“世”“朅”“卫”“厉”“折”为韵，押月部，都是句尾韵。

除了句尾韵、句中句尾韵外，也有个别句首韵。如：

《处方》：“谋出乎不可用，事出乎不可同。”（“谋”“事”之部）

3. 韵在韵段中的位置

《吕氏春秋》中的一个韵段，或长或短，短则两句，长则数十句。在一个韵段中，韵的位置多种多样，概括起来，大致可分：

（1）句句入韵。

两句段：

《审分》：“有司必诽怨矣，牛马必扰乱矣。”（“怨”“乱”元部）

《用民》：“民之不用，赏罚不充也。”（“用”“充”东部）

三句段：

《孟春》：“田事既饬，先定准直，农乃不惑。”（“饬”“直”“惑”职部）

《乐成》：“大智不形，大器晚成，大音希声。”（“形”“成”“声”耕部）

四句段：

《用民》："壹引其纪，万目皆起；壹引其纲，万目皆张。"（"纪""起"之部，"纲""张"阳部）

《贵公》："大匠不斵，大庖不豆，大勇不鬥，大兵不寇。"（"斵""豆""鬥""寇"屋侯通韵）

五句段：

《君守》："有准不以平，有绳不以正，天下大静，既静而又宁，可以为天下正。"（"平""正""静""宁""正"耕部）

六句段：

《贵生》："道之真，以持身；其绪餘，以为国家；其土苴，以治天下。"（"真""身"真部，"餘""家""苴""下"鱼部）

七句段：

《审时》："得时之稻，大本而茎葆，长秱疏穖，穗如马尾，大粒无芒，抟米而薄糠，舂之易而食之香。"（"稻""葆"幽部，"穖""尾"微部，"芒""糠""香"阳部）

八句段：

《有始》："夫物合而成，离而生，知合知成，知离知生，则天地平矣，平也者，皆当察其情，处其形。"（"成""生""成""生""平""平""情""形"耕部）

九句段：

《先己》："无为之道曰胜天，义曰利身，君曰勿身。勿身督听，利身平静，胜天顺性。顺性则聪明寿长，平静则业进乐乡，督听则奸塞不皇。"（"天""身""身"真部，"听""静""性"耕部，"长""乡""皇"阳部）

十句段：如《士容》《任地》第一段所谐，例见下文。

（2）非句句入韵。

非句句入韵的情况比较复杂，分别加以叙述。

①偶句用韵。

四句段：

《重己》："以此治身，必死必殃；以此治国，必残必亡。"（"殃""亡"阳部）

《重己》："是师者之爱子也，不免乎枕之以糠；是聋者之养婴儿也，方雷而窥之於堂。"（"糠""堂"阳部）

《君守》："东海之极，水至而反；夏热之下，化而为寒。"（"反""寒"元部）

六句段：

《序意》："天曰顺，顺维生；地曰固，固维宁；人曰信，信维听。"（"生""宁""听"耕部）

《乐成》："我有田畴，而子产殖之；我有子弟，而子产诲之；子产若死，其使谁嗣之？"（"殖""诲""嗣"职之通韵）

《乐成》："邺有圣令，时为史公。决漳水，灌邺旁。终古斥卤，生之稻粱。"（"公""旁""粱"东阳合韵）

八句段：

《大乐》："萌芽始震，凝寒以形；形体有处，莫不有声；声出於和，和出於适；先王定乐，由此而生。"（"形""声""适""生"耕锡通韵）

十句段：

《介立》："有龙于飞，周遍天下。五蛇从之，为之丞辅。龙反其乡，得其所处。四蛇从之，得其露雨。一蛇羞之，桥死于中野。"（"下""辅""处""雨""野"鱼部）

②奇句用韵。

三句段：

《季秋》："寒气总至，民力不堪，其皆入室。"（"至""室"质部）

《有始》："天斟万物，圣人览焉，以观其类。"（"物""类"物部）

四句段：

《诚廉》："石可破也，而不可夺坚；丹可磨也，而不可夺赤。"（"破""磨"歌部）

《知度》："奸止则说者不来，而情谕矣；情者不饰，而事实见矣。"（"来""饰"之部）

五句段：

《本生》："万物章章，以害一生，生无不伤；以便一生，生无不长。"（"章""伤""长"阳部）

六句段：

《诬徒》："遇师则不中，用心则不专，好之则不深，就业则不疾，辩论则不审，教人则不精。"（"中""深""审"冬侵合韵）

七句段：

《尽数》："口必甘味，和精端容，将之以神气，百节欢虞，咸进受气，饮必小咽，端直无戾。"（"味""气""气""戾"物质合韵）

③奇偶句混合用韵。

三句段，二三句用韵：

《孟春》："无变天之道，无绝地之理，无乱人之冬。"（"理""纪"之部）

《季春》："禁妇女无观，省妇使，劝蚕事。"（"使""事"之部）

《赞能》："贤者善人以人，中人以事，不肖者以财。"（"事""财"之部）

四句段，一二四句用韵：

《情欲》："秋早寒，则冬必暖；春多雨，则夏必旱。"（"寒""暖""旱"元部）

《精通》："夫月形于天，而群阴化乎渊；圣人行德乎己，而四荒饬乎仁。"（"天""渊""仁"真部）

四句段，一三四句用韵：

《先己》："精气日新，邪气日去，及其天年，此之谓真人。"（"新""年"

"人"真部)

四句段，二三四句用韵：

《仲夏》："小暑至，螳螂生，鵙始鸣，反舌无声。"（"生""鸣""声"耕部）

《仲夏》："鹿角解，蝉始鸣，半夏生，木堇荣。"（"鸣""生""荣"耕部）

五句段，二三五句用韵：

《有始》："天地有始，天微以成，地塞以形，天地合和，生之大经也。"（"成""形""经"耕部）

六句段，二三五六句用韵：

《勿躬》："今日南面，百邪自正，而天下皆反其情，黔首毕乐其志，安育其性，而莫为不成。"（"正""情""性""成"耕部）

一个韵段中，有时不止押一个韵的字，这时就要换韵。换韵的情况里，有一般的换韵，也有所谓交韵、抱韵之类，下面分别叙述。

（1）一般换韵。

《知度》："故子华子曰：厚而不博，敬守一事，正性是喜；群众不周，而务成一能。（"事""喜""能"之部）尽能既成，四夷乃平。（"成""平"耕部）唯彼天符，不周而周。（"符""周"侯幽合韵）此神农之所以长，而尧舜之所以章也。"（"长""章"阳部）

《下贤》："得道之人，贵为天子而不骄倨，富有天下而不骋夸。（"倨""夸"鱼部）卑为布衣而不瘁摄，贫无衣食而不忧慑。（"摄""慑"盍部）懽乎其诚自有也，觉乎其不疑有以也。（"有""以"之部）桀乎其必不渝移也，循乎其与阴阳化也。（"移""化"歌部）匆匆乎其心之坚固也，空空乎其不为巧故也。（"固""故"鱼部）迷乎其志气之远也，昏乎其深而不测也。确乎其节之不庳也，就就乎其不肯自是也。（"庳""是"支部）鹄乎其羞用智虑也，假乎其轻俗诽誉也。"（"虑""誉"鱼部）

（2）交韵。

《先己》："故善响者，不于响于声；善影者，（"响""影"阳部）不于影于形。"（"声""形"耕部）

《士容》："淳淳乎谨慎畏化，而不肯自足；乾乾乎取舍不悦，（"化""悦"歌月通韵）而心甚素朴。"（"足""朴"屋部）

《当赏》："君反国家，爵禄三出，而陶狐不与，（"家""与"鱼部）敢问其说。"（"出""说"物月合韵）

《为欲》："其视为天子也，与为舆隶同；其视有天下也，与无立锥之地同；其视为彭祖也，（"子""下""祖"之鱼合韵）与为殇子同。"（"同""同""同"东部）

还有一些是不完全的交韵。如：

《简选》："行赏及禽兽，行罚不辟天子，亲殷如周（"兽""周"幽部），视人如己（"子""己"之部），天下美其德，万民说其意，（"德""意"职部）故立为天子。"

《察微》："凡持国，太上知始，其次知终，其次知中，三者不能（"国""始""能"之职通韵），国必危，身必穷（"终""中""穷"冬部）。"

（3）抱韵。

《节丧》："且死者弥久，生者弥疏；生者弥疏（"疏""疏"鱼部），则守者弥怠（"久""怠"之部）。"

《期贤》："段干木光乎德，寡人光乎地；段干木富乎义，（"地""义"歌部）寡人富乎财。"（"德""财"职之通韵）

大句句尾用韵，大句中小句也仍有用韵的情况，这实际上是一种不规则的抱韵。如：

《用民》："剑不徒断，车不自行，或使之也；夫种麦而得麦，种稷而得稷，人不怪也。"（"之""怪"为大句句尾韵，"断""行""麦""稷"为小句句尾韵。）

《吕氏春秋》的用韵，有时候，即使在整齐的句式中，也有些无甚规律的情况。如：

《举难》："人伤尧以不慈之名，舜以卑父之号，禹以贪位之意，汤武以放弑之谋，五伯以侵夺之事。"（"意""谋""事"职之通韵，而"名""号"不入韵。）

《贵直》："其无使齐之大吕陈之庭，无使太公之社盖之屏，无使齐音充人之游。"（"游"不与"庭""屏"为韵）

《诗经》中，前后章何处用韵，存在一种整齐的格局，《吕氏春秋》对应的句式中很多也存在这种整齐的格局。这一点，江有诰在《先秦韵读·吕氏春秋》中已经指出。如：

《情欲》："德义之缓，邪利之急，身以困穷，虽后悔之，尚将奚及？巧佞之近，端直之远，国家大危，悔前之过，犹不可反。"（"急""及"缉部，"远""反"元部）

江氏的意见是完全正确的。

这种情况还有：

《审分》："尧舜之臣不独义，汤禹之臣不独忠，得其数也；桀纣之臣不独鄙，幽厉之臣不独辟，失其理也。"（"义""数"歌侯合韵，"鄙""理"之部）

《知化》："越之于吴也，譬若心腹之疾也，虽无作，其伤深而在内也；齐之于吴也，疥癣之病也，不苦其已也，且其无伤也。"（"疾""内"质物合韵，"病""伤"阳部）

《上农》："夺之以土功，是谓稽，不绝忧唯，必丧其秕；夺之以水事，是谓籥，丧以继乐，四邻来虐；夺之以兵事，是谓厉，祸因胥岁，不举铚艾。"（"稽""唯""秕"脂微合韵，"籥""乐""虐"沃部，"厉""岁""艾"月部）

有时是大句内各自为韵与大句间相押结合起来。如：

《贵卒》："所为贵骥者，为其一日千里也；旬日取之，与驽骀同。所为贵镞矢者，为其应声而至；终日而至，则与无至同。"（"骥""矢"脂部，"里"

“之”“骓”之部，“至”“至”“至”质部，“同”“同”东部）

这里，大句尾“同”与“同”叶韵，两大句第一小句句尾“骥”与“矢”叶韵，此外第一大句内“里”“之”“骓”叶之部，第二大句内“至”与“至”“至”叶质部。

这种形式上对应整齐的格局，也反映了内容上意义的完整性。这种对应的整齐的格局和文意的完整性，可以作为我们判断入韵与否或如何用韵的一个重要条件。例如：

《本味》：“臭恶犹美，皆有所以。凡味之本，水最为始。五味三材，九沸九变，火为之纪。时疾时徐，灭腥去臊除膻，必以其胜，无失其理。调和之事，必以甘酸苦辛咸，先后多少，其齐甚微，皆有自起。”（“以”“始”“纪”“理”“起”之部）

这一段韵语，以一个较为完整的文意为一个句子。每个句子末尾字入韵，“以”“始”“纪”“理”“起”入韵，押之部。而“材”“事”虽也是之部字，只在句中的停顿处，不宜入韵。又如：

《勿躬》：“是故圣王之德，融乎若日月始出，极烛六合，而无所穷屈；（“出”“屈”物部）昭乎若日之光，变化万物，而无所不行；（“光”“行”阳部）神合乎太一，生无所屈，而意不可障；精通乎鬼神，深微玄妙，而莫见其形。（“障”“形”阳耕合韵）今日南面，百邪自正，而天下皆反其情，黔首毕乐其志，安育其性，而莫为不成。”（“正”“情”“性”“成”耕部）

这一段韵语，从文意上看，可分为两部分，前十二句为一部分，后六句为一部分。第一部分中，前六小句，三三为对，各是一三句入韵，“出”“屈”为物部，“光”“行”为阳部。后六小句也是三三为对，押韵情况则不同了，是各自第三句句尾押韵，即“障”与“形”为韵，阳耕合韵。第二部分中，二三五六句押韵，“正”“情”“性”“成”押耕部。江有诰氏把“障”与上文“光”“行”押阳部，“形”与下文“正”“情”“性”“成”押耕部。这样一来，文意的完整和对应整齐的格局就受到了损害，似乎有些不妥，认为“障”“形”为阳耕合韵似乎更合理些。

当然，对这种对应整齐的格局也不能过于拘泥，有些对应整齐的句式是分别与上下文叶韵的。如：

《顺说》："善说者若巧士，因人之力以自为力，因其来而与来，因其往而与往，不设形象，与生与长，而言之与响。"（"士""力""来"之职通韵，"往""象""长""响"阳部）

其中"因其来而与来，因其往而与往"句式对应，但"来"与上文"士""力"为韵（之职通韵），"往"与下文"象""长""响"为韵（阳部）。

（二）《吕氏春秋》用韵研究

《吕氏春秋》的韵语，有独韵者，有通韵者，有合韵者，分析这些独韵、通韵、合韵的韵语，或可以看出战国末期的某些语音现象，或可以验证对《诗》《骚》用韵考察所得出的某些结论。

1. 独韵

《吕氏春秋》韵语中，独韵者最多，有595条。

（1）阴声韵。

之部，共有80条。如：

《孟春》："无变天之道，无绝地之理，无乱人之纪。"

《尽数》："今世上卜筮祷祠，而疾病愈来。"

《论威》："义也者，万事之纪也，君臣上下亲疏之所由起也，治乱安危过胜之所在也，过胜之，勿求于他，必反于己。"

《任地》："天下时，地生财，不与民谋。"

支部，共有4条。如：

《下贤》："确乎其节之不庳也，就就乎其不肯自是也。"

此部独用韵语甚少，合用例详下。

鱼部，共有52条。如：

《仲夏》："命乐师修鞀鞞鼓，均琴瑟管箫，执干戚戈羽，调竽笙埙篪，饬钟磬柷敔。"

《至忠》："人之有功也於军旅，臣之兄有功也於车下。"

《贵直》："先出也，衣絺纻；后出也，满囹圄。吾今见民之洋洋然东走而不知所处。"

《辩土》："知其田之除也，不知其稼居地之虚也。不除则芜，除之则虚。"

《辩土》："苗，其弱也欲孤，其长也欲相与居，其熟也欲相扶。"

侯部，共有 5 条。如：

《尽数》："流水不腐，户枢不蝼。"

《音律》："南吕之月，蛰虫入穴，趣农收聚，无有懈怠，以多为务。"

《精谕》："求鱼者濡，争兽者趋。"

宵部，共有 9 条。如：

《仲夏》："天子以雏尝黍，羞以含桃，先荐寝庙。"

《音律》："蕤宾之月，阳气在上，安壮养佼，本朝不静，草木早槁。"

《君守》："此乃谓不教之教，无言之诏。"

幽部，共有 24 条。如：

《尽数》："凡食之道，无饥无饱，是之谓五藏之葆。"

《圜道》："日夜不休，宣通下究。"

《侈乐》："知其所以知之谓知道，不知其所以知之谓弃宝，弃宝者必离其咎。"

《辩土》："寒则雕，热则脩。"

微部，共有 9 条。如：

《顺说》："与盛与衰，以之所归。"

《审时》："长秱疏穖，穗如马尾。"

脂部，共有 9 条。如：

《怀宠》："则民知所庇矣，黔首知不死矣。"

《辩土》："凡禾之患，不具生而具死，是以先生者美米，后生者为秕。是故其耨也，长其兄而去其弟。"

《审时》："量粟相若而舂之，得时者多米；量粟相若而食之，得时者忍饥。"

歌部，共有27条。如：

《下贤》："桀乎其必不渝移也，循乎其与阴阳化也。"

《骄恣》："智短则不知化，不知化者举自危。"

《不苟》："虽贵不苟为，虽听不自阿。"

《上农》："野有寝耒，或谈或歌，旦则有昏，丧粟甚多。"

（2）入声韵。

职部，共有35条。如：

《先识》："商王大乱，沈于酒德，辟远箕子，爰近姑与息。妲己为政，赏罚无方，不用法式，杀三不辜，民大不服，守法之臣，出奔周国。"

《知分》："天固有衰嗛废伏，有盛盈蚕息。"

《上农》："是谓背本反则，失毁其国。"

《辩土》："垆埴冥色，刚土柔种，免耕杀匿，使农事得。"

锡部，共有5条。如：

《顺说》："使人虽有勇，不敢刺；虽有力，不敢击。"

《下贤》："帝也者，天下之适也。"

《辩土》："农夫知其田之易也，不知其稼之疏而不适也。"

此部韵语不多。

铎部，共有6条。如：

《决胜》："敌孤独则上下虚，民解落；孤独则父兄怨，贤者诽，乱内作。"

《任地》："人肥必以泽，使苗坚而有隙。"

《任地》："不知事者，时未至而逆之，时既往而慕之，当时而薄之，使其民而郄之。"

屋部，共有 12 条。如：

《去尤》："若植木而立于独，必不合于俗。"

《知度》："量小大而知材木矣，訾功丈而知人数矣。"

《士容》："故君子之容，纯乎其若钟山之玉，桔乎其若陵上之木；淳淳乎慎谨畏化，而不肯自足；乾乾乎取舍不悦，而心甚素朴。"

《辩土》："是故三以为族，乃多粟。"

沃部，共有 1 条：

《上农》："夺之以水事，是谓篇，丧以继乐，四邻来［虐］。"

此部韵语甚少。

觉部，共有 2 条。如：

《博志》："故曰：精而熟之，鬼将告之。"

此部韵语甚少。

物部，共有 10 条。如：

《季春》："阳气发泄，生者毕出，萌者尽达，不可以内。"

《大乐》："务乐有术，必由平出。"

《仲秋》："四方来杂，远乡皆至，则财物不匮，上无乏用，百事乃遂。凡举事无逆天数，必顺其时，乃因其类。"

《审分》："听其言而察其类，无使放悖。"

《贵卒》："力贵突，智贵卒。"

质部，共有 19 条。如：

《功名》："大寒既至，民暖是利。"

《乐成》："麛裘而鞞，投之无戾。"

《君守》："既扃而又闭，天之用密。"

《审时》："先时者，暑雨未至，胕动蚼蛆而多矣，其次羊以节。"

月部，共有 29 条。如：

《尊师》："此五帝之所以绝，三代之所以灭。"

《音律》："黄钟之月，土事无作，慎无发盖，以固天闭地，阳气且泄。"

《贵信》："天行不信，不能成岁；地行不信，草木不大。"

《辩土》："高而危则泽夺，陂则埒，见风则偾，高培则拔。"

缉部，共有 5 条。如：

《尽数》："精气之集也，必有入也。"

《情欲》："德义之缓，邪利之急，身以困穷，虽后悔之，尚将奚及？"

《任地》："急者欲缓，缓者欲急；湿者欲燥，燥者欲湿。"

《辩土》："必厚其靮，为其唯厚而及。"

盍部，共有 2 条：

《下贤》："卑为布衣而不瘁摄，贫无衣食而不忧慑。"

《辩土》："为青鱼胠，苗若直猎。"

此部韵语甚少。

3. 阳声韵。

蒸部，共有 3 条：

《论人》："则何事之不胜？何物之不应？"

《贵因》："贤者出走，命曰崩。百姓不敢诽怨，命曰刑胜。"

《任数》："时至而应，心暇者胜。"

耕部，共有 52 条。如：

《圜道》："故令者，人主之所以为命也，贤不肖，安危之所定也。"

《大乐》："道也者，至精也，不可为形，不可为名。"

《孟冬》："物勒工名，以考其诚。"

《审应》："无礼慢易而求敬，阿党不公而求令，烦号数变而求静，暴戾贪得而求定。"

阳部，共有 87 条。如：

《本生》："万物章章，以害一生，生无不伤，一便一生，生无不长。"

《圜道》："主执圜，臣处方，方圜不易，其国乃昌。"

《仲秋》："五者备当，上帝其享。"

《去尤》："东面望者不见西墙，南乡视者不睹北方。"

《审时》："大粒无芒，抟米而薄糠，舂之易而食之香。"

东部，共有 19 条。如：

《君守》："故至神逍遥倏忽，而不见其容；至圣变习移俗，而莫知其所从；离世别群，而无不同；君民孤寡，而不可障壅。"

《任数》："何以知其聋，以其耳之聪也。"

《知化》："习俗同，言语通。"

《上农》："时事不共，是谓大凶。"

冬部，共有 6 条。如：

《圜道》："莫知其始，莫知其终，而万物以为宗。"

《适音》："黄钟之宫，音之本也，清浊之衷也。"

《孟冬》："天气上腾，地气下降，天地不通，闭而成冬。"

《察微》："凡持国，太上知始，其次知终，其次知中，三者不能，国必危，身必穷。"

《期贤》："吾君好忠，段干木之隆。"

文部，共有 6 条。如：

《士节》："见疑于齐君，将出奔。"

《知接》："其子之忍，将何有于君？"

《为欲》："或折其骨，或绝其筋，争术存也。"

此部韵语较少。

真部，共有 37 条。如：

《先己》："精气日新，邪气日去，及其天年，此之谓真人。"

《精通》："夫月形乎天，而群阴化乎渊；圣人行德乎己，而四荒咸饬乎仁。"

《贵信》："信而又信，重袭于身，乃通于天。"

《审时》："小本而茎坚，厚枲以均。"

元部，共有 33 条。如：

《异用》："故国广巨，兵强富，未必安也；尊贵、高大，未必显也。"

《慎大》："胜其敌则多怨，小邻国则多患。"

《审分》："有司必诽怨矣，牛马必扰乱矣。"

《离俗》："吾闻之，君子济人于患，必离其难。"

侵部，共有 7 条。如：

《音初》："秦缪公取风焉，实始作为秦音。"

《谨听》："不惕于心，则知之不深。"

《任地》："子能使藋毋淫乎？子能使子之野尽为冷风乎？"

谈部，此部没有独韵的韵语。

独韵频率列表如下：

阴声韵	入声韵	阳声韵
之部 80	职部 35	蒸部 3
支部 4	锡部 5	耕部 52
鱼部 52	铎部 6	阳部 87
侯部 5	屋部 12	东部 19
宵部 9	沃部 1	
幽部 24	觉部 2	冬部 6
微部 9	物部 10	文部 6
脂部 9	质部 19	真部 37
歌部 27	月部 29	元部 34
	缉部 5	侵部 7
	盍部 2	谈部 0

分析这些韵语，我们至少有两点启示：①入声韵是独立于阴声韵的；②冬部是独立的韵部。

①入声独立。

我们看到，阴声韵、入声韵独用比阴入通韵的情况多。甚至多得多。比如，之部独用 80 次，职部独用 35 次，之职通韵 53 次；歌部独用 27 次，月部独用 29 次，歌月通韵 15 次；脂部独用 9 次，质部独用 19 次，脂质通韵 5 次；微部独用 9 次，物部独用 10 次，微物通韵 4 次。

有些独韵的韵语，入声独叶竟达十数字之多，而不掺一个阴声韵字。如：

《士容》："傲小物而志属于大，似无勇而未可恐［猲］，执固横敢而不可辱害，临患涉难而处义不越，南面称寡而不以侈大，今日君民而欲服海外，节物甚高而细利弗赖，耳目遗俗而可与定世，富贵弗就而贫贱弗竭，德行尊理而羞用巧卫，宽裕不訾而心中甚厉，难动以物而必不妄折。"（月部）

《论人》："故知知一，则应物变化，阔大渊深，不可测也；德行昭美，比于日月，不可息也；豪士时之，远方来宾，不可塞也；意气宣通，无所束缚，不可［牧］也。故知知一，则复归於朴，嗜欲易足，取养节薄，不可得也；离世自乐，中情洁白，不可［墨］也；威不能惧，严不能恐，不可服也。故知知一，则可动作当务，与时周旋，不可极也；举错以数，取与遵理，不可惑也；言无遗者，集于肌肤，不可革也；谗人困穷，贤者遂兴，不可匿也。"（职部）

由此可以看出，阴声和入声分立是合理的。

②冬部独立。

王力先生认为《诗经》时代冬部没有独立，收-m 尾，到《楚辞》时代，冬部从侵部分出，收-ng 尾。王先生的论断是正确的，《吕氏春秋》的用韵提供了很好的佐证。

《吕氏春秋》中冬部独用 5 例，侵部独用 7 例（引例已见上文），但是只发现 2 例冬侵合韵的情况：

《诬徒》："遇师则不中，用心则不专，好之则不深，就业则不疾，辩论则不审，教人则不精。"

《慎大》："立成汤之后于宋，以奉桑林。"

需要说明的是，"风"字与"中""宫"同等同呼，到汉代转入冬部，《吕氏春秋》中只与"音""南""淫"叶音，说明它尚未从侵部转入冬部。

另外，从冬部与"阳""耕""东""蒸"各部的合韵来看，也可以看出冬部已经从-m 尾转化为-ng 尾。冬东合韵 7 例，冬阳合韵 5 例，冬耕合韵 3 例，冬蒸合韵 4 例。

冬耕合韵（×冬，＊耕）

《尊师》："为人臣弗令而忠矣，为人君弗强而平矣，有大事可以为天下正矣。"

《用众》："夫取于众，此三皇五帝之所以大立功名也。"

《举难》："爝火甚盛，从者甚众。"

冬阳合韵（×冬，＊阳）

《谨听》："学贤问，三代之所以昌也。不知而自以为知，百祸之宗也。"

《下贤》："以天为法，以德为行，以道为宗，与物变化而无所终穷，精充天地而不竭，神覆宇宙而无望。"

《用民》：　"夙沙之民，自攻其君而归神农；密须之民，自缚其主而与文王。"

《贵信》："以此治人，则膏雨甘露降矣，寒暑四时当矣。"

《长利》："是故地日广，子孙日隆。"

冬东合韵（×冬，＊东）

《先己》："当今之世，巧谋并行，诈术递用，攻战不休，亡国辱主愈众。"

《音律》："应钟之月，阴阳不通，闭而成冬，修别丧纪，审民所终。"

《序意》："三者皆私设，精则智无由公。智不公，则福日衰，灾日隆。"

《高义》："俗虽谓之穷，通也……俗虽谓之通，穷也。"

冬蒸合韵（×冬，＊蒸）

《孟春》："天气下降，地气上腾。"

《本生》："万人操弓，共射其一招，招无不中。"

《孟冬》："是月也，大饮蒸，天子乃祈来年于天宗。"

如果冬部没有从-m 尾转化为-ng 尾，如此频繁地与-ng 尾字叶韵，是不可能的。

2. 通韵

清代学者孔广森提出阴阳对转的概念之后，古音学家们不断对此有所阐发和补充，使之系统化而成为普遍公认的理论。《吕氏春秋》的通韵韵语共 176 条，其中：

之职蒸类 62：　之职通韵 53，　之蒸通韵 4，　职蒸通韵 5；

支锡耕类 5：　支锡通韵 1，　支耕通韵 1，　锡耕通韵 3；

鱼铎阳类 48：　鱼铎通韵 21，　鱼阳通韵 18，　阳铎通韵 7，

　　　　　　　鱼铎阳通韵 2；

侯屋东类 5：　侯屋通韵 3，　东屋通韵 2；

宵沃类 1：　宵沃通韵 1；

幽觉冬类 4：　幽觉通韵 3，　冬觉通韵 1；

微物文类 8：　微物通韵 4，　微文通韵 1，　文物通韵 3；

脂质真类 9：　脂质通韵 5，　脂真通韵 3，　真质通韵 1；

歌月元类 32：　歌月通韵 15，　歌元通韵 8，　元月通韵 8，

　　　　　　　歌月元通韵 1；

缉侵类 2：　侵缉通韵 2。

这些韵语，阴入对转 106 条，阴阳对转 35 条，阳入对转 32 条，阴阳入三声对转 3 条。分别举例说明。

（1）阴入对转。如：

《乐成》："民又诵之曰：我有田畴，而子产殖之；我有子弟，而子产诲之；子产若死，其使谁嗣之？"（职之通韵）

《重言》："太宰嚭之说，听乎夫差，而吴国为墟；成公贾之讔，喻乎荆王，而荆国以霸。"（鱼铎通韵）

（2）阳入对转。如：

《遇合》："此天子之所以时绝也，诸侯之所以大乱也。"（月元通韵）

《知度》：“故小臣、吕尚听，而天下知殷商之王也，管夷吾、百里奚听，而天下知齐秦之霸也。”（阳铎通韵）

（3）阴阳对转。如：

《决胜》：“隐则胜阐矣，微则胜显矣，抟则胜离矣。”（元歌通韵）

（4）三声对转者。如：

《博志》：“全则必缺，极则必反，盈则必亏。”（歌月元通韵）

《不屈》：“围邯郸三年而弗能取，士民罢潞，国家空虚，天下之兵四至，众庶诽谤，诸侯不誉。”（鱼铎阳通韵）

从对转的情况看，阴入对转多于阳入对转，阴入对转 106 例，阳入对转 32 例，前者是后者的三倍多。这说明入声韵跟阴声韵的关系，比跟阳声韵的关系密切得多。所以考古派古音学家把阴入合为一类。但是，阴声韵和入声韵并不是密不可分的，它们的界限还是很清楚的。这些我们可以从阴入通韵和阴、入各自独叶的情况看出，阴声、入声各部独叶共 346 例，阴入通韵共 106 例，阴入通韵占 23.4%，独叶占 76.6%。

3. 合韵

《吕氏春秋》中合韵的情况比较复杂，共有 314 条，71 种之多。翻检先秦诸子散文，合韵的情况也比较多，这大概是散文押韵的共同特点。

《吕氏春秋》合韵情况如下：

之支 12，之脂 16，支脂 5，之鱼 13，之侯 3，之幽 5，鱼侯 16，

鱼幽 1，侯幽 4，宵幽 5，脂微 3，歌微 2，脂歌 5，之微 2，

之歌 8，支微 3，支歌 2，鱼歌 3，幽微 1，幽歌 2，侯歌 1，

宵歌 1，幽脂 1；

职锡 5，职质 7，锡质 1，职觉 1，锡觉 1，锡屋 1，

铎屋 1，质物 10，物月 3，质月 4，职物 2，铎月 1，缉盍 1；

蒸阳 1，蒸东 4，蒸冬 4，阳耕 21，东耕 10，东阳 15，

冬阳 5，冬耕 3，东冬 7，文元 5，文真 20，元真 3，

元谈 4，侵谈 1，真耕 20，元耕 1，元阳 12，元东 1，

蒸侵 1，冬侵 2，文侵 1，真侵 1，元侵 4；

支月 1，锡歌 1，歌物 1，侯阳 1，脂元 1，真物 1；

侯鱼之 1，脂支歌 1，鱼脂歌 1，阳东耕 2，真文元 1，

职锡铎 1，之鱼铎 2，之歌元 1。

（1）关于鱼侯、阳东合韵。

鱼铎阳、侯屋东各是阴阳入三声相配，鱼侯合韵，阳东合韵，从音理上讲，道理是一样的。王力先生《汉语史稿》把侯东的元音拟为 o，鱼阳的元音拟为 a，o、a 都是后元音，只是 o 高于 a，二者是很近的。如果 o 降低些，或 a 升高些，二者就可以合流。但是，我们检查《诗经》的用韵，却没有发现一例鱼侯合韵、阳东合韵的情况，《楚辞》当中也只有一例阳东合韵，而没有鱼侯合韵。这就引起我们的思考，如果二部如此靠近，为什么没有合韵的情况呢？只是一种偶然性吗？恐怕不是。王先生晚年的《同源字典》《汉语语音史》把侯东主元音拟为 ɔ，鱼阳主元音拟为 a，ɔ 为后半低元音，a 为前低元音，二者拉开了距离，这样，对《诗经》鱼侯、阳东不合韵就容易解释了。鱼侯、阳东合韵起初可能只是一种方言现象，这种合韵大概起于战国中期。《老子》中，阳东合韵 6 次。十二章叶"盲""聋""爽""狂""妨"，十六章叶"常""明""常""凶""容""公""王"，二十二章叶"明""彰""功""长"，二十四章叶"行""彰""功""长""行"，二十六章叶"行""重"，六十七章叶"勇""广""长"。鱼侯合韵三次，十七章叶"誉""侮"，二十四章叶"主""下"，三十四章叶"居""主"。这种方言现象到战国中期以后才开始影响到通语。《管子》《庄子》《荀子》《楚辞》中尚没有鱼侯合韵的情况。至于阳东合韵，《管子》有 3 例，《庄子》1 例，《楚辞》1 例。由于阳东韵尾相同，都是 -ng 尾，主元音 a 稍稍后移，就容易使人感觉到两韵的接近。所以在方言当中也是阳东合韵较多，方言影响到通语也首先是阳东合韵。鱼侯都是阴声开尾韵，a 后移很细微的时候，人们是很容易感觉到它们的差别的。到了战国末期以后，

《韩非子》《吕氏春秋》等阳东、鱼侯合韵渐趋多了起来，《韩非子》鱼侯合韵5次，阳东合韵5次。《吕氏春秋》鱼侯合韵15次（×鱼，＊侯）。如：

《功名》："故民无常处，见利之聚，无之去。"

《圜道》："精行四时，一上一下，各与遇。"

《节丧》："侈靡者以为荣，俭节者以为陋，不以便死为故，而徒以生者之诽谤为务。"

《务本》："王虽过与，臣不徒取。"

《本味》："梦有神告之曰：'白出水而东走，毋顾！'"

《慎大》："徒过者趋，车过者下。"

《慎大》："三日之内，与谋之士封为诸侯，诸大夫赏以书社，庶士施政去赋。"

《具备》："伊尹尝居于庖厨矣，太公尝隐于钓鱼矣。"

《处方》："百里奚之处于虞，智非愚也。"

此外，还有逸诗1例：

《行论》："诗曰：将欲毁之，必将累之；将欲踣之，必高举之。"

阳东合韵15次（×阳，＊东）

《尊师》："且天生人也，而使其耳可以闻，不学，其闻不若聋；使其目可以见，不学，其见不若盲；使其口可以言，不学，其言不若爽；使其心可以知，不学，其知不若狂。"

《季夏》："水潦盛昌，命神农将巡功，举大事必有天殃。"

《仲秋》："日夜分，则一度量，平权衡，正钧石，齐斗甬。"

《论威》："凡兵，天下之凶器也；勇，天下之凶德也。"

《序意》："夫私视使目盲，私听使耳聋，私虑使心狂。"

《序意》："凡十二纪者，所以纪治乱存亡也，所以知寿夭吉凶也。"

《悔过》："故箕子穷于商，范蠡流乎江。"

《任数》："故曰去听无以闻则聪，去视无以见则明，去智无以知则公。"

《执一》："变化应来而皆有章，因性任物而莫不咸当，彭祖以寿，三代以昌，五帝以昭，神农以鸿。"

《爱类》："禹于是疏河决江，为彭蠡之障。"

《有度》："许由非强也，有所乎通也。"

到了汉代，阳东、鱼侯合韵更多了，《淮南子》中鱼侯合韵 84 次，阳东合韵 61 次。《文子》中鱼侯合韵 7 次，阳东合韵 12 次。前人指出《文子》当是汉代人所依托，恐怕是正确的，阳东、鱼侯合韵的情况也提供了佐证。

（2）关于脂微分部。

王力先生在古音学上的一个重要贡献，就是发现脂微分部。《吕氏春秋》用韵再次证明王先生的论断是正确的。《吕氏春秋》中脂微合韵的情况，只有 3 例（△脂，＊微）：

《明理》："市有舞鸥，国有行飞。"

《下贤》："士虽骄之，而己愈礼之，士安得不归之？"

《上农》："夺之以土功，是谓稽，不绝忧唯，必丧其秕。"

脂、微分用的情况要比合韵多得多，脂部独用 9 例，微部独用 9 例，例已见上文，不赘举。脂、微两部即使到了汉初，仍没有相合。《淮南子》用韵的情况说明了这一点。脂微合韵 19 次，但脂部独用 22 次，微部独用 57 次（其中有 10 次是"水""火"二字相叶），独用大大超过合韵。

（3）真文、质物合韵。

与脂微两韵相应的，有真文、质物的问题。在《吕氏春秋》中，真文合韵有 20 次，质物合韵有 10 次。

真文合韵（△真，＊文）。如：

《论人》："主道约，君守近。太上反诸己，其次求诸人。"

《劝学》："师尊，则言信矣，道论矣。"

《荡兵》："中主犹若不能有其民，而况于暴君乎？"

真文合韵，在《吕氏春秋》中数量不可谓不多，但真部独用有 36 次之多，文部合韵有 6 次，且文部独用时，有 3 次都是"忍""君"相叶，入韵字只有"忍""君""近""春""寸""訰"六个，文部与元部也有 5 次合韵，而元部独用有 34 次之多，由此，我们可以看出，文部与真部已经接近，但还没有合成一部。汉初《淮南子》用韵也可以看出这种情况，《淮南子》真部独用 55 次，文部独用 32 次，真文合韵 44 次。真、文还应是独立的。

质物合韵（×质，＊物）。如：

《尽数》："口必甘味，和精端容，将之以神气，百节虞欢，咸尽受气，饮必小咽，端直无戾。"

《慎大》："上天弗恤，夏命其卒。"

《知化》："越之于吴也，譬若心腹之疾也，虽无作，是伤深而在内也。"

《审时》："本大而茎叶格对，短桐短穗。"

在《吕氏春秋》的入声韵合韵中，质物合韵可算比较多的，这也是因为二部韵尾相同，主元音相近的关系。但二韵独用更多，质部独用 19 例，物部独用 10 例，这说明两部的界限还是很分明的。质物合韵在《诗经》中也有 10 例之多，《谷风》"溃""肆""墍"，《芄兰》"遂""悸"，《黍离》"穗""醉"（2次)，《陟岵》"季""寐""弃"，《晨风》"棣""檖""醉"，《小弁》"嘒""淠""届""寐"，《皇矣》"对""季""茀""仡""肆""忽""拂"，《桑柔》"優""逮"。但《诗经》质物分部仍是大家所公认的。质物二部到汉初，仍然没有合并。《淮南子》中质物合韵 18 例，如：《原道》"浡""汩"，《兵略》"气""实"，《人间》"穴""一""出"，《脩务》"节""忽"；但质部独用 41 例，物部独用 39 例，远远超过合韵的情况。

（4）关于之支脂。

之支脂三部的划分，自段玉裁首倡之后，基本上被古音学家所接受，这三者不是绝对没有相通之处的，《诗经》《楚辞》均有支脂合韵的例证。战国末期的《韩非子》《吕氏春秋》中出现之支、之脂合韵的例子。《吕氏春秋》中，之支合韵 7 例，之脂合韵 8 例，支脂合韵 5 例。

之支合韵（×之，＊支）：

《圜道》："人之有形体四枝，其能使之也，为其感而必知也。感而不知，则形体四枝不使也。"

《用众》："无丑不能，无恶不知。"

《怀宠》："信与民期，以夺敌资。"

《节丧》："父虽死，孝子之重之不怠；子虽死，慈父之爱之不懈。"

《季冬》："征鸟厉疾，乃毕行山川之祀，及帝之大臣，天地之神祇。"

《自知》："人主欲自知，则必直士。"

《博志》："凡有角者无上齿，果实繁者木必庳。"

之脂合韵（×之，＊脂）：

《爱士》："得白骡之肝病则止，不得则死。"

《长利》："我，国士也，为天下惜死。"又："解衣与弟子，夜半而死。"

《序意》："行也者，行其理也，行其数，循其理，平其私。"

《下贤》："士有若此者，五帝弗得而友，三王弗得而师。"

《贵卒》："荆王死，贵人皆来，尸在堂上，贵人相与射吴起。"

《辩土》："一时而五六死，故不能为来。"

《审时》："后时者，纤茎而不滋，厚糠多秕，庳辟米，不得恃定熟，卬天而死。"

支脂合韵（＊支，Δ脂）：

《制乐》："荧惑不徙，臣请死。"

《明理》："有鬼投其陴，有蒬生雉。"

《简选》："离散係系，可以胜人之行阵整齐。"

《自知》："钻荼、庞涓、太子申不自知而死，败莫大于不自知。"

职是之的入声，锡是支的入声，质是脂的入声，《吕氏春秋》尚有职锡合韵、职质合韵、锡质合韵，与之支、之脂、支脂合韵呈规律性配合。职锡合韵5例，职质合韵6例，锡质合韵1例。

职锡合韵（×职，＊锡）：

《忠廉》："汝拔剑则不能举臂，上车则不能登轼。"

《介立》："以贵富有人易，以贫贱有人难。"

《义赏》："临难用诈，足以却敌；反而尊贤，足以报德。"

《用民》："今外之则不可以拒敌，内之则不可以守国。"

职质合韵（×职，＊质）：

《论威》："凡兵，天下之凶器也；勇，天下之凶德也。"

《乐成》："子产始治郑，使田有封洫，都鄙有服。"

《不二》："听群众人议以治国，国无危日矣。"

《知分》："故命也者，就之未得，去之未失。"

锡质合韵（△锡，＊质）：

《开春》："饮食居处适，则九窍百节千脉皆通利矣。"

之支脂的合韵，从音理上很好理解，之职的主要元音是 ə，支锡的主要元音是 e，脂质的主要元音也是 e，只是脂部有个 -i 尾。ə 与 e 的发音部位，前后、高低稍有差别，离得是很近的，很容易造成合韵。

之支脂三部虽有合韵的现象，但其界限还是分明的。《吕氏春秋》中之部独用 57 例，脂部独用 6 例，支部独用 2 例；职部独用 23 例，质部独用 16 例，锡部独用 4 例。比例还是大大多于合韵。汉初《淮南子》中之支合韵 12 例，之脂合韵 13 例，支脂合韵 7

春秋时期战车

例，而之部独用 181 例，支部独用 7 例，脂部独用 23 例，界限仍然是十分清楚的，尤其是之部独用高达 181 例之多。段玉裁说得好，知其合，始可知其分。

（5）之鱼合韵。

之鱼合韵，《吕氏春秋》中有 13 例之多（△之，＊鱼）。如：

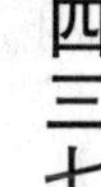

《劝学》：“颜回之于孔子也，犹曾参之事父也。”

《异用》：“欲左者左，欲右者右，欲高者高，欲下者下。”

《本味》：“有侁氏喜，以伊尹媵女。”

《为欲》：“夫无欲者，其视为天子也，与为舆隶同；其视有天下也，与无立锥之地同；其视为彭祖也，与为殇子同。”

《知化》：“我得其地不能处，得其民不能使。”

之鱼合韵在《诗经》中已有用例，《鄘风·蝃蝀》“母”“雨”，《小雅·巷伯》“谋”“者”“虎”，《大雅·緜》“饴”“谋”“龟”“时”“兹”“膴”，《常武》“士”“祖”“父”。在汉初的《淮南子》中用例更多，达 54 例，如《原道》“罟”“有”“汜”“浦”“舍”“里”，《时则》“市”“旅”“财”“事”，《氾论》“誉”“耳”“事”“芜”“虚”，等等。这似乎说明此二部合韵情况在逐渐增多。在《淮南子》中还有谓“母”曰“社”，谓“士”曰“武”的现象。如：

《说林篇》：“东家母死，其子哭之不哀，西家子见之，归谓其母曰：‘社何爱速死，吾必悲哭社。’”

《览冥篇》：“夫死生同域，不可胁凌；勇武一人，为三军雄。”

前例高诱注：“江淮谓母为社。”后例高诱注：“江淮间谓士曰武。”这似乎又是说江淮方言读之部字如鱼部字。西汉诗文之鱼合韵的有 6 例，其中司马相如 3 例，枚乘 1 例，刘向 1 例，王褒 1 例。作者中司马相如、王褒为蜀郡人，枚乘为淮阴人，刘向为丰沛人，都在故楚之地。如果是这样，《楚辞》中却没有一例之鱼合韵的情况。这种情况的出现，是否可以认为鱼部的主元音逐渐后移，与之部的主元音拉近了距离？

《礼记·曲礼》：“鹦母能言，不离飞鸟。”《说文》作“鹦䳇”，云：“能言鸟也。”“䳇”古韵当在之部。朱骏声《说文通训定声》谓“䳇”六朝以后作“鹉”。《广韵》“䳇”“鹉”同为文甫切。从母得声的之部字，到后来转入了侯部，再后来侯部与鱼部合并，所以“䳇”与“鹉”同音了。

（6）支歌合韵。

支歌合韵，《诗经》未见。《楚辞》有 2 例，"离移"与支部字叶韵。战国末期以后渐多，《韩非子》4 例，"倚离地为"与支部字叶韵；《吕氏春秋》有 2 例（×支，＊歌）：

《精喻》："不言之谋，不闻之事，殷虽恶周，不能疵矣；口噤不言，以精相告，纣虽多心，弗能知也；目视于无形，耳听于无声，商闻虽众，弗能窥矣；同恶同好，志皆有欲，虽为天子，弗能离矣。"

《自知》："存亡安危，勿求于外，务在自知。"

歌部"离""危"与支部字叶韵。

西汉以后，支歌合韵更多，《史记》中达 13 例之多。歌部"地""靡""麾""鸡""倚""驰""为""彼""和""砢""罢""义"等字与支部字叶韵。这些与支部合韵的歌部字都是三等字。这些歌部三等字到东汉张衡时代从歌部分出，归入支部。

（7）真耕合韵。

真耕两部，《诗经》时代已有合韵的情况，《小雅·节南山》"领""骋"韵，《小宛》"令""鸣""征""生"韵，《桑扈》"领""屏"韵。到战国时期，《老子》中真耕合韵有：二章"贤""争"韵，十三章"惊""身"韵，二十一章"精""真""信"韵，二十二章"盈""新"韵，三十二章"名""臣""宾""均""名"韵。《楚辞》中真耕合韵有：《哀郢》"天""名"韵，《远游》"荣""人""征"韵，《卜居》"耕""名""身""生""真""人""清""楹"韵，《九辩》"清""清""人""新""平""生""鄰""声""鸣""征""成"韵，又"天""名"韵。《吕氏春秋》真耕合韵达 20 次（△真，＊耕）。如：

《季夏》："令民无不咸出其力，以供皇天上帝名山大川四方之神，以祀宗庙社稷之灵，为民祈福。"

《精通》："臣之身得生，而为公家击磬，臣不睹臣之母三年矣。"

《君守》："故曰作者忧，因者平。惟彼君道，得命之情。故任天下而不强，此之谓全人。"

《贵信》："君臣不信，则百姓诽谤，社稷不宁；处官不信，则少不畏长，贵贱相轻；赏罚不信，则民易犯法，不可使令；交友不信，则离散郁怨，不能相亲；百工不信，则器械苦伪，丹漆染色不贞。"

《贵信》："春之德风，风不信，其华不盛，华不盛，则果实不生；夏之德暑，暑不信，其土不肥，土不肥，则长遂不精；秋之德雨，雨不信，其穀不坚，穀不坚，则五种不成；冬之德寒，寒不信，则地不刚，地不刚，则冻闭不开。"

真耕合韵如此之广、之多，说明它们的读音应很接近，王力先生认为此二部的主元音相同，皆拟为 e。由于它们主元音相同，所以经常通押，但它们的韵尾不同，所以二部没有合为一部，而各自独立。古韵侵部分出冬部，是-m 尾转为-ng 尾，但没有-n 尾转为-ng 尾的。

（8）东耕、阳耕合韵。

《诗经》《楚辞》中无一例东耕、阳耕合韵的情况，《荀子》等书也未见其例。《吕氏春秋》中东耕合韵 11 例，阳耕合韵 15 例。

东耕合韵（×东，＊耕）：

《制乐》："有穀生于庭，昏而生，比旦而大拱。"

《诚廉》："人之情，莫不有重，莫不有轻。"

《应同》："故君虽尊，以白为黑，臣不能听；父虽亲，以黑为白，子不能从。"

《观世》："先见其化而已动，远乎性命之情也。"

《贵信》："以辱为荣，以穷为通。"

《知分》："直兵造胸，句兵钩颈。"

阳耕合韵（×阳，＊耕）：

《圜道》："勿动则萌，萌而生，生而长，长而大，大而成，成乃衰，衰乃杀，杀乃藏。"

《长见》：“为不能听，勿使出境。”

《精喻》：“有事于此，而精言之而不明，勿言之而不成。”

《有度》：“唯通乎性命之情，而仁义之术自行矣。”

除此之外，还有阳东耕合韵的用例（×东，＊耕，Δ阳）：

《先己》：“五帝先道而后德，故德莫盛焉；三王先教而后杀，故事莫功焉；五伯先事而后兵，故兵莫强焉。”

《适威》：“故礼烦则不庄，业烦则无功，令苛则不听，禁多则不行。”

这三部都是以舌根音-ng收尾，读起来尾音相同，由于同化作用，使主元音接近，所以可以合韵。

（9）阳元合韵。

阳元合韵，《诗经》仅1例，《大雅·抑》以“言”韵“行”，《楚辞》无例。《吕氏春秋》中有10例（×阳，＊元）：

《圜道》：“天道圜，地道方。”

《报更》：“此赵宣孟之所以免也，周昭文君之所以显也，孟尝君之所以却荆兵也。”

《察今》：“故审堂下之阴，而知日月之行，阴阳之变；见瓶水之冰，而知天下之寒，鱼鳖之藏也。”

《先识》：“夏为无道，暴虐万百姓，穷其父兄，耻其功臣，轻其贤良，弃义听谗，众庶咸怨，守法之臣，自归于商。”

《观世》：“此治世之所以短，而乱世之所以长也。”

元、阳的主要元音都是a，它们的差别在于韵尾不同，一个是舌尖音-n，一个是舌根音-ng。主要元音相同，韵尾不同相互押韵是常见的现象，真耕相押与此类同，《诗经》《楚辞》及先秦诸子均屡有所见。

（三）《吕氏春秋》韵字表

独韵表

篇名		韵字	韵部
孟春纪	孟春	起 始 理 纪	之
	重己	裘 骸	
季春纪	季春	使 事	
		理 时	
	尽数	时 灾	
		祠 来	
孟夏纪	孟夏	时 鄙	
	劝学	材 在 理	
	诬徒	己 尤	
季夏纪	季夏	时 事	
	音律	起 使	
	音初	子 之	
孟秋纪	荡兵	久 止	
仲秋纪	仲秋	市 贿 事	
	论威	纪 起 在 之 己	
季秋纪	精通	母 有 财	
孟冬纪	节丧	久 怠	
仲冬纪	至忠	起 已	
季冬纪	季冬	始 使	
	士节	疑 之	

篇名		韵字	韵部
	不侵	时 之	
		喜 喜	
序意		之 母	
有始览	应同	胎 来	
	听言	待 子	
		海 喜	
	务本	耻 己	
	谕大	怪 谋	
孝行览	本味	士 以	
		以 始 纪 理 起	
	必己	谋 欺	
慎大览	下贤	有 以	
		士 止	
	不广	母 之	
	贵因	之 期	
先识览	观世	来 之	
	知接	载 埋	
	悔过	辞 之	
	乐成	裘 邮	
	察微	之 事 谋	
审分览	审分	理 有 恃 能 以	
		鄙 理	
		止 使 止 有	

篇名		韵字	韵部
	君守	宰 始	
		事 能	
		恢 疑 来	
	任数	思 时	
	勿躬	牛 医	
	知度	事 喜 能	
		待 事 司	
审以览	重言	久 以	
	精谕	谋 事	
	不屈	子 母	
		子 久 妇	
离俗览	用民	使 怪	
		纪 起	
		止 之 能	
		有 恃	
	适威	有 子 嗣	
恃君览	长利	子 始 事	
	召类	谋 疑 事	
	观表	谋 财	
开春论	察贤	求 事	
	期贤	喜 之	
	贵卒	里 之 驷	
慎行论	无义	以 以 待	

篇名		韵字	韵部
	壹行	期 谋	
	求人	洧 士	
贵直论	贵直	能 有	
		使 能	
		能 有	
不苟论	赞能	事 财	
	博志	里 止	
	贵当	事 待	
似顺论	有度	欺 喜	
	处方	谋 事	
士容论	上农	时 来	
	任地	耜 亩	
		时 财 谋	
		止 起 倍	
孟秋纪	荡兵	谿 堤	支
慎大览	下贤	庳 是	
先识览	察微	谿 智	
审分览	君守	智 窥	
孟春纪	重己	虚 娱	鱼
仲春纪	贵生	餘 家 苴 下	
仲夏纪	仲夏	鼓 羽 敬	
	古乐	野 武	
季夏纪	音初	女 土	

篇名		韵字	韵部
审应览	重言	处 与	
	不屈	御 邪	
	具备	怒 去	
恃君览	长利	乎 夫	
慎行论	慎行	孤 夫	
贵直论	贵直	纻 圉 处	
		居 墟 胥 间 者	
	直谏	莒 鲁 下	
	知化	墟 庐	
不苟论	当赏	家 与	
似顺论	分职	补 组	
士容论	上农	御 嫁	
	任地	土 处	
		土 土 下	
		下 苦 下 处	
	辩土	垆 枯	
		处 污	
		芜 虚	
		餘 虚	
		除 虚 芜 虚	
		疏 土 餘	
		居 扶	
		疏 居	

吕氏春秋

《吕氏春秋》其书

篇名		韵字	韵部
	审时	黍 下	侯
季春纪	尽数	腐 蝼	
季夏纪	音律	聚 务	
审应览	精谕	濡 趋	
	具备	愚 具	
离俗览	举难	濡 趋	
孟春纪	孟春	郊 朝	宵
仲夏纪	仲夏	桃 廟	
季夏纪	音律	佼 槁	
孟秋纪	孟秋	郊 朝	
审分览	君守	教 诏	
	慎势	小 少	
审应览	离谓	晓 昭	
恃君览	行论	刀 潦	
	观表	表 飘	
孟春纪	孟春	好 道	幽
仲春纪	情欲	由 忧	
季春纪	尽数	酒 首	
		道 饱 葆	
	论人	好 受 守	
	圜道	流 休	
		休 究	
仲夏纪	侈乐	道 宝 咎	

篇名		韵字	韵部
仲秋纪	简选	兽　周	
有始览	务本	道　咎	
		道　由	
孝行览	孝行	道　忧	
慎大览	权勋	道　受	
审分览	君守	牖　道	
	勿躬	酒　舟　臼	
		保　道	
	知度	道　宝	
贵直论	贵直	游　受	
不苟论	赞能	雠　手	
	贵当	求　道	
士容论	辩土	雕　脩	
	审时	道　宝	
		手　道	
		稻　葆	
孟冬纪	异宝	鬼　幾	微
有始览	应同	水　火	
孝行览	必己	非　累	
		毁　衰	
慎大览	顺说	衰　归	
审应览	淫辞	畏　罪　畏	
恃君览	知分	蠹　枚　回	

吕氏春秋

《吕氏春秋》其书

篇名		韵字	韵部
	行论	毁 累	
士容论	审时	機 尾	
季夏纪	制乐	饥 死	脂
孟秋纪	怀宠	庇 死	
孟冬纪	节丧	美 死	
有始览	务本	凄 祁 私	
孝行览	孝行	礼 履	
开春论	贵卒	骥 矢	
士容论	辩土	死 米 秕 弟	
		秕 死 弟 秕 死	
	审时	米 饥	
孟春纪	孟春	颇 义	歌
季夏纪	音初	歌 猗	
	制乐	祸 倚	
孟秋纪	荡兵	为 移	
	振乱	义 过	
孟冬纪	节丧	为 义	
		侈 可	
	安死	河 他	
季冬纪	诚廉	破 磨	
	不侵	贺 贺	
孝行览	孝行	义 宜	
	必己	蛇 化 为	

篇名		韵字	韵部
		剉 亏 离 隳	
慎大览	下贤	移 化	
	贵因	何 我	
	察今	移 宜	
审分览	君守	为 化	
	任数	和 随	
审应览	审应	和 随	
离俗览	离俗	为 义	
恃君览	恃君	过 义	
	骄恣	祸 危	
		化 危	
开春论	开春	地 义	
不苟论	不苟	为 阿	
似顺论	分职	议 危	
士容论	上农	歌 多	
孟春纪	孟春	饬 直 惑	职
季春纪	先己	忒 国	
	论人	测 息 塞 牧 得 墨 服 极 惑 革 匿	
仲夏纪	适音	国 服	
	古乐	德 极	
季夏纪	季夏	力 福	
	制乐	福 伏	
	明理	革 亟	

篇名		韵字	韵部
	任地	力 息 棘	
		得 蟙 麦	
	辩土	色 匿 得	
	审时	麦 黑 色 息 力	
仲夏纪	古乐	积 解	锡
慎大览	下贤	帝 適	
	顺说	刺 击	
		刺 击	
士容论	辩土	易 適	
孟春纪	孟春	恶 路	铎
仲秋纪	决胜	落 作	
慎大览	贵因	恶 获	
士容论	任地	泽 隙	
		逆 慕 薄 郤	
		郤 慕	
季春纪	季春	犊 数	屋
仲夏纪	古乐	木 榖	
季夏纪	明理	角 足	
孟秋纪	怀宠	榖 木 屋	
有始览	去尤	独 俗	
审分览	勿躬	粟 速	
	知度	木 数	
离俗览	举难	木 玉	

篇名		韵字				韵部
士容论	士容	玉	木	足	朴	
	辩土	族	粟			
	审时	足	耨			
		足	族			
士容论	上农	簏	乐	虐		沃
不苟论	博志	熟	告			觉
		告	熟			
季春纪	季春	出	内			物
仲夏纪	大乐	术	出			
仲秋纪	仲秋	匮	遂	类		
有始览	有始	物	类			
慎大览	下贤	内	贵			
	察今	物	悖			
审分览	审分	类	悖			
	勿躬	出	屈			
恃君览	知分	匮	遂			
开春论	贵卒	突	卒			
仲春纪	功名	至	利			质
季春纪	圜道	利	至			
孟夏纪	孟夏	疾	抑			
仲夏纪	古乐	至	室			
季夏纪	季夏	至	日			
	音律	利	至			

篇名		韵字	韵部
孟秋纪	孟秋	节 疾	
季秋纪	季秋	至 室	
孟冬纪	节丧	利 闭	
仲冬纪	仲冬	室 闭	
先识览	乐成	韄 庆	
审分览	君守	闭 密	
审应览	审应	失 节	
开春论	贵卒	至 至 至	
士容论	士容	实 一	
	审时	节 实	
		节 实	
		节 实	
		至 疾 节	
季春纪	季春	泄 达	月
	圜道	竭 大	
孟夏纪	劝学	说 兑 说 说 兑 说	
	尊师	绝 灭	
	诬徒	洁 达	
		败 废	
季夏纪	音律	盖 泄	
孟秋纪	荡兵	罚 伐	
仲冬纪	仲冬	败 竭 疠	
有始览	谨听	灭 绝	

中华传世藏书 吕氏春秋 《吕氏春秋》其书

篇名		韵字	韵部
孝行览	孝行	杀 废 阙	
先识览	观世	灭 废	
审分览	君守	阙 败 外	
离俗览	离俗	外 察 赖 害 世	
	贵信	岁 大	
	举难	外 说	
恃君览	恃君	厉 察	
	长利	达 杀	
	召类	害 察	
慎行论	疑似	败 说 灭	
	壹行	败 大	
不苟论	自知	杀 灭	
似顺论	别类	说 别 废	
士容论	士容	大 猲 害 越 大 外 赖 世 竭 卫 厉 折	
	上农	厉 岁 艾	
	辩土	夺 埒 厥 拔	
		害 大	
		达 發	
	审时	杀 大	
仲春纪	情欲	急 及	缉
季春纪	尽数	集 入	
贵直论	原乱	入 纳	
士容论	任地	急 湿	

篇名		韵字	韵部
	辩土	靯 及	
慎大览	下贤	摄 摄	盍
士容论	辩土	肤 獵	
季春纪	论人	勝 应	蒸
慎大览	贵因	崩 勝	
审分览	任数	应 勝	
季春纪	先己	声 形	耕
		聽 静 性	
	论人	形 成	
	圜道	性 正 令	
		令 命 定	
仲夏纪	仲夏	生 鸣 声	
		静 刑 成 鸣 生 荣	
	大乐	平 宁 成	
		精 形 名	
		聽 情	
	古乐	成 生	
		成 宁	
季夏纪	音律	正 定	
		平 刑 生	
孟秋纪	孟秋	平 刑 赢	
仲秋纪	仲秋	声 盛	
	论威	冥 情 诚	

吕氏春秋

《吕氏春秋》其书

吕氏春秋

《吕氏春秋》其书

篇名		韵字	韵部
仲冬纪	仲冬	宁 性 静 定	
		令 冥 声	
季冬纪	介立	郅 平	
序意		生 宁 聽	
有始览	有始	成 形 经	
		成 生 成 生 平 平 情 形	
		形 生 精 平	
	谨听	定 成 宁	
		情 成	
慎大览	顺说	劲 命	
先识览	乐成	形 成 声	
审分览	审分	名 情	
	君守	平 正 静 宁 正	
		形 成	
		刑 城	
	勿躬	正 情 性 成	
		嬴 精 綎 名	
	知度	成 平	
	慎势	并 正	
		定 争	
审应览	审应	敬 令 静 定	
	重言	声 形	
	精谕	形 声	

篇名		韵字	韵部
	具备	名 成	
离俗览	为欲	性 正	
恃君览	知分	性 命	
	行论	城 旌	
开春论	开春	城 成	
	期贤	正 敬	
		形 成	
贵直论	贵直	廷 屏	
		廷 屏	
不苟论	博志	刑 成	
似顺论	别类	劲 轻 轻	
士容论	审时	荣 生	
孟春纪	孟春	行 当	阳
		行 常	
		兵 殃	
	本生	章 伤 长	
	重己	糠 堂	
		殃 亡	
	贵公	党 荡	
	去私	行 长	
仲春纪	当染	苍 黄	
	功名	影 响	
		香 良	

篇名		韵字	韵部
季春纪	季春	桑 筐 桑	
		量 良	
	尽数	扬 行 朗 长 明 扬 行 良 养 明	
	先己	响 影	
		长 乡 皇	
	论人	养 行	
	圜道	圜 方	
孟夏纪	诬徒	王 亡	
		明 行	
	用众	病 尚	
仲夏纪	仲夏	方 明 望	
	大乐	阳 章 常 当 行 刚 阳	
		明 狂	
	古乐	昌 亡	
		桑 行 锵	
		倡 英	
季夏纪	季夏	行 汤 疆	
	音律	兵 方	
	明理	襁 匼	
仲秋纪	仲秋	裳 常 长 量 常 当 当 殃	
		当 享	
孟冬纪	节丧	葬 藏	
		葬 尚	

篇名	韵字	韵部
异用	亡 王	
仲冬纪 仲冬	香 良	
序意	当 行	
有始览 有始	明 上	
	影 响	
去尤	墙 方	
孝行览 孝行	长 兄	
	强 强	
义赏	行 觞 当	
长攻	病 葬 望	
遇合	亡 殃	
慎大览 慎大	盟 殃 商	
	昌 亡	
权勋	行 亡	
下贤	王 往	
顺说	往 象 长 响	
	望 明	
	行 方	
贵因	当 亡 王	
先识览 知接	壤 葬	
审分览 君守	狂 当	
	伤 亡 殃 狂	
任数	盲 明 狂 当	

吕氏春秋

《吕氏春秋》其书

篇名		韵字	韵部
	勿躬	光 行	
	知度	长 章	
		鞅 亡 长 当	
	慎势	长 彰	
审应览	离谓	行 王 行	
	上德	亢 障 当	
离俗览	用民	纲 张	
恃君览	恃君	长 壮	
	骄恣	王 亡	
	观表	亡 王	
慎行论	壹行	王 亡	
贵直论	知化	病 伤	
不苟论	赞能	境 迎	
	当赏	赏 赏	
似顺论	慎小	赏 伤	
士容论	士容	光 长 良	
	任地	糠 强	
	辩土	行 长	
		行 长	
		行 央	
	审时	糠 强	
		衡 香	
		糠 香	

篇名		韵字	韵部
士容论	士容	公 功	
	上农	共 凶	
	任地	重 功	
季春纪	圜道	终 宗	冬
仲夏纪	音律	冬 终	
	适音	宫 衷	
孟冬纪	孟冬	降 冬	
先识览	察微	终 中 穷	
开春论	期贤	忠 隆	
先识览	知接	忍 君	文
		忍 君	
		忍 君	
审分览	执一	君 近	
似顺论	分职	春 君	
士容论	任地	寸 畎	
孟春纪	孟春	民 亲	真
	本生	天 人	
仲春纪	贵生	真 身	
季春纪	先己	身 新 陈 新 年 人	
		天 身 身	
		人 人 身	
仲夏纪	大乐	亲 天 人	
	古乐	天 新	

篇名		韵字	韵部
孟秋纪	怀宠	天 民	
季秋纪	精通	天 渊 仁	
仲冬纪	当务	分 均	
季冬纪	不侵	身 人	
有始览	应同	鳞 人	
	谨听	贤 人	
孝行览	孝行	仁 仁	
		信 信	
	本味	亲 信	
	长攻	天 贤	
	慎人	滨 臣	
	遇合	民 身	
慎大览	慎大	信 尹	
	下贤	年 人 人	
先识览	察微	身 人	
审分览	君守	天 民	
	知度	辛 秦	
审应览	重言	天 人	
离俗览	贵信	信 信 亲	
		信 身 天	
恃君览	知分	天 人	
	召类	贤 仁 民 人	
	骄恣	年 人	

篇名		韵字	韵部
开春论	爱类	人 仁 人	
慎行论	求人	尹 臣	
贵直论	原乱	人 身	
士容论	任地	坚 均	
	辩土	尘 坚	
	审时	坚 均	
孟春纪	本生	患 贱	元
仲春纪	情欲	远 反	
		暖 旱	
季春纪	圜道	原 端	
季夏纪	音初	选 卵 反	
	明理	言 连	
孟秋纪	荡兵	见 见	
仲秋纪	论威	拌 散	
季秋纪	审己	言 难	
孟冬纪	异用	原 安 显	
季冬纪	介立	贱 难	
有始览	听言	善 难	
	谨听	然 言	
慎大览	慎大	怨 患	
		患 畔	
先识览	知接	见 远	
	悔过	谏 患	

篇名		韵字	韵部
	乐成	见 安	
		善 善 变	
	去宥	远 旱	
审分览	审分	怨 乱	
	君守	反 寒	
	知度	奸 官	
	慎势	言 患	
审应览	精谕	言 言	
离俗览	离俗	患 难	
恃君览	骄恣	间 言	
		反 晚	
开春论	期贤	安 显	
贵直论	贵直	言 见 患 言	
		干 援 言	
不苟论	博志	安 难	
似顺论	分职	寒 寒	
士容论	任地	旱 缓	
季夏纪	音初	音 风 南	侵
		风 音	
		音 心	
有始览	谨听	以 深	
士容论	任地	淫 风	
	辩土	深 阴	
		风 风	

吕氏春秋

《吕氏春秋》其书

通韵表

篇名		韵字	韵部
孟春纪	贵公	子 有 始 德	之职
仲春纪	仲春	止 备 灾	之职
季春纪	论人	特 志	职之
仲夏纪	适音	得 理	职之
	古乐	之 喜 德	之职
季夏纪	音初	志 德 匿	之职
仲秋纪	仲秋	麦 时 疑	职之
	简选	子 己 德 已	之职
季秋纪	精通	子 母 息	之职
孟冬纪	孟冬	祀 息 力	之职
	异用	国 意 材	职之
仲冬纪	仲冬	得 之 忒	职之
	当务	意 事 谋 之 之 惑	职之
季冬纪	季冬	力 祀	职之
有始览	谨听	待 得	之职
	务本	异 喜	职之
孝行览	孝行	力 之	职之
	本味	恃 熄 殆	之职
慎大览	慎大	喜 色	之职
	顺说	士 力 来	之职
		志 意	之职
	贵因	期 得	之职

篇名		韵字	韵部
先识览	乐成	殖 诲 嗣	职之
	察微	国 始 能	职之
审分览	审分	牛 得	之职
	君守	识 备 事 恢	职之
	知度	来 饰	之职
	慎势	止 异	之职
审应览	重言	谋 意	之职
	精谕	子 事 色 事 之	之职
	离谓	意 事	职之
	淫辞	缁 得	之职
离俗览	高义	国 久	职之
	适威	灾 福	之职
	举难	意 谋 事	职之
恃君览	知分	福 之	职之
	召类	直 止	职之
	骄恣	士 备	之职
		塞 士	职之
	观表	测 志	职之
		识 能	职之
开春论	期贤	之 轼	之职
		轼 之	职之
		德 财	职之
	审为	久 之 惑	之职

篇名		韵字				韵部
慎行论	疑似	惑	似			职之
	求人	国	止			职之
贵直论	贵直	戒	之			职之
似顺论	别类	革	之			职之
		啬	子			职之
	处方	异	纪			职之
士容论	上农	治	极			之职
季冬纪	不侵	凌	士			蒸之
有始览	谨听	乘	子			蒸之
孝行览	孝行	有	躬			之蒸
似顺论	分职	乘	里			蒸之
慎大览	慎大	乘	服			蒸职
		塞	崩			职蒸
慎大览	权勋	胜	胜	塞		蒸职
慎大览	不广	胜	服			蒸职
不苟论	自知	直	绳			职蒸
仲夏纪	古乐	鼚	苓	磬	簴	支耕
恃君览	观表	卑	易			支锡
仲夏纪	大乐	形	声	适	生	耕锡
离俗览	离俗	适	静			锡耕
开春论	爱类	耕	绩			耕锡
仲春纪	仲春	芽	孤	社	圃 掠	鱼铎
	情欲	固	诈			鱼铎

篇名		韵字	韵部
孟夏纪	孟夏	作 都	铎鱼
季夏纪	季夏	故 赤 诈 度	鱼铎
	音律	赦 故	铎鱼
仲秋纪	仲秋	户 涸	鱼铎
孟冬纪	孟冬	赋 下 赦	鱼铎
有始览	有始	下 夜	鱼铎
	务本	诬 诈	鱼铎
慎大览	慎大	墓 间	铎鱼
	权勋	虢 辅 辅 车	铎鱼
		虞 虢	鱼铎
	贵因	白 所	铎鱼
审分览	审分	苦 逆	鱼铎
审应览	重言	墟 霸	鱼铎
恃君览	知分	错 与	铎鱼
慎行论	慎行	助 恶	鱼铎
	求人	禹 石 盂	鱼铎
不苟论	贵当	故 恶	鱼铎
似顺论	处方	家 石 矩	鱼铎
士容论	任地	尺 度 稼	铎鱼
季冬纪	不侵	车 养	鱼阳
序意		上 下	阳鱼
有始览	应同	渔 往	鱼阳
	谨听	上 下	阳鱼

《吕氏春秋》其书

篇名		韵字	韵部
孝行览	必己	下 量 祖	鱼阳
慎大览	慎大	父 兄 行 者	鱼阳
	贵因	下 上	鱼阳
先识览	观世	上 下	阳鱼
审应览	不屈	上 下 望	阳鱼
离俗览	上德	著 章	鱼阳
恃君览	召类	雨 影	鱼阳
开春论	开春	故 葬	鱼阳
	贵卒	上 下	阳鱼
		下 阳	鱼阳
不苟论	自知	亡 虏	阳鱼
	当赏	亡 与	阳鱼
似顺论	分职	马 相 御	鱼阳
	慎小	下 上	鱼阳
孝行览	遇合	病 往 谢	阳铎
审分览	知度	王 霸	阳铎
不苟论	赞能	王 霸	阳铎
似顺论	别类	良 恶	阳铎
	分职	恶 伤	铎阳
	处方	亡 霸 王	阳铎
		商 恶	阳铎
孟春纪	贵公	恶 长 户	铎阳鱼
审应览	不屈	潞 虚 谤 誉	铎鱼阳

篇名		韵字	韵部
孟春纪	贵公	斲 豆 鬥 寇	屋侯
仲夏纪	大乐	具 欲 务	侯屋
审应览	具备	哭 鬥	屋侯
离俗览	高义	通 俗	东屋
士容论	辩土	种 数 足	东屋
仲春纪	贵生	雀 笑	沃宵
离俗览	适威	畜 雏	觉幽
开春论	察贤	育 修	觉幽
不苟论	博志	道 复	幽觉
开春论	开春	降 育	冬觉
有始览	应同	昧 威 气	物微
孝行览	必己	物 累	物微
不苟论	不苟	昧 遗	微物
似顺论	有度	悖 累	物微
孟春纪	劝学	畏 存 畏	微文
仲夏纪	古乐	位 殷	物文
孝行览	孝行	贵 君	物文
离俗览	为欲	骨 筋 存	物文
孟夏纪	孟夏	死 至	脂质
开春论	开春	至 稽	质脂
		死 日	脂质
慎行论	无义	利 必 是	质脂
士容论	辩土	死 死 窃	脂质

篇名		韵字	韵部
孝行览	孝行	身 体	真脂
	遇合	师 人	脂真
先识览	先识	饕 身 咽 身	质真
似顺论	慎小	人 死	真脂
仲春纪	情欲	滞 宜 为	月歌
孟秋纪	振乱	害 危	月歌
	怀宠	多 说	歌月
序意		世 地	月歌
有始览	听言	义 大	歌月
	谨听	可 逮	歌月
	务本	义 税	歌月
审应览	重言	说 贺	月歌
	淫辞	诡 大	歌月
离俗览	用民	义 罚	歌月
恃君览	知分	罚 义	月歌
	骄恣	多 竭	歌月
慎行论	壹行	废 危 灭	月歌
	求人	说 靡	月歌
士容论	士容	化 侻	歌月
季春纪	圜道	圜 可 善	元歌
孟夏纪	诬徒	义 慢	歌元
孟秋纪	荡兵	偃 然 祸	元歌
仲秋纪	决胜	阐 显 散 离	元歌

篇名		韵字	韵部
有始览	听言	地 安 危 难	歌元
审应览	审应	难 可	元歌
	精谕	言 为	元歌
开春论	开春	言 为	元歌
孟秋纪	振乱	患 害	元月
孝行览	遇合	绝 乱	月元
慎大览	权勋	竭 寒	月元
审分览	任数	阙 浅	月元
恃君览	观表	脆 短	月元
似顺论	别类	言 败 败	元月
	处方	远 末	元月
	慎小	言 说	元月
不苟论	博志	缺 反 亏	月元歌
孟冬纪	安死	林 邑	侵缉
		林 隰	侵缉

合韵表

篇名		韵字	韵部
季春纪	圜道	枝 之 知 知 使 使 使 有 有	支之
孟夏纪	用众	能 知	之支
		能 知	之支
		能 知	之支
孟冬纪	节丧	怠 懈	之支
	异宝	有 此	之支

篇名		韵字	韵部
仲冬纪	当务	时 智	之支
季冬纪	季冬	祀 祇	之支
孝行览	必己	知 恃 之	支之
不苟论	自知	知 士	支之
	博志	齿 库	之支
士容论	士容	此 有	支之
孟夏纪	劝学	子 父	之鱼
	用众	狐 裘	鱼之
仲秋纪	简选	慈 事 喜 下	之鱼
孟冬纪	异用	右 下	之鱼
孝行览	本味	喜 女	之鱼
审分览	审分	司 马	之鱼
	慎势	市 顾 兔	之鱼
离俗览	为欲	子 下 祖	之鱼
恃君览	骄恣	亩 户	之鱼
贵直论	知化	处 使	鱼之
		处 使	鱼之
不苟论	博志	舍 止	鱼之
似顺论	分职	谋 怒 语	之鱼
仲春纪	功名	务 事	侯之
慎大览	下贤	主 士	侯之
恃君览	知分	理 数 待	之侯
季冬纪	诚廉	侯 祀 诸	侯之鱼

篇名		韵字	韵部
仲春纪	功名	走 处 聚 去	侯鱼
季春纪	圜道	下 遇	鱼侯
季夏纪	明理	处 狗	鱼侯
孟冬纪	节丧	陋 故 务	侯鱼
仲冬纪	长见	古 后	鱼侯
有始览	务本	与 取	鱼侯
孝行览	本味	走 顾	侯鱼
慎大览	慎大	趋 下	侯鱼
		侯 社 赋	侯鱼
		雨 臾	鱼侯
先识览	乐成	举 逾	鱼侯
审应览	具备	厨 鱼	侯鱼
恃君览	行论	踏 举	侯鱼
开春论	察贤	主 虑	侯鱼
慎行论	无义	主 故	侯鱼
似顺论	处方	虞 愚	鱼侯
孟春纪	去私	雏 子	幽之
仲春纪	贵生	事 道	之幽
审分览	慎势	受 止 道	幽之
恃君览	知分	喜 忧	之幽
慎行论	慎行	子 求	之幽
慎大览	下贤	道 举	幽鱼
孝行览	遇合	游 寇	幽侯

《吕氏春秋》其书

篇名		韵字			韵部
慎大览	权勋	道 府 阜			幽侯
审分览	知度	符 周			侯幽
恃君览	长利	周 诛			幽侯
仲春纪	功名	道 逃			幽宵
季秋纪	季秋	稻 庙			幽宵
孝行览	孝行	游 庙 孝			幽宵
慎大览	贵因	郊 报			宵幽
贵直论	贵直	游 庙			幽宵
季夏纪	明理	鸥 飞			脂微
慎大览	下贤	礼 归			脂微
士容论	上农	稽 唯 秅			脂微
季冬纪	诚廉	货 威			歌微
慎大览	权勋	罪 可			微歌
仲春纪	情欲	体 地			脂歌
孟冬纪	安死	礼 过			脂歌
审应览	离谓	指 为			脂歌
贵直论	贵直	可 死			歌脂
不苟论	当赏	义 礼			歌脂
审分览	审分	能 事 幾			之微
审应览	淫辞	衣 缁			微之
孟夏纪	劝学	在 死			之脂
孟夏纪	诬徒	弟 里			脂之
孟秋纪	怀宠	期 资			之脂

篇名		韵字	韵部
仲秋纪	爱士	止 死	之脂
季秋纪	季秋	事 私	之脂
仲冬纪	仲冬	齐 时	脂之
季冬纪	季冬	次 纪	脂之
序意		理 理 私	之脂
慎大览	下贤	友 师	之脂
离俗览	举难	弟 友	脂之
恃君览	长利	士 死	之脂
		子 死	之脂
开春论	审为	弟 子	脂之
	贵卒	死 来 起	脂之
士容论	辩土	死 来	脂之
	审时	时 滋 秕 米 死	之脂
仲春纪	贵生	之 为	之歌
先识览	乐成	右 左	之歌
审分览	知度	议 辞	歌之
审分览	慎势	疑 危	之歌
离俗览	贵信	久 佐	之歌
恃君览	骄恣	为 来	歌之
	观表	议 我 久	歌之
慎行论	壹行	止 为	之歌
仲春纪	情欲	此 悲	支微
审应览	离谓	此 悲	支微

篇名		韵字	韵部
		非 是	微支
季夏纪	制乐	徙 死	支脂
季夏纪	明理	牌 雉	支脂
仲秋纪	简选	系 齐	支脂
不苟论	自知	死 知	脂支
似顺论	有度	知 私	支脂
慎行论	疑似	死 徙 地	脂支歌
审应览	精谕	疵 知 窥 离	支歌
不苟论	自知	危 知	歌支
先识览	观世	吾 处 我 齐 处 我	鱼歌脂
审分览	知度	疏 阿	鱼歌
审分览	慎势	鱼 蚁	鱼歌
似顺论	有度	虚 为	鱼歌
审分览	审分	义 数	歌侯
审分览	任数	少 多	宵歌
孟夏纪	诬徒	兽 幾	幽微
孝行览	孝行	幼 弟	幽脂
有始览	有始	游 移	幽歌
慎行论	求人	道 求 过	幽歌
先识览	悔过	薨 堂	蒸阳
季春纪	季春	登 功	蒸东
离俗览	适威	从 勝	东蒸
	举难	功 绳	东蒸

篇名		韵字	韵部
恃君览	召类	应 动	蒸东
孟春纪	孟春	降 腾	冬蒸
	本生	弓 中	蒸冬
季春纪	季春	降 腾	冬蒸
孟冬纪	孟冬	蒸 宗	蒸冬
季春纪	圜道	萌 生 长 成 藏	阳耕
仲秋纪	简选	梃 兵	耕阳
孟冬纪	孟冬	上 名 诚 当 情	阳耕
仲冬纪	仲冬	争 荡	耕阳
		令 成 兵	耕阳
仲冬纪	当务	藏 聖	阳耕
		名 行	耕阳
仲冬纪	长见	聽 境	耕阳
审分览	审分	亡 伤 生	阳耕
审分览	勿躬	障 形	阳耕
审分览	勿躬	情 章	耕阳
审分览	执一	明 聽 声 正	阳耕
审应览	精谕	明 成	阳耕
审应览	离谓	定 行	耕阳
离俗览	上德	赏 政	阳耕
恃君览	达郁	井 状	耕阳
不苟论	赞能	聽 行	耕阳
似顺论	有度	情 行	耕阳

篇名		韵字	韵部
		正 静 明	耕阳
士容论	辩土	平 阳 生	耕阳
	审时	衡 盈	阳耕
仲春纪	先己	盛 功 兵 强	耕东阳
离俗览	适威	庄 功 聽 行	阳东耕
仲夏纪	古乐	成 功	耕东
季夏纪	制乐	庭 生 拱	耕东
孟冬纪	孟冬	功 程	东耕
	安死	定 用	耕东
季冬纪	诚廉	情 重 轻	耕东
有始览	应同	聽 从	耕东
		名 攻 静	耕东
慎大览	权勋	贞 用	耕东
离俗览	贵信	荣 通	耕东
恃君览	知分	胸 颈	东耕
孟夏纪	尊师	聋 盲 爽 狂	东阳
仲夏纪	古乐	常 功	阳东
季夏纪	季夏	昌 功 殃	阳东
孟秋纪	孟秋	兵 功 方	阳东
仲秋纪	仲秋	量 衡 甬	阳东
	论威	兵 勇	阳东
序意		亡 凶	阳东
		盲 聋 狂	阳东

篇名		韵字	韵部
先识览	悔过	商 江	阳东
	乐成	公 旁 梁	东阳
审分览	任数	聪 明 公	东阳
	执一	章 当 昌 鸿	阳东
慎行论	无义	将 重	阳东
似顺论	有度	惶 恐	阳东
		强 通	阳东
有始览	谨听	昌 宗	阳冬
慎大览	下贤	行 宗 穷 望	阳冬
离俗览	用民	农 王	冬阳
	贵信	降 当	冬阳
恃君览	长利	广 隆	阳冬
孟夏纪	尊师	忠 平 正	冬耕
	用众	众 名	冬耕
离俗览	举难	盛 众	耕冬
仲春纪	先己	用 众	东冬
孟夏纪	用众	用 众	东冬
季夏纪	音初	中 公	冬东
序意		公 公 隆	东冬
离俗览	高义	穷 通	冬东
		通 穷	东冬
士容论	上农	众 庸	冬东
孟春纪	去私	善 论	元文

篇名		韵字	韵部
仲春纪	贵生	闻 见	文元
慎大览	下贤	门 端 源	文元
先识览	知接	远 近	元文
		存 安	文元
仲春纪	情欲	蕇 秦 人	文真
季春纪	论人	近 人	文真
孟夏纪	劝学	尊 信 论	真文
孟秋纪	荡兵	民 君	真文
季冬纪	不侵	君 臣 人	文真
序意		天 人 遁	真文
有始览	应同	亲 君	真文
		尊 亲	文真
	谕大	运 神 文	文真
孝行览	孝行	本 人 人 本	文真
慎大览	下贤	年 门	真文
先识览	乐成	君 人	文真
审分览	勿躬	君 亲	文真
审分览	执一	本 身	文真
审应览	重言	年 讇	真文
离俗览	高义	忍 臣	文真
似顺论	别类	坚 牣	真文
士容论	务大	钧 斤	真文
	任地	甽 尽	文真

篇名		韵字	韵部
	辩土	先 均 坚 本	文真
恃君览	恃君	贤 尊 残	真文元
季冬纪	士节	亲 难	真元
审分览	知度	船 贤	元真
不苟论	当赏	善 贤	元真
仲秋纪	论威	沈 陷	侵谈
季夏纪	季夏	神 灵	真耕
	明理	民 生	真耕
孟秋纪	荡兵	性 天	耕真
季秋纪	精通	人 生	真耕
		生 磬 年	耕真
孝行览	孝行	聖 亲	耕真
		身 形	真耕
先识览	先识	城 民 贤	耕真
审分览	君守	平 情 人	耕真
审应览	具备	诚 诚 情 精 天	耕真
		诚 神	耕真
离俗览	上德	天 情	真耕
	适威	民 性 情	真耕
	贵信	生 精 成 開	耕真
		宁 轻 令 亲 贞	耕真
开春论	审为	生 身 形	耕真
慎行论	慎行	信 亲 程	真耕

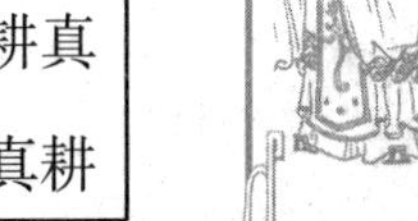

篇名		韵字	韵部
	求人	郑 聘 人	耕真
贵直论	贵直	天 廷	真耕
似顺论	慎小	民 成	真耕
先识览	悔过	辩 精 见	元耕
季春纪	圜道	圜 方	元阳
慎大览	下贤	行 援	阳元
	报更	免 显 兵	元阳
慎大览	不广	战 葬	元阳
慎大览	察今	行 变 寒 藏	阳元
先识览	先识	兄 良 怨 商	阳元
	观世	短 长	元阳
审应览	淫辞	行 言	阳元
离俗览	用民	断 行	元阳
	适威	方 圜	阳元
贵直论	知化	狷 央	元阳
不苟论	博志	安 章 难	元阳
先识览	观世	肩 踵	元东
仲春纪	情欲	赡 厌 满	谈元
孟夏纪	尊师	厌 倦	谈元
离俗览	上德	安 甘	元谈
不苟论	博志	厌 倦	谈元
慎大览	察今	阴 冰	侵蒸
孟夏纪	诬徒	中 深 审	冬侵

篇名		韵字	韵部
慎大览	慎大	宋 林	冬侵
孟秋纪	振乱	深 心 论	侵文
不苟论	赞能	均 心	真侵
慎大览	慎大	山 林	元侵
恃君览	观表	心 传 深	侵元
慎行论	壹行	禁 劝	侵元
		船 沈	元侵
仲冬纪	忠廉	臂 轼	锡职
季冬纪	介立	富 易	职锡
先识览	察微	溢 富	锡职
离俗览	用民	敌 国	锡职
		適 食	锡职
似顺论	有度	缪 塞	觉职
离俗览	举难	目 璢	觉锡
似顺论	慎小	积 辱	锡屋
审应览	具备	欲 恶	屋铎
季春纪	尽数	味 气 气 戾	物质
仲夏纪	古乐	瑟 气	质物
季夏纪	明理	类 日	物质
仲秋纪	仲秋	疾 气	质物
慎大览	慎大	恤 卒	质物
离俗览	为欲	一 至 谓	质物
恃君览	达郁	至 出	质物

篇名		韵字			韵部
贵直论	知化	疾	内		质物
士容论	审时	遂	穗		物质
		对	穗		物质
仲春纪	情欲	外	内		月物
孟夏纪	孟夏	大	位		月物
不苟论	当赏	出	说		物月
季夏纪	明理	疾	疠		质月
慎大览	慎大	大	日		月质
先识览	观世	日	世		质月
审分览	慎势	吉	灭		质月
先识览	先识	法	泣		盍缉
仲秋纪	论威	器	德		质职
先识览	乐成	洫	服		质职
审分览	不二	国	日		职质
离俗览	为欲	国	异	一	职质
恃君览	知分	得	失		职质
开春论	察贤	力	逸		职质
慎行论	无义	得	失		职质
恃君览	恃君	息	类		职物
士容论	辩土	得	术		职物
开春论	开春	适	利		锡质
孝行览	本味	诈	敌	德	铎锡职
恃君览	恃君	废	作		月铎

篇名	韵字	韵部
孟春纪　贵公	类　物　人	物真
有始览　有始	知　说	支月
仲春纪　功名	易　移	锡歌
先识览　察微	危　贵	歌物
有始览　去尤	故　喜　恶	鱼之铎
恃君览　达郁	污　蠹　蔷	鱼铎之
孝行览　本味	主　行	侯阳
开春论　爱类	饥　寒	脂元
贵直论　过理	环　髓　醢	元歌之

之部韵字：起始理纪裘骸子有止灾使事时祠来己尤之疑市贿在谋祀母胎喜
　　　　　耻以期诲嗣邮能恢思久怪恃财似待欺倍怠已友士载埋辞右牛司
　　　　　里骀醢齿治耜亩洧滋鄙材宰慈医妇海志殆缁

支部韵字：庳是疵知窥此枝鼙簁徙谿堤智祇卑懈陴系

鱼部韵字：虚娱馀家苴下鼓羽敌野武旅辅所处楚车倨夸固故虑誉赋贮与宇
　　　　　户墟御邪孤夫助纻圄居间者庐补组土汙芜除扶疏黍垆枯芽社狐
　　　　　女诬马吾稼夏举鱼顾兔莒鲁嫁苦阻许罟纾雨诬懼吴怒胥驾图都
　　　　　去乎语禹盂渔祖父虏古舍著诸

侯部韵字：豆鬥寇腐蝼具务聚濡趋愚陋取侯臾逾符厨诛蹻主数走遇狗后府

宵部韵字：郊朝桃廟佼槀教诏逃少小晓昭刀潦表飘笑

幽部韵字：酒首道饱葆流休究宝咎兽周由忧牖保雠手求雕修好稻游孝调报
　　　　　受舟臼守幼皁

微部韵字：衰归機尾悲威水火毁蠢枚回累哀唯鬼機非畏罪飞味幾衣

脂部韵字：饥死庇稽骥矢秕弟资体私祁美指礼米师鸥雉齐次凄

歌部韵字：宜义可多破磨地移化为贺随过祸危阿歌颇倚猗侈河他赢剉亏嚱

《吕氏春秋》其书

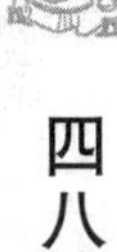

何我左议蚁髓蛇离和诡靡佐

职部韵字：饬直惑测息塞牧得墨服极革匿国意德式识翼伏异食械备色啬力棘蜮麦黑呕忒轼殖戒稷福富刻侧特则

锡部韵字：积解刺击帝適易敌臂益绩璃

铎部韵字：赦落作潞霸恶泽隙逆慕薄郄路诈涸墓虢白错蠹掠度获夜石谢尺

屋部韵字：毂木屋独俗数哭玉足朴族粟斯犊欲速耨角辱

沃部韵字：籥乐虐雀

觉部韵字：熟告复畜育缪目

物部韵字：出内味气术位匮遂类物悖屈突卒贵昧谓骨对

质部韵字：至利室节疾鞑戾闭密一实瑟恤穗器逸日洫吉失窃抑餮

月部韵字：月泄达绝灭败废盖竭瘌杀阙外察赖害世岁大说厉缺别羯越揭卫折夺艾垝厥拔滞罚伐逮埶脆倪發兑税洁

缉部韵字：集入急及湿鞈邑隰泣纳

盍部韵字：摄慑胠獵法

蒸部韵字：胜应凌乘崩绳腾弓登蒸冰薨躬

耕部韵字：声刑聽静形成正令命定生鸣性荣平宁精名赢冥情诚经敬轻城旌廷屏劲磬盛苓庭程争聖郢嬴幸政贞颈盈零并梃綎井灵

阳部韵字：行当常章伤糠长堂殃亡影响香良筐桑量扬朗明乡皇方昌病尚望阳刚狂锵汤疆兵裳享王墙赏上葬盟商往壤莽盲光亢障纲张强央衡芒芳狼象党荡养彰爽倡英旁梁庄兄迎境惶苍黄觞相藏广禳匡状壮萌谤

东部韵字：容从同雍聋聪凶逢种用充通共重功甬勇江公鸿动功拱攻踵胸匈恐庸

冬部韵字：终宗冬降忠隆中众宫衷宋穷农

文部韵字：君奔忍筋存闻尊论遁本门囤物春斤先近寸删殷蠢运文牣

真部韵字：天人真身新陈年亲渊仁信民均坚臣神滨贤尽分鳞尹辛秦钧開

元部韵字：患贱寒暖旱原端难安显善怨畔乱反见满缓远选卵偃然拌散阐言山变肩短辩谏浅船断晚传劝环倦连奸官间源圜免援干慢

侵部韵字：风南音心深淫阴沈林禁

谈部韵字：赡厌陷甘

（四）《吕氏春秋》韵读

《吕氏春秋》韵读如下：

《孟春纪·孟春》

立春之日，天子亲率三公、九卿、诸侯、大夫，以迎春于东郊，还，乃赏公、卿、诸侯、大夫于朝。（"郊""朝"宵部）庆赐遂行，无有不当。（"行""当"阳部）乃命太史，守典奉法，司天日月星辰之行；宿离不忒，无失经纪，以初为常。（"行""常"阳部）

是月也，天气下降，地气上腾，（"降""腾"冬蒸合韵）天地和同，草木繁动。（"同""动"东部）以教导民，必躬亲之。（"民""亲"真部）田事既饬，先定准直，农乃不惑。（"饬""直""惑"职部）

是月也，不可以称兵，称兵必有天殃。（"兵""殃"阳部）兵戎不起，不可以从我始，无变天之道，无绝地之理，无乱人之纪。（"起""始""理""纪"之部）

《本生》

始生之者，天也；养成之者，人也。（"天""人"真部）

万人操弓，共射其一招，招无不中。（"弓""中"蒸冬合韵）万物章章，以害一生，生无不伤，以便一生，生无不长。（"章""伤""长"阳部）

贵富而不知道，适足以为患，不如贫贱。（"患""贱"元部）

《重己》

是师者之爱子也，不免乎枕之以糠；是聋者之养婴儿也，方雷而窥之于堂。（"糠""堂"阳部）

以此治身，必死必殃；以此治国，必残必亡。（"殃""亡"阳部）

其为舆马衣裘也，足以逸身暖骸而已矣。（"裘""骸"之部）其为饮食酏醴也，足以适味充虚而已矣；其为声色音乐也，足以安性自娱而已矣。（"虚""娱"鱼部）

《贵公》

无偏无党，王道荡荡。（"党""荡"阳部）无偏无颇，遵王之义。（"颇""义"歌部）无或作好，遵王之道。（"好""道"幽部）无或作恶，遵王之路。（"恶""路"铎部）

阴阳之和，不长一类；甘雨时露，不私一物；万民之主，不阿一人。（"类""物""人"物真合韵）

天地大矣，生而弗子，成而弗有，万物皆被其泽，得其利，而莫知其所由始。此三皇五帝之德也。（"子""有""始""德"之职通韵）

大匠不斫，大庖不豆，大勇不斗，大兵不寇。（"斫""豆""斗""寇"屋侯通韵）

桓公行公去私恶，用管子而为五伯长；行私阿所爱，用竖刀而虫出于户。（"恶""长""户"铎阳鱼通韵）

《去私》

天无私覆也，地无私载也，日月无私烛也，四时无私行也。行其德而万物得遂长焉。（"行""长"阳部）

孔子闻之曰："善哉！祁黄羊之论也，（"善""论"元文合韵）外举不避雠，内举不避子。（"雠""子"幽之合韵）"

墨者有钜子腹䵍，居秦，其子杀人。（"䵍""秦""人"文真合韵）

《仲春纪·仲春》

是月也，安萌芽，养幼少，存诸孤；择元日，命人社；命有司，省囹圄，去桎梏，无肆掠，止狱讼。（"芽""孤""社""圄""掠"鱼铎通韵）

雷且发声，有不戒其容止者，生子不备，必有凶灾。（"止""备""灾"之

职通韵）

《贵生》

故曰：道之真，以持身。（“真”“身”真部）其绪馀，以为国家，其土苴，以治天下。（“馀”“家”“苴”“下”鱼部）由此观之，帝王之功，圣人之馀事也，非所以完身养生之道也。（“事”“道”之幽合韵）今世俗之君子，危身弃生以徇物，彼且奚以此之也，彼且奚以此为也？（“之”“为”之歌合韵）

今有人于此，以随侯之珠弹千仞之雀，世必笑之。（“雀”“笑”沃宵通韵）

耳闻所恶，不若无闻；目见所恶，不若无见。（“闻”“见”文元合韵）

《情欲》

耳不可赡，目不可厌，口不可满。（“赡”“厌”“满”谈元合韵）身尽府种，筋骨沈滞，血脉壅塞，九窍寥寥，曲失其宜，虽有彭祖，犹不能为也。（“滞”“宜”“为”月歌通韵）

意气易动，蹻然不固；矜势好智，胸中欺诈。（“固”“诈”鱼铎通韵）德义之缓，邪利之急，身以困穷，虽后悔之，尚将奚及？（“急”“及”缉部）巧佞之近，端直之远，国家大危，悔前之过，犹不可反。（“远忧反”元部）闻言而惊，不得所由；百病怒起，乱难时至；以此君人，为身大忧。（“由”“忧”幽部）

秋早寒则冬必暖矣，春多雨则夏必旱矣。（“暖”“旱”元部）

万物之形虽异，其情一体也。故古之治身与天下者，必法天地也。（“体”“地”脂歌合韵）功虽成乎外，而生亏乎内。（“外”“内”月物合韵）

用心如此，岂不悲哉？（“此”“悲”支微合韵）

《当染》

染于苍则苍，染于黄则黄。（“苍”“黄”阳部）

《功名》

由其道，功名之不可得逃，（“道”“逃”幽宵合韵）犹表之与影，若呼之与响。（“影”“响”阳部）善钓者，出鱼乎十仞之下，饵香也；善弋者，下鸟

乎百仞之上，弓良也。（"香""良"阳部）

大寒既至，民暖是利；（"至""利"质部）大热在上，民清是走。故民无常处，见利之聚，无之去。（"走""处""聚""去"鱼侯合韵）

故当今之世，有仁人在焉，不可而不此务；有贤主，不可而不此事。（"务""事"侯之合韵）

贤不肖不可以不相分，若命之不可易，若美恶之不可移。（"易""移"锡歌合韵）

《季春纪·季春》

是月也，生气方盛，阳气发泄，生者毕出，萌者尽达，不可以内。（"泄""达"月部，"出""内"物部）

时雨将降，下水上腾。（"降""腾"冬蒸合韵）

鸣鸠拂其羽，戴任降于桑，具栚曲篓筐。后妃斋戒，亲东乡躬桑。（"桑""筐""桑"阳部）禁妇女无观，省妇使，劝蚕事。（"使""事"之部）蚕事既登，分茧称丝效功。（"登""功"蒸东合韵）

是月也，命工师令百工审五库之量，金铁、皮革筋、角齿、羽箭干、脂胶丹漆，无或不良。（"量""良"阳部）百工咸理，监工日号，无悖于时。（"理""时"之部）

牺牲驹犊，举书其数。（"犊""数"屋部）

《尽数》

精气之集也，必有入也，（"集""入"缉部）集于鸟羽，与为飞扬；集于走兽，与为流行；集于珠玉，与为精朗；集于树木，与为茂长；集与圣人，与为夐明。精气之来也，因轻而扬之，因走而行之，因美而良之，因长而养之，因智而明之。（"扬""行""朗""长""明""扬""行""良""养""明"阳部）

流水不腐，户枢不蝼。（"腐""蝼"侯部）

郁处头则为肿为风，处耳则为挶为聋，处目则为䁾为盲。（"聋""盲"东

阳合韵）

凡食，无强厚味，无以烈味重酒，是以谓之疾首。（"酒""首"幽部）食能以时，身必无灾。（"时""灾"之部）凡食之道，无饥无饱，是之谓五藏之葆。（"道""饱""葆"幽部）口必甘味，和精端容，将之以神气，百节虞欢，咸进受气。饮必小咽，端直无戾。（"味""气""气""戾"物质合韵）

今世上卜筮祷祠，故疾病愈来。（"祠""来"之部）

《先己》

凡事之本，必先治身，啬其大宝，用其新，弃其陈，腠理遂通。精气日新，邪气尽去，及其天年，此之谓真人。（"身""新""陈""新""年""人"真部）

故善响者，不于响于声；善影者，（"影""响"阳部）不于影于形。（"形""声"耕部）

诗曰：淑人君子，其仪不忒。其仪不忒，正是四国。（"忒""国"职部）

无为之道曰胜天，义曰利身，君曰勿身。（"天""身""身"真部）勿身督聽，利身平静，胜天顺性。（"聽""静""性"耕部）顺性则聪明寿长，平静则业进乐乡，督听则奸塞不皇。（"长""乡""皇"阳部）

五帝先道而后德，故德莫盛焉；三王先教而后杀，故事莫功焉；五伯先事而后兵，故兵莫强焉。（"盛""功""兵""强"耕东阳合韵）当今之世，巧谋并行，诈术递用，攻战不休，亡国辱主愈众。（"用""众"东冬合韵）谓其为之于此，而成文于彼也。（"此""彼"支歌合韵）

丘闻之：得之于身者得之人，失之于身者失之人。不出于门户而天下治者，其唯知反于己身者乎？（"人""人""身"真部）

《论人》

主道约，君守近。太上反诸己，其次求诸人。（"近""人"文真合韵）

凡彼万形，得一后成。（"形""成"耕部）故知知一，则应物变化，阔大渊深，不可测也；德行昭美，比于日月，不可息也；豪士时之，远方来宾，不可塞也；意气宣通，无所束缚，不可［牧］也。故知知一，则复归于朴，嗜欲易足，取养节薄，不可得也；离世自乐，中情洁白，不可［墨］也；威不能惧，严不能恐，不可服也。故知知一，则可动作当务，与时周旋，不可极也；举错以数，取与遵理，不可惑也；言无遗者，集于肌肤，不可革也；逸人困穷，贤者遂兴，不可匿也。（"测""息""塞""牧""得""墨""服""极""惑""革""匿"职部）故知知一，则若天地然，则何事之不勝？何物之不应？（"勝""应"蒸部）

昔上世之亡主，以罪为在人，故日杀戮而不止，以至于亡而不悟；三代之兴王，以罪为在己，故日功而不衰，以至于王。（"悟""王"鱼阳通韵）

凡论人，通则观其所礼，贵则观其所进，富则观其所养，听则观其所行，（"养""行"阳部）止则观其所好，习则观其所言，穷则观其所不受，贱则观其所不为。喜之以演其守，（"好""受""守"幽部）乐之以验其僻，怒之以验其节，惧之以验其特，哀之以验其人，苦之以验其志。（"特""志"职之通韵）

《圜道》

天道圜，地道方。（"圜""方"元阳合韵）

主执圜，臣处方，方圜不易，其国乃昌。（"方""昌"阳部）

精行四时，一上一下，各与遇。（"下""遇"鱼侯合韵）物动则萌，萌而生，生而长，长而大，大而成，成乃衰，衰乃杀，杀乃藏，圜道也。（"萌""生""长""成""藏"阳耕合韵）

水泉东流，日夜不休。（"流""休"幽部）上不竭，下不满，小为大，重为轻，圜道也。（"竭""大"月部）

一也齐至贵，莫知其原，莫知其端。（"原""端"元部）莫知其始，莫知其终，而万物以为宗。（"终""宗"冬部）圣王法之，以令其性，以定其正，以出号令。（"性""正""令"耕部）令出于主口，官职受而行之，日夜不休，宣通下究。（"休""究"幽部）令圜，则可不可，善不善，（"圜""可""善"

元歌通韵）无所雍矣。无所雍者，主道通也。（"雍""雍""通"东部）故令者，人主之所以为命也，贤不肖、安危之所定也。（"令""命""定"耕部）

人之有形体四枝，其能使之也，为其感而后知也。感而不知，则形体四枝不使矣。人臣亦然。号令不感，则不得而使矣。有之而不使，不若无有，主也者，使非有者也。（"枝""之""知""知""使""使""使""有""有"之支合韵）

以此治国，国无不利矣；以此备患，患无由至矣。（"利""至"质部）

《孟夏纪·孟夏》

命太尉赞杰俊，遂贤良，举长大；行爵出禄，必当其位。（"大""位"月物合韵）

是月也，天子始絺。命野虞出行田原，劳农劝民，无或失时；命司徒循行县鄙；（"时""鄙"之部）命农勉作，无伏于都。（"作""都"铎鱼通韵）糜草死，麦秋至。（"死""至"脂质通韵）

《劝学》

学者师达而有材，吾未知其不为圣人。圣人之所在，则天下理焉。（"材""在""理"之部）

师尊，则言信矣，道论矣。（"尊""信""论"文真合韵）

凡说者，兑之也，非说之也。今世之说者，多弗能兑，而反说之。（"说""兑""说""说""兑""说"月部）

曾点曰："彼虽畏，我存，夫安敢畏?"（"畏""存""畏"微文通韵）孔子畏于匡，颜渊后，孔子曰："吾以汝为死矣。"颜渊曰："子在，回何敢死?"（"在""死"之脂合韵）颜回之于孔子也，犹曾参之事父也。（"子""父"之鱼合韵）

《尊师》

此五帝之所以绝，三代之所以灭。（"绝""灭"月部）

且天生人也，而使其耳可以闻，不学，其闻不若聋；使其目可以见，不学，

其见不若盲；使其口可以言，不学，其言不若爽；使其心可以知，不学，其知不若狂。（"聋""盲""爽""狂"东阳合韵）

身成则为人子弗使而孝矣，为人臣弗令而忠矣，为人君弗强而平矣，有大势可以为天下正矣。（"忠""平""正"冬耕合韵）

勿已者，则好学而不厌，好教而不倦。（"厌""倦"谈元合韵）

《诬徒》

子华子曰：王者乐其所以王，亡者亦乐其所以亡。（"王""亡"阳部）故烹兽不足以尽兽，嗜其脯则幾矣。（"兽""幾"幽微合韵）然则王者有嗜乎理义也，亡者亦有嗜乎暴慢矣。（"义""慢"歌元通韵）

弟子居处修洁，身状出伦，闻识疏达，（"洁""达"月部）就学敏疾，本业几终者，则从而抑之。（"疾""抑"质部）

归则愧于父母兄弟，出则惭于知友邑里。（"弟""里"脂之合韵）

人之情，恶异于己者，此师徒相与造怨尤也。（"己""尤"之部）

学业之败也，道术之废也，从此生矣。（"败""废"月部）

学业之章明也，道术之大行也，从此生矣。（"明""行"阳部）

遇师则不中，用心则不专，好之则不深，就业则不疾，辩论则不审，教人则不精。（"中""深""审"冬侵合韵）

《用众》

无丑不能，无恶不知。（"能""知"之支合韵）丑不能，恶不知，（"能""知"之支合韵）病矣。不丑不能，不恶不知，（"能""知"之支合韵）尚矣。（"病""尚"阳部）

天下无粹白之狐，而有粹白之裘。（"狐""裘"鱼之合韵）夫取于众，此三皇五帝之所以大立功名也。（"众""名"冬耕合韵）

楚、魏之王辞言不说，而境内已修备矣，兵士已修用矣，得之众也。（"用""众"东冬合韵）

《仲夏纪·仲夏》

小暑至，螳螂生，鵙始鸣，反舌无声。（"生""鸣""声"耕部）

是月也，命乐师修鞀鞞鼓，均琴瑟管箫，执干戚戈羽，调竽笙埙篪，饬钟磬柷敔。（"鼓""羽""敔"鱼部）

是月也，天子以雏尝黍，羞以含桃，先荐寝庙。（"桃""庙"宵部）

百官静，事无刑，以定晏阴之所成。鹿角解，蝉始鸣，半夏生，木堇荣。（"静""刑""成""鸣""生""荣"耕部）

是月也，无用火南方，可以居高明，可以远眺望。（"方""明""望"阳部）

《大乐》

太一出两仪，两仪出阴阳。阴阳变化，一上一下，合而成章。浑浑沌沌，离则复合，合则复离，是谓天常。天地车轮，终则复始，极则复反，莫不咸当。日月星辰，或疾或徐，日月不同，以尽其行。四时代兴，或暑或寒，或短或长，或柔或刚。万物所出，造于太一，化于阴阳。（"阳""章""常""当""行""刚""阳"阳部）萌芽始震，凝滚以形。形体有处，莫不有声。声出于和，和出于适。先王定乐，由此而生。（"形""声""适""生"耕锡通韵）天下太平，万物安宁。皆化其上，乐乃可成。（"平""宁""成"耕部）成乐有具，必节嗜欲。嗜欲不辟，乐乃可务。（"具""欲""务"侯屋通韵）务乐有术，必由平出。（"术""出"物部）

道也者，至精也，不可为形，不可为名。（"精""形""名"耕部）

故一也者制令，两也者从听。先圣择两法一，是以知万物之情。（"听""情"耕部）故能以一听政者，乐君臣，和远近，说黔首，合宗亲；能以一治其身者，免于灾，终其寿，全其天；能以一治其国者，奸邪去，贤者至，成大化。能以一治天下者，寒暑适，风雨时，为圣人。（"亲""天""人"真部）故知一则明，明两则狂。（"明""狂"阳部）

《侈乐》

知其所以知之谓知道，不知其所以知之谓弃宝，弃宝者必离其咎。（"道"

“宝”“咎”幽部）

《适音》

四欲之得也，在于胜理。（“得”“理”职之通韵）

胜理以治国，则法立，法立则天下服矣。（“国”“服”职部）

黄钟之宫，音之本也，清浊之衷也。（“宫”“衷”冬部）

《古乐》

贤者以昌，不肖者以亡。（“昌”“亡”阳部）

昔古朱襄氏之治天下也，多风而阳气蓄积，万物散解，（“积”“解”锡部）果实早成；故士达作为五弦瑟，以来阴气，（“瑟”“气”质物合韵）以定群生。（“成”“生”耕部）

昔葛天氏之乐，三人操牛尾，投足以歌八阕：一曰载民，二曰玄鸟，三曰遂草木，四曰奋五穀，（“木”“穀”屋部）五曰敬天常，六曰达帝功，（“常”“功”阳东合韵）七曰依地德，八曰总万物之极。（“德”“极”职部）

帝颛顼生自若水，实处空桑。惟天之合，正风乃行，其音若熙熙凄凄锵锵。（“桑”“行”“锵”阳部）

乃令鱓先为乐倡，鱓乃偃寝，以其尾鼓其腹，其音英英。（“倡”“英”阳部）

帝喾乃令人抃，或鼓鼙，击钟磬，吹苓，展管箎。（“鼙”“苓”“磬”“箎”支耕通韵）因令凤鸟、天翟舞之。帝喾大喜，乃以康帝德。（“之”“喜”“德”之职通韵）

于是命皋陶作为夏籥九成，以昭其功。（“成”“功”耕东合韵）

功名大成，黔首安宁。（“成”“宁”耕部）

周公旦乃作诗曰：文王在上，於昭于天。周虽旧邦，其命维新。（“天”“新”真部）

武王即位，以六师伐殷，（“位”“殷”物文通韵）六师既至，以锐兵克之于牧野。归，乃荐俘馘于京太室，（“室”“至”质部）乃命周公为作大武。

（“野”“武”鱼部）

《季夏纪·季夏》

令民无不咸出其力，以供皇天上帝、名山大川、四方之神，以祀宗庙社稷之灵，（“神”“灵”真耕合韵）为民祈福。（“力”“福”职部）

是月也，命妇官染采，黼黻文章，必以法故，无或差忒，黑黄苍赤，莫不质良，勿敢伪诈，以给郊庙祭祀之服，以为旗章，以别贵贱等级之度。（“故”“赤”“诈”“度”鱼铎通韵）

无发令而干时，以妨神农之事。（“时”“事”之部）水潦盛昌，命神农将巡功，举大事则有天殃。（“昌”“殃”“功”阳东合韵）

是月也，土润溽湿，大雨时行，烧薙行水，利以杀草，如以热汤，可以粪田畴，可以美土疆。（“行”“汤”“疆”阳部）

是月甘雨三至，三旬二日。（“至”“日”质部）

《音律》

天地之风气正，则十二律定矣。（“正”“定”耕部）

黄钟之月，土事无作，慎无发盖，以固天闭地，阳气且泄。（“盖”“泄”月部）

大吕之月，数将几终，岁且更起，而农民，无有所使。（“起”“使”之部）

太蔟之月，阳气始生，草木繁［滋］，令农发土，无或失时。（“滋”“时”之部）

夹钟之月，宽裕和平，行德去刑，无或作事，以害群生。（“平”“刑”“生”耕部）

姑洗之月，达道通路，沟渎修利，申之此令，嘉气趣至。（“利”“至”质部）

仲吕之月，无聚大众，巡劝农事，草木方长，无携民「志」。（“事”“志”之部）

蕤宾之月，阳气在上，安壮养［侠］，本朝不静，草木早槁。（“侠”“槁”

《吕氏春秋》其书

宵部）

林钟之月，草木盛满，阴将始［杀］，无发大事，以将阳气。（"杀""气""月""物"合韵）

夷则之月，修法饬刑，选士厉兵，诘诛不义，以怀远方。（"兵""方"阳部）

南吕之月，蛰虫入穴，趣农收聚，无敢懈怠，以多为务。（"聚""务"侯部）

无射之月，疾断有罪，当法勿赦，无留狱讼，以亟以故。（"赦""故"铎鱼通韵）

应钟之月，阴阳不通，闭而成冬，修别丧纪，审民所终。（"冬""终"冬部）

《音初》

以为余子，谁敢殃之？（"子""之"之部）

禹行功，见涂山之女，禹未之遇而巡省南土。（"女""土"鱼部）女乃作歌，歌曰：候人兮猗。（"歌""猗"歌部）实始作为南音。周公及召公取风焉，以为"周南""召南"。（"音""风""南"侵部）

还反涉汉，梁败，王及蔡公抎于汉中。辛余靡振王北济，又反振蔡公。（"中""公"冬东合韵）

秦缪公取风焉，实始作为北音。（"风""音"侵部）少选，发而视之，燕遗二卵，北飞，遂不反。（"选""卵""反"元部）

凡音者，产乎人心者也。（"音""心"侵部）

是故闻其声而知其风，察其风而知其志，观其志而知其德。盛衰、贤不肖、君子小人皆形于乐，不可隐匿。（"志""德""匿"之职通韵）

《制乐》

故成汤之时，有榖生于庭，昏而生，比旦而大拱。（"庭""生""拱"耕东合韵）

故祸兮福之所椅，（“祸”“倚”歌部）福兮祸之所伏。（“福”“伏”职部）

公曰：岁害则民饥，民饥必死。（“饥”“死”脂部）

荧惑不徙，臣请死。（“徙”“死”支脂合韵）

《明理》

其妖孽有生如带，有鬼投其陴，有菟生雉，（“陴”“雉”支脂合韵）雉生鷃，有螟集其国，其音匈匈，国有游蚖西东，（“匈”“东”东部）马牛乃言，犬彘乃连，（“言”“连”元部）有狼入于国，有人自天降，市有舞鸱，国有行飞，（“鸱”“飞”脂微合韵）马有生角，雄鸡五足，（“角”“足”屋部）有豕生而弥，鸡卵多毈，有社迁处，有豕生狗。（“处”“狗”鱼侯合韵）国有此物，其主不知惊惶亟革，上帝降祸，凶灾必亟。（“革”“亟”职部）其残亡死丧，殄绝无类，流散循饥无日矣。（“类”“日”物质合韵）

故子华子曰：“夫乱世之民，长短颉䏲百疾，民多疾疠，（“疾”“疠”质月合韵）道多褛襤，盲秃伛尪，（“襤”“尪”阳部）万怪皆生。”（“生”“民”耕真合韵）

《孟秋纪·孟秋》

立秋之日，天子亲率三公、九卿、诸侯、大夫，以迎秋于西郊，还，乃赏军率武人于朝。（“郊”“朝”宵部）大子乃率将帅，选士厉兵，简练杰俊，专任有功，以征不义，诘诛暴慢，以明好恶，巡彼远方。（“兵”“方”“功”阳东合韵）

命理瞻伤察创，（“伤”“创”阳部）视折审断，（“折”“断”月元通韵）决狱讼，必正平，戮有罪，严断刑，天地始肃，不可以赢。（“平”“刑”“赢”耕部）

行夏令，则多火灾，寒热不节，民多疟疾。（“节”“疾”质部）

《荡兵》

性者，所受于天也，（“性”“天”耕真合韵）非人之所能为也。武者不能革，而工者不能移。（“为”“移”歌部）

争鬬之所自来者久矣，不可禁，不可止。（"久""止"之部）

国无刑罚，则百姓之相侵也立见；天下无诛伐，（"罚""伐"月部）则诸侯之相暴也立见。（"见""见"元部）

夫兵不可偃也，譬之若水火然，善用之则为福，不能用之则为祸。（"偃""然""祸"元歌通韵）

民之号呼而走之，若强弩之射于深谿也，若积大水而失其壅堤也。（"谿""堤"支部）中主犹若不能有其民，而况于暴君乎？（"民""君"真文合韵）

《振乱》

是利之而反害之也，安之而反危之也。（"害""危"月歌通韵）为天下之长患，致黔首之大害者，（"患""害"元月通韵）若说为深。夫以利天下之民为心者，不可以不熟察此论也。（"深""心""论"侵文合韵）

禁之者，是息有道而伐有义也，是穷汤武之事而遂桀纣之过也。（"义""过"歌部）

《怀宠》

故兵入于敌之境，则民知所庇矣，黔首知不死矣。（"庇""死"脂部）至于国邑之郊，不虐五谷，不掘坟墓，不伐树木，不烧积聚，不焚室屋，不取六畜。（"谷""木""屋"屋部）信与民期，以夺敌资。（"期""资"之脂合韵）

上不顺天，下不惠民。（"天""民"真部）

义兵之生一人亦多矣，人孰不说？（"多""说"歌月通韵）

《仲秋纪·仲秋》

乃命司服具饬衣裳，文绣有常，制有小大，度有短长，衣服有量，必循其故，冠带有常。命有司申严百刑，斩杀必当，无或枉桡，枉桡不当，反受其殃。（"裳""常""长""量""常""当""当""殃"阳部）

五者备当，上帝其享。（"当""享"阳部）天子乃傩，御佐疾，以通秋气。（"疾""气"质物合韵）

乃劝种麦，无或失时，行罪无疑。（"麦""时""疑"职之通韵）

是月也，日夜分，雷乃始收声，蛰虫俯户，杀气浸盛，（"声""盛"耕部）阳气日衰，水始涸。（"户""涸"鱼铎通韵）日夜分，则一度量，平权衡，正钧石，齐斗甬。（"量""衡""甬"阳东合韵）

是月也，易关市，来商旅，入货贿，以便民事。（"市""贿""事"之部）四方来杂，远方皆至，则财物不匮，上无乏用，百事乃遂，凡举事无逆天数，必顺其时，乃因其类。（"匮""遂""类"物部）

《论威》

义也者，万事之纪也，君臣、上下、亲疏之所由起也，治乱、安危、过胜之所在也。过胜之，勿求于他，必反于己。（"纪""起""在""之""己"之部）

凡兵，天下之凶器也；勇，（"勇""兵"东阳合韵）天下之凶德也。（"德""器"职质合韵）故善谕威者，于其未发也，于其未通也，宵宵乎冥冥，莫知其情，此之谓至威至诚。（"冥""情""诚"耕部）

今以木击木则拌，以水投水则散。（"拌""散"元部）以冰投冰则沈，以涂投涂则陷。此疾徐先后之势也。（"沈""陷"侵谈合韵）

《简选》

离散係系，可以胜人之行阵整齐；（"系""齐"支脂合韵）锄耰白梃，可以胜人之长铫利兵。（"梃""兵"耕阳合韵）

桀既奔走，于是行大仁慈，以恤黔首，反桀之事，遂其贤良，顺民所喜，远近归之，故王天下。（"慈""事""喜""下"之鱼合韵）

行赏及禽兽，行罚不辟天子，亲殷如周，（"兽""周"幽部）视人如己，天下美其德，万民说其义，故立为天子。（"子""己""德""子"之职通韵）

《决胜》

义则敌孤独，敌孤独则上下虚，民解落；孤独则父兄怨，贤者诽，乱内作。（"落""作"铎部）

隐则胜阐矣，微则胜显矣，积则胜散矣，抟则胜离矣。（"阐""显""散"

"离"元歌合韵）

《爱士》

此《诗》之所谓曰"君君子则正，以行其德；君贱人则宽，以尽其力"者也。（"德""力"职部）

得白骡之肝，病则止；不得则死。（"止""死"之脂合韵）

《季秋纪·季秋》

寒气总至，民力不堪，其皆入室。（"至""室"质部）

以给郊庙之事，无有所私。（"事""私"之脂合韵）

是月也，天子乃以犬尝稻，先荐寝廟。（"稻""廟"幽宵合韵）

《知士》

良工之与马也，相得则然后成，譬之若枹之与鼓。（"马""鼓"鱼部）

宣王太息，知于颜色。（"息""色"职部）

能自知人，故非之弗为阻。此剂貌辨之所以外生乐、趋患难故也。（"阻""故"鱼部）

《审己》

余不听豫之言，以罹此难也。（"言""难"元部）

《精通》

夫月形乎天，而群阴化乎渊；圣人行德乎己，而四荒咸饬乎仁。（"天""渊""仁"真部）

臣之父不幸而杀人，不得生；（"人""生"真耕合韵）臣之母得生，而为公家为酒；臣之身得生，而为公家击磬。臣不睹臣之母三年矣。（"生""磬""年"真耕合韵）昔为舍氏睹臣之母，量所以赎之则无有，而身固公家之财也，是故悲也。（"母""有""财"之部）

故父母之于子也，子之于父母也，一体而两分，同气而异息。（"子""母""息"之职通韵）

《孟冬纪·孟冬》

天气上腾，地气下降，天地不通，闭而成冬。（"降""冬"冬部）

是月也，工师效功，陈祭器，按度程。（"功""程"东耕合韵）无或作为淫巧，以荡上心，必功致为上。物勒工名，以考其诚，工有不当，必行其罪，以穷其情。（"上""当""名""诚""情"阳耕合韵）

是月也，大饮蒸，天子乃祈来年于天宗。（"蒸""宗"蒸冬合韵）大割，祠于公社及门闾，飨先祖五祀，劳农夫以休息之。天子乃命将率讲武，肆射御，（"闾""武""御"鱼部）角力。（"祀""息""力"之职通韵）

是月也，乃命水虞渔师收水泉池泽之赋，无或敢侵削众庶兆民，以为天子取怨于下，其有若此者，行罪无赦。（"赋""下""赦"鱼铎通韵）

《节丧》

所重所爱，死而弃之沟壑，人之情不忍为也，故有藏死之义。（"为""义"歌部）葬也者，藏也。（"葬""藏"阳部）

无发无动，莫如无有可利，则此之谓重闭。（"利""闭"质部）

今世俗大乱，人主愈侈其葬，则心非为乎死者虑也，生者以相矜尚也。（"葬""尚"阳部）侈靡者以为荣，俭节者以为陋，不以便死为故，而徒以生者之诽誉为务。（"陋""故""务"侯鱼合韵）父虽死，孝子之重之不怠；子虽死，慈亲之爱之不懈。（"怠""懈"之支合韵）

且死者弥久，生者弥疏；生者弥疏，（"疏""疏"鱼部）则守者弥怠。（"久""怠"之部）

以此观世，则美矣，侈矣；以此为死，（"美""死"脂部）则不可也。（"侈""可"歌部）

《安死》

世之为丘垄也，其高大若山，其树之若林，其设阙庭、为宫室、造宾阼也若都邑。（"林""邑"侵缉通韵）

葬于山林则合乎山林，葬于阪隰则同乎阪隰。（"林""隰"侵缉通韵）

《诗》曰：不敢暴虎，不敢冯河。人知其一，莫知其他。（"河""他"歌

部）

是非未定，而喜怒鬭争反为用矣。（"定""用"耕东合韵）

径庭历级，非礼也；虽然，以救过也。（"礼""过"脂歌合韵）

《异宝》

荆人畏鬼，而越人信禨。（"鬼""禨"微部）可长有者，其唯此也。（"有""此"之支合韵）

其主，俗主也，不足与举。（"主""举"侯鱼合韵）去郑而之许，见许公而问所之。（"许""所"鱼部）

《异用》

万物不同，而用之于人异也，此治乱、存亡、死生之原。故国广巨，兵强富，未必安也；尊贵高大，未必显也。（"原""安""显""元部"）桀、纣用其材而以成其亡，汤、武用其材而以成其王。（"亡""王"阳部）

昔蛛蝥作网罟，今之人学纾。（"罟""纾"鱼部）欲左者左，欲右者右，欲高者高，欲下者下。（"右""下"之鱼合韵）

或得宝以危其国，文王得朽骨以喻其意，故圣人于物也无不材。（"国""意""材"职之通韵）

《仲冬纪·仲冬》

是月也，命阉尹申宫令，审门闾，谨房室，必重闭。（"室""闭"质部）省妇事，毋得淫，虽有贵戚近习，无有不禁。（"淫""禁"侵部）乃命大酋，秫稻必齐，麹蘖必时，（"齐""时"脂之合韵）湛饎必洁，水泉必香，陶器必良，（"香""良"阳部）火齐必得，兼用六物，大酋监之，无有差忒。（"得""忒""之"职之通韵）

是月也，日短至，阴阳争，诸生荡。（"争""荡"耕阳合韵）君子斋戒，处必弇，身欲宁，去声色，禁嗜欲，安形性，事欲静，以待阴阳之所定。（"事""性""静""定"耕部）

仲冬行夏令，则其国乃旱，气雾冥冥，雷乃发声。（"令""冥""声"耕部）行秋令，则天时雨汁，瓜瓠不成，国有大兵。（"令""成""兵"耕阳合韵）行春令，则虫螟为败，水泉减竭，民多疾疠。（"败""竭""疠"月部）

《至忠》

人之有功也于军旅，臣兄之有功也于车下。（"旅""下"鱼部）

王叱而起，疾乃遂已。（"起""已"之部）

《忠廉》

今汝拔剑则不能举臂，上车则不能登轼。（"臂""轼"锡职合韵）

《当务》

中藏，圣也；（"藏""圣"阳耕合韵）入先，勇也；出后，义也；知时，智也；（"时""智"之支合韵）分均，仁也。（"均""仁"真部）备说非六王、五伯，以为尧有不慈之名，舜有不孝之行，（"名""行"耕阳合韵）禹有淫湎之意，汤、武有放杀之事，五伯有暴乱之谋。世皆誉之，人皆讳之，惑也。（"事""谋""之""之""意""惑"之职通韵）

《长见》

故审知今则可知古，知古则可知後。（"古""後"鱼侯合韵）

为不能聽，勿使出境。（"聽""境"耕阳合韵）

《季冬纪·季冬》

征鸟厉疾，乃毕行山川之祀，及帝之大臣、天地之神祇。（"祀""祇"之支合韵）

是月也，日穷于次，月穷于纪，星回于天。（"次""纪"脂之合韵）数将几终，岁将更始。专于农民，无有所使。（"始""使"之部）

凡在天下九州之民者，无不咸献其力，以供皇天上帝社稷寝庙山林名川之祀。（"力""祀"职之通韵）

《士节》

吾闻之曰："养及亲者，身伉其难。"（"亲""难"真元合韵）今晏子见疑，吾将以身死白之。（"疑""之"之部）

《介立》

以贵富有人易，（"富""易"职锡合韵），以贫贱有人难，（"贱""难"元部）

有龙于飞，周遍天下。五蛇从之，为之丞辅。龙反其乡，得其处所。四蛇从之，得其露雨。一蛇羞之，桥死于中野。（"下""辅""所""雨""野"鱼部）

郑人之下轸也，庄蹻之暴郢也，秦人之围长平也。（"郢""平"耕部）

《诚廉》

石可破也，而不可夺坚；丹可磨也，而不可夺赤。（"破""磨"歌部）

盟曰：世为长侯，守殷常祀，相奉桑林，宜私孟诸。（"侯""祀""诸"侯之鱼合韵）今周见殷之僻乱也，而遽为之正与治，上谋而行货，阻丘而保威也。（"货""威"歌微合韵）

人之情，莫不有重，莫不有轻。（"情""重""轻"耕东合韵）

《不侵》

天下轻于身，而士以身为人。（"身""人"真部）

当是时也，智伯、孟尝君知之矣。（"时""之"之部）世之人主，得地百里则喜，四境皆贺；得士则不喜，（"喜""喜"之部）不知相贺；（"贺""贺"歌部）不通乎轻重也。

出则乘我以车，入则足我以养。（"车""养"鱼阳通韵）

得意则不惭为人君，不得意则不肯为人臣，如此者三人。（"君""臣""人"文真合韵）

立千乘之义而不可凌，可谓士矣。（"凌""士"蒸之通韵）

《序意》

爰有大圜在上，大矩在下，（"上""下"阳鱼通韵）汝能法之，为民父母。（"之""母"之部）盖闻古之清世，是法天地。（"世""地"月歌通韵）凡十二纪者，所以纪治乱存亡也，所以知寿夭吉凶也。（"亡""凶"阳东合韵）上揆之天，下验之地，中审之人，若此则是非可不可无所遁矣。（"天""人"
"遁"真文合韵）天曰顺，顺维生；地曰固，固维宁；人曰信，信维聽。（"生"
"宁""聽"耕部）三者咸当，无为而行。（"当""行"阳部）行也者，行其理
也，行［其］数，循其理，平其私。（"理""理""私"之脂合韵）夫私视使
目盲，私听使耳聋，私虑使心狂。（"盲""狂""聋"阳东合韵）三者皆私设，
精则智无由公。智不公，则福日衰，灾日隆。（"公""公""隆"东冬合韵）

《有始览·有始》

天地有始，天微以成，地塞以形，天地合和，生之大经也。（"成""形"
"经"耕部）以寒暑日月昼夜知之，以殊形殊能异宜说之。（"知""说"支月
合韵）夫物合而成，离而生。知合知成，知离知生，则天地平矣。平也者，皆
当察其情，处其形。（"成""生""成""生""平""平""情""形"耕部）

极星与天俱游，而天枢不移。（"游""移"幽歌合韵）冬至日行远道，周
行四极，命曰玄明。夏至日行近道，乃参于上。（"明""上"阳部）当枢之下，
无昼夜。（"下""夜"鱼铎通韵）日中无影，呼而无响，盖天地之中也。
（"影""响"阳部）

天斟万物，圣人览焉，以观其类。（"物""类"物部）解在乎天地之所以
形，雷电之所以生，阴阳材物之精，人民禽兽之所安平。（"形""生""精"
"平"耕部）

《应同》

平地注水，水流湿；均薪施火，火就燥。（"水""火"微部）山云草莽，
水云鱼鳞，旱云烟火，雨云水波，无不皆类其所生以示人。（"鳞""人"真部）
故以龙致雨，以形逐影。师之所处，必生棘楚。（"雨""处""楚"鱼部）

夫覆巢毁卵，则凤凰不至；刳兽食胎，则麒麟不来。（"胎""来"之部）
干泽涸渔，则龟龙不往。（"渔""往"鱼阳通韵）子不遮乎亲，臣不遮乎君。
（"亲""君"真文合韵）故君虽尊，以白为黑，臣不能听；父虽亲，（"亲"
"尊"真文合韵）以黑为白，子不能从。（"聽""从"耕东合韵）黄帝曰：芒

芒昧昧，因天之威，与元同气。（"昧""气""威"物微通韵）

凡人之攻伐也，非为利则因为名也。名实不得，国虽强大者，曷为攻矣？解在乎史墨来而辍不袭卫，赵简子可谓知动静矣！（"名""攻""静"耕东合韵）

《去尤》

所以尤者多故，其要必因人所喜，与因人所恶。（"故""喜""恶"鱼之铎合韵）东面望者不见西墙，南乡视者不睹北方。（"墙""方"阳部）

若植木而立乎独，必不合乎俗。（"独""俗"屋部）

《听言》

攻无罪之国以索地，诛不辜之民以求利，而欲宗庙之安也，社稷之不危也，不亦难乎？（"地""安""危""难"歌元通韵）

《周书》曰："往者不可及，来者不可待，贤明其世，谓之天子。"（"待""子"之部）故当今之世，有能分善不善者，其王不难矣。（"善""难"元部）善不善本于义，不于爱，爱利之为道大矣。（"义""大"歌月通韵）夫流于海者，行之旬月，见似人者而喜矣。（"海""喜"之部）

《谨听》

愉易平静以待之，使夫自得之；（"待""得"之职通韵）因然而然之，使夫自言之。（"然""言"元部）亡国之主反此，乃自贤而少人。（"贤""人"真部）少人则说者持容而不极，听者自多而不得。（"极""得"职部）虽有天下，何益焉？是乃冥之昭，乱之定，毁之成，危之宁。（"定""成""宁"耕部）

烽火戏诸侯

今夫惑者，非知反性命之情，其次非知观于五帝三王之所以成也。（"情"

"成"耕部）则奚自知其世之不可也？奚自知其身之不逮也？（"可""逮"歌月通韵）

学贤问，三代之所以昌也。不知而自以为知，百祸之宗也。（"昌""宗"阳冬合韵）

不惕于心，则知之不深。（"心""深"侵部）

主贤世治，则贤者在上；主不肖世乱，则贤者在下。（"上""下"阳鱼通韵）今周室既灭，而天子已绝。（"灭""绝"月部）

文王，千乘也；纣，天子也。（"乘""子"蒸之通韵）

《务本》

《诗》云：有晻凄凄，兴云祁祁，雨我公田，遂及我私。（"凄""祁""私"脂部）皆患其身不贵于国也，而不患其主之不贵于天下也，皆患其家之不富也，而不患其国之不大也。（"国""富"职部）《易》曰："复自道，何其咎。"（"道""咎"幽部）以言本无异，则动卒有喜。（"异""喜"职之通韵）

今有人于此，修身会计则可耻，临财物资尽则为己（"耻""己"之部）

今功伐甚薄而所望厚，诬也；无功伐而求荣富，诈也。（"诬""诈",,鱼铎通韵）诈诬之道，君子不由。（"道""由"幽部）

主虽过与，臣不徒取。（与""取"鱼侯合韵）

解在郑君之问被瞻之义也，薄疑应卫嗣君以无重税。（义""税"歌月通韵）

《谕大》

《夏书》曰："天子之德广运，乃神，乃武乃文。"（"运""神""文"文真合韵）

《商书》曰：五世之庙，可以观怪，万夫之长，可以生谋。（"怪""谋"之部）

夫为人臣者，进其爵禄富贵，父子兄弟相与比周于一国，姁姁焉相乐也，以危其社稷。其为灶突近也，而终不知，其与燕雀之智不异也。（"国""稷"

"异"职部)

《孝行览·孝行》

所谓本者，非耕耘种植之谓，务其人也。务其人，非贫而富之，寡而众之，务其本也。（"本""人""人""本"文真合韵）

故爱其亲，不敢恶人；敬其亲，不敢慢人。（"亲""人""亲""人"真部）

曾子曰：身者，父母之遗体也。（"身""体"真脂通韵）

所谓贵德，为其近于圣也；所谓贵贵，为其近于君也；（"贵""君"物文通韵）所谓贵老，为其近于亲也；（"望""亲"耕真合韵）所谓敬长，为其近于兄也；（"长""兄"阳部）所谓慈幼，为其近于弟也。（"幼""弟"幽脂合韵）

曾子曰：父母生之，子弗敢杀；父母置之，子弗敢废；父母全之，子弗敢阙。（"杀""废""阙"月部）故舟而不游，道而不径，能全支体，以守宗廟，可谓孝矣。（"游""廟""孝"幽宵合韵）

熟五穀，烹六畜，和煎调，养口之道也。（"畜""调""道"觉幽通韵）

不亏其身，不损其形，（"身""形"真耕合韵）可谓孝矣。君子无行咫步而忘之。余忘孝道，是以忧。（"道""忧"幽部）故曰：身者非其私有也，严亲之遗躬也。（"有""躬"之蒸通韵）

仁者，仁此者也；（"仁""仁"真部）礼者，履此者也；（"礼""履"脂部）义者，宜此者也；（"义""宜"歌部）信者，信此者也；（"信""信"真部）强者，强此者也。（"强""强"阳部）

《本味》

梦有神告之曰："臼出水而东走，毋顾！，"（"走""顾"侯鱼合韵）

有侁氏喜，以伊尹媵女。（"喜""女"之鱼合韵）故贤主之求有道之士，无不以也；（"士""以"之部）有道之士求贤主，无不行也。（"主""行"侯阳合韵）相得然后乐。不谋而亲，不约而信，（"亲""信"真部）相为殚智竭力，犯危行苦，志欢乐之。（"力""之"职之通韵）士有孤而自恃，人主有奋而好独者，则名号必废熄，社稷必危殆。（"恃""熄""殆"之职通韵）

臭恶犹美，皆有所以。凡味之本，水最为始。五味三材，九沸九变，火为之纪。时疾时徐，灭腥去臊除膻，必以其胜，无失其理。调和之事，必以甘酸苦辛咸，先后多少，其齐甚微，皆有自起。（"以…'始''纪''理''起'之部）

《义赏》

孔子闻之曰：临难用诈，足以却敌；反而尊贤，足以报德。（"诈""敌""德"铎锡职合韵）

楚胜于诸夏，而败于柏举。（"夏""举"鱼部）令张孟谈踰城潜行，与魏桓、韩康期而击智伯，断其头以为觞，遂定三家，岂非用赏罚当邪？（"行""觞""当"阳部）

《长攻》

遇桀纣，天也，非汤武之贤也。（"天""贤"真部）

若燕秦齐晋，山处陆居，岂能逾五湖九江越十七厄以有吴哉？（"居""吴"鱼部）

赵简子病，召太子而告之曰："我死已葬，服衰而上夏屋之山以望。"（"病""葬""望"阳部）

《慎人》

舜自为诗曰：普天之下，莫非王土；（"下""土"鱼部）率土之滨，莫非王臣。（"滨""臣"真部）

《遇合》

七十人者，万乘之主得一人用可为师，不为无人。（"师""人"脂真通韵）以此游，仅至于鲁司寇。（"游""寇"幽侯合韵）此天子之所以时绝也，诸侯之所以大乱也。（"绝""乱"月元通韵）

孔子闻而服之，缩頞而食之。（"服""食"职部）

楚合诸侯，陈侯病，不能往，使敦洽雠麋往谢焉。（"病""往""谢"阳铎通韵）

三者弗能，国必残亡，群孽大至，身必死殃，（"亡""殃"阳部）得至七十、九十犹尚幸。圣贤之后，反而孽民，是以贱其身，（"民""身"真部）岂能独哉？

《必己》

材不材之间，似之而非也，故未免乎累。（"非""累"微部）若夫道德则不然。无訾无訾，一龙一蛇，与时俱化，而无肯专为；（"蛇""化""为"歌部）一上一下，以禾为量，而浮游乎万物之祖，（"下""量""祖"鱼阳通韵）物物而不物于物，则胡可得而累？（"物""累"物微通韵）成则毁，大则衰，（"毁""衰"微部）廉则刿，尊则亏，直则骪，合则离，爱则隳。（"刿""亏""离""隳"歌部）多智则谋，不肖则欺，胡可得而必？（"谋""欺"之部）

知与不知，皆不足恃，其惟和调近之。（"知""恃""之"支之合韵）

食人之稼，野人取其马。（"稼""马"鱼部）

《慎大览·慎大》

胜其敌则多怨，小邻国则多患。（"怨""患"元部）

贤良郁怨，杀彼龙逢，以服群凶。（"逢""凶"东部）众庶泯泯，皆有远志，莫敢直言，其生若惊。大臣同患，弗周而呼。（"患""呼"元部）桀愈自贤，矜过善非，主道壅塞，国人大崩。（"塞""崩"职蒸通韵）汤乃惕惧，忧天下之不宁，欲令伊尹往视旷零，（"惧""夏"鱼部）恐其不信，汤由亲自射伊尹。（"信""尹"真部）

上天弗恤，夏命其卒。（"恤""卒"质物合韵）

尽行伊尹之盟，不避旱殃，祖伊尹世世享商。（"盟""殃""商"阳部）

立成汤之后于宋，以奉桑林。（"宋""林"冬侵合韵）

封比干之墓，靖箕子之宫，表商容之间，（"墓""间"铎鱼通韵）徒过者趋，车过者下。（"趋""下"侯鱼合韵）三日之内，与谋之士封为诸侯，诸大夫赏以书社，庶士施政去赋。（"侯""社""赋"侯鱼合韵）乃税马于华山，税牛于桃林，（"山""林"元侵合韵）马弗复乘，牛弗复服。（"乘""服"蒸职通韵）

子不听父，弟不听兄，君令不行，此妖之大者也。（"父""兄""行""者"鱼阳通韵）

左右曰："一朝而两城下，此人之所以喜也，今君有忧色，何［也］？"（"喜""色"之职通韵）襄子曰："江河之大也，不过三日。（"大""日"月质合韵）飘风暴雨，日中不须臾。（"雨""臾"鱼侯合韵）"

夫忧所以为昌也，而喜所以为亡也。（"昌""亡"阳部）

《权勋》

彼若不吾假道，必不吾受也；（"道""受"幽部）若受我而假我道，是犹取之内府而藏之外府也，犹取之外皁而著之外皁也。（"道""皁""府"幽侯合韵）

虞之与虢也，若车之有辅也，车依辅，辅亦依车。（"虢""辅""辅""车"铎鱼通韵）虞虢之势是也。先人有言曰："唇竭而齿寒。"（"竭""寒"月元通韵）夫虢之不亡也，恃虞；虞之不亡也，亦恃虢也。（"虞""虢"鱼铎通韵）

诗云："唯则定国。"（"则""国"职部）

为人臣不忠贞，罪也；忠贞不用，（"贞""用"耕东合韵）远身可也。（"罪""可"微歌合韵）断毂而行，至卫七日而丕豨亡。（"行""亡"阳部）欲钟之心胜也。欲钟之心胜，则安丕豨之说塞矣。（"胜""胜""塞"蒸职通韵）

《下贤》

有道之士，固骄人主；人主之不肖者，亦骄有道之士。（"主""士"侯之合韵）日以相骄，奚时相得？若儒墨之议与齐荆之服矣。（"得""服"职部）贤主则不然。士虽骄之，而己愈礼之，士安得不归之？（"礼""归"脂微合韵）

士所归，天下从之帝。帝也者，天下之適也。（"帝""適"锡部）王也者，天下之往也。（"王""往"阳部）得道之人，贵为天子而不骄倨，富有天下而不骋夸，（"倨""夸"鱼部）卑为布衣而不瘁摄，贫无衣食而不忧慑。（"摄""慑"盍部）恳乎其诚自有也，觉乎其不疑有以也，（"有""以"之部）桀乎其必不渝移也，循乎其与阴阳化也，（"移""化"歌部）匆匆乎其心之坚固也，空空乎其不为巧故也，（"固""故"鱼部）迷乎其志气之远也，昏乎其深而不测也，确乎其节之不庳也，就就乎其不肯自是。（"庳""是"支部）鹄乎其羞用智虑也，假乎其轻俗诽誉也。（"虑""誉"鱼部）以天为法，以德为行，以道为宗，与物变化而无所终穷，精充天地而不竭，神覆宇宙而无望。（"行""宗""穷""望"阳冬合韵）莫知其始，莫知其终，莫知其门，莫知其端，莫知其源。（"门""端""源"文元合韵）其大无外，其小无内，此之谓至贵。（"内""贵"物部）士有若此者，五帝弗得而友，三王弗得而师，（"友""师"之脂合韵）去其帝王之色，则近可得之矣。（"色""得"职部）

万乘之主，见布衣之士，一日三至而弗得见，亦可以止矣。（"士""止"之部）

子产相郑，往见壶丘子林，与其弟子坐必以年，是倚其相于门也。（"年""门"真文合韵）故相郑十八年，刑三人，杀二人。（"年""人""人"真部）桃李之垂于行者，莫之援也；（"行""援"阳元合韵）锥刀之遗于道者，莫之举也。（"道""举"幽鱼合韵）

《报更》

此赵宣孟之所以免也，周昭文君之所以显也，孟尝君之所以却荆兵也。（"免""显""兵"元阳合韵）

《顺说》

善说者若巧士，因人之力以自为力，因其来而与来，（"士""来""力"之职通韵）因其往而与往，不设形象，与生与磬，而言之以响，（"往""象""长""响"阳部）与盛与衰，以之所归。（"衰""归"微部）力虽多，材虽

劲，以制其命，（“劲”“命”耕部）顺风而呼，声非加疾也；际高而望，目不加明也。（“望”“明”阳部）

臣有道于此，使人虽有勇，弗敢刺；虽有力，不敢击。（“刺”“击”锡部）夫不敢刺，不敢击，（“刺”“击”锡部）非无其志也。臣有道于此：使人本无其志也，大王独无意邪？（“志”“意”之职通韵）

说虽未大行，田赞可谓能立其方也。（“行”“方”阳部）

《不广》

公子小白无母，而国人怜之。（“母”“之”之部）

故令鲍叔傅公子小白，管子、召忽居公子纠所。（“白”“所”铎鱼通韵）

车甲尽于战，府库尽于葬，（“战”“葬”元阳合韵）此之谓内攻之。

上无以使下，下无以事上，（“下”“上”鱼阳通韵）此之谓重攻之。

文武尽胜，何敌之不服？（“胜”“服”蒸职通韵）

《贵因》

太公对曰：谗慝胜良，命曰戮；贤者出走，命曰崩；百姓不敢诽怨，命曰刑胜。（“崩”“胜”蒸部）

胶鬲曰：西伯将何之？无欺我也！（“何”“我”歌部）武王曰：将以甲子至殷郊，子以是报矣。（“郊”“报”宵幽合韵）

人为人之所欲，己为人之所恶，先陈何益？适令武王不耕而获。（“恶”“获”铎部）

王欲知之，则请以日中为期。（“之”“期”之部）武王与周公旦明日早要期，则弗得也。（“期”“得”之职通韵）

若夫期而不当，言而不信，此殷之所以亡也，已以此告王矣。（“当”“亡”“王”阳部）

《察今》

故审堂下之阴，而知日月之行，阴阳之变；见瓶水之冰，（“冰”“阴”蒸侵合韵）而知天下之寒，鱼鳖之藏也。（“行”“变”“寒”“藏”阳元合韵）

世易时移，变法宜矣。（"移""宜"歌部）

以此任物，亦必悖矣。（"物""悖"物部）

《先识览·先识》

地从于城，城从于民，民从于贤。（"城""民""贤"耕真合韵）

夏太史令终古出其图法，执而泣之。（"法""泣"盍缉合韵）

夏王无道，暴虐百姓，穷其父兄，耻其功臣，轻其贤良，弃义听谗，众庶咸怨，守法之臣，自归于商。（"兄""良""怨""商"阳元合韵）

武王大说，以告诸侯曰：商王大乱，沈于酒德，辟远箕子，爱近姑与息。妲己为政，赏罚无方，不用法式，杀三不辜，民大不服。守法之臣，出奔周国。（"德""息""式""服""国"职部）

周鼎著饕餮，有首无身，食人未咽，害及其身，以言报更也。（"餮""身""咽""身"质真通韵）

《观世》

千里而有一士，比肩也；累世而有一圣人，继踵也。（"肩""踵"元东合韵）士与圣人之所自来，若此其难也，而治必待之，治奚由至？（"来""之"之部）

此治世之所以短，而乱世之所以长也。（"短""长"元阳合韵）

贤主知其若此也，故日慎一日，以终其世。（"日""世"质月合韵）

故周公旦曰：不如吾者，吾不与处，累我者也。与我齐者，吾不与处，无益我者也。（"吾""处""我""齐""处""我"鱼歌脂合韵）

主贤世治，则贤者在上；主不肖世乱，则贤者在下。（"上""下"阳鱼通韵）今周室既灭，天子既废。（"灭""废"月部）

《知接》

智者，其所能接远也；愚者，其所能接近也。（"远""近"元文合韵）

孰之壤壤也，可以为之莽莽也。（"壤""莽"阳部）

若此则国无以存矣，主无以安矣。（"存""安"文元合韵）齐鄙人有谚曰：

居者无载，行者无埋。（"载""埋"之部）

管仲对曰：人之情，非不爱其子也，其子之忍，又将何有于君？（"忍""君"文部）

管仲对曰：人之情，非不爱其身也，其身之忍，又将何有于君？（"忍""君"文部）

管仲对曰：人之情，非不爱其父也，其父之忍，又将何有于君？（"忍""君"文部）

嗟乎！圣人之所见，岂不远哉！（"见""远"元部）

《悔过》

所不至，说者虽辩，为道虽精，不能见矣。（"辩""精""见"元耕合韵）

故箕子穷于商，范蠡流乎江。（"商""江"阳东合韵）

不敢固辞，再拜稽首受之。（"辞""之"之部）

襄公曰：先君薨，尸在堂。（"薨""堂"蒸阳合韵）

天不为秦国，使寡人不用蹇叔之谏，以至于此患。（"谏""患"元部）

《乐成》

大智不形，大器晚成，大音希声。（"形""成""声"耕部）

鲁人鹜诵之曰：麛裘而韠，投之无戾。（"韠""戾"质部）韠而麛裘，投之无邮。（"裘""邮"之部）用三年，男子行乎涂右，女子行乎涂左，（"右""左"之歌合韵）财物之遗者，民莫之举，大智之用，固难逾也。（"举""逾"鱼侯合韵）

子产始治郑，使田有封洫，都鄙有服。（"洫""服"质职合韵）民相与诵之曰：我有田畴，而子产赋之。我有衣冠，而子产贮之。孰杀子产，吾其与之。（"赋""贮""与"鱼部）后三年，民又诵之曰：我有田畴，而子产殖之。我有子弟，而子产诲之。子产若死，其使谁嗣之？（"殖""诲""嗣"职之通韵）

此二君者，达乎任人也。（"君""人"文真合韵）

舟车之始见也，三世然后安之。（"见""安"元部）

相与歌之曰：邺有圣令，时为史公。决漳水，灌邺旁。终古斥卤，生之稻梁。（"公""旁""梁"东阳合韵）

魏襄王可谓能决善矣。诚能决善，众虽喧哗，而弗为变。（"善""善""变"元部）

《察微》

使治乱存亡若高山之与深谿，若白垩之与黑漆，则无所用智，虽愚犹可也。（"谿""智"支部）

故智士贤者相与积心愁虑以求之，犹尚有管叔、蔡叔之事，与东夷八国不听之谋。（"之""事""谋"之部）

凡持国，太上知始，其次知终，其次知中，三者不能，（"国""始""能"职之通韵）国必危，身必穷。（"终""中""穷"冬部）《孝经》曰："高而不危，所以长守贵也。（"危""贵"歌物合韵）满而不溢，所以长守富也。（"溢""富"锡职合韵）富贵不离其身，然后能保其社稷，而和其民人。"（"身""人"真部）

《去宥》

夫激矢则远，激水则旱。（"远""旱"元部）

《审分览·审分》

察乘物之理，则四极可有；不知乘物，而自怙恃，夺其智能，多其教诏，而好自以。（"理""有""恃""能""以"之部）

故按其实而审其名，以求其情。（"名""情"耕部）听其言而察其类，无使放悖。（"类""悖"物部）

尧舜之臣不独义，汤禹之臣不独忠，得其数也；（"义""数"歌侯合韵）桀纣之臣不独鄙，幽厉之臣不独辟，失其理也。（"鄙""理"之部）

今有人于此，求牛则名马，求马则名牛，所求必不得矣，（"牛""得"之职通韵）而因用威怒，（"马""怒"鱼部）有司必诽怨矣，牛马必扰乱矣。（"怨""乱"元部）百官，众有司也；万物，群牛马也，（"司""马"之鱼合

韵）

故名不正，则人主忧劳勤苦，而官职烦乱悖逆矣。（"苦""逆"鱼铎通韵）国之亡也，名之伤也，从此生矣。（"亡""伤""生"阳耕合韵）

止者不行，行者不止；因形而任之，不制于物，无肯专使；清静以公，神通乎六合，德耀乎海外，意观乎无穷，誉流乎无止。此之谓定性于大湫，命之曰无有。（"止""使""止""有"之部）

是故于全乎去能，于假乎去事，于知乎去幾，所知者妙矣。（"能""事""幾"之微合韵）若此则能顺其天，意气得游乎寂寞之宇矣，形性得安乎自然之所矣。（"宇""所"鱼部）全乎万物而不宰，泽被天下而莫知其所自始。（"宰""始"之部）

《君守》

中欲不出谓之扃，外欲不入谓之闭。既扃而又闭，天之用密。（"闭""密"质部）有准不以平，有绳不以正，天之大静，既静而又宰，可以为天下正。（"平""正""静""宁""正"耕部）身以盛心，心以盛智，智乎深藏，而实莫得窥乎！（"智""窥"支部）《鸿范》曰："惟天，阴骘下民。"（"天""民"真部）阴之者，所以发之也。故曰：不出于户而知天下，（"户""下"鱼部）不窥于牖而知天道。（"牖""道"幽部）其出弥远者，其知弥少。故博闻之人、强识之士阙矣，事耳目、深思虑之务败矣，坚白之察、无厚之辩外矣。（"阙""败""外"月部）

东海之极，水至而反；夏热之下，化而为寒。（"反""寒"元部）故昊天无形，而万物以成；（"形""成"耕部）至精无为，而万物以化。（"为""化"歌部）大圣无事，而千官尽能。（"事""能"之部）此乃谓不教之教，无言之诏。（"教""诏"宵部）故有以知君之狂也，以其言之当也；（"狂""当"阳部）有以知君之惑也，以其言之得也。（"惑""得"职部）

当与得不在于君，而在于臣。（"君""臣"文真合韵）故善为君者无识，其次无事。有识则有不备矣，有事则有不恢矣。（"识""事""备""恢"职之

通韵）不备不恢，此官之所以疑，而邪之所从来也。（"恢""疑""来"之部）

故思虑自心伤也，智差自亡也，奋能自殃，其有处自狂也。（"伤""亡""殃""狂"阳部）故至神逍遥倏忽，而不见其容；至圣变习移俗，而莫知其所从；离世别群，而无不同；君民孤寡，而不可障壅。（"容""从""同""壅"东部）

奚仲作车，苍颉作书，后稷作稼，（"车""书""稼"鱼部）皋陶作刑，昆吾作陶，夏鲧作城。（"刑""城"耕部）

故曰作者忧，因者平。惟彼君道，得命之情。故任天下而不强，此之谓全人。（"平""情""人"耕真合韵）

《任数》

何以知其聋？以其耳之聪也；（"聋""聪"东部）何以知其肓？以其目之明也；何以知其狂？以其言之当也。（"盲""明""狂""当"阳部）故曰去听无以闻则聪，去视无以见则明，去智无以知则公。（"聪""明""公"东阳合韵）

耳目心智，其所以知识甚阙，其所以闻见甚浅。（"阙""浅"月元通韵）

无言无思，静以待时。（"思""时"之部）时至而应，心暇者勝。（"应""勝"蒸部）

焉此治纪，无唱有和，无先有随。（"和""随"歌部）古之王者，其所为少，其所因多。（"少""多"宵歌合韵）

《勿躬》

祝融作市，仪狄作酒，高元作室，虞姁作舟，伯益作井，赤冀作臼，（"酒""舟""臼"幽部）乘雅作驾，寒哀作御，王冰作服牛，史皇作图，（"驾""御""图"鱼部）巫彭作医。（"牛""医"之部）

是故圣王之德，融乎若月之始出，极烛六合，而无所穷屈，（"出""屈"物部）昭乎若日之光，变化万物，而无所不行；（"光""行"阳部）神合乎太一，生无所屈，而意不可障；精通乎鬼神，深微玄妙，而莫见其形。（"障"

"形"阳耕合韵）今日南面，百邪自正，而天下皆反其情，黔首毕乐其志，安育其性，而莫为不成。（"正""情""性""成"耕部）故善为君者，矜服性命之情，而百官已治矣，黔首已亲矣，（"君""亲"文真合韵）名号已章矣。（"情""章"耕阳合韵）管子复于桓公曰：垦田大邑，辟土艺粟，尽地力之利，臣不若宁速。（"粟""速"屋部）若此则形性弥羸，而耳目愈精；百官慎职，而莫敢愉［綖］；人事其事，以充其名。（"羸""精""綖""名"耕部）名实相保，之谓知道。（"保""道"幽部）

《知度》

奸止则说者不来，而精谕矣。情者不饰，而事实见矣。（"来""饰"之职通韵）

故有职者安其职，不听其议；无职者责其实，以验其辞。（"议""辞"歌之合韵）故治天下之要，存乎除奸；除奸之要，存乎治官。（"奸""官"元部）

故子华子曰：厚而不博，敬守一事，正性是喜，群众不周，而务成一能。（"事""喜""能"之部）尽能既成，四夷乃平。（"成""平"耕部）唯彼天符，不周而周。（"符""周"侯幽合韵）此神农之所以长，而尧舜之所以章也。（"长""章"阳部）

故有道之主，因而不为，责而不诏，去想去意，静虚以待，不伐之言，不夺之事，督名审实，官使自司，（"待""事""司"之部）以不知为道，以奈何为［宝］。（"道""宝"幽部）

绝江者托于船，致远者托于骥，霸王者托于贤。（"船""贤"元真合韵）

释父兄与子弟，非疏之也，任庖人钓者与仇人仆虏，非阿之也。（"疏""阿"鱼歌合韵）

犹大匠之为宫室也，量小大而知材木矣，訾功丈而知人数矣。（"木""数"屋部）故小臣、吕尚听，而天下知殷、周之王也；管夷吾、百里奚听，而天下知齐、秦之霸也。（"王""霸"阳铎通韵）

桀用羊辛，纣用恶来，宋用唐鞅，齐用苏秦，（"辛""秦"真部）而天下

知其亡。非其人而欲有功，譬之若夏至之日而欲夜之长也，射鱼指天而欲发之当也。（"鞅""亡""长""当"阳部）

《慎势》

失之乎数，求之乎信，疑；失之乎势，求之乎固，危。（"疑""危"之歌合韵）吞舟之鱼，陆处则不胜蝼蚁。（"鱼""蚁"鱼歌合韵）权钧则不能相使，势等则不能相并，治乱齐则不能相正。（"并""正"耕部）

非不能大也，其大不若小、，其多不若少。（"小""少"宵部）

故观于上世，其封建众者，其福长，其名彰。（"长""彰"阳部）故以大畜小吉，以小畜大灭。（"吉""灭"质月合韵）以重使轻从，以轻使重凶。（"从""凶"东部）

位尊者其教受，威立者其奸止，此畜人之道也。（"受""止""道"之幽合韵）积兔满市，行者不顾，非不欲兔也，分已定矣。（"市""顾""兔"之鱼合韵）分已定，人虽鄙，不争。（"定""争"耕部）

非不可亡也，以宋攻楚，奚时止矣？凡功之立也，贤不肖强弱治乱异矣。（"止""异"之职通韵）

简公喟焉太息曰：余不能用鞅之言，以至此患也。（"言""患"元部）

《不二》

听群众人议以治国，国危无日矣。（"国""日"职质合韵）

《执一》

目不失其明，而见白黑之殊；耳不失其聪，而闻清浊之声。王者执一，而万物以正。（"明""聪""声""正"阳耕合韵）

以为为国之本，在于为身。（"本""身"文真合韵）故曰以身为家，以家为国，以国为天下。（"家""下"鱼部）

慈亲不能传于子，忠臣不能入于君，唯有其材者为近之。（"君""近"文部）

变化应来而皆有章，因性任物而莫不宜当，彭祖以寿，三代以昌，五帝以

昭，神农以鸿。（"章""当""昌""鸿"阳东合韵）

《审应览·审应》

人唱我和，人先我随。（"和""随"歌部）

今有人于此，无礼慢易而求敬，阿党不公而求令，烦号数变而求静，暴戾贪得而求定，虽黄帝犹若困。（"敬""令""静""定"耕部）

国久则固，固则难亡。（"固""亡"鱼阳通韵）故人虽时有自失者，犹无以易恭节。（"失""节"质部）自失不足以难，以严弴则可。（"难""可"元歌通韵）

《重言》

荆庄王立三年，不听而好讔。（"年""讔"真文合韵）

王射之，曰：有鸟止于南方之阜，其三年不动，将以定志意也；其不飞，将以长羽翼也；其不鸣，将以览民则也。（"意""翼""则"职部）是鸟虽无飞，飞将冲天；虽无鸣，鸣将骇人。（"天""人"真部）

群臣大说，荆国之众相贺也。（"说""贺"月歌通韵）

故《诗》曰：何其久也，必有以也。（"久""以"之部）何其处也，必有与也。（"处""与"鱼部）

太宰嚭之说，听乎夫差，而吴国为墟；成公贾之讔，谕乎荆王，而荆国以霸。（"墟""霸"鱼铎通韵）

臣闻君子善谋，小人善意。（"谋""意"之职通韵）

故圣人听于无声，视于无形。（"声""形"耕部）

《精谕》

胜书曰："有事于此，而精言之而不明，勿言之而不成。（"明""成"阳耕合韵）精言乎，勿言乎？"（"言""言"元部）

不言之谋，不闻之事，（"谋""事"之部）殷虽恶周，不能疵矣；口噤不言，以精相告，纣虽多心，弗能知矣；目视于无形，耳听于无声，（"形""声"耕部）商闻虽众，弗能窥矣；同恶同好，志皆有欲，虽为天子，弗能离矣。

（"疵""知""窥""离"支歌合韵）

求鱼者濡，争兽者趋，（"濡""趋"侯部）非乐之也。故至言去言，至为去为。（"言""为"元歌通韵）

苌弘谓刘康公曰："夫祈福于三涂，而受礼于天子，此柔嘉之事也，而客武色，殆有他事，愿公备之也。"（"子""事""色""事""之"之职通韵）

《离谓》

故惑惑之中有晓焉，冥冥之中有昭焉。（"晓""昭"宵部）

人主之无度者，无以知此，岂不悲哉？（"此""悲"支微合韵）

以是为非，以非为是。（"非""是"微支合韵）

民心乃服，是非乃定，法律乃行。（"定""行"耕阳合韵）

辞而行，有以横说魏王，魏王乃止其行。（"行""王""行"阳部）失从之意、又失横之事。（"意""事"职之通韵）夫其多能不若寡能，其有辩不若无辩。周鼎著倕而龁其指，先王有以见大巧之不可为也。（"指""为"脂歌合韵）

《淫辞》

则下多所言非所行，所行非所言也。（"行、言"阳元合韵）言行相诡，不祥莫大焉。（"诡""大"歌月通韵）

今子之衣，禅缁也。（"衣""缁"微之合韵）以禅缁当纺缁，子岂不得哉？（"缁""得"之职通韵）

王欲群臣之畏也，不若无辨其善与不善而时罪之，若此则群臣畏矣。（"畏""罪""畏"微部）

《不屈》

古者之贵善御也，以逐暴禁邪也。（"御""邪"鱼部）

惠子曰：今之城者，或者操大筑乎城上，或负畚而赴乎城下，或操表掇以善晞望。（"上""下""望"阳鱼通韵）

围邯郸三年而弗能取，士民罢潞，国家空虚，天下之兵四至，众庶诽谤，

诸侯不誉。（"潞""虚""谤""誉"铎鱼阳通韵）

《诗》曰：恺悌君子，民之父母。（"子""母"之部）

父母之教子也，岂待久哉？何事比我于新妇乎？（"子""久""妇"之部）

《具备》

汤尝约于郼、薄矣，武王尝穷于毕、郢矣，伊尹尝居于庖厨矣，太公尝隐于钓鱼矣。（"厨""鱼"侯鱼合韵）贤非衰也，智非愚也，皆无其具也。（"愚""具"侯部）故凡立功名，虽贤必有其具，然后可成。（"名""成"耕部）

宓子使臣书，而时掣摇臣之肘，书恶而有甚怒，吏皆笑宓子。此臣所以辞而去也。（"怒""去"鱼部）

三月婴儿，轩冕在前，弗知欲也；斧钺在后，弗知恶也。（"欲""恶"屋铎合韵）慈母之爱谕焉，诚也。故诚有诚，乃合于情；精有精，乃通于天。（"诚""诚""情""精""天"耕真合韵）

听言哀者，不若见其哭也；听言怒者，不若见其鬥也。（"哭""鬥"屋侯通韵）说与治不诚，其动人心不神。（"诚""神"耕真合韵）

《离俗览·离俗》

故如石户之农、北人无泽、卞随、务光者，其视天下，若六合之外，人之所不能察。其视贵富也，苟可得已，（"富""得"职部）则必不之赖。高节厉行，独乐其意，而物莫之害。不漫于利，不牵于埶，而羞居浊世。（"外""察""赖""害""世"月部）

若夫舜汤，则苞裹覆容，缘不得已而动，（"容""动"东部）因时而为，以爱利为本，以万民为义。（"为""义"歌部）譬之若钓者，鱼有小大，饵有宜适，羽有动静。（"适""静"锡耕通韵）

叔无孙曰：吾闻之，君子济人于患，必离其难。（"患""难"元部）

《高义》

君子之自行也，动必缘义，行必诚义，俗虽谓之穷，通也。（"穷""通"

冬东合韵）行不诚义，动不缘义，俗虽谓之通，穷也。（"通""穷"东冬合韵）然则君子之穷通，有异乎俗者也。（"通""俗"东屋通韵）

度之于国，必利长久。（"国""久"职之通韵）

正法枉必死，父犯法而不忍，王赦之而不肯，石渚之为人臣也，可谓忠且孝矣。（"忍""臣"文真合韵）

《上德》

以德以义，则四海之大，江河之水，不能亢矣；太华之高，会稽之险，不能障矣；阖庐之教，孙吴之兵，不能当矣。（"亢""障""当"阳部）故古之王者，德回乎天地，澹乎四海，东西南北，极日月之所烛。天覆地载，爱恶不臧。虚素以公，小民皆之，其之敌而不知其所以然，此之谓顺天。教变容改俗，而莫得其所受之，此之谓顺情。（"天""情"真耕合韵）故古之人，身隐而功著，形息而名章。（"著""章"鱼阳通韵）

严罚厚赏，此衰世之政也。（"赏""政"阳耕合韵）君非丽姬，居不安，食不甘。（"安""甘"元谈合韵）

《用民》

凡用民，太上以义，其次以赏罚。（"义""罚"歌月通韵）

今外之则不可以拒敌，内之则不可以守国。（"敌""国"锡职合韵）

剑不徒断，车不自行，（"断""行"元阳合韵）或使之也。夫种麦而得麦，种稷而得稷，（"麦""稷"职部）人不怪也。（"使""怪"之部）用民亦有种，不审其种，而祈民之用，惑莫大焉。（"种""种""用"东部）

民之不用，赏罚不充也。（"用""充"东部）

壹引其纪，万目皆起；（"纪""起"之部）壹引其纲，万目皆张。（"纲""张"阳部）

阖庐试其民于五湖，剑皆加于肩，地流血几不可止。勾践试其民于寝宫，民争入水火，死者千馀矣，遽击金而却之。赏罚有充也。莫邪不为勇者兴惧者变，勇者以工，惧者以拙，能与不能也。（"止""之""能"之部）

夙沙之民，自攻其君而归神农；密须之民，自缚其主而与文王。（"农""王"冬阳合韵）故威不可无有，而不足专恃。（"有""恃"之部）不适，则败托而不可食。（"适""食"锡职合韵）

《适威》

《周书》曰：民，善之则畜也，不善则雠也。（"畜""雠"觉幽通韵）有雠而众，不若无有。厉王，天子也，有雠而众，故流于彘，祸及子孙，微召公虎而绝无后嗣。（"有""子""嗣"之部）

务除其灾，思致其福。（"灾""福"之职通韵）故民之于上也，若玺之于涂也，抑之以方则方，抑之以圜则圜。（"方""圜"阳元合韵）

故乱国之使其民，不论人之性，不反人之情，（"民""性""情"真耕合韵）烦为教而过不识，数为令而非不从，巨为危而罪不敢，重为任而罚不胜。（"从""勝"东蒸合韵）

故礼烦则不庄，业烦则无功，令苛则不聽，禁多则不行。（"庄""功""聽""行"阳东耕合韵）

《为欲》

夫无欲者，其视为天子也，与为舆隶同；其视有天下也，与无立锥之地同；其视为彭祖也，（"祖""子""下"之鱼合韵）与为殇子同。（"同""同""同"东部）

蛮夷反舌殊俗异习之国，其衣服冠带宫室居处舟车器械声色滋味皆异，其为欲使一也。（"国""异""一"职质合韵）

不闻道者，何以去非性也？无以去其性，则欲未尝正矣。（"性""性""正"耕部）

圣王执一，四夷皆至者，其此之谓也。（"一""至""谓"质物合韵）

或折其骨，或绝其筋，争术存也。（"骨""筋""存"物文通韵）

《贵信》

凡人主必信，信而又信，谁人不亲？（"信""信""亲"真部）

人主有见此论者，其王不久矣；人臣有知此论者，可以为王佐矣。（"久""佐"之歌合韵）

天行不信，不能成岁；地行不信，草木不大。（"岁""大"月部）春之德风，风不信，其华不盛，华不盛，则果实不生；夏之德暑，暑不信，其土不肥，土不肥，则长遂不精；秋之德雨，雨不信，其穀不坚，穀不坚，则五种不成；冬之德寒，寒不信，则地不刚，地不刚，则冻闭不开。（"生""精""成""开"耕真合韵）

君臣不信，则百姓诽谤，社稷不宁；处官不信，则少不畏长，贵贱相轻；赏罚不信，则民易犯法，不可使令；交友不信，则离散郁怨，不能相亲；百工不信，则器械苦伪，丹漆染色不贞。（"宁""轻""令""亲""贞"耕真合韵）夫可与为始，可与为终，可与尊通，可与卑穷者，其唯信乎！（"终""通""穷"冬东合韵）信而又信，重袭于身，乃通于天。（"信""身""天"真部）以此治人，则膏雨甘露降矣，寒暑四时当矣。（"降""当"冬阳合韵）

以辱为荣，以穷为通。（"荣""通"耕东合韵）

《举难》

人伤尧以不慈之名，舜以卑父之号，禹以贪位之意，汤武以放弑之谋，五伯以侵夺之事。（"意""谋""事"职之通韵）

尺之木，必有节目；寸之玉，（"木""玉"屋部）必有瑕璃。（"目""璃"觉锡合韵）

季孙氏劫公家，孔子欲谕术则见外，于是受养而便说。（"外""说"月部）

夫欲立功者，岂得中绳哉？（"功""绳"东蒸合韵）救溺者濡，追逃者趋。（"濡""趋"侯部）

季成，弟也；翟璜，友也。（"弟""友"脂之合韵）爇火甚盛，从者甚众。（"盛""众"耕冬合韵）

《恃君览·恃君》

其民麋鹿禽兽，少者使长，长者畏壮，（"长""壮"阳部）有力者贤，暴

傲者尊，日夜相残，（"贤""尊""残"真文元合韵）无时休息，以尽其类。（"息""类"职物合韵）

此国所以递兴递废也，乱难之所以时作也。（"废""作"月铎合韵）故忠臣廉士，内之则谏其君之过也，外之则死人臣之义也。（"过""义"歌部）

行激节厉，忠臣幸遇得察。（"厉""察"月部）

《长利》

伯成子高曰：当尧之时，未赏而民劝，未罚而民畏。民不知怨，不知说，愉愉其如赤子。今赏罚甚数，而民争利且不服，德自此衰，后世之乱从此始。夫子盍行乎？无虑吾农事。（"子""始""事"之部）

昔者太公望封于营丘之渚，海阻山高，险固之地也。是故地日广，子孙弥隆。（"广""隆"阳冬合韵）吾先君周公封于鲁，无山林谿谷之险，诸侯四面以达。是故地日削，子孙弥杀。（"达""杀"月部）

其辞曰：惟余一人，营居于成周。惟余一人，有善易得而见也，有不善易得而诛也。（"周""诛"幽侯合韵）

我，国士也，为天下惜死。（"士""死"之脂合韵）

戎夷太息叹曰："嗟乎！道其不济夫！"（"乎""夫"鱼部）解衣与弟子，夜半而死。（"子""死"之脂合韵）

《知分》

孙叔敖三为令尹而不喜，三去令尹而不忧。（"喜""忧"之幽合韵）

禹仰视天而叹曰：吾受命于天，竭力以养人。（"天""人"真部）生，性也；死，命也。（"性""命"耕部）

天固有衰嗛废伏，有盛盈蚡息。（"伏""息"职部）人亦有困穷屈匮，有充实达遂。（"匮""遂"物部）此皆天之容物理也，而不得不然之数也。古圣人不以感私伤神，俞然而以待耳。（"理""数""待"之侯合韵）

崔杼不说，直兵造胸，句兵钩颈。（"胸""颈"东耕合韵）

《诗》曰：莫莫葛藟，延于条枚。凯弟君子，求福不回。（"藟""枚"

"回"微部）婴且可以回而求福乎？子惟之矣。（"福""之"职之通韵）

人事智巧以举错者，不得与焉。（"错""与"铎鱼通韵）故命也者，就之未得，去之未失。（"得""失"职质合韵）

凡使贤不肖异：使不肖以赏罚，使贤以义。（"罚""义"月歌通韵）

《召类》

故鼓宫而宫应，鼓角而角动。（"应""动"蒸东合韵）以龙致雨，以形逐影。（"雨""影"鱼阳通韵）

南家之墙犨于前而不直，西家之潦径其宫而不止。（"直""止"职之通韵）其主贤，其相仁。贤者能得民，仁者能用人。（"贤""仁""民""人"真部）

史默曰：谋利而得害，犹弗察也。（"害""察"月部）

凡谋者，疑也，疑则从义断事。（"谋""疑""事"之部）

《达郁》

故水郁则为污，树郁则为蠹，草郁则为〔菑〕。（"污""蠹""菑"鱼铎之合韵）

国郁处久，则百恶并起，（"久""起"之部）而万灾丛至矣。上下之相忍，由此出矣。（"至""出"质物合韵）

列精子高因步而窥于井，粲然恶丈夫之状也。（"井""状"耕阳合韵）

人主贤则人臣之言刻。简子不贤，铎也卒不居赵地，有况乎在简子之侧哉？（"刻""侧"职部）

《行论》

比兽之角，能以为城。举其尾，能以为旌。（"城""旌"耕部）

舜于是殛之于羽山，副之以吴刀。禹不敢怨，而反事之，官为司空，以通水潦。（"刀""潦"宵部）

《诗》曰：惟此文王，小心翼翼，昭事上帝，聿怀多福。（"翼""福"职部）

《诗》曰：将欲毁之，必重累之。（"毁""累"微部）将欲踣之，必高举

之。（"踣""举"侯鱼合韵）

《骄恣》

自骄则简士，自智则专独，轻物则无备。（"士""备"之职通韵）无备召祸，专独位危，（"祸""危"歌部）简士壅塞。欲无壅塞，必礼士。（"塞""塞""士"职之通韵）

智短则不知化，不知化者举自危。（"化""危"歌部）

立有间，再三言。（"间""言"元部）

诸侯之德，能自为取师者王，能自取友者存，其所择而莫如己者亡。（"王""亡"阳部）

人主之患也，不在自少，而在自多；自多则辞受，辞受则原竭。（"多""竭"歌月通韵）

齐宣王为大室，大益百亩，堂上三百户。（"亩""户"之鱼合韵）

王曰：春子，春子，反！何谏寡人之晚也？（"反""晚"元部）

吾尝好声色矣，而鸢徼致之；吾尝好宫室台榭矣，而鸢徼为之；吾尝好良马善御矣，而鸢徼来之。（"为""来"歌之合韵）今吾好士六年矣，而鸢徼未尝进一人也。（"年""人"真部）

《观表》

凡论人心，观事传，不可不熟，不可不深。（"心""传""深"侵元合韵）

人之心隐匿难见，渊深难测，故圣人于事志焉。（"测""志"职之通韵）圣人之所以过人以先知，先知必审征表。无征表而欲先知，尧舜与众人同。征虽易，表虽难，圣人则不可以飘矣。（"表""飘"宵部）

至，使人迎其妻子，隔宅而异之，分禄而食之。（"异""食"职部）

夫智可以微谋，仁可以托财者，其郈成子之谓乎！（"谋""财"之部）

吴起雪泣而应之曰："子弗识也。君诚知我，而使我毕能。（"识""能"职之通韵）秦必可亡，而西河可以王。（"亡""王"阳部）今君听谗人之议，而不知我，西河之为秦也不久矣，（"议""我""久"歌之合韵）魏国从此削矣。”

其所以相者不同，见马之一征也，而知节之高卑，足之滑易，（“卑”“易”支锡通韵）材之坚脆，能之长短。（“脆”“短”月元通韵）

《开春论·开春》

时雨降，则草木育矣。（“降”“育”冬觉通韵）饮食居处适，则九窍百节千脉皆通利矣。（“适”“利”锡质合韵）王者厚其德，积众善，而凤凰圣人皆来至矣；共伯和修其行，好贤仁，而海内皆以来为稽矣。（“至”“稽”质脂通韵）

魏惠王死，葬有日矣。（“死”“日”脂质通韵）

太子为及日之故，得无嫌于欲亟葬乎？（“故”“葬”鱼阳通韵）

韩氏城新城，期十五日而成。（“城”“成”耕部）

故曰封人子高为之言也，而匿己之为而为也。（“言”“为”元歌通韵）

《察贤》

天下之贤主，岂必苦形愁虑哉！（“主”“虑”侯鱼合韵）雪霜雨露时，则万物育矣，人民修矣，疾病妖厉去矣。（“育”“修”觉幽通韵）故曰尧之容若委衣裘，以言少事也。（“裘”“事”之部）

我之谓任人，子之谓任力；任力者故劳，任人者故逸。（“力”“逸”职质合韵）

《期贤》

凡国不徒安，名不徒显，必得贤士。（“安”“显”元部）

魏文侯过段干木之闾而轼之，其仆曰：“君胡为轼？”（“之”“轼”之职通韵）曰：“此非段干木之闾欤？段干木盖贤者也，吾安敢不轼？且吾闻段干木未尝肯以己易寡人也，吾安敢骄之？”（“轼”“之”职之通韵）段干木光乎德，寡人光乎地；段干木富乎义，（“地”“义”歌部）寡人富乎财。”（“德”“财”职之通韵）

于是国人皆喜，相与诵之曰：（“喜”“之”之部）“吾君好正，段干木之

敬；（"正""敬"耕部）吾君好忠，段干木之隆。"（"忠""隆"冬部）

莫见其形，其功已成。（"形""成"耕部）

《审为》

与人之兄居而杀其弟，与人之父处而杀其子，（"弟""子"脂之合韵）吾不忍为也。

太王亶父可谓能尊生矣。能尊生，虽富贵，不以养伤身；虽贫贱，不以利累形。（"生""身""形"真耕合韵）

生之所自来者久矣，而轻失之，岂不惑哉！（"久""之""惑"之职通韵）

《爱类》

仁于他物，不仁于人，不得为仁；不仁于他物，独仁于人，犹若为仁。（"人""仁""人""仁"真部）

神农之教曰：士有当年而不耕者，则天下或受其饥矣；女有当年而不绩者，（"耕""绩"耕锡通韵）则天下或受其寒矣。（"饥""寒"脂元合韵）

于是公输般设攻宋之械，墨子设守宋之备。（"械""备"职部）

《贵卒》

力贵突，智贵卒。（"突""卒"物部）得之同则速为上，胖之同则湿为下。（"上""下"阳鱼通韵）所为贵骥者，为其一日千里也，旬日取之，与驽骀同；（"里""之""骀"之部）所为贵镞矢者，（"骥""矢"脂部）为其应声而至，终日而至，则与无至同。（"至""至""至"质部，"同""同"东部）

尊王攘夷

荆王死，贵人皆来，尸在堂上，贵人相与射吴起。（"死""来""起"脂之合韵）

《慎行论·慎行》

王曰：已为我子矣，又尚奚求？（"子""求"之幽合韵）

毋或如齐庆封，弑其君而弱其孤，以亡其大夫。（"孤""夫"鱼部）

凡乱人之动也，其始相助，后必相恶。（"助""恶"鱼铎通韵）为义者则不然，始而相与，久而相信，卒而相亲，后世以为法程。（"信""亲""程"真耕合韵）

《无义》

不及则不知，不知趋利。趋利固不可必也。公孙鞅、郑平、续经、公孙竭是已。（"利""必""是"质脂通韵）

欺交反主，为利故也。（"主""故"侯鱼合韵）方其为秦将也，天下所贵之无不以者，重也。（"将""重"阳东合韵）重以得之，轻必失之。（"得""失"职质合韵）

天下所贱之无不以也，所可羞无不以也，行方可贱可羞，而无秦将之重，不穷奚待？（"以""以""待"之部）

《疑似》

使人大迷惑者，必物之相似也。（"惑""似"职之通韵）

贤者有小恶以致大恶，褒姒之败，乃令幽王好小说，以致大灭。（"败""说""灭"月部）故形骸相离，三公九卿出走。此褒姒之所用死，而平王所以东徙也，秦襄晋文之所以劳王劳而赐地也。（"死""徙""地"脂支歌合韵）

《壹行》

十际皆败，乱莫大焉。（"败""大"月部）

其威不威则不足以禁也，其利不利则不足以劝也，（"禁""劝"侵元合韵）

故以禁则必止，以劝则必为。（"止""为"之歌合韵）威利敌，而忧苦民、行可知者王；威利无敌，而以行不知者亡。（"王""亡"阳部）

故不可知之道，王者行之，废；强大行之，危；小弱行之，灭。（"废""危""灭"月歌通韵）

人之所乘船者，为其能浮而不能沈也。（"船""沈"元侵合韵）

夫不可知，盗不与期，贼不与谋。（"期""谋"之部）

《求人》

今寿国有道，而君人者而不求，过矣。（"道""求""过"幽歌合韵）伊尹，庖厨之臣也；（"尹""臣"真部）傅说，殷之胥靡也。（"说""靡"月歌通韵）

得陶、化益、真窥、横革、之交五人佐禹，故功绩铭乎金石，著乎盘盂。（"禹""石""盂"鱼铎通韵）

遂之箕山之丁，颍水之阳，（"下""阳"鱼阳通韵）耕而食，终身无经天下之色。（"食""色"职部）

皋子，众疑取国，召南宫虔、孔伯产而众口止。（"国""止"职之通韵）

晋人欲攻郑，令叔向聘焉，视其有人与无人。（"郑""聘""人"耕真合韵）子产为之诗曰：子惠思我，褰裳涉洧，子不我思，岂无他士。（"洧""士"之部）

《贵直论·贵直》

所以贵士，为其直言也。言直则枉者见矣。人主之患，欲闻枉而恶直言。（"言""见""患""言"元部）

狐援说齐湣王口：殷之鼎陈于周之廷，其社盖于周之屏，（"廷""屏"耕部）其干戚之音在人之游，亡国之音不得至于庙，（"游""庙"幽宵合韵）亡国之社不得见于天，亡国之器陈于廷，（"天""廷"真耕合韵）所以为戒。王必勉之。（"戒""之"职之通韵）其无使齐之大吕陈之廷，无使太公之社盖之屏，（"廷""屏"耕部）无使齐音充人之游。齐王不受。（"游""受"幽部）狐援出而哭国三日，其辞曰："先出也，衣絺纻；后出也，满囹圄。吾今见民之洋洋然东走而不知所处。"（"纻""圄""处"鱼部）

丁是乃言曰：有人白南方来，鲋入而鲵居，使人之朝为草而国为墟。殷有比干，吴有子胥，齐有狐援。已不用若言，（"干""援""言"元部）又斩之东闾，每斩者以吾参夫二子者乎！（"居""墟""胥""闾""者"鱼部）

行人烛过免胄横戈而进曰：亦有君不能耳，士何弊之有？（"能""有"之部）简子艴然作色曰：寡人之无使，而身自将是众也，子亲谓寡人之无能，（"使""能"之部）有说则可，无说则死。（"可""死"歌脂合韵）

亦有君不能耳，士何弊之有？（"能""有"之部）

战斗之上，桴鼓方用，赏不加厚，罚不加重。（"用""重"东部）

《直谏》

鲍叔奉杯而进曰：使公毋忘出奔在于莒也，使管仲毋忘束缚而在于鲁也，使宁戚毋忘其饭牛而居于车下。（"莒""鲁""下"鱼部）

《知化》

子胥非不先知化也，谏而不听，故吴为丘墟，祸及阖庐。（"墟""庐"鱼部）

夫齐之与吴也，习俗不同，言语不通，（"同""通"东部）我得其地不能处，得其民不得使。（"处""使"鱼之合韵）夫吴之与越也，接土邻境，壤交[道]属，习俗同，言语通，（"同""通"东部）我得其地能处之，得其民能使之。（"处""使"鱼之合韵）越之于吴也，譬若心腹之疾也，虽无作，是伤深而在内也。（"疾""内"质物合韵）夫齐之于吴也，疥癣之病也，不苦其已也，且其无伤也。（"病""伤"阳部）今释越而乏齐，譬之犹惧虎而刺猬，虽胜之，其后患未央。（"猬""央"元阳合韵）

《过理》

刑鬼侯之女而取其环，截涉者胫而视其髓，杀梅伯而遗文王其醢，不适也。（"环""髓""醢"元歌之合韵）

《原乱》

公子夷吾重赂秦以地而求入，秦穆公率师以纳之。（"入""纳"缉部）

故凡作乱之人，祸希不及身。（"人""身"真部）

《不苟论·不苟》

贤者之事也，虽贵不苟为，虽听不自阿。（"为""阿"歌部）

戎人不达于五音与五味，君不若遗之。（"味""遗"微物通韵）

《赞能》

贤者善人以人，中人以事，不肖者以财。（"事""财"之部）

于是乎使人告鲁曰：管夷吾，寡人之雠也，愿得之而亲加手焉。（"雠""手"幽部）

至齐境，桓公使人以朝车迎之。（"境""迎"阳部）

说义以聽，方术信行，（"聽""行"耕阳合韵）能令人主上至于王，下至于霸，（"王""霸"阳铎通韵）我不若子也；耦世接俗，说义调均，以适上心，（"均""心"真侵合韵）子不如我也。

《自知》

欲知平直，则必准绳。（"直""绳"职蒸通韵）

人主欲自知，则必直士。（"知""士"支之合韵）

存亡安危，勿求于外，务在自知。（"危""知"歌支合韵）荆成、齐庄不自知而杀，吴王、智伯不自知而亡，宋、中山不自知而灭，（"杀""灭"月部）晋惠公、赵括不自知而虏，（"亡""虏"阳鱼通韵）钻荼、庞涓、太子申不自知而死，败莫大于不自知。（"死""知"脂支合韵）

《当赏》

晋文公反国，赏从亡者，而陶狐不与。（"亡""与"阳鱼通韵）左右曰：君反国家，爵禄三出，而陶狐不与，（"家""与"鱼部）敢问其说。（"出""说"物月合韵）文公曰：辅我以义，导我以礼者，（"义""礼"歌脂合韵）吾以为上赏；教我以善，强我以贤者，（"善""贤"元真合韵）吾以为次赏。（"赏""赏"阳部）

《博志》

冬与夏不能两刑，草与稼不能两成。（"刑""成"耕部）

凡有角者无上齿，果实繁者木必庳。（"齿""庳"之支合韵）

全则必缺，极则必反，盈则必亏。（"缺""反""亏"月元歌通韵）

故曰：精而熟之，鬼将告之。（"熟""告"觉部）非鬼告之也，精而熟之也。（"告""熟"觉部）今有宝剑良马于此，玩之不厌，视之无倦。（"厌""倦"谈元合韵）宝行良道，一而弗复。（"道""复"幽觉通韵）欲身之安也，名之章也，不亦难乎？（"安""章""难"元阳合韵）

矢之速也，而不过二里，止也；（"里""止"之部）步之迟也，而百舍，不止也。（"舍""止"鱼之合韵）

《贵当》

名号大显，不可强求，必繇其道。（"求""道"幽部）

田猎驰骋，弋射走狗，贤者非不为也，为之而智日得焉，不肖主为之而智日惑焉。（"得""惑"职部）志曰：骄惑之事，不亡奚待？（"事""待"之部）

惟其所以不得之故，则狗恶也。（"故""恶"鱼铎通韵）

《似顺论·别类》

相剑者曰：白所以为坚也，黄所以为牣也。（"坚""牣"真文合韵）

剑之情未革，而或以为良，或以为恶，（"良""恶"阳铎通韵）说使之也。（"革""之"职之通韵）故有以聪明听说，则妄说者止；无以聪明听说，则尧舜无别矣。此忠臣之所患也，贤者之所以废也。（"说""说""别""废"月部）

缘子之言，则室不败也。木益枯则劲，涂益干则轻。以益劲任益轻，（"劲""轻""轻"耕部）则不败。（"言""败""败"元月通韵）

《有度》

有度而以听，则不可欺也，不可惶也，不可恐也，（"惶""恐"阳东合韵）不可喜矣。（"欺""喜"之部）

若虽知之，奚道知其不为私？（"知""私"支脂合韵）

许由非强也，有所乎通也。（"强""通"阳东合韵）

唯通乎性命之情，而仁义之术自行矣。（"情""行"耕阳合韵）

故曰：通意之悖，解心之缪，去德之累，（"悖""累"物微通韵）通道之

塞。（“缪”“塞”觉职合韵）

此四六者，不荡乎胸中则正，正则静，静则清明，（“正”“静”“明”耕阳合韵）清明则虚，虚则无为而无不为也。（“虚”“为”鱼歌合韵）

《分职》

通乎君道，则能令智者谋矣，能令勇者怒矣，能令辩者语矣。（“谋”“怒”“语”之鱼合韵）夫马者，伯乐相之，造父御之（“马”“相”“御”鱼阳通韵）贤主乘之，一日千里。（“乘”“里”蒸之通韵）

自为人则不能，任贤者则恶之，与不肖者则议之。此功名之所以伤，（“恶”“伤”铎阳通韵）国家之所以危。（“议”“危”歌部）

譬白公之嗇，若枭之爱其子也。（“嗇”“子”职之通韵）

今民衣弊不补，履决不组。（“补”“组”鱼部）君则不寒矣，民则寒矣。（“寒”“寒”元部）

以春之知之也而令罢之，福将归于春也，而怨将归于君。（“春”“君”文部）

《处方》

故异所以安同也，同所以危异也。同异之分，贵贱之别，长少之义，此先王之所慎，而治乱之纪也。（“异”“纪”职之通韵）

故凡乱也者，必始乎近而后及远，必始乎本而后及末。（“远”“末”元月通韵）治亦然。故百里奚处乎虞而虞亡，处乎秦而秦霸；向挚处乎商而商灭，处乎周而周王。（“亡”“霸”“王”阳铎通韵）百里奚之处乎虞，智非愚也；（“虞”“愚”鱼侯合韵）向挚之处乎商，典非恶也。（“商”“恶”阳铎通韵）

擅矫行则免国家，利轻重则若衡石，为方圜则若规矩。（“家”“石”“矩”鱼铎通韵）

谋出乎不可用，事出乎不可同。（“谋”“事”之部，“用”“同”东部）

《慎小》

轻小物则上无道知下，下无道知上。（“下”“上”鱼阳通韵）

巨防容蝼，而漂邑杀人；突泄一熛，而焚宫烧积；将失一令，而军破身死；（"人""死"真脂通韵）主过一言，而国残名辱。（"积""辱"锡屋合韵）

齐桓公即位，三年不言，而天下称贤，群臣皆说。（"言""说"元月通韵）

有一人曰：试往赊表，不得赏而已，何伤？（"赏""伤"阳部）

赏罚信乎民，何事而不成？（"民""成"真耕合韵）

《士容论·士容》

柔而坚，虚而实。其状朖然不儇，若失其一。（"实""一"质部）

傲小物而志属于大，似无勇而未可恐猲，执固横敢而不可辱害。临患涉难而处义不越，南面称寡而不以侈大。今日君民而欲服海外，节物甚高而细利弗赖。耳目遗俗而可与定世，富贵弗就而贫贱弗朅。德行尊理而羞用巧卫，宽裕不訾而中心甚厉，难动以物而必不妄折。（"大""猲""害""越""大""外""赖""世""朅""卫""厉""折"月部）

故火烛一隅，则室偏无光。骨节蚤成，空窍哭历，身必不长。众无谋方，乞谨视见，多故不良。（"光""长""良"阳部）志必不公，不能立功。（"公""功"东部）

故君子之容，纯乎其若钟山之玉，桔乎其若陵上之木；淳淳乎慎谨畏化，而不肯自足；乾乾乎取舍不悦，（"化""悦"歌月通韵）而心甚素朴。（"玉""木""足""朴"屋部）

有国若此，不若无有。（"此""有"支之合韵）

《务大》

夫为人臣者，进其爵禄富贵，父子兄弟相与比周于一国，区区焉相乐也，而以危其社稷，其为灶突近矣，而终不知也，其与燕爵之智不异。（"国""稷""异"职部）

乌获举千钧，又况一斤？（"钧""斤"真文合韵）

《上农》

庶人不冠弁、取妻、嫁女、享祀，不酒醴聚众；农不上闻，不敢私籍于庸。

（"众""庸"冬东合韵）

苟非同姓，农不出御，女不外嫁。（"御""嫁"鱼部）

国家难治，三疑乃极。（"治""极"之职通韵）是谓背本反则，失毁其国。（"则""国"职部）

时事不共，是谓大凶。（"共""凶"东部）夺之以土功，是谓稽，不绝忧唯，必丧其秕。（"稽""唯""秕"脂微合韵）夺之以水事，是谓籥，丧以继乐，四邻来虐。（"籥""乐""虐"沃部）夺之以兵事，是谓厉，祸因胥岁，不举铚艾。（"厉""岁""艾"月部）数夺民时，大饥乃来。（"时""来"之部）野有寝未，或谈或歌，旦则有昏，丧粟甚多。（"歌""多"歌部）

《任地》

子能使吾土靖而甽浴〔土〕乎？子能使保湿安地而处乎？（"土""处"鱼部）子能使藋夷毋淫乎？子能使子之野尽为泠风乎？（"淫""风"侵部）子能使藳数节而茎坚乎？子能使穗大而坚均乎？（"坚""均"真部）子能使粟圜而薄糠乎？子能使米多沃而食之强乎？（"糠""强"阳部）

凡耕之大方：力者欲柔，柔者欲力；息者欲劳，劳者欲息；棘者欲肥，肥者欲棘。（"力""息""棘"职部）急者欲缓，缓者欲急；湿者欲燥，燥者欲湿。（"急""湿"缉部）上田弃亩，下田弃甽。五耕五耨，必审以尽。（"甽""尽"文真合韵）其深殖之度，阴土必得。大草不生，又无螟蜮。今兹美禾，兹美麦。（"得""蜮""麦"职部）

是以六尺之耜，所以成亩也。（"耜""亩"之部）其博八寸，所以成甽也；（"寸""甽"文部）耨柄尺，此其度也；其耨六寸，所以间稼也。（"尺""度""稼"铎鱼通韵）

人肥必以泽，使苗坚而地隙。（"泽""隙"铎部）人耨必以旱，使地肥而土缓。（"旱""缓"元部）

天下时，地生财，不与民谋。（"时""财""谋"之部）有年瘗土，无年瘗土。无失民时，无使之治下。（"土""土""下"鱼部）知贫富利器，皆时

至而作，渴时而止。是以老弱之力可尽起，其用日半其功可使倍。（"止""起""倍"之部）不知事者，时未至而逆之，时既往而慕之，当时而薄之，使其民而郄之。（"逆""慕""薄""郄"铎部）民既郄，乃以良时慕，（"郄""慕"铎部）此从事之下也。操事则苦，不知高下，民乃逾处。（"下""苦""下""处"鱼部）种桂禾不为穖，种重禾不为重，是以粟少而失功。（"重""功"东部）

《辩土》

凡耕之道，必始于垆，为其寡泽而后枯。（"垆""枯"鱼部）必厚其靹，为其唯厚而及。（"靹""及"缉部）

上田则被其处，下田则尽其污。（"处""污"鱼部）

为青鱼胠，苗若直獵。（"胠""獵"盍部）既种而无行，耕而不长。（"行""长"阳部）弗除则芜，除之则虚。（"芜""虚"鱼部）

实其为亩也，高而危则泽夺，陂则埒，见风则儞，高培则拔。（"夺""埒""儞""拔"月部）寒则雕，热则脩。（"雕""脩"幽部）一时而五六死，故不能为来。（"死""来"脂之合韵）不俱生而俱死，虚稼先死，众盗乃窃。（"死""死""窃"脂质通韵）望之似有馀，就之则虚。（"馀""虚"鱼部）农夫知其田之易也，不知其稼之疏而不适也。（"易""适"锡部）知其田之［除］也，不知其稼居地之虚也。不除则芜，除之则虚，此事之伤也。（"除""虚""芜""虚"鱼部）

故亩欲广以平，甽欲小以深，下得阴，（"深""阴"侵部）上得阳，然后咸生。（"平""阳""生"耕阳合韵）稼欲生于尘，而殖于坚者。（"尘""坚"真部）慎其种，勿使数，亦勿使疏，于其施土，无使不足，（"种""数""足"东屋通韵）亦无使有馀。（"疏""土""馀"鱼部）其耰也积，积者其生也必先。其施土也均，均者其生也必坚，是以亩广以平则不丧本。（"先""均""坚""本"文真合韵）

茎生有行，故速长。（"行""长"阳部）弱不相害，故速大。（"害""大"

月部）衡行必得，纵行必术。（"得""术"职物合韵）正其行，通其风，夬心中央，（"行""央"阳部）帅为泠风。（"风""风"侵部）苗，其弱也欲孤，其长也欲相与居，其熟也欲相扶。（"孤""居""扶"鱼部）是故三以为族，乃多粟。（"族""粟"屋部）

凡禾之患，不俱生而俱死，是以先生者美米，后生者为秕。是故其耨也，长其兄而去其弟。（"死""米""秕""弟"脂部）树肥无使扶疏，树墝不欲专生而族居。（"疏""居"鱼部）肥而扶疏则多秕，墝而专居则多死。不知稼者，其耨也，去其兄而养其弟，不收其粟而收其秕。上下不安，则禾多死。（"秕""死""弟""秕""死"脂部）厚土则孽不［达］，薄土则蕃轓而不發。（"达""發"月部）

垆埴冥色，刚土柔种，免耕杀匿，使农事得。（"色""匿""得"职部）

《审时》

凡农之道，厚之为宝。（"道""宝"幽部）

是以人稼之容足，耨之容耨，（"足""耨"屋部）据之容手，此之谓耕道。（"手""道"幽部）

是以得时之禾，长秱长穗，大本而茎杀，疏穖而穗大。（"杀""大"月部）其粟圆而薄糠，其米多沃而食之强。（"糠""强"阳部）如此者不风。先时者，茎叶带芒以短衡，穗钜而芳夺，稆米而不香。（"衡""香"阳部）后时者，茎叶带芒而末衡，穗阅而青零，多秕而不［盈］。（"衡""盈"阳耕合韵）

得时之黍，芒茎而徼下，（"黍""下"鱼部）穗芒以长，抟米而薄糠，舂之易，而食之不嚘而香。（"长""糠""香"阳部）如此者不饴。先时者，大本而华，茎杀而不遂，叶藁短穗。（"遂""穗"物质合韵）后时者，小茎而麻长，短穗而厚糠，小米黭而不香。（"长""糠""香"阳部）

得时之稻，大本而茎葆。（"稻""葆"幽部）长秱疏穖，穗如马尾。（"穖""尾"微部）大粒无芒，抟米而薄糠，舂之易而食之香。（"芒""糠""香"阳部）如此者不益。先时者，本大而茎叶格对，短秱短穗，（"对""穗"

物质合韵）多秕厚糠，薄米多芒。（"糠""芒"阳部）后时者，纤茎而不滋，厚糠多秕，廷辟米，不得待定熟，卬天而死。（"时""滋""秕""米""死"之脂合韵）

得时之麻，必芒以长，疏节而色阳。（"长""阳"阳部）小本而茎坚，厚枲以均，（"坚""均"真部）后熟多荣，日夜分复生。（"荣""生"耕部）如此者不蝗。

得时之菽，长茎而短足，其荚二七以为族，（"足""族"屋部）多枝数节，竞叶蕃实。（"节""实"质部）大菽则圆，小菽则抟以芳，称之重，食之息以香。（"芳""香"阳部）如此者不虫。先时者，必长以蔓，浮叶疏节，小荚不实。（"节""实"质部）后时者，短茎疏节，本虚不实。（"节""实"质部）

得时之麦，秱长而颈黑，二七以为行，而服薄糕而赤色，称之重，食之致香以息，使人肌泽且有力。（"麦""黑""色""息""力"职部）如此者不蚼蛆。先时者，暑雨未至，胕动蚼蛆而多疾，其次羊以节。（"至""疾""节"质部）后时者，苗弱而穗苍狼，薄色而美芒。（"狼""芒"阳部）

量粟相若而舂之，得时者多米。量米相若而食之，得时者忍饥。（"米""饥"脂部）是故得时之稼，其臭香，其味甘，其气章，百日食之，耳目聪明，心意睿智，四卫变强，殃气不入，身无苛殃。（"香""章""明""强""殃"阳部）

九、《吕氏春秋》考评辑要

《史记·吕不韦传》

吕不韦者，阳翟大贾人也。往来贩贱卖贵，家累千金。

秦昭王四十年，太子死。其四十二年，以其次子安国君为太子。安国君有子二十余人。安国君有所甚爱姬，立以为正夫人，号曰华阳夫人。华阳夫人无子。安国君中男名子楚，子楚母曰夏姬，毋爱。子楚为秦质子于赵。秦数攻赵，赵不甚礼子楚。

子楚，秦诸庶孽孙，质于诸侯，车乘进用不饶，居处困，不得意。吕不韦贾邯郸，见而怜之，曰"此奇货可居"。乃往见子楚，说曰："吾能大子之门。"子楚笑曰："且自大君之门，而乃大吾门？"吕不韦曰；"子不知也，吾门待子门而大。"子楚心知所谓，乃引与坐，深语。吕不韦曰："秦王老矣，安国君得为太子。窃闻安国君爱幸华阳夫人，华阳夫人无子，能立適嗣者独华阳夫人耳。今子兄弟二十余人，子又居中，不甚见幸，久质诸侯。即大王薨，安国君立为王，则子毋几得与长子及诸子旦暮在前者争为太子矣。"子楚曰："然。为之奈何？"吕不韦曰："子贫，客于此，非有以奉献于亲及结宾客也。不韦虽贫，请以千金为子西游，事安国君及华阳夫人，立子为適嗣。"子楚乃顿首曰："必如君策，请得分秦国与君共之。"

吕不韦乃以五百金与子楚，为进用，结宾客。而复以五百金买奇物玩好，自奉而西游秦，求见华阳夫人姊，而皆以其物献华阳夫人。因言子楚贤智，结诸侯宾客徧天下，常曰"楚也以夫人为天，日夜泣思太子及夫人。"夫人大喜。不韦因使其姊说夫人曰："吾闻之，以色事人者，色衰而爱弛。今夫人事太子，甚爱而无子，不以此时蚤自结于诸子中贤孝者，举立以为适而子之，夫在则重尊，夫百岁之后，所子者为王，终不失势，此所谓一言而万世之利也。不以繁华时树本，即色衰爱弛后，虽欲开一语，尚可得乎？今子楚贤，而自知中男也，次不得为适，其母又不得幸，自附夫人，夫人诚以此时拔以为适，夫人则竟世有宠于秦矣。"华阳夫人以为然，承太子间，从容言子楚质于赵者绝贤，来往者皆称誉之。乃因涕泣曰："妾幸得充后宫，不幸无子，愿得子楚立以为适嗣，以托妾身。"安国君许之，乃与夫人刻玉符，约以为适嗣。安国君及夫人因厚馈遗子楚，而请吕不韦傅之，子楚以此名誉益盛于诸侯。

吕不韦取邯郸诸姬绝好善舞者与居，知有身。子楚从不韦饮，见而说之，因起为寿，请之。吕不韦怒，念业已破家为子楚，欲以钓奇，乃遂献其姬。姬自匿有身，至大期时，生子政。子楚遂立姬为夫人。

秦昭王五十年，使王齮围邯郸，急，赵欲杀子楚。子楚与吕不韦谋，行金六百斤予守者吏，得脱，亡赴秦军，遂以得归。赵欲杀子楚妻子，子楚夫人赵豪家女也，得匿，以故母子竟得活。秦昭王五十六年，薨。太子安国君立为王，华阳夫人为王后，子楚为太子。赵亦奉子楚夫人及子政归秦。

秦王立一年，薨，谥为孝文王。太子子楚代立，是为庄襄王。庄襄王所母华阳后为华阳太后，真母夏姬尊以为夏太后。庄襄王元年，以吕不韦为丞相，封为文信侯，食河南洛阳十万户。

庄襄王即位三年，薨。太子政立为王，尊吕不韦为相国，号称"仲父"。秦王年少，太后时时窃私通吕不韦。不韦家僮万人。

当是时，魏有信陵君，楚有春申君，赵有平原君，齐有孟尝君，皆下士喜宾客以相倾。吕不韦以秦之强，羞不如，亦招致士，厚遇之，至食客三千人。是时诸侯多辩士，如荀卿之徒，著书布天下。吕不韦乃使其客人人著所闻，集论以为八览、六论，十二纪，二十余万言。以为备天地万物古今之事，号曰《吕氏春秋》。布咸阳市门，悬千金其上，延诸侯游士宾客有能增损一字者予千金。

始皇帝益壮，太后淫不止。吕不韦恐觉祸及己，乃私求大阴人嫪毐以为舍人，时纵倡乐，使毐以其阴关桐轮而行，令太后闻之，以啗太后。太后闻，果欲私得之。吕不韦乃进嫪毐，诈令人以腐罪告之。不韦又阴谓太后曰："可事诈腐，则得给事中。"太后乃阴厚赐主腐者吏，诈论之，拔其须眉为宦者，遂得侍太后。太后私与通，绝爱之。有身，太后恐人知之，诈卜当避时，徙宫居雍。嫪毐常从，赏赐甚厚，事皆决于嫪毐。嫪毐家僮数千人，诸客求宦为嫪毐舍人千余人。

始皇七年，庄襄王母夏太后薨。孝文王后曰华阳太后，与孝文王会葬寿陵。夏太后子庄襄王葬芷阳，故夏太后独别葬杜东，曰"东望吾子，西望吾夫。后百年，旁当有万家邑”。

始皇九年，有告嫪毐实非宦者，常与太后私乱，生子二人，皆匿之。与太后谋曰：“王即薨，以子为后。”于是秦王下吏治，具得情实，事连相国吕不韦。九月，夷嫪毐三族，杀太后所生两子，而遂迁太后于雍。诸嫪毐舍人皆没其家而迁之蜀。王欲诛相国，为其奉先王功大，及宾客辩士为游说者众，王不忍致法。

秦王十年十月，免相国吕不韦。及齐人茅焦说秦王，秦王乃迎太后于雍，归复咸阳，而出文信侯就国河南。

岁余，诸侯宾客使者相望于道，请文信侯。秦王恐其为变，乃赐文信侯书曰：“君何功于秦？秦封君河南，食十万户。君何亲于秦？号称仲父。其与家属徙处蜀！”吕不韦自度稍侵，恐诛，乃饮酖而死。秦王所加怒吕不韦、嫪毐皆已死，乃皆复归嫪毐舍人迁蜀者。

始皇十九年，太后薨，谥为帝太后，与庄襄王会葬茝阳。

太史公曰：不韦及嫪毐贵，封号文信侯。人之告嫪毐，毐闻之。秦王验左右，未发。上之雍郊，毐恐祸起，乃与党谋，矫太后玺发卒以反蕲年宫。发吏攻毐，毐败亡走，追斩之好畤，遂灭其宗。而吕不韦由此绌矣。孔子之所谓“闻”者，其吕子乎？

《史记·十二诸侯年表序》（节录）

吕不韦者，秦庄襄王相，亦上观尚古，删拾《春秋》，集六国时事，以为八览、六论、十二纪，为《吕氏春秋》。

《史记·太史公自序》（节录）

不韦迁蜀，世传《吕览》。

汉高诱《吕氏春秋序》

吕不韦者，濮阳人也，为阳翟之富贾，家累千金。

秦昭襄王者，孝公之曾孙，惠文王之孙，武烈王之子也。太子死，以庶子安国君柱为太子。柱有子二十余人，所幸妃号曰华阳夫人无子。安国君庶子名楚，其母曰夏姬，不甚得幸，令楚质于赵，而不能顾质，数东攻赵，赵不礼楚。时不韦贾于邯郸，见之，曰："此奇货也，不可失。"乃见楚曰："吾能大子之门。"楚曰："何不大君之门，乃大吾之门邪？"不韦曰："子不知也，吾门待子门大而大之。"楚默幸之。不韦曰："昭襄王老矣，而安国君为太子。窃闻华阳夫人无子，能立适嗣者独华阳夫人耳。请以千金为子西行，事安国君，令立于为适嗣。"不韦乃以宝玩珍物献华阳夫人，因言："楚之贤，以夫人为天母，日夜涕泣，思夫人与太子。"夫人大喜，言于安国君，于是立楚为适嗣，华阳夫人以为己子，使不韦傅之。

不韦取邯郸姬，已有身，楚见说之，遂献其姬，至楚所，生男，名之曰正，楚立之为夫人。

暨昭襄王薨，太子安国君立，华阳夫人为后，楚为太子。安国君立一年薨，谥为孝文王。太子楚立，是为庄襄王，以不韦为丞相，封为文信侯，食河南洛阳十万户。庄襄王立三年而薨，太子正立，是为秦始皇帝，尊不韦为相国，号称仲父。

不韦乃集儒书，使著其所闻，为十二纪、八览、六论，训解，各十余万言，备天地万物古今之事，名为《吕氏春秋》，暴之咸阳市门，悬千金其上，有能增损一字者与千金。时人无能增损者。诱以为时人非不能也，盖惮相国畏其势耳。然此书所尚，以道德为标的，以无为为纲纪，以忠义为品式，以公方为检格，与孟轲、孙卿、淮南、扬雄相表里也，是以著在录略。诱正《孟子》章句，作《淮南》《孝经》解毕讫，家有此书，寻绎案省，大出诸子之右，既有脱误，小儒又以私意改定，犹虑传义失其本真，少能详之，故复依先师旧训，辄乃为之解焉，以述古儒之旨，凡十七万三千五十四言。若有纰缪不经，后之君子，断而裁之，比其义焉。

汉郑玄《三礼目录》

《月令》。名曰"月令"者，以其记十二月政之所行也。本《吕氏春秋》十二月纪之首章也。以礼家好事抄合之，后人因题之名曰"礼记"（参见《礼记·月令》疏引）

汉蔡邕《蔡中郎集》

《周书》七十一篇，而《月令》第五十三。秦相吕不韦著书，取"月令"为纪号。淮南王安亦取以为第四篇，改名曰"时则"。故偏见之徒，或云"《月令》，吕不韦作"，或云"淮南"，皆非也。

唐陆德明《经典释文》

《月令》。此是《吕氏春秋》十二纪之首，后人删合为此记。蔡伯喈、王肃云"周公所作"。

宋黄震《黄氏日抄》

《吕氏春秋》者，秦相吕不韦耻以贵显而不及荀卿子之徒著书布天下，使其宾客共著八览、六论、十二纪，窃名《春秋》。高诱为之训解。淳熙五年冬，尚书韩彦直为之序，谓："士之传于天下后世者，非徒以其书。夫子之圣则书宜传，孟子之亚圣则书宜传。过是而以书传者，老聃以虚无传，庄周以假寓传，屈原以骚传，荀卿以刑名传（毕沅曰：此句似有讹脱。或是"荀卿以性恶传，韩非以刑名传"），司马迁以史传，扬雄以《法言》传，班孟坚以续史迁传。

然概之孔孟宜无传，而皆得并传者，其人足与也。《吕氏春秋》言天地万物之故，其书最为近古，今独无传焉，岂不以吕不韦而因废其书邪？愈久无传，恐天下无有识此书者，于是序而传之。"栝苍蔡伯尹又跋其书之后曰："汉兴，高堂生、后仓、二戴之徒取此书之十二纪为《月令》，河间献王与其客取其《大乐》《适音》为《乐记》，司马迁多取其说为《世家》《律历书》，孝武藏书以预九家之学，刘向集书以系《七略》之数。今其书不得与诸子争衡者，徒以不韦病也，然不知不韦固无与焉者也。"

宋高似孙《子略》

淮南王尚奇谋，募奇士，庐馆一开，天下隽绝驰骋之流，无不雷奋云集，蜂议横起，瓌诡作新，可谓一时杰出之作矣。及观《吕氏春秋》，则淮南王书殆出于此者乎？不韦相秦，盖始皇之政也。始皇不好士，不韦则徕英茂，聚畯豪，簪履充庭，至以千计；始皇甚恶书也，不韦乃极简册，攻笔墨，采精录异，成一家言。吁！不韦何为若此者也？不亦异乎！《春秋》之言曰："十里之间，耳不能闻，帷墙之外，目不能见，三亩之间，心不能知，而欲东至开晤，南抚多鹈，西服寿靡，北怀儋耳，何以得哉？"（毕沅曰：语见《任数篇》，"开晤"作"开梧"，"多鹈"作"多颣"。《意林》所载作"开悟""多鹈"也。）此所以讥始皇也，始皇顾不察哉！不韦以此书暴之咸阳门曰："有能损益一字者与千金。"人卒无一敢易者，是亦愚黔之甚矣。秦之士，其贱若此，可不哀哉！虽然，是不特人可愚也，虽始皇亦为之愚矣！异时亡秦者，又皆屠沽负贩不一知书之人，呜呼！

元陈澔《礼记集说》

吕不韦相秦十余年，此时已有必得天下之势，故大集群儒，损益先王之礼而作此书，名曰"春秋"，将欲为一代兴王之典礼也，故其间亦多有未见与礼经合者。其后徙死。始皇并天下，李斯作相，尽废先王之制，而《吕氏春秋》亦无用矣。然其书也，亦当时儒生学士有志者所为，犹能仿佛古制，故记礼者有取焉。

明方孝孺《逊志斋集读吕氏春秋》

《吕氏春秋》十二纪、八览、六论，凡百六十篇。吕不韦为秦相时，使其宾客所著者也。太史公以为不韦徙蜀乃作《吕览》。夫不韦以见疑去国，岁余即饮酖死，何有宾客，何暇著书哉？《史》又称不韦书成，悬之咸阳市，置千金其上，有易一字者辄与之。不韦已徙蜀，安得悬书于咸阳？由此而言，必为相时所著，太史公之言误也（毕沅曰：本传不误）。不韦以大贾乘势市奇货，致富贵而行不谨，其功业无足道者，特以宾客之书显其名于后世，况乎人君任贤以致治者乎？然其书诚有足取者，其《节丧》《安死》篇讥厚葬之弊，其《勿躬》篇言人君之要在任人，《用民》篇言刑罚不如德礼（许维遹曰：此文在《上德》篇，非《用民》篇），《达郁》《分职》篇皆尽君人之道，切中始皇之病，其后秦卒以是数者偾败亡国，非知几之士，岂足以为之哉？第其时去圣人稍远，论德皆本黄老，书出于诸人之所传闻，事多舛谬，如以桑谷共生为成汤，以鲁庄与颜阖论马，与齐桓伐鲁，鲁请比关内侯，皆非实事，而其时竟无敢易一字者，岂畏不韦势而然耶？然予独有感焉，世之谓严酷者，必曰秦法，而为相者，乃广致宾客以著书，书皆诋訾时君为俗主，至数秦先王之过无所惮，若是者，皆后世之所甚讳，而秦不以罪。呜呼！然则秦法犹宽也！

清《四库全书总目提要》

《吕氏春秋》二十六卷（两江总督采进本）。旧本题秦吕不韦撰。考《史记·文信侯列传》，实其宾客之所集也。太史公《自序》又称"不韦迁蜀，世传《吕览》"。考《序意》篇称"维秦八年，岁在涒滩"，是时不韦未迁蜀，故自高诱以下皆不用后说，盖《史》驳文耳。《汉书·艺文志》载《吕氏春秋》二十六篇。今本凡十二纪、八览、六论，纪所统子目六十一，览所统子目六十三，论所统子目三十六，实一百六十篇，《汉志》盖举其纲也。其十二纪即《礼记》之《月令》，顾以十二月割为十二篇，每篇之后各间他文四篇。惟夏令多言乐，秋令多言兵，似乎有义，其余则绝不可晓，先儒无说，莫之详矣。又每纪皆附四篇，而季冬纪独五篇，末一篇标识年月，题曰《序意》，为十二纪之总论，殆所谓纪者犹内篇，而览与论者为外篇、杂篇欤？唐刘知几作《史通》内外篇，而《自序》一篇亦在内篇之末、外篇之前，盖其例也。不韦固小人，而是书较诸子之言独为醇正，大抵以儒为主，而参以道家、墨家，故多引六籍之文与孔子、曾子之言。其他如论音则引《乐记》，论铸剑则引《考工记》，虽不著篇名，而其文可按。所引《庄》《列》之言，皆不取其放诞恣肆者；墨翟之言，不取其《非儒》《明鬼》者。而纵横之术，刑名之说，一无及焉。其持论颇为不苟。论者鄙其为人，因不甚重其书，非公论也。自汉以来，注者惟高诱一家，训诂简质，于引证颠舛之处，如《制乐》篇称成汤之时谷生于庭，则据《书序》以驳之，称南子为厘夫人，则据《论语》《左传》以驳之，称西门豹在魏襄王时，则据《魏世家》《孟子》以驳之，称晋襄公伐陆浑，称楚成王慢晋文公，则皆据《左传》以驳之，称颜阖对鲁庄公，则据《鲁世家》以驳之，称卫逐献公立公子黚，则据《左传》《卫世家》以驳之，皆不蹈注家附会之失。然如称魏文侯虏齐侯，献之天子，传无其事，不知诱何以不纠？其谓梅伯说鬼侯之女好，妲己以为不好，因而见醢，谓白乙丙、孟明皆蹇叔子；谓宁戚扣角所歌乃《硕鼠》之诗；谓公孙龙为魏人；并不著所出，亦不知其何所据？又共伯得乎共首及张毅、单豹事，均出《庄子》，乃于共伯事则曰不知其出何书，于张毅、单豹事则引班固《幽通赋》，竟未见漆园之书，亦为可异。若其注"五世之庙"曰《逸书》，则梅赜伪本尚未出，引《诗》"庶姜孽孽"作"辥辥"，"鼍鼓逢逢"作"薜薜"，则经师异本，均不足为失也。

附：余嘉锡《四库提要辩证》（节录）

《提要》云："其十二纪即《礼记》之《月令》，顾以十二月割为十二篇，每篇之后，各间以他文四篇。惟夏令多言乐，秋令多言兵，似乎有义，其余绝不可晓，先儒无说，莫之详矣。"嘉锡案：《提要》谓"夏令言乐，秋令言兵"是也，谓"其余绝不可晓"者非也。今以春、冬纪之文考之，盖春令言生，冬令言死耳。其孟春纪五篇，一曰《孟春》，二曰《本生》，三曰《重己》，四曰《贵公》，五曰《去私》；仲春纪五篇，一曰《仲春》，二曰《贵生》，三曰《情欲》，四曰《当染》，五曰《功名》；季春纪五篇，一曰《季春》，二曰《尽数》，三曰《先己》，四曰《论人》，五曰《圆道》。其《本生》篇曰："始生之者，天也。养成之者，人也。能养天之所生而勿撄之谓之天子。天子之动也，以全天为故者也。此官之所以立也。立官者，以全生也。"其《贵生》篇曰："圣人深虑天下，莫贵于生。夫耳目鼻口，生之役也。耳虽欲声，目虽欲色，鼻虽欲芬芳，口虽欲滋味，害于生则止。在四官者，不欲利于生则弗为。由此观之，耳目鼻口不得擅行，必有所制。此贵生之术也。"（此意《本生》篇亦言之，略云，是故圣人之于声色滋味也，利于性则取之，害于性则舍之，此全性之道也）其《尽数》篇曰："天生阴阳，寒暑燥湿，四时之化，万物之变，莫不为利，莫不为害。圣人察阴阳之宜，辨万物之利以便生，故精神安乎形，而年寿得长焉。长也者，非短而续之也，毕其数也。"此皆于每纪之第二篇发凡起例，极言节欲养生之义。其《重己》《贵公》诸篇则示人以修身立命之道，以蕲各遂其生也。其孟冬纪五篇，一曰《孟冬》，二曰《节丧》，三曰《安死》，四曰《异宝》，五曰《异用》；仲冬纪五篇，一曰《仲冬》，二曰《至忠》，三曰《忠廉》，四曰《当务》，五曰《长见》；季冬纪五篇，一曰《季冬》，二曰《十节》，三曰《介立》，四曰《诚廉》，五曰《不侵》。其《节丧》篇曰："凡生于天地之间，其必有死，所不免也。孝子之重其亲也，慈亲之爱其子也，痛于肌骨，性也，所重所爱，死而弃之沟壑，人之情不忍为也，故有葬死之义。

吕氏春秋

葬也者，藏也，慈亲孝子之所慎也。"其《安死》篇曰："世之为丘垄也，其高大若山，其树之若林，其设阙庭若宫室，造宾阼也若都邑，以此观世示富则可矣，以此为死则不可也。此二篇为冬令诸篇之发凡起例，极言薄葬送死之义。又因世人之厚葬，多藏宝器，遂言古人非无宝，所宝者异，而有《异宝》篇。更因古人所宝者异，遂言万物不同，而用之于人者异，而有《异用》篇。盖因前两篇而推广以及之，文气衔接相续。至于《至忠》《忠廉》以下诸篇，则示人以舍生取义之道，以期善处其死也。斯其义例，昭然可见，安得如《提要》所言"绝不可晓"也乎？然则春生而冬死，夏乐而秋刑（古者大刑用甲兵，故秋多言兵），其取义何也？曰此所谓春生夏长秋收冬藏也（语见司马谈《论六家要旨》）。其因四时之序而配以人事，则古者天人之学也。说在董子之《春秋繁露》。

盖阴阳五行之学，出于《周易》及《洪范》，而盛于战国，大行于秦汉之间。十二月纪言某时行某令则某事应之，正言天人相感之理，故其《序意》篇曰："文信侯曰：尝得学黄帝之所以诲颛顼矣，爰有大圆在上，大矩在下，汝能法之，为民父母。凡十二纪者，所以纪治乱存亡也，所以知寿夭吉凶也。上揆之天，下验之地，中审之人。若此，则是非可不可无所遁矣。"夫维上法大圆，下法大矩，上揆之天，下验之地，中审之人，故十二月纪以第一篇言天地之道，而以四篇言人事（其实皆言天人相应），以春为喜气而言生，夏为乐气而言养，秋为怒气而言杀，冬为哀气而言死，所谓春生夏长秋收冬藏也。《提要》谓夏令多言乐，非言乐也，言长养也。长养人之道，莫大于教化，故孟夏纪所附四篇曰《劝学》、曰《尊师》、曰《诬徒》、曰《用众》（谓假人之长以补其短，所谓夏之为言假也）。乐也者，所以移风易俗也，故仲夏、季夏纪皆言乐。此其义例昭然可见也。自《提要》谓其绝不可晓，于是近人叶德辉《郎园读书志》（卷五）遂为之说曰："古书以帛为卷，分十二纪，纪有余幅，故以他文匀钞于后，实绝无深义。"不读其书而妄为之说，可谓随声附和者矣。

诱注虽不附会本书，然所驳亦未必尽是。

清卢文弨《书吕氏春秋后》

《吕氏春秋》一书，大约宗墨氏之学，而缘饰以儒术，其《重己》《重生》《节丧》《安死》《尊师》《下贤》，皆墨道也，然君子犹有取焉。秦之君臣，曷尝能行哉？犹墨子非乐，而此书不然，要由成之者非一人，其墨者多也。《汉志》谓墨家者流，盖出于清庙之守。清庙，明堂也。此书十二月纪，非所谓顺四时而行者欤？则《汉志》之言信也。孟子尊孔子，斥杨、墨，书中无一言及之。所称引者，庄、惠、公孙龙、子华子诸入耳。世儒以不韦故，几欲弃绝此书，然书于不韦固无与也。以秦皇之严，秦丞相之势焰，而其为书时寓规讽之旨，求其一言近于揣合而无有，此则风俗人心之古，可以明示天下后世而不怍者也。世儒不察，猥欲并弃之，此与耳食何异哉！

清毕沅《吕氏春秋新校正序》

《汉书·艺文志》杂家，《吕氏春秋》二十六卷，秦相吕不韦辑智略士作。原夫六经以后，九流竞兴，虽醇醨有间，原其意恉，要皆有为而作。降如虞卿诸儒，或因穷愁，托于造述，亦皆有不获已之故焉。其著一书，专觊世名，又不成于一人，不能名一家者，实始于不韦，而《淮南》内外篇次之。然淮南王后不韦几二百年，其采用诸书，能详所自出者，十尚四五。即如今《道藏》中《文子》十二篇，淮南王书前后采之殆尽，间有增省一二字、移易一二语以成文者，类皆当时宾客所为，而淮南王又不暇深考与！不韦书在秦火以前，故其采缀，原书类亡，不能悉寻其所本，今观其《至味》（牟按：当为《本味》）一篇，皆述伊尹之言，而汉儒如许慎、应劭等，间引其文，一则直称伊尹曰，一则又称《伊尹书》。今考《艺文志》道家《伊尹》五十一篇，不韦所本，当在是矣。又《上农》《任地》《辨土》等篇，述后稷之言，与《亢仓子》所载略同，则亦周秦以前农家者流相传为后稷之说无疑也。他如采《老子》《文子》

之说，亦不一而足。是以其书沈博绝丽，汇儒墨之旨，合名法之源，古今帝王天地名物之故，后人所以探索而靡尽与！《隋书·经籍志》杂部，《吕氏春秋》二十六卷，高诱注。诱《序》自言尝为《孟子章句》及《孝经解》等，今已不见。世所传诱注《国策》，亦非真本，唯此书及淮南王书注最为可信。诱注二书，亦间有不同，《有始览》篇"大汾冥阨"，解云"大汾处未闻。冥陀、荆阮、方城皆在楚"，而淮南王书注则云"大汾在晋"，"冥阨"《淮南》作"渑阨"，注云"今宏农渑池是也"。《先识览》篇"男女切倚"，解云"切，磨；倚，近也"，淮南王书"倚"作"踦"，注又云"踦，足也"。《知分》篇解云"鱼满二千斤为蛟"，而淮南王书又作"二千五百斤"。至于音训，亦时时不同。此盖随文生义，或又各依先师旧训为解，故错出而不相害与！暇日取元人大字本以下，悉心校勘，同志如抱经前辈等又各有所订正，遂据以付梓。鸠工于戊申之夏，逾年而告成。若淮南王书，则及门庄知县炘已取《道藏》足本刊于西安，故不更及云。乾隆五十四年岁在己酉孟夏月吉序。

清汪中《述学补遗吕氏春秋序》

（原注：代毕尚书作）

《吕氏春秋》，世无善本。余向所藏，皆明时刻。循览既久，辄有所是正。于时嘉善谢侍郎、仁和卢学士并好是书，及同学诸君各有校本，辑为一编，而属学士刻之，既成，为之序曰：

周官失其职，而诸子之学以兴，各择其术以明其学，莫不持之有故，言之成理。及比而同之，则仁之与义，敬之与和，犹水火之相反也。最后《吕氏春秋》出，则诸子之学兼有之。故《劝学》《尊师》《诬徒》（一作《诋役》）、《善学》（一作《用众》）四篇，皆教学之方，与《学记》表里。《大乐》《侈乐》《适音》（一作《和音》）、《古乐》《音律》《音初》《制乐》皆论乐。《艺文志》言刘向校书，别得《乐记》二十三篇。今《乐记》有其一篇，而其他篇名载在《别录》者，惟见于《正义》所引。按本书《适音》篇，《乐记》载之。疑刘向所得，亦有采及诸子同于河间献王者。凡此诸篇，则六艺之遗文也。十二纪发明明堂礼，则明堂阴阳之学也。《贵生》《情欲》《尽数》《审分》《君守》五篇，尚清净养生之术，则道家流也。《荡兵》（一作《用兵》）、《振乱》《禁塞》《怀宠》《论威》《简选》《决胜》《爱士》八篇皆论兵，则兵权谋、形势二家也。《上农》《任地》《辩土》三篇，皆农桑树艺之事，则农家者流也。其有柢牾者，《振乱》《禁塞》《大乐》三篇，以《墨子·非攻》《杂守》及《非乐》为过，而《当染》篇全取《墨子》，《应言》篇司马喜事，则深重墨氏之学。甚者吴起之去西河，《长见》《观表》二篇，一事两见。惟《有始览》所谓解见某书者，于本书能观其会通尔。司马迁谓不韦使其客人人著所闻，以为备天地万物古今之事，然则是书之成，不出于一人之手，故不名一家之学，而为后世《修文御览》《华林遍略》之所托始。《艺文志》列之杂家，良有以也。然其所采摭，今见于周、汉诸书者，十不及三四。其余则本书已亡，而先哲之话言，前古之佚事，赖此以传于后世，其善者可以劝，其不善者可以惩焉。亦有闾里小智，一意采奇词奥旨，可喜可观，庶几乎立言不朽者矣。其文字异同，已注于篇中，兹不复及。故序其著书之意，以质之诸君子，幸正教之。

清钱保塘《清风室文钞跋毕氏吕氏春秋序》（节录）

毕氏序文，间有未审处。如云淮南王后不韦几二百年。按《史记·秦始皇本纪》，十二年，文信侯死。《淮南王传》，孝文八年，淮南王有子四人，皆七八岁，乃封子安为阜陵侯。于四人中，首举安，则安乃厉王长子，时年八岁，当生于文帝元年，上距始皇十二年才五十七年，即以元狩元年安没时计之，亦祇百十余年，不得云后几二百年也。又云吕氏《上农》《任地》《辩土》等篇与《亢仓子》所载略同。按《亢仓子》云天宝中王士元撰，见本书自序及晁氏《读书志》《新唐书·艺文志》，正取《吕氏》之言而为此说。毕氏乃以为周、秦间书，亦误。至云《文子》十二篇，淮南王书采之略尽，则不知后人勒淮南书托为《文子》，非淮南王取《文子》也。金山钱氏《文子》刻本辨之甚详，此则毕氏所未及见矣。

清章学诚《校雠通义》（节录）

《吕氏春秋》亦春秋家言，而兼存典章者也。当互见于《春秋》《尚书》，而猥次于杂家，亦错误也。古者春秋家言，体例未有一定。自孔子有知我罪我之说，而诸家著书，往往以"春秋"为独见心裁之总名。然而《左氏》而外，铎椒、虞卿、吕不韦之书，虽非依经为文，而宗仰麟之意，观司马迁叙《十二诸侯年表》而后晓然也。吕氏之书，盖司马迁之所取法也。十二本纪仿其十二月纪，八书仿其八览，七十列传仿其六论，则亦微有所以折中之也。四时错举，名曰"春秋"，则吕氏犹较虞卿、晏子《春秋》为合度也。刘知几讥其本非史书而冒称"春秋"，失其旨矣。

清徐时栋《吕氏春秋杂记序》

周秦之际，儒墨分途，异端横起，其家自为学，人自为书者，何可殚数？暴秦吹焰，众说销铄，然而存于今者，六经、孔、曾、思、孟之道，昭昭乎日月矣。其他《逸周书》《穆天子传》之余于《书》，《大戴》之余于《礼》，《国语》《国策》《竹书纪年》之余于《春秋》，《三朝记》之余于《论语》，《弟子职》之余于《孝经》，晏婴、荀况之儒，鬻熊、管夷吾、老聃、辛文、关尹喜、鬼谷、庄周、列御寇、鹖冠子之道，商鞅、韩非之法，尹文子之名，墨翟之墨，《太公》《孙子》《司马法》之兵书，屈原、宋玉之诗赋，《山海经》之数术，黄帝、扁鹊之方技，无论伪作也，即前儒指称为古本者，亦既皓首而不能遍读，况在秦以前哉？于时吕不韦以相父之尊，耦国之富，招致天下豪桀士，罗古今图书，刺取众说，众精录异，勒成巨编，僭其名曰"春秋"，专其号曰"吕氏"。刘《略》、班《志》品目之以为杂家，盖精确乎不可易矣。其书瑰玮宏博，幽怪奇艳，上下巨细事理名物之故，粲然皆具。读之如身入宝藏，贪者既得恣所欲以去，廉介之士，虽一毫无取，而不能不叹羡其备物之富有也。乃儒者独以不韦之书而羞称之。呜呼！此岂阳翟大贾之奔走于其门下者之所能为哉？夫蜂之毒也，而蜜人食之；衣工之贱也，而裘人衣之。蜜成于蜂也，蜂采之于百华，裘成于工也，工集之于千狐。恶蜂而倾其蜜，贱工而裂其服，则岂不悖矣？吕氏之书，吕氏为之，抑岂吕氏之为哉？遗文轶事，名言至理，往往而在。考其征引神农之教，黄帝之诲，尧之戒，舜之诗，后稷之书，伊尹之说，夏之鼎，商、周之箴，三代以来，礼乐刑政，以至春秋、战国之法令，《易》《书》《诗》《礼》《孝经》、周公、孔子、曾子、子贡、子思之言，以及夫关、列、老、庄、文子、子华子、季子、李子、魏公子牟、惠施、慎到、宁越、陈骈、孙膑、墨翟、公孙龙之书，上志故记，歌诵谣谚，其捃摭也博，故其言也杂，然而其说多醇而少疵。呜呼！此岂贾人子与其食客之所能为者哉？汉人高诱有言，寻绎此书，大出诸子之右。吾习其书尤信。故于诸子中，每好观是书。窃尝总揽大略以论之如此。高氏《训解》称善本。自宋以来，刊刻多谬讹。至于我圣朝有毕沅氏校刻者，最为精审。循环诵绎，觉高注、毕校或抵牾本意，失其旨趣，私辄病之。间以鄙意，笔诸眉端，积久愈多，别录成册，为《吕氏春秋杂记》。千虑一得，或未必无补于读是书之君子。若谓斲而裁之，则吾岂敢？咸丰六年十二月甲午序。

许维遹《吕氏春秋集释自序》（节录）

夫《吕览》之为书，网罗精博，体制谨严，析成败升降之数，备天地名物之文，总晚周诸子之精英，荟先秦百家之眇义，虽未必一字千金，要亦九流之喉襟，杂家之管键也。

冯友兰《吕氏春秋集释序》

《吕氏春秋》为我国最早之有形式系统之私人著述。盖自先秦贵族政治崩坏以后，虽百家并起，各有述作，然皆仅具篇章，未有如后世所有之整书也。若世所传之《墨子》《庄子》等整书，乃秦以后人所结集，非其本如此也。即此等整书，就形式系统上言，亦不过差优于后世人之文集。独《吕氏春秋》乃依预定计划写成，有十二纪八览六论，纲具目张，条分理顺，此在当时，盖为创举，所以书成之后，文信侯布之国门，以自矜夸也。惟其书成于众手，各记所闻，形式上虽具系统，思想上不成一家。然此书不名曰"吕子"，而名曰"吕氏春秋"，盖文信侯本自以其书为史也。《史记》谓吕不韦以其书为

冯友兰

备天地万物古今之事，号曰"吕氏春秋"，亦以为吕不韦以其书为史耳。《史记·十二诸侯年表叙》以《吕氏春秋》与《左氏春秋》《虞氏春秋》并列，是史公亦以此书为史也。以此书为史，则其所纪先哲遗说，古史旧闻，虽片言只字，亦可珍贵，故此书虽非子部之要籍，而实乃史家之宝库也。有清一代，学者整理古书，是正文字，成绩之大，超越前古。毕沅既已采诸家之说，为《吕氏春秋新校正》矣。然自毕氏迄今，已百余年，中间学者，对于《吕氏春秋》，又多整理。惟各家所得，散在群书，读《吕氏春秋》者，苦难利用。许骏斋先生乃遍搜众说，参以己见，成《吕氏春秋集释》，使后之读此书者，得不劳而尽食以前学者整理此书之果，其利物之功宏矣，诚文信侯之功臣，高诱、毕沅之畏友，而孙诒让、王先谦诸人之劲敌也。谨序。中华民国二十四年九月十六日唐河冯友兰。

又冯友兰《中国哲学史新编》第二册（节录）

吕不韦在秦国当政的时候，凭借在政治上掌握的权力，收集了当时各家学

派的人作他的"宾客"，叫他们大写文章，用拼拼凑凑的办法，搞出一个形式上的统一的书，名为《吕氏春秋》。

《吕氏春秋》的方法不是对各家在更高的水平上加以综合，而用一种拼凑式的方法加以综合。这是《吕氏春秋》的杂家思想的要点。

《月令》是《吕氏春秋》十二纪的纲领。《吕氏春秋》以十二纪为纲，搭了一个架子，依照"天人感应"的原则，在这个架子之下，收集了各家各派的人所做的论文。纲领和这些论文的关系是形式的，没有内容上的联系。

吕不韦的杂家思想，虽然不能成为真正的哲学体系，但是作为一个对付百家争鸣的态度，还是有道理的，吕不韦认为当时的各家各派各有所长。这就是对于"百家争鸣"取一种容忍的态度。

刘文典《吕氏春秋集释序》

许君骏斋校刊其所为《吕氏春秋集释》既成，征序于余，余受而读之，曰：呜呼！周秦之际，士之治方术者多矣。百家之学，众技异说，各有所出，皆有所长，时有所用。虽然，阴阳儒法刑名兵农之于治道，辟犹撩之于盖。辐之丁轮也，皆有所明而不能相通，是故揽掇一迹之踪，拘系一隅之指，而自以为独擅天地之美，判析万物之理，遍察古今之全，此谕于一曲而不通天地之情者也。后之学者，不达天地之纯，宇宙之总，各为其所欲，以自为方，百家众说蜂起，而道术乃为天下裂矣。吕不韦以仲父之尊，处相国之位，独能明黄帝伊尹之道，使其客人人著所闻，集论以为《吕氏春秋》，斟酌阴阳儒法刑名兵农百家众说，采撷其精英，损弃其畛挈，一以道术之经纪条贯统御之，诚可谓怀囊天地，为道关门者矣。汉代大师高诱，寻绎此书，以为大出诸子之右，复依师训，为之诂解，并举音读，其可宝贵，宜与许波长《说文解字》并驱争先。班固志《艺文》，列之杂家。夫杂者会也，盖先以道德为标的，既定纲纪品式，乃博采九流，网罗百氏，纳于检格之中，实能综合方术之长，以成道术，非徒以钞内群言为务者也。后之鄙儒隘士，既昧斯义，又薄不韦为人，遂少为

吕氏春秋

《吕氏春秋》其书

《吕览》者，其不陵迟以尽者，不绝如线耳。有清诸师，推本经术，研讨故训之间，每多援据，颇有匡正，而整齐补艺者未易得也。许君青土之彦，博通经传，尤精校勘训诂之学，栖心坟典，笃好吕书。以十年之力，著为《集释》廿六卷。呜呼！当此九服崩离，学术放绝之日，许君独能取我先民之鸿宝，补苴諟正，理而董之，使复大显于世，其发扬文化之功岂不伟与。后之览者，钦念哉！钦念哉！中华民国二十有四年十月十八日合肥刘文典。

孙人和《吕氏春秋集释序》

骏斋从余游，治《吕览》，以毕校简略，因参阅群书，搜辑旧说，精研博讨。撰次《集释》二十六卷，而请序于余。余旧存《举正》，已散见于注中。尝谓《吕氏春秋》一书，虽有错简，而今本目次，不相紊也。十二纪初为一部，盖以秦势强大，行将一统，故不韦延集宾客，各据所闻，撰月令，阐圆道，证人事，载天地阴阳四时日月星辰五行礼义之属，名曰“春秋”，欲以定天下，施政教，故以《序意》殿其后焉。八览六论，自可别行。观其览首《有始》，论原《开春》，旨趣相同，何容重复，实以智略之士，各有所辑，编者混而一之，遂沿用“春秋”之名。太史公序纪于末，又曰：“不韦迁蜀，世传《吕览》。”序于末者，意甚尊之，非谓其次第必如此也。称《吕览》者，则行文之便矣。不韦著书之旨，当在十二纪，则览、论置前殿末，并无不可，不得拘滞于马迁之文也。晚周淆乱，百家蜂起，往往托古以自重。今世传本，多失其真，吕书所引，最可依据。《上农》《任地》《辩土》、《审时》四篇，马宛斯以为即《汉志》农家野老之言，虽非确论，而书中蕴藏，皆此类也。高诱，汉末大儒，经术深邃，读音解谊，并有师承。惜令本讹错衍搅，迷其意旨。“绢”误为“竭”，遂欲改移文注矣。“下”讹为“至”，遂谓《老子》书名“上至经”矣，凡此之类，并成大谬。骏斋分别斠注，其功匪细。若于校理之余，仿贾孔疏经之例，斠酌群言，文注分释，使先秦佚说，触类而推知，汉儒旧谊，因此以徵彼，岂不善欤，骏斋其勉力为之。中华民国二十四年九月二十九日盐城孙人和。

郭沫若《十批判书·吕不韦与秦王政的批判》（节录）

　　吕不韦在中国历史上应该是一位有数的大政治家，但他在生前不幸被迫害而自杀，在他死后又为一些莫须有的事迹所掩盖。他的存在的影子已经十分稀薄，而且呈现着一个相当歪曲了的轮廓。这是吕氏的不幸，然而不在二千多年后的今日，吕氏的真面目要想被人认识恐怕也是不可能的事吧。

　　但要说吕不韦有篡夺的野心，有什么根据可以赢得始皇的相信呢？有的，这根据就在一部《吕氏春秋》。我们请研究《吕氏春秋》吧，从那儿你可以知道秦始皇和吕不韦的冲突，就在思想上已经是怎么也不能解的一个死结。

　　成书于八年，草创或当在六七年时。在这时候，内则始皇已近成人，而嫪氏势力日益膨大，外则六国日见衰颓，天下将趋于一统。吕氏在这时候纂成这一部书，综合百家九流，畅论天地人物，决不会仅如司马迁所说，只是出于想同列国的四公子比赛比赛的那种虚荣心理的。这书在《汉书·艺文志》被列于"杂家"，而"杂家"中的各书事实上要以本书为代表作，所谓"兼儒墨，合名法，知国体之有此，见王治之无不贯"，正好是对于这部书的批评。"杂"之为名无疑是有点恶意的。这书不仅在思想上兼收并蓄，表现得"杂"，就是在文字结构上也每每钉饳泄沓，表现得"杂"。因为篇数有一定的限制，各篇的长短也约略相等，于是便有好些篇目明明是勉强凑成，或把一篇割裂为数篇（此例甚多），或把同一内容改头换面而重出（例如《应同》与《召类》，《务大》与《谕大》，《去尤》与《去囿》），因而全书的体裁，在编制上实在也相当拙劣的。然而这书却含有极大的政治上的意义，也含有极高的文化史上的价值；向来的学者似乎还不曾充分的认识。

　　首先我们要注意，自春秋末年以来中国的思想得到一个极大的开放，呈现出一个百家争鸣的局面。这是因为奴隶制度解纽了，知识下移，民权上涨，大家正想求得一条新的韧带，以作为新社会的纲领。儒墨先起，黄老继之，更进而有名、法、纵横、阴阳、兵、农，各执一端，各持一术，欲竟售于世，因而互相斗争，入主出奴，是丹非素。即在本书中对于这种情势也有叙述：

"老聃贵柔，孔子贵仁，墨翟贵廉，关尹贵清，子列子贵虚，陈骈贵齐，阳生贵己，孙膑贵势，王廖贵先，儿良贵后。此十人者皆天下之豪士也"（《不二》）。"故反以相非，反以相是。其所非方其所是也，其所是方其所非也，是非未定而喜怒斗争反为因矣。吾不非斗，不非争，而非所以斗，所以争。故凡斗争者是非已定之用也。今多不先定其是非而先疾斗争，此惑之大者"（《安死》，据卢文弨校，二文当衔接）。

像这样对立争持的局势，在做《庄子·天下篇》的人便抱的是一种悲观的态度："悲夫，百家往而不反，必不合矣……道术将为天下裂。"而在吕氏则企图："齐万不同，愚智工拙，皆尽力竭能，如出乎一穴"（《不二》）。

特别是儒墨，在当时是斗争得最剧烈的两派，差不多彼此之间是不以人相看待的，诚如本书所说："日以相骄，奚时相得？若儒墨之议"（《下贤》）。然而吕氏却竟把它们兼合了，书中单是以孔墨对举的辞例便一共有十一处（《当染》《尊师》《不侵》《谕大》《慎大》《顺说》《贵因》《高义》《博志》《有度》《务大》诸篇）。给予了这两位大师及其徒属以同等的尊敬，这绝不是儒墨两家自动地所能办得到的事，也不是道家所取的那种"二者交讥"的态度（只《有度》一例多少露此痕迹，盖刊落未尽者，说详下）。

其次，它对于各家虽然兼收并蓄，但却有一定的标准。主要的是对于儒家道家采取尽量摄取的态度，而对于墨家法家则出以批判。这是最值得注意的本书的一个原则，也可以说是吕不韦这位古人作为政治家或文化批评家的生命。而且我们还要知道，他是在秦国做丞相，在秦国著书的人，在秦国要批判墨家法家、与在秦国要推尊儒家道家，在这行为本身已经就具有重大的意义。因为秦法自商鞅以来便采取了法家的精神，而自惠王以来又渗入了墨家的主张。墨家巨子的腹䵍是惠王的"先生"，唐姑果是惠王的亲信，还有田鸠、谢子这些墨者都曾先后在惠王时代入秦，故秦自惠王时已有墨，而在昭王时却还没有儒。

……而道家是更无用论了。

把这些主要的关键弄明白了之后我们再去读《吕氏春秋》，你可以发觉着它并不"杂"，它是有一定的权衡，有严正的去取。在大体上它是折中着道家与儒家的宇宙观和人生观，尊重理性。而对于墨家的宗教思想是摒弃的。它采取着道家的卫生的教条，遵守着儒家的修齐治平的理论，行夏时，重德政，隆礼乐，敦诗书，而反对着墨家的非乐非攻，法家的严刑峻罚，名家的诡辩苟察。它主张君主无为，并鼓吹着儒家的禅让说，和"传子孙，业万世"的观念根本不相容。我们了解了这些，再去读《吕氏春秋》，你可以发觉它的每一篇每一节差不多都是和秦国的政治传统相反对，尤其是和秦始皇后来的政见与作风作正面的冲突。

吕不韦可以说是秦始皇的死对头，秦始皇要除掉他是理所当然而亦势所必然。

侯外庐《中国思想通史》第一卷（节录）

在这书里于调和折中之中，是不是也有所偏爱呢？如果有的话，与其说是偏爱儒家，毋宁说是兼畸儒、道。在吕不韦的主观上，比较是有意畸重于道家。

总而言之，通读全书，处处感到道家的气氛极重，初不让于儒家的味道。本来黄老道德家言，尤其是初期的宋、尹，是很富于调和儒、墨的倾向；而儒家如孟荀也或多或少地受了道家的影响。

《吕氏春秋》成于众人之手，必然不免有所牴牾，有所重复。重复之明显者，除了吴起去西河事两见于《长见》《观表》两篇外，还有《节丧》与《安死》，《去尤》与《去宥》，《应同》与《召类》等，都是一意而分成两篇……可见《艺文志》把《吕氏春秋》著录于杂家，一点也没有冤枉了它。

徐复观《两汉思想史·〈吕氏春秋〉及其

对汉代学术与政治的影响》（节录）

一般地说，经学是两汉学术的骨干；也是支持、规整两汉政治的精神力量。

但两汉人士，许多是在《吕氏春秋》影响之下来把握经学；把《吕氏春秋》对政治所发生的巨大影响，即视为经学所发生的影响；离开了《吕氏春秋》，即不能了解汉代学术的特性，这点却被人忽略了。

《吕氏春秋》，是对先秦经典及诸子百家的大综合。我约略统计一下，引《诗》者十五，引《逸诗》者一。引《书》者十，其中称《书》者一，称《商书》者二，称《仲虺》者一，称《洪范》者二，称《周书》者三，称《书》而不明所出者一。引《商箴》《周箴》者各一。引《易》者四。述《春秋》者一。与政治有关之礼，则皆组入《十二纪》中。仲夏纪、季夏纪言音乐，多与《礼记》中之《乐记》相通。引《论语》者一，引《孝经》者一。在诸子百家方面，《吕氏春秋》全书，系统合儒、道、墨、阴阳五家（原文如此）思想而成。因含有反对秦国当时所行法家之治的深刻意味，故一字不提法家外，其余被它个别提到的，孔子者二十四，墨子者六，孔墨并称者八，又多次提到孔墨的许多弟子，提到老子者四，孔老并称者一，提到庄子者二，列子者二，詹何者三，子华子者五，田骈者二，尹文、慎子、田子方、管子者各一，提到出于邹衍之后，与邹衍系统有密切关联之黄帝者十一，提到邓析者一，惠施者六，公孙龙者四，提到白圭者三，提到农家的神农、后稷者各二。里面还有采用了他人的思想而未出其名者更多，有如孟子荀子即其一例。而我这里举出的姓名和数字，只是粗略的统计，必有不少遗漏的。但即此已可推见其内容的宏富。

按史公所重者在"备天地万物古今之事"，故先八览六论而后十二纪。在《答任安书》中谓"不韦迁蜀，世传《吕览》"，这很明显地是以八览概括全书。然史公所见，与吕不韦自身之所期，颇有出入。《吕氏春秋》有《序意》一篇，不缀于全书之后，而缀于十二纪之末；且自名其书为"春秋"，正系综括十二纪以立名；则在吕氏及其门客的心目中，此书的骨干，是十二纪而不是八览六论，至为明显。

在十二纪纪首中，把许多事物，都组入进去，而成为阴阳与五行所显露之一体，以构成包罗广大的构造，于是使人们感到，我们所生存的世界，都是阴阳五行所支配的世界，由此而成为尔后中国的宇宙观，世界观……这确要算是吕氏门客的一大杰构，而为以前所没有的具体、完整而统一的宇宙观，世界观。

历史上的明堂，早因代远年湮而不易把握。从十二纪纪首起，已经把它变成理想性的东西，大家便可按照自己的理想随意加以构想。但因《礼记·月令》的影响一天增大一天，对明堂的观念，便渐渐统一到十二纪纪首的观念方面。而汉代学术基本性格之一，常将许多各有分域的事物，组成一个大杂拌的系统。明堂在《大戴记·明堂》第六十七虽然有了初步的综合，但仍嫌简略而不圆融。到了蔡邕的《明堂论》而完成了以儒家及十二纪纪首为主干的大系统。

《吕氏春秋》的初稿成于秦政八年。但其补缀之功，直至秦政统一天下之后。卷十《安死》"以耳目所闻见，齐、荆、燕尝亡矣。宋、中山已亡矣，赵、魏、韩皆亡矣。其皆故国矣。"这分明是秦政二十六年以后所写的。由此可知有的吕氏门客的学术活动，可能与秦代同其终始，甚且一直延至汉初。因此，汉初的思想家，对《吕氏春秋》，有直传或再传的关系。它对汉代思想的影响，实在是至深且巨。《淮南子》及《周官》或称《周礼》的所以成立，都是启发自《吕氏春秋》。

就个人而论，受十二纪影响最人者当为董仲舒。他继承了十二纪纪首阴阳五行的观念，并做了极烦琐地发展。此观于《春秋繁露》一书而可见。他的尚德去刑，以春夏为天之德，秋冬为天之刑的观念，也由十二纪发展而来。而《春秋繁露·观德》三十三谓"百礼之贵（贵重者），则编于月，月编于时"。这更是指十二纪纪首而言。《五行对》第三十八"天有五行，木火土金水是也。木生火，火生土，土生金，金生水。水为冬，金为秋，土为季夏，火为夏，木为春。春主生，夏主长，季夏主养，秋主收，冬主藏"，皆本于十二纪纪首。《五行之义》第四十二，《四时之别》第五十五等，莫不如此。要了解汉代学术的特性，便不能不了解董仲舒思想的特性及其在两汉中所占的重要地位。而董仲舒思想的特性，可以说全是由十二纪纪首发展出来的。

《月令》全抄十二纪纪首，其不同者，正如孔颖达所说，"不过三五字别"。而这些三五字别，其义多以十二纪为长。可以说，《淮南子》的《时则训》，是加了他们自己的意见和其他材料到里面；而《礼记·月令》，则是对十二纪纪首做全面承认的。《月令》在两汉的影响，即是《吕氏春秋》十二纪纪首的影响。

两汉思想家，几乎没有一个人没有受到十二纪纪首——《月令》的影响的。这里特别提到它在政治上的影响。但政治上的影响，几乎都是顺着"与元同气"的这一观念下来的。《吕氏春秋》在与元同气的这一神秘外衣里面，包含有许多政治上的大经大法，却发生影响极少。所以这种影响，可以说是买椟还珠。但这是在专制政体下必然的现象。专制政体与文化思想的关系，都是买椟还珠的关系。

十二纪纪首对政治的影响，是认为政治与天，实际是与阴阳二气，有密切地关联，并且由此而对天发生一种责任感……但十二纪纪首在汉代所发生的作用，主要是发生在：第一，是对灾异的解释与对策；第二，是对刑赏的规正与运用。

《月令》在汉代影响之得失，应分两方面加以论断。就学术方面言，阴阳五行之说，假《月令》而大行；以想象代推论，由附会造证据，将愿望作现实，在学术发展中，加入了经二千年而尚不能完全洗汰澄清的弊害。但就政治方面言，把皇帝的权威、意志，及由这种权威意志所发出的行为，镶进了一个至高无上，而又息息相关的宇宙法则中去，使他担负由宇宙法则而来的不可隐瞒逃避的结果，则皇帝的权威，可以不期然而然地压低；他的行为可以不期然而然地谨慎。这在无可奈何地对专制皇帝的控制上，当然有其重大意义。而《月令》的影响，虽然有许多是落在毫无意义的形式中去；但在解释灾异及援引到刑法上的问题时，总或多或少地导向宽厚而合理的道路上去。在整个一人专制的政体结构之内，这点补救之功，依然是非常难得的了。

陈奇猷《吕氏春秋成书的年代与书名的确立》（见《吕氏春秋校释·附录》）

《吕氏春秋·序意篇》说："维秦八年，岁在涒滩，秋，甲子朔。朔之日，良人问十二纪。"高诱注云："八年，秦始皇即位之八年也。"古人的习惯，书作成后才作序，则《吕氏春秋》成于秦始皇即位之八年（公元前二三九）是没有问题了。然而《序意篇》又说"岁在沿滩"，依太岁纪年，"涒滩"是"申"，而秦始皇即位八年是"壬戌"，不是"申"，所以太岁纪年与干支纪年不一致，则"秦八年"认为是秦始皇即位之八年之说有必要重新考虑。清孙星衍就此做过考订："考秦庄襄王灭周后二年癸丑岁至始皇六年，共八年，适得庚申岁，申为沼滩，吕不韦指谓是年"。这就是说，所谓"秦八年"，应该从庄襄王灭东周的第二年癸丑（公元前二四八）起算。孙氏此说极正确。为什么吕不韦要从癸丑年起算？这与吕不韦的主导思想是分不开的。

从《吕氏春秋》一书的结构来看，全书包括十二纪、八览、六论，排列得很整齐。《吕氏春秋》虽说是杂家，集各家各派之说而成，但细读全书，很自然地会注意到，阴阳家的学说是全书的重点，这从书中阴阳说所据的地位与篇章的多寡可以证明。在位置上，阴阳说安排在首位，数量上则阴阳说占有最多的篇章。请看，十二纪每纪的首篇就是阴阳家说，八览的首览首篇《有始》、六论的首论首篇《开春》也是阴阳家说，正如现在报纸的头版头条一样，阴阳家说占据书中重要的位置；此外，还有不少阴阳家说的篇章错杂在各家学说篇章之间，总共加起来，阴阳说的篇数比任何一家的都多得多。再以《序意篇》而言，吕不韦答良人之问"凡十二纪者，所以纪治乱存亡也，所以知寿夭吉凶也"云云，也是阴阳家说。凡此诸证，都很有力地证明吕不韦的主导思想是阴阳家之学。

在阴阳家看来，所谓存与亡，乃是五行的递嬗。《应同篇》说："文王之时，天先见火，文王曰'火气胜'。代火者必将水。水气至而不知数备，将徙于土。"周以火德王，秦以水德胜，周道灭亡，秦以水德代之，东周甫亡，继之即为秦水德的统治，所以纪年要从水德代火之年即秦代周的癸丑年算起。从吕不韦偏重于阴阳说的主导思想来推求，可以肯定"秦八年"是秦庄襄王灭东周后的第八年，即秦始皇即位之六年（公元前二四一年）庚申岁，而吕氏之书即写成于此年。这也有力地证实了孙氏之说。

《吕氏春秋》成书后，吕不韦曾把它"布咸阳市门，悬千金其上，延诸侯游士宾客，有能增损一字者予千金"。此举轰动一时，传颂后世。

说到这里，却有一个问题需要解决。

《史记·自序》说："不韦迁蜀，世传《吕览》。"张守节《正义》说："即《吕氏春秋》。"这就是说，《吕氏春秋》成于不韦迁蜀之后。据《史记·吕不韦传》说："秦王（秦始皇）十年（公元前二三七年）十月免相吕不韦，出文信侯（吕不韦）就国河南。岁余，诸侯宾客相望于道，请文信侯。秦王恐其为变，乃赐文信侯书，其与家属徙处蜀。吕不韦自度稍侵，恐诛，乃饮酖而死。"则吕不韦迁蜀在秦始皇十年之后，与上所证吕氏之书成于秦始皇六年（即秦八年）之说不相蒙。

然而吕氏书成于秦八年是吕不韦自己说的，是不能否定的。并且，说《吕氏春秋》成于吕不韦迁蜀之后，与布咸阳市门事也发生矛盾，因为吕不韦迁蜀之后，权势大落，救死之不暇，不可能将其所著之书摆在咸阳市门展览，还延请诸侯游士宾客来参观，以致悬千金以赏增损一字的人。那么，以为《吕氏春秋》成于不韦迁蜀之后之说不能成立，是司马迁误说。

但是，司马迁是良史之材，所著的《史记》被称为实录。其所记载，当有所根据。据我分析，十二纪确系成于秦八年即始皇六年，而八览、六论则成于迁蜀之后。司马迁的话没有错。

上面说过，古人习惯，书成后才作序，所以序文都放在全书之末。如《庄子》的《天下篇》《淮南子》的《要略篇》《史记》的《自序》《汉书》的《叙传》《论衡》的《自纪》皆其例。《吕氏春秋》的《序意篇》置于十二纪之后，这就清楚地表明，《序意篇》只序十二纪，不包括览、论在内。又审《序意篇》的内容，序的是十二纪，无一字提及览与论；《序意篇》只提十二纪，不提览与论，可知此时览、论尚未完成，序而布之咸阳市门者只是十二纪的六十篇（连《序意篇》共六十一篇）。凡此，都充分证明了秦八年只完成十二纪。迁蜀之后，更令宾客完成八览与六论，所以司马迁说"不韦迁蜀，世传《吕览》"。太史公不说传《吕氏春秋》而说传《吕览》，这又很清楚地表明，不韦迁蜀后著的是《吕览》，不是《吕氏春秋》全书。只是张守节误解了，误以《吕览》即《吕氏春秋》。其实，很明显，《吕氏春秋》中纪、览、论三个部分是各自独立的。十二月纪的六十篇，吕不韦在《序意篇》中已明确命名为"十二纪"。迁蜀后所做的八览六十四篇（今本缺一篇）即名"八览"，司马迁为的要明确其出于吕氏，因而称之为《吕览》。六论的三十六篇自然就该称"六论"了。至于以十二纪、八览、六论统称为《吕氏春秋》，那和《左氏春秋》《晏子春秋》《李氏春秋》《虞氏春秋》相类，是后人给予的，不是吕氏自命之名。

　　或者说，据《史记·吕不韦传》，吕不韦在始皇十年免相，据《六国表》，始皇十二年吕不韦卒，其间只有两年左右的时间，在此短促的时间内，似乎吕不韦不可能完成八览、六论共一百篇（较十二纪多四十篇）约九万字（较十二纪多四万字）的巨著。

　　是的，以一般情况来衡量，一个人要在此短短的时间内，又是处在生死存亡的斗争，陷于纷乱如麻的情绪之中。完成九万字的巨著确是不大可能的事。但是，应该注意到，吕不韦与众不同，他是令门客"人人著所闻"，集论而成的书，门客每人各写一篇千把字的文章是不费多大力气的，况且门客的文章多是现成的，是抄袭师传下来的著作。如《本味篇》即是《汉书艺文志》小说家著录的《伊尹说》，《上农》等四篇显为古代农书。这类例子很多，我将另文论述，这里不多举。据此，八览、六论在迁蜀后不久编成是很有可能的。

又《补论》

吕不韦之指导思想为阴阳家，其书之重点亦是阴阳家说。然其书成于各家各派之手。各说杂陈，故《汉志》列之于杂家亦不误。

有谓吕氏书之指导思想是道家，有谓是新道家，更有谓是"黄老"思想者。考阴阳家之学，其出发点为自然科学，杂以鬼神迷信之说，故《汉志》谓"阴阳家者流，敬顺昊天，历象日月星辰，敬授民时。及拘者为之，则牵于禁忌，泥于小数，舍人事而任鬼神"，《史记·自序》司马谈谓"阴阳之术，众忌讳，使人拘而多畏。然其序四时之大顺，不可失也。夫阴阳四时八位，十二度，二十四节，各有教令，顺之者昌，逆之者不死则亡，未必然也，故曰使人拘而多畏。夫春生夏长，秋收冬藏，此天道之大经也，弗顺则无以为天下纲纪，故曰四时之大顺，不可失也"。今观吕氏书，十二纪每纪之首篇，八览首览首篇，六论首论首篇，以及《明理》《精通》《至忠》《长见》《应同》《首时》《召类》等篇，皆是阴阳家说，与《史》《汉》所指阴阳家之特点正合。其十二纪，每纪间以他文四篇，大抵春令言生，夏令言长，秋令言杀，冬令言死，盖配合春生夏长秋收冬藏之义，正是司马谈所指阴阳家重四时大顺、天道大经之旨。其他各篇，流露阴阳之说者，比比皆是。尤以《序意篇》吕不韦自明其作书之旨云："凡十二纪者，所以纪治乱存亡也，所以知寿夭吉凶也"，点明其书之要，乃纯阴阳之说，益可证吕不韦是崇尚阴阳家说者。

然阴阳家除其固有之自然科学与鬼神迷信之内容以外，于治国治民之要，哲学政教之论，则恒征取于他家。儒墨名法农林小说之论，兼收并蓄；道德黄帝（道德与黄帝有别）之言，引用尤多；汇而成其一家之言。黄帝之说，本是阴阳家说之一部分，《汉志》阴阳家著录《黄帝泰素》二十篇，即其明证，故吕氏书中多引黄帝之言，而《序意篇》直谓"尝得学黄帝之所以诲颛顼"（所引黄帝之言与所谓黄帝之诲，疑皆出于《黄帝泰素》）。吕氏既并存各家各派之说，故《汉志》入之于杂家也。

谓《吕氏春秋》为道家或新道家或"黄老"思想，皆有所偏。例如，十二纪每纪首篇所载之月令，乃古农书与阴阳说之合编，《有始篇》显为邹衍之学，《本味篇》当出《汉志》小说家之《伊尹说》，《观表篇》疑出于《汉志》数术六种中形法家，《达郁篇》属于《汉志》方技家之论（例尚多，兹不列举），凡此诸篇，皆与道家或"黄老"说不相谋也。

陈奇猷识一九八二年五月一日

张岱年《中国哲学史史料学·吕氏春秋》

《史记·吕不韦传》记载："吕不韦乃使其客人人著所闻，集论以为《八览》《六论》《十二纪》，二十余万言，以为备天地万物古今之事，号曰《吕氏春秋》。"《汉书·艺文志》著录：杂家"《吕氏春秋》二十六篇"。

今本《吕氏春秋》的次序是：《十二纪》《八览》《六论》。《十二纪》每纪各有五篇，最后附一篇《序意》，这是一篇自序。过去著书，都把序言放在最后，可见司马迁所说的次序是正确的。原书应是《八览》列在最前，《十二纪》列在最后。今本的次序可能是后人改定的。

《吕氏春秋》的年代，《序意》中说："维秦八年，岁在涒滩，秋，甲子朔，朔之日，良人请问《十二纪》。"这"八年"，有人认为是秦始皇八年。但"涒滩"应是申年，而秦始皇八年是壬戌，不是申年。清孙星衍说："考庄襄王灭周后二年癸丑岁至始皇六年，共八年，适得庚申岁，申为涒滩，吕不韦指谓是年。"（《问字堂集·太阴考》）所谓秦八年，是秦灭周后的第八年，即秦始皇六年。司马迁《太史公自序》说："不韦迁蜀，世传《吕览》。"这是否说《八览》成于吕不韦迁蜀之后呢？我认为决不能这样理解。司马迁只是说，吕不韦虽然被迫迁蜀，而他所编纂的《吕氏春秋》却流传下来。并不是说《吕览》成于迁蜀之后。

自汉代以来，《吕氏春秋》一直被称为"杂家"。我们认为，所谓"杂家"并不是混杂不分，毫无原则。《吕氏春秋》有自己的特点。它的特点是：博采各家学说，但不取迷信、鬼神的思想，而是吸取各家的比较进步的思想。如对于"道家"，吸取其"贵生"思想；对于墨家，吸取其"薄葬"思想；对于法家，吸取其"察今"（了解现在的情况）的思想；对于儒家，吸取其关于教育和音乐的思想。虽采取各家学说，但所采取的观点之间，并无矛盾。因此，我们可以说《吕氏春秋》是"杂而不杂"，是一个综合学派。它的缺点是没有提出一个独创的中心观点。

这部书保存了先秦各家的许多资料。例如：宋钘、尹文学派的材料，关于邓析、华子、惠施等人的材料。因此，《吕氏春秋》很有史料价值，作为先秦文献，我们应该加以重视、认真研究。

关于《吕氏春秋》的注解：

《吕氏春秋注》汉高诱，清刻本，《诸子集成》本。

《吕氏春秋集释》许维遹，民国刊本。

第三章 杂家学派与《吕氏春秋》

一、先秦杂家综述

自从《汉书·艺文志》始列"杂家"类著作于诸子"九流十家"之中，经历多次王朝更迭、学术思想研究的不断演进，先秦杂家思想的研究得到不断的推进。《汉书·艺文志》将司马谈《史记·论六家之要旨》的"六家说"拓展为"九流十家"，罗列其著作并予杂家以清晰的界定，宋代和清代对于杂家部分著作的考证辨伪，近现代以来运用马克思主义史学的理论方法，从思想史、学术史、社会史及其相结合的多种角度对先秦诸子和杂家著作的研究，都是学术研究方面历史性的进步。但历史也给杂家研究蒙上了层层迷雾，这主要是指儒家正统史学观念对历代学者的影响，使他们在研究中对杂家往往有先入之见或偏见。什么是先秦杂家？"杂家"的意义及内涵是什么？都有必要从历史的分析中进行探讨。

历朝历代的文献中对于杂家的著作都有所收录，但不同的时期对于杂家著作的分类有很大的差别。著作的分类可以反映出著录者对于这类作品或这个学派作品界定的标准和依据。从目录学的角度，对先秦杂家著作在不同历史时期的归类有所不同。

《汉书·艺文志》著录杂家著作二十种，四百零三篇，先秦时期的杂家著作有七种，孔甲《盘盂》二十六篇，《大禹》三十七篇，《伍子胥》八篇，《子晚子》三十五篇，《由余》三篇，《尉缭》二十九篇，《尸子》二十篇，《吕氏春秋》二十六篇。其余十四种为汉代著作，最著名的就是《淮南子》。

　　《隋书·经籍志》著录杂家著作九十七部二千七百二十卷，先秦时期的杂家著作有三部：即《尉缭》五卷梁并录六卷，《尸子》二十卷、目一卷梁十九卷，《吕氏春秋》二十六卷。其他则包括汉代《论衡》《昌言》《淮南子》等，以及《抱朴子外篇》《金楼子》，类书《科录》《呈寿堂御览》，佛家《感应传》《众僧传》《高僧传》等。这样看来，子部杂家类其实包括了四种性质的著作。其一是先秦杂家类，其二是汉代诸子中的杂家著作，其三是类书之属，其四是佛、道之属。

　　《旧唐书》和《新唐书》分别著录杂家著作七十一部凡九百九十二卷和六十四家七十五部凡一千一百三卷。新、旧《唐书》所著录的杂家著作从目录上来看大同小异，在数量上《新唐书》增加了《旧唐书》之后的一些新著作，两部唐书中对先秦和两汉的杂家著作的收录几乎一样，先秦杂家三部即《尉缭》《尸子》《吕氏春秋》，汉代比较著名的如《淮南子》《论衡》《抱朴子外篇》《昌言》《刘子》《金楼子》等《旧唐书》均有著录，《新唐书》中仅少了《昌言》和《金楼子》。先秦两汉比较著名的杂家著作一如《汉书·艺文志》和《隋书·经籍志》，没有多大改变。

　　《宋史·艺文志》第四部将子书分为十七类，杂家著作列第八类，先秦和两汉杂家著作大部分因袭前代，只是将汉、隋、唐均认为应将先秦杂家的著作《尸子》列入儒家之中，《尉缭》五卷则列入兵书类之中。杂家类共计是一百六十八部凡一千五百二十三卷、篇。

　　《明史·艺文志》第三部将子书分为十二类，杂家位列第二，所著录杂家著作皆为明代当时之作，明之前杂家著作未涉及。至于《元史》则根本未列《艺文志》为书的内容。因此，对于宋、元、明时期杂家书目的考察，我们可以借用学术性更强的《通志》《文献通考》《汉书艺文志考证》等书作为参照。宋郑樵的《通志》中先秦两汉的杂家著作有《尸子》《吕氏春秋》《淮南子》《抱朴子外篇》《金楼子》等。杂家类著录中类书性质的书大幅增加，如《博览》（十三卷）、《杂书钞》（四十四卷）、《子钞》（三十卷）、《子林》（三十卷）等等。元代马端临《文献通考》之《经籍考·子·杂家》中，首先考证了自汉到宋四朝史书艺文志中关于杂家书目数量的增减变化，但在其后的考证中，对于先秦杂家仅考证了《范子计然》十五卷、《吕氏春秋》二十卷两部，汉代的则比较多，诸如《淮南子》《子华子》《论衡》《昌言》《抱朴子外篇》《刘子》《金楼子》等。

　　清代的《四库全书》对于我们研究杂家的著作有很大的帮助，《全书》中的史部《崇文总目》《千倾堂书目》《文渊阁书目》，都能提供杂家目录学研究的一些线索。《崇文总目》中列杂家著作三十九部四百二十二卷，先秦及两汉杂家的主要著作有《吕氏春秋》三十六卷、《淮南子》《昌言》《论衡》《抱朴子外篇》《金楼子》《子钞》《刘子》等，同时后代政论性的丛书收录较多。清初黄虞稷的《千倾堂书目》，其书"所录皆明一代之书，经部分十一门"。黄虞稷在杂家类卷首题录："前代艺文志列名、法诸家，后代沿之。然寥寥无几，备数而已。今削之，总名之曰'杂'。"从他所编的数目中可以看出，黄虞稷所著录之杂家皆为明代时人所著，诸子中的名、法等家皆称作杂家略去不录，其杂家归类法只是为了编书的方便，并未考虑思想性质的不同，但他编列书目的方法却为四库全书所袭用。《景印文渊阁四库全书目》中分杂家类著作为六类：杂学之属、杂考之属、杂说之属、杂品之属、杂纂之属、杂编之属，书中将名、墨、法、纵横家列于杂家之中。其中的"杂学之属"略相当于前朝艺文志中之杂家，先秦时期著录九本，《裔子》《墨子》《子华子》《尹文子》《慎子》《鹃冠子》《公孙龙子》《鬼谷子》《吕氏春秋》；两汉时期列为杂学的主要有《淮南子》《刘子》《金楼子》，以前诸朝皆列为杂家的《论衡》《风俗通义》被著录在杂说之属。可见，《四库全书》作为清代的官修目录学巨著，儒学正统的观念非常强烈，企图将不属于儒家的其他诸子百家之学统归为"杂家"或"杂学"，掩盖了杂家之学的性质，也进一步混淆了杂家与诸子百家之间的区别，不能反映学术史发展的真实状况。

　　通过对杂家研究的历史溯源，我们可以发现，历史上学人对于杂家的认识混乱，常常把杂家之"杂"理解为"驳杂"，这是历史上对杂家之学研究不足的主要原因。从班固《汉书》到清代的《四库全书》真正对杂家的"杂"做过界定的，只有《汉书·艺文志》和《隋书·经籍志》。实际上《汉书·艺文志》和《隋书·经籍志》对于杂家的界定，影响了中国各个历史时期对于杂家的认识。杂家是特定历史时期的产物，也是新的思想学术形态诞生的母体。杂家诞生于新旧学术形态转换的过渡时期，战国是以诸子学作为其主要的学术文化形态的，汉代则是以经学为其学术文化形态的，诸子学向经学的转化是在战国秦汉之际学术大融合的过程中完成的，先秦杂家产生于这个过渡时期并成为文化思想学术大融合的主要担当者之一。从先秦杂家和汉代学术思想的关系中，我们可以说先秦杂家充当了"母体"的角色，先秦杂家是先秦诸子学向汉代经学转换过程中文化思想学术的主要载体。先秦杂家不仅孕育了《淮南子》《春秋繁露》，而且汉代的经学、道教都不同程度地吸取了先秦杂家的思想。因此，从学术史的角度，我们可以说汉代的思想学术，在某种程度上，是在先秦杂家的基础上形成的，而非先秦诸子的学术之上。

二、先秦杂家主要著作

《汉书·艺文志·诸子略》载：杂家著作有《盘盂》二十六篇，《大禹》三十七篇，《五子胥》八篇，《子晚子》三十五篇，《由余》三篇，《尉缭》二十九篇，《尸子》二十篇，《吕氏春秋》二十六篇，《淮南内》二十一篇，《淮南外》三十三篇等等。其中以《吕氏春秋》《淮南王》（但也有人认为《淮南王》一书以道家为主，兼才众家。应属道家著作才是，《淮南王》在古代也曾被划入道藏）为代表著作。杂家著作现在只留下《吕氏春秋》《淮南子》《尸子》（原书已佚，今仅有后人辑本）三书。这里我们只介绍《尸子》与《吕氏春秋》两部主要著作。

（一）尸佼与《尸子》

尸子，名佼。《史记·孟子荀卿列传》载："楚有尸子、长卢。"集解刘向别录曰："楚有尸子，疑谓其在蜀。今按《尸子》书，晋人也，名佼，秦相卫鞅客也。卫鞅商君谋事划计，立法理民，未尝不与佼规之也。商君被刑，佼恐并诛，乃亡逃入蜀。自为造此二十篇书，凡六万余言。卒，因葬蜀。"

《汉书·艺文志》杂家著录《尸子》二十卷，班固注曰："名佼，鲁人，秦相商君师之。鞅死，佼逃入蜀。"《隋书·经籍志》杂家著录《尸子》二十卷，并注曰："秦相卫鞅上客尸佼撰。"以上是史书文献中关于尸子生平的记载。尸子，姓尸名佼，在这一点上所有记载都是一致的。尸子曾经做过商鞅的门客，《艺文志》说师事过他，《经籍志》说他是卫鞅的"上客"，大概尸子并非商鞅真正的老师，他只是商鞅的一个门客，不过却是门客中的上等嘉宾，商鞅很敬重他，像老师一样对待他。他为商鞅出谋划策，并协助商鞅实行变法治国理民，算是商鞅的一个高级智囊。秦孝公死后，惠文王继位，商鞅被处以车裂之刑，尸子害怕被株连，于是就逃亡到蜀地（今四川成都一带），过起了隐居的生活，生活闲暇之余著书二十篇，也就是《尸子》一书，死后就葬于蜀地。这基本上可以算是尸佼的个人简历吧。但其中还存在两个问题，其一是他的出生地。《史记》说楚国有两个贤人尸子和长卢，集解刘向别录怀疑司马迁所说"楚"，应该就是"蜀"，由于古蜀国在春秋战国时期史料很少，我们也无法通过考证长卢这个人来了解尸子迁蜀之后的情况。刘向《别录》认为尸子是"晋人"即三晋地区韩、魏、赵某国人，《汉书·艺文志》认为是鲁国人。钱穆认为，尸佼很有可能是魏国人。三晋法家文化传统很强，尤以魏国为盛。尸佼能与法家人物商鞅志同道合，勉强也可作为一个小证据。

关于《尸子》一书，《汉书·艺文志》杂家类著录为二十卷，而《隋书·经籍志》杂家《尸子》篇注云："其九篇亡，魏黄初中续。"可知魏晋时已非全本。我们现在所见到的本子，皆为后世的辑佚本。

关于《尸子》一书的思想，《春秋》两次引用其语："正名以治，为法家师，如吴起之流矣。"刘向在《荀子叙录》中说："尸子非先王之法，不循孔氏之术。"但《后汉书·宦者吕强传》章怀太子注云："尸子书二十篇，十九篇陈道德仁义之纪，一篇言九州险阻水泉所起。"这说明《尸子》一书的思想很博杂，有法家的思想在其中，同时又继承了儒家的思想并对其进行了改造。今天我们所能看到的《尸子》，分为上下卷，上卷十三篇，下卷为辑佚的逸文和若干存疑文字。许多篇章都残缺不全，我们对其内容进行了梳理后发现，《尸子》全书对于儒家思想吸收最多，其次是法家、道家、墨家和名辩思想。《尸子》全书有一条主线就是"治道"，而其"治道"是将儒家"治己则人治"与法家"刑罚者民之鞭策"相结合，并将道家"事少而功立""执一之道，去智与巧"思想与墨家治天下有术的"四术"糅合在一起。史书（除《宋史》外）典籍都将其作为先秦杂家是颇有道理的。因此，我们可以说《尸子》是受儒家思想影响的先秦杂家，或从儒家中走出的先秦杂家。

（二）吕不韦和《吕氏春秋》

《报任安书》中赫然语："不韦迁蜀，世传《吕览》。"实际上吕不韦于嬴政责令其迁蜀之前已编成了《吕氏春秋》。《报任安书》中语自有司马迁的感情因素和写作需要，更蕴涵着司马迁与吕氏相同的悲剧元素，也引出了我们对一代大家吕不韦镜窥之必要。因《史记》中有"（吕不韦）往来贩贱卖贵，家累千金"语，且鉴于《史记》"史家之绝唱，无韵之离骚"的崇高地位，使吕氏商人形象历经后人演绎而遮蔽了其政治上的光辉。关于吕氏"奇货可居""进嫪毒""献有身之姬"诸事，当时最具权威的"时政新闻记录著作"《战国策》未有记载，诸说便失去了作为史料的印证价值。笔者认为，无论文治还是武功，吕不韦都堪称中国历史上首屈一指的政治家。

1. 吕不韦其人

吕不韦（？—公元前 235 年），姜姓，吕氏，名不韦，杂家思想的代表人物。战国末年著名商人、政治家、思想家，后为秦国丞相，卫国濮阳（今河南濮阳）人。吕不韦是阳翟（今河南省禹州市）的大商人，故里在城南大吕街，他往来各地，以低价买进，高价卖出，所以积累起千金的家产。他以"奇货可居"闻名于世，曾辅佐秦庄襄王登上王位，任秦国相邦，并组织门客编写了著名的《吕氏春秋》，即《吕览》。

吕不韦长期以来受到了众多的负面评价，形象被严重扭曲，直到近现代，随着学者们研究的深入，附在吕不韦身上的积垢才逐渐被清除。吕不韦以商人的身份进行政治投机，一跃成为秦相国，他成功的政治投机一方面是个人能力的体现，同时也是当时社会发展的必然规律给他带来了机遇，而吕不韦以自己卓越的才识和能力成功地抓住了这一历史机遇。执政后的吕不韦以其卓越的政治才能继续推动秦的统一大业，并且以敏锐的政治眼光，组织门客编纂了融合诸子百家学说的《吕氏春秋》，为统一之后的秦帝国提供一整套的治国方略。

吕不韦经商的谋略。关于吕不韦早年的情况，《史记》卷八十五《吕不韦列传》载："吕不韦者，阳翟大贾也。往来贩贱卖贵，家累千金。"吕不韦经商的精明之处在于时时处处观察商机。当他在赵国邯郸经商时，遇见了正在赵国做人质的秦国公子子楚，虽然子楚当时处境窘迫，但吕不韦透过诸多错综复杂的社会关系，看到了子楚身上蕴藏的巨大价值，断定"此奇货可居"。继而投入重金运作，最终使安国君和华阳夫人立子楚为嫡嗣。安国君死后，子楚即位，是为庄襄王。为了报答吕不韦，庄襄王乃"以吕不韦为丞相，封为文信侯，食河南雒阳十万户"（《吕不韦列传》）。庄襄王即位三年，薨，"太子政立为王，尊吕不韦为相国，号称'仲父'"（《吕不韦列传》）。

有人对此认为是投机政治所致，其准确的说法应是：吕不韦是一位做成了一笔大买卖的最成功的商人。在这笔买卖的交易过程中，吕不韦充分显示了他通达古今、预测未来的深邃智慧和凭借外力、知化善变的商人机巧。他立足现在，瞩目未来，小处着手，大处着眼。《战国策》记载了吕不韦在邯郸见到秦公子子楚后，同他父亲的一段对话：吕不韦"贾于邯郸，见秦质子异人（子楚），归而谓父曰：'耕田之利几倍?'曰：'十倍。''珠玉之赢几倍?'曰：'百倍'。'立国家之主赢几倍?'曰：'无数。'曰：'今力田疾作，不得暖衣余食，今建国立君，泽可以遗世，愿往事之。'"这一段对话透漏出吕不韦不凡的眼光和谋略。于中城先生认为，如果说这样做仅仅是商人的贪婪和狡黠，那恐怕有失公允。因为贪利是商人的本性，获取利润是商人的愿望，但并非所有商人都有吕不韦这样的智慧和眼光。李一凡先生认为可以毫不夸张地说："战国商人吕不韦是历史上所有商人中最出色的商人。商人的本领就是交易和投资，有政治头脑和战略眼光的吕不韦是最善于进行长线投资和最大宗买卖。他的买卖非常成功，令人叫绝。"

吕不韦从政的功过。吕不韦先后任丞相、相国 13 年（公元前 250 —公元前 237 年），在其当政期间，据《史记》《战国策》等记载，他至少办了四件有利于秦国稳定、强大的事情。

减少了战争中的大屠杀。秦在商鞅变法时立有"计首授爵""尚首功"的政策，这对提高秦军的战斗力，起到了巨大的促进作用。但它造成了秦军在战争中杀戮过重，乃至大屠杀的严重后果。据不完全统计，从商鞅变法到秦昭王五十一年（公元前 354—公元前 256 年），在这近 100 年中，先后有大屠杀 18 次，共杀死 1617000 人（小杀戮不计），秦昭王时达到顶峰，先后屠杀 14 次，共杀 1263000 人。大屠杀引起了山东六国的惊恐和拼命抵抗，使秦统一战争遇到了极大的障碍。吕不韦当政期间，改弦更张，实行"王者之治"，提倡"义兵"。吕不韦所讲的"义兵"，据《吕氏春秋·怀宠》载："入于敌之境，则民所知庇矣，黔首知不死矣。至于国邑之交，不虐五谷，……不焚室屋，不取六畜。得民虏奉而题归之，以彰好恶；信与民期，以夺敌资。"这样"义兵至，则邻国之民，归之若流水，诛国之民，望之若父母……兵不接刃，而民服若化"。正是由于吕不韦提倡"义兵"，在他当政的 13 年间，很少有大屠杀的记载。以后尉缭子继续执行该项政策，使秦国得以统一六国。

招纳贤士，收罗人才。古今中外所有国家在制定兴国方略时，都有一个收罗人才、重用人才的问题。战国时期形成的养士之风，就是收罗人才、争取人才的体现。吕不韦在当政期间认为以秦国之强，而不养士是耻辱。于是"亦招致士，厚遇之至食客三千人"。吕不韦招致食客三千人，不仅仅是为了编写一部《吕氏春秋》。司马迁在《史记·秦始皇本纪》中道破其真实的目的："文信侯招致宾客游士，欲以并天下。"

兴修水利，重视农业生产。关中是秦国的根据地，巴蜀地区是秦后方，但关中地多咸卤，粮食产量不高，都江堰修建之前，也是地瘠民贫，遇到连年的灾荒，人民生活困难之急是解决粮食问题。郑国渠、都江堰就是在这种情况下修建的大型水利工程。自都江堰修成后，

问鼎中原

关中、四川才成为秦国仓，为秦始皇统一天下奠定了雄厚的基础。吕不韦不仅关心水利事业，而且关心农业生产的科学化，在《吕氏春秋》中《上农》《任地》《辨土》《审时》四篇文章专门讲农业生产化问题，对农业经营管理、土质的好坏，都进行了阐述和论证。

以杂家代替法家为政治指导思想。秦自商鞅变法后，一直以法家为政治思想。法家的法治及耕战政策虽然对巩固政权和富国起到了积极作用，但统治阶级的残暴寡恩、严刑酷法、对外大屠杀等弊政已经暴露。吕不韦编著《吕氏春秋》以一个新的思想体系来代替法家思想。《吕氏春秋》融合了儒、墨、道、法、兵、农各家学说，故被称为杂家。但杂家不是各家学说的"拼盘"和"杂凑"，而是在新的思想意图指导下吸收各家之长而建立的思想体系。这是吕不韦有计划、有目的吸取各家学派有益的治国方略及其学术特长，让其宾客集体完成的治国治世的指导书，其中的政治主张及各种科学文化知识，是先进的和切合实用的。

吕不韦之过。关于吕不韦之过，史书没有提及多少。侯先生认为，吕不韦

杂家学派与《吕氏春秋》

的过，主要是他不德无才地登上政治舞台，扰乱了秦稳定形势，并给秦始皇独揽政权、打击消灭吕不韦势力找到了绝好的机会。

吕不韦失败的原因。在经商上谋得深、谋得远的吕不韦，最终却落了个"饮鸩而死"的悲剧下场。吕不韦悲剧产生的原因，笔者认为，吕不韦混淆了政治与经商的区别，即经商上可以不断积累财富，永无止境；但政治上却要知进知退，不可久居权力的顶峰。吕不韦显然没有意识到这一点。当叛乱之事牵连到吕不韦时，秦王嬴政因为吕不韦功劳大，不忍致法，而是免去了他的相国职务。但这时的吕不韦仅仅是失去了权力，经济上损失似乎不大，他还是文信侯，食雒阳十万户，仍是巨富，完全可以在雒阳颐养天年。但罢相后的吕不韦没有低调做人，淡出历史舞台，而是威势不减当年，最终引起了秦王嬴政的猜忌，被迫自尽。关于吕不韦罢相后的情况，《史记·吕不韦列传》载："岁余，诸侯宾客使者相望于道，请文信侯。秦王恐其为变，乃赐文信侯书曰：'君何功于秦？秦封君河南，食十万户。君何亲于秦？号称仲父。其与家属徙处蜀！'吕不韦自度稍侵，恐诛，乃饮鸩而死。"历史上与吕不韦可资比较的人物，笔者认为范蠡是合适的人物之一。但二者的不同之处在于，范蠡为政在先，然后以为政的经验经商，最后获得成功。而吕不韦则是经商在先，然后以经商的经验为政，最后落了个自尽的下场。

2.《吕氏春秋》概说

战国伊始，诸子蜂起，形成百家争鸣之势。然诸子互相攻讦，虽各有创意，亦自有偏执。怎样把儒的醇厚、墨的谨严、道的超逸、法的冷峻、名的致密、阴阳的流传等各家精华吸纳融合以达到"天下同归而殊途，一致而百虑"的统一而为未来的帝国服务，唯有吕氏做了一次大胆的尝试，"其愿力固宏，其成绩亦可观"，《吕氏春秋》便是"总晚周诸子之精英，荟先秦百家之眇义"的实践成果。

《吕氏春秋》一书并非吕不韦所作，而是吕不韦在秦为相之时所召集的众多门客集体创作的结晶。关于《吕氏春秋》的成书年代，《序意》篇这样写道：

"维秦八年，岁在君滩"，后世研究《吕氏春秋》的学者多根据此句来考订论证。但是由于学者们对其考订理解的不同，故也成为聚讼纷纭的问题。对于《吕氏春秋》具体成书年代的考证，学界有以下几种说法：

其一是"八年"说，即秦始皇八年成书。持这一说的主要有宋吕祖谦、清周中孚、郭沫若和赵年苏等人。他们均认为《序意》篇所说的"八年"，即是说秦始皇即位八年《吕氏春秋》告成。

其二是"六年"说，宋人王应麟《汉书·艺文志考证》，清人孙星衍《问字堂集·太阴考》、陈奇献等均主此说。王应麟说："岁在君滩"乃指申年，不合八年（乃王戌）之说，八年说乃算历者之差。"清人孙星衍说："秦庄襄王灭周后二年癸丑岁至始皇六年，共八年，适得庚申岁，申为君滩，吕不韦指渭是年。"断定是秦始皇六年。陈奇献和王、孙二人不同之点在于，他虽赞同王、孙二人关于秦八年是指秦始皇六年的说法，但他认为《吕氏春秋》的《十二纪》成于秦始皇六年，《八览》和《六论》成于"不韦迁蜀"之后。

其三是"吕氏死后"说，明代的顾亭林和徐复观力主此说。明顾亭林《日知录》说吕书成于秦初，并三晋时吕不韦已死。徐复观说《吕氏春秋·安死》篇载："以耳目所闻见，齐、荆、燕尝亡矣，宋、中山已亡矣，赵、韩皆亡矣，其皆故国矣。"指出此篇应是秦政二十六年以后所写，并由此推断《吕氏春秋》的初稿写于秦政八年，而其成书定本应该在秦始皇统一天下之后。其四是"七年"说。姚文田《邃雅堂集》、钱穆《吕不韦著书考》、田凤台等都从此说。钱穆认为："吕书确有成于迁蜀之后，并有成于不韦之身后者。"田凤台认为《序意》所说"八年"是指庄襄王而言，吕书成书应在始皇七年。

除此之外尚有"迁蜀说""四年"说等。笔者从"维秦八年"即是秦始皇八年的说法。

首先，《吕氏春秋》并非吕不韦亲著，是吕不韦集合相府门客中的才俊之士在相对较短的时间内通过分工协作完成的。

其次，《吕氏春秋》中的《序意》篇应是全书的序，并非如陈奇献等学者所说仅是《十二纪》第一部分的序。过去《吕氏春秋》曾被称为《吕览》，按照古人习惯，多以篇之前两字称呼篇名和以书之首篇名字称呼书名的习惯，《吕氏春秋》的《吕览》在最初之时很有可能是排在书之前，而非像今之传世本将《十二纪》放在最前。因此《吕氏春秋》才会被简称《吕览》。《十二纪》应该是排在最后，按古人著书之习惯，书的《序》多是放在书之最后，故《序意》排在《十二纪》之后完全符合古人之习惯。汉代以后的学者出于强调其书中阴阳五行学说的需要，才将《十二纪》编排在书前。

其三，《吕氏春秋》成书之时，也就是《序意》篇的作者写序的时候，再粗心的作者也不会将作书的年代在行文中写错的。何况是吕不韦如此重视的一部书，又是集体所创作，那么多双眼睛都盯着，这种错误出现的可能性几乎没有。对于以王应麟和孙星衍等为代表的"六年"说的坚持者，学者赵年苏的考证颇见功力。他说孙星衍的考订有误，孙星衍说的始皇六年庚申岁是由"四分历"推算得出，而"四分历"最早推行于汉代。用四分历岁次向上推数，自秦二世三年至秦始皇八年，与当时实际所用岁次已相差一年，加之汉高祖元年岁次应该是"癸巳"，但为超用"甲午"所隐蔽故而成为虚次。由于四分历溯算时相差二年，因而误定秦王六年为申岁。也就是说，秦始皇八年才是申岁。赵年苏据此论断《吕氏春秋·序意》篇所载见之秦代纪年岁次，明确无误。通过以上分析，作者以为《吕氏春秋》成书在于"维秦八年"即秦始皇八年的记载根本没错，其书为一次完工，完工之后即布于咸阳市门而悬千金其上。至于有的学者认为《吕氏春秋》非一时一次编成而是分部完工的说法，并依据《史记》"不韦迁蜀，世传吕览"的记载说《吕氏春秋》部分篇章成于吕不韦罢相迁蜀之后，实不可信。试想，一位倒势了的相国不可能再豢养众多门客著书立说，何况书中许多论点和秦始皇王朝的政策多不相合甚至是对立，吕不韦在台上时兴许有门客仗着相府的庇护敢于自由放言，吕不韦倒台后是不会有了，即使吕不韦有这个胆，他大多是没有这个思想文采和心境了。

《吕氏春秋》是先秦杂家代表性的经典著作，《汉书·艺文志》将其列在杂家，《隋书·经籍志》及后代的史书典籍均沿袭之。但是自从东汉高诱为其作注并撰序一篇评述《吕》书之后，试图找出它主要的学派倾向，进而欲把它归入其他学派的后世学者不乏其人。首先就有学者根据高诱为吕书作注所写的序，推衍出《吕氏春秋》为道家著作。高诱的《序》中如是说："然此书所尚，以道德为标的，以无为为纲纪，以忠义为品式，以公方为检格，与孟轲、孙卿、淮南、杨雄相表里也，是以著在《录》《略》。"句中的《录》指的是刘向的《别录》，《略》是指刘歆的《七略》，刘歆的《七略》是据其父刘向的《别录》作成。而《汉书·艺文志》又是根据刘歆的《七略》编撰而成。高诱的意思是《吕书》很杂。而汉代也一直是将《吕氏春秋》属之于杂家类的，从刘向的《别录》，刘歆的《七略》到《汉书·艺文志》都将吕书列为杂家。许多学者根据高诱的《序》的前两句"然此书所尚，以道德为标的，以无为为纲纪"认为《吕氏春秋》是道家著作。然而他们却忽略后两句《吕氏春秋》是"与孟轲、孙卿、淮南、扬雄相表里也，是以著在《录》《略》"。高诱提到孟轲可能是指《吕氏春秋》思想有来源于孟子之处，孙卿、淮南、扬雄则是有显著融合百家特色的思想家，高诱说他们"相表里"主要是为了说明《吕氏春秋》"杂合"百家的特色。持此观点的学者有任继愈、熊铁基、牟钟鉴等人，任继愈说："《吕氏春秋》用老庄哲学构造自己的理论原则，用阴阳、儒、墨、法名家的思想，构造自己的历史、政治、道德、军事、教育等方面的观点。"并认为它是"秦汉时期道家思潮的开始"。熊铁基认为，《汉书·艺文志》把《吕氏春秋》和《淮南子》两部书著录在"杂家"之类是很不恰当的，而应该归入秦汉之际的"新道家"，即有别于先秦老、庄"道家"的新道家。他还指出，《吕氏春秋》不是所谓"杂家"之始，而是"新道家"最早之代表作。熊铁基所说的"新道家"，其实就是黄老道家。黄老道家并不肇始于《吕氏春秋》，在吕书之前尚有许多黄老的代表性著作，如《文子》和《黄老帛书》等，因此所谓的"新道家"并不是汉初突然就出现的，《吕氏春秋》也并不能作为"新道家"最早的代表作。此外牟钟鉴先生也认为，《吕氏春秋》和《淮南子》是秦汉之际的道家著作。他认为两书的基本思想倾向一致，都崇奉老庄哲学，并以其为主干，融合、贯穿各家学说，构建成一种综合性的理论。这种理论的综合性，恰巧就是秦汉道家的特点。牟钟鉴先生显然是只看到秦汉之际学术思想的融合，而没有注意到从战国晚期就已存在着学术思想融合的思潮，以及此思潮下的一些先秦思想家及其作品。其次，对于《吕氏春秋》还有"儒家说""阴阳家说""墨家说""儒道兼畸说"等等不一而足。元代的陈皓说《吕氏春秋》有浓重的儒家色彩，《四库全书总目提要》更是认为吕书"大抵以儒家为主，而参以道家、墨家，故多引六籍之文与墨子、曾子言"。现代的学者也有主张此说，如张智彦、金春峰、修建军等人。持阴阳家说者乃是《吕氏春秋校释》的著者陈奇猷，他说："《吕氏春秋》虽说是杂家，集各家各派之说而成，但细读其书，很自然地会注意到，阴阳家的学说是书的重点，这从书中阴阳说所据的地位与篇章的多寡可以证明。"卢文弨持墨家之说，他认为吕书"大约宗墨氏之学，而缘饰以儒术，其重己、贵生、节丧、安死、尊师、下贤，皆墨道。"持"儒道兼畸说"的主要是郭沫若、杜国痒、张双棣等人。郭沫若认为该书主要是对于儒家、道家采取尽量摄取的态度，而对墨家、法家则加以批判。杜国痒则认为吕书"与其说是偏爱儒家，毋宁说是兼畸儒道"。张双棣则说，《吕氏春秋》的政治思想是以儒家思想为主导，以被改造了的道家思想为基础，兼采各家对它有用的成分融合而形成的吕氏独特的政治思想。笔者以为，历代的学者之所以企图从《吕氏春秋》中找出其他家派的倾向，甚而将吕书划归其他学派，主要原因有两个，一个是内因，即吕书自身的原因，《吕氏春秋》把兼摄诸子融合百家作为其思想体系构建的理论方法，但书中各家各派的思想融合不足，很容易区分出书中思想成分来自何处，这使得后世学者很轻易就能根据其论点的需要在书中找到所谓的吕书属于何种思想倾向的证据。也即是说吕书以自己的话论述与诸子相同思想观念的地方摄取的痕迹太明显，对于诸子思想消化不足，以致给后世留下纷争的口实。另一个外因，即如前文所述，历代都有一些学者根本不承认先秦杂家的存在，或者心中存在的对"杂"和"杂家"的偏见使他们仅仅将杂家作为类似于类书性质的"杂碎""杂撰"之学，不愿去深入研究，从而妨碍了他们对于杂家和先秦杂家的客观判断。孟天运说吕书的思想倾向之争"分歧这样明显，本身就说明了一个问题，即《吕氏春秋》中并没有明显地倾向哪一派，没有明显地以哪家为主导的问题"。笔者完全赞同此分析。《吕氏春秋》在兼摄融合百家之学时对于诸子百家是平等看待的，它本就不打算以哪家思想为主去汲取其他诸家。

《吕氏春秋》作为先秦杂家的代表作，其产生及形成是和当时战国的社会历史背景及秦国的政治文化现实分不开的。战国末期，秦国一统天下的形势已非常明朗，作为秦相国的吕不韦积极地为即将出现的封建统一大帝国做各方面的准备工作，其中也包括思想理论方面的设计。元人陈澔说："吕不韦相秦十余年，此时已有必得天下之势，故大集群儒，……将欲为一代兴王之典礼也。"杨宽在《吕不韦和<吕氏春秋>新评》中说："吕书综贯各派之长形成一套封建统治理论是符合历史发展趋势的。在大一统局面出现前后，地主阶级为寻找封建大一统的思想武器，有过探索的过程，之中吕书是有先行的历史贡献，应在思想史上给这名杂家应有的地位。"陈、杨两位对吕书的历史背景和著作目的已说得很明白了。孙人和在《<吕氏春秋>集释序》中通过分析吕书的思想更进一步地说："尝谓《吕氏春秋》一书，……盖以秦势强大，行将　统，故不韦延集宾客，各据所闻，撰《月令》、释《圜道》，证人事，载天地、阴阳、四时、日月、星辰、五行、礼仪之属，名曰《春秋》，欲以定天下，施政教，故以《序意》殿其后焉。"以上所引几位学者的精辟论述，不仅将吕书写作的时代背景分析得很清楚，而且指出吕书的写作目的是为社会大一统的政治服务的。这和《汉书·艺文志》说杂家"知国体之有此，见王治之无不贯"是完全符合的。《吕氏春秋·序意》说："凡《十二纪》者，所以纪治乱存亡也，所以知寿夭吉凶也。上揆之天，下验之地，中审之人，若此则是非可不可无所遁矣。"有学者认为"其'十二纪'，实际是为新天子的统治所设计的一个年度施政计划；'八览'、'六论'则是总结过去的经验，为新的天子行政提供了一种指导思想和批判是非善恶的价值体系。"因此，可以说《吕氏春秋》的写作目的和书中所体现的思想主旨也是一致的，即杂家的"王治"，《吕氏春秋》的"王治"思想正是围绕当时天下的封建统一而展开的。《吕氏春秋》兼摄诸子融合百家是围绕着"王治"这一思想主旨和最高目标构建其思想体系的。在这一过程中，《吕氏春秋》有自己独特的理论方法，《用众》篇自述其方法说得很清楚："物固莫不有长，莫不有短，人亦然。故善学者，假人之长以补其短。故假人者遂有天下……天下无粹白之狐，而有粹白之裘，取之众白也。夫取于众，此三皇五帝之所以立大功名也。"句中的"白"指的是各家关于"王治"的理论。吕不韦就是想通过集合众家众派思想所长，在思想学术上做成一件"粹白之裘"为大一统的帝国所用。这是一种打破各学派门户之见，去粗取精，平等对待，集合众长的理论方法。如果从理论方法的运用上来说，高诱评吕书"大出诸子之右"，是一点也不为过的，经笔者粗略统计，《吕氏春秋》中儒家思想主要在《劝学》《大乐》《侈乐》《适音》《古乐》《音律》《音初》《制乐》诸篇中；道家思想主要见于《贵生》《重己》《情欲》《尽数》《审分》诸篇；墨家思想主要在《当染》《审时》《高义》《上德》《去宥》诸篇；《月令》（包括《十二纪》中各组文章首篇）保存了阴阳家的思想；兵家的思想主要在《振乱》《禁塞》《怀宠》《论威》《简选》《决胜》《爱士》等篇中；农家的思想则见于《上农》《任地》《辨土》等篇。从《吕氏春秋》一书的篇章思想成分的组成来看，各家思想所占分量大致相近。笔者以为这不是一种刻意所为，只能说明著作者真的是兼采诸家而不以任何一家为主。这种打破学派门户而又不带任何偏见融合百家的理论方法，诸子之中确实没有任何一家能及得上。这正是杂家区别于诸子各家独特的理论方法。《吕氏春秋》也有自己独特的思想理论体系。《吕氏春秋·序意》说："上揆之天，下验之地，中审之人。"即要贯通天道、世道、人事三个层面。吕书的结构也是这样来安排的，《十二纪》是配天时的，《六论》是配地利的，《八览》在天、地之间是配人事的。"天、地、人"相配合的思想可能与《易传》有关。《系辞上》说："天数五、地数五、五位相得而各有合。""天数五"指的是一、三、五、七、九这五个奇数，其中数为"五"，因此《十二纪》中每"纪"安排五篇文章；"地数五"指的是二、四、六、八、十等五个偶数，其中数为"六"，故而《六论》与地相合，每"论"安排六篇文章；《八览》与人事相配来源于八卦之数，每"览"安排八篇文章。《系辞上》有："圣人立象以尽意，设卦以尽情伪。"《系辞下》说："八卦成列，象在其中矣。"两句话合起来理解意思是八卦之中蕴含了圣人之意和人事的情伪，"八览"就是要览圣人之意和人事之情伪。"天、地、人"相合是贯穿《吕氏春秋》思想的一条主线，也是其理论框架的支柱。而吕书《月令》（《十二纪》中各组文章的首篇）的阴阳、五行思想，则在天、地、人各层面予以展开，构成吕书理论大厦的砖、瓦、墙和屋顶。"《吕氏春秋》是以天、地、人和阴阳、五行两种模式构建起来的。""这座大厦既有天、地、人三者的和谐统一，又有阴阳、五行的互相联系和互相制约。这是一种前所未有的宇宙观。"笔者以为这是一种前所未有的思想体系，吕不韦及其《吕氏春秋》发诸子所未发，在这方面也可以说是大出诸子之右。由此，我们可以看出《吕氏春秋》的思想理论体系的建构也区别于诸子各家，体现出杂家兼容的特色。从以上分析中，我们可以得出结论，《吕氏春秋》的思想主旨是"王治"；其理论方法是兼摄诸子融合百家，平等地对待各家，不主任何一家；其思想理论体系的构建也体现出兼容的特色。因此，《吕氏春秋》只能是先秦杂家的著作，绝不会是诸子中的任何一家。

三、先秦杂家的启示

在思想文化发展的长河中，新思想的出现是必然的，不同思想的矛盾和争论是必然的，各种思想的综合和融合也是必然的。于是，杂家应运而生。

杂家的特点，是兼容并蓄，吸取各家之长，创造出新的思想。这个特点，反映了思想、文化发展的趋向和规律。思想、文化发展的历史，是不断分化、争论的历史，也是不断吸取、综合的历史。在分化、争论的过程中，较好地吸取和综合，创造出超越前人的思想、文化，以推动文化发展，有利于社会进步，这就是先秦杂家给予我们的启示。

《吕氏春秋》典型地表现了这个趋向。但是，在它之前，这一趋向已经存在，《荀子》就是明显的例子。在它之后，这一趋向仍然延续着。杂家性格对中国传统文化的发展有巨大的影响。

（一）中国传统文化的杂家性格

人们常说，中国传统文化是儒家思想或儒家文化。这种说法也对也不对。说它对，是因为中国的传统文化，确实是儒家思想占据主导地位；说它不对，因为它不够精确。

文化一词内涵很难精确，各家各派定义之多，不胜枚举。大体说来，有广狭二义。狭义的文化，指思想、学说和文艺；广义的文化，则还包括衣、食、住、行以及风俗、习惯等社会生活的各个方面。从广义的文化看，中国幅员辽阔，民族众多，传统文化不能单指汉族文化；即以汉族而论，衣、食、住、行以及风俗习惯等各方面，也很难用儒家思想或儒家文化来概括。就狭义的文化而言，中国的传统文化倒是儒家思想占主导地位。汉武帝独尊儒术之后，儒家思想不断得到统治者的提倡，越来越广泛和深入的传播。但是，即使从狭义的文化看，儒家思想也不是中国传统文化的全部。而且，在历史发展的过程中，儒家思想本身，也在不断吸取、综合别的思想而变化、发展。所以，我们说中国的传统文化是儒家文化，应该理解为：它是既以儒家思想为主导，同时又是不断地融合其他思想的文化。换言之，中国的传统文化，是具有杂家性格的儒家文化。

1. 儒学综合了各家学说

西汉初，黄老之学适应当时休养生息的社会需要，黄老之学盛极一时。经过惠帝、文帝、景帝，情况有所变化。一方面是国家富足了，人口增长了；另一方面是社会问题加剧了，在内贫富越来越悬殊，在外还有匈奴南侵的问题。汉武帝是个雄才大略、积极有为的君主，他有了文景之治累积的雄厚力量，不再满足于以无为为主的黄老政治，而把权力更多地集中在自己手里。于是，相应地采用董仲舒的建议："罢黜百家，独尊儒术。"从此，儒家学说确立它在传统文化中的主导地位，对中国的文化和社会，都有很大的影响。

董仲舒是使儒家思想占据主导地位的重要人物。他虽然是公认的儒家正统，但他的思想学说，却综合了阴阳家、道家、法家、墨家，而与先秦的儒家学说有相当大的差别。

适应时代的需要，董仲舒提出了维护封建秩序的"三纲五常"等一整套理论。所谓三纲，即君为臣纲、父为子纲、夫为妻纲；五常，即仁、义、礼、智、信。先秦儒家虽然注重尊卑上下，但无论孔子、孟子或荀子，都没有把君权、父权、夫权推到极端。如前所述，孟子对于君臣，更有比较激进的思想。倒是韩非，有三纲的思想，但没有展开论证。仁、义、礼、智、信虽是先秦儒家常讲的，但也没有作为社会的固定规范（"常"）。更没有像董仲舒那样论证。所以，三纲五常之说，是董仲舒综合各家所创的新说。这一学说，后来简称为纲常名教，即三纲、五常、名分、教化。一直到近代，维护封建秩序的人仍在提倡它；而五四时期打倒孔家店，要打倒的实际上就是这个纲常名教。它的影响极为深远。

董仲舒说："王道之三纲可求于天"。这是把绝对尊崇君权、父权、夫权的三纲，同天联系起来，加以论证。他说："天子受命于天……子受命于父……妻受命于夫。诸所受命者，其尊皆天也"。这里的天是有意志的"上帝"。这是要求臣、子、妻，要像尊崇上帝一样，尊崇君、父、夫。他又用阴阳家的理论来论证三纲，他说："君为阳，臣为阴；父为阳，子为阴；夫为阳，妻为阴"，而任何时候，都是阳尊阴卑，所以，三纲也就是天经地义了。这是为了论证君权的至高无上，而把自然的阴阳，强加以尊卑的社会属性，使自然界道德化、神秘化，反过来论证三纲的合理性和永恒性。

董仲舒明白提出天有"喜怒哀乐之行"，是"百神之大君"，亦即至高无上的神，统驭一切的上帝。地上的君主，受命于天，秉承天的意志办事。由此，他提出天人感应之说，认为人的行动会感动天，从天那里得到反应。具体说，君主的行为好，天会降下"符瑞"（吉祥的现象）奖励他；如果行为坏，天会降下灾祸谴责他。这种理论，主要是论证君权天授，使君主神圣化；同时，也给君主以一定的限制，使他不能任意胡作非为，否则会遭到上天的责罚。很明显，这与先秦儒家学说距离甚远了。

仁、义、礼、智、信，先秦儒家是将其作为社会和道德范畴提出来的。董仲舒则用阴阳五行的学说赋予神秘主义的属性，他说："木神则仁，金神则义，火神则礼，水神则智，土神则信"。如果说，《吕氏春秋》是把邹衍的学说中神秘主义的因素减轻或改造；那么，董仲舒则是把五行学说中的神秘主义思想进一步扩大到社会规范。显然，这是糅合了儒家和阴阳家的思想。

对仁、义等范畴的解释，董仲舒也综合进其他各派的学说。例如，儒家讲仁，虽然讲爱人，但明确主张爱有差等，这是同墨家兼爱的区别，儒家讲义，是排斥利的，是与墨家讲利对立的。董仲舒讲仁，强调"仁之法在爱人，不在爱我"，"质于爱民，以下至于鸟兽昆虫无不爱"，可见，已经离开儒家"亲亲"的前提，而接近墨家的兼爱了。董仲舒讲义说："天之生人也，使之生义与利。利以养其体，义以养其心"。义利并提，更显然是综合儒墨。

董仲舒常常"爱利"连用，如说："天常以爱利为意"。这不是先秦儒家的词汇，而有墨家的味道。他主张以教化为主，辅之以刑罚，如说："教，政之本也；狱，政之末也"，这是综合儒法的主张，也符合"霸王道杂之"的汉家制度。董仲舒在对君主的要求上，综合了道家的思想。比如，他主张当君主的，应该"安精养神，寂寞无为"，"以无为为道，以不私为宝"。可见，董仲舒虽然是正统的儒家，但他的思想，实际综合了各家的学说。

董仲舒的思想，阴阳五行等神秘主义因素相当浓厚。其后，这种神秘主义的因素继续发展，到西汉末年，出现谶纬。谶是预言，这是早就有的，如《史记》记载：秦始皇时有谶语说，"亡秦者胡也"，秦始皇以为胡指匈奴，在北面派军队防止匈奴南侵，没想到秦亡在秦二世手里，秦二世的名字叫胡亥。后世的种种预言如《推背图》之类都是谶的发展。纬是西汉末年才有的，它是对儒家经典作神秘主义的、甚至是预言式的解释。相对于当时对儒家经典研究、解释的经学而言，这种神秘主义的解释称为纬书。例如，有一篇关于《春秋》的解释，把孔子修《春秋》，说成是"为汉制法"，孔子在几百年之前就知道要出现汉王朝，替它制定政治原则，孔子变成了神仙。东汉的第一个皇帝刘秀，据说应了谶语"刘秀当为天子"，而十分相信谶纬。东汉章帝在白虎观主持了一次全国性的经学会议，后整理成书即《白虎通义》。《白虎通义》除了重复董仲舒的思想之外，还加进了纬书的内容，这使得儒学进一步神学化。

2. 兼综儒道的玄学

东汉末，神学化的儒学衰落，代之而起的是玄学。由于玄学在魏晋时期盛行，一般称为魏晋玄学。玄学的代表人物有何晏、王弼、郭象、嵇康、裴頠（音伟）等。

玄学的特点之一是摈弃儒学的神学化，代之以思辨性。玄学讨论的问题如有无、本末、名教与自然等，都富于思辨哲学的色彩。曹魏时期，何晏、王弼论述"以无为本"，首开魏晋时期玄学之风。史书记载："魏正始中，何晏、王弼等祖述老庄立论，以为天地万物以无为本。"这是说，在曹魏齐王曹芳当政（正始是他的年号）的时期，何晏、王弼等人，根据《老子》《庄子》，发挥他们的学说，论证天地万物的本原是无。他们从本末、动静、一多等各个侧面论证以无为本的学说，形成富于思辨哲学色彩的玄学体系。例如，王弼注《周易》说："天地虽大，富有万物，雷动风行，运动变化，寂然至无，是其本矣。"意思是说，万物的运动变化，多种多样，而本只有一个，那就是寂然不动的静，即无。他注释《老子》时说："凡有起于虚，动起于静。"这是把虚（无）作为有的本原，静作为动的本原。这些解释，不仅比《周易》《老子》更精巧，更富于思辨色彩，而且或多或少地离开了原来的意义。

王弼等人提倡以无为本的哲学，其现实意义是论证名教的合理性。汉代以天来论证纲常名教的合理性，到汉末已经失去吸引力。代之而起的是玄学家们提出的"名教出于自然"。何晏说："自然者，道也，道本无名。"这里的自然即道，亦即无。名教出于自然，意即封建的名分、教化，是道派生的。王弼在《老子注》中对《老子》的"始制有名"一句，做解释说："始制，谓朴散始为官长之时也。始制官长，不可不立名号以定尊卑，故治有名也"。《老子》的"始制有名"，不过是说道本来无名，开始叫它道，它才有名。王弼扯到尊卑、名分上，显然离开原意。

玄学的争辩中、也有不同的观点。裴𬱟著《崇有论》，反对以无为本；嵇康、阮籍主张名教不合自然，与名教出于自然针锋相对。但这些观点不占主导地位。魏晋玄学的哲学思辨，融合了儒家的名教和道家的自然，说明它是兼综儒道而成的新说。

玄学的特点之二，是不再以儒家的经典为唯一依据。两汉的经学，虽有今文经学和古文经学之争，但都是注释儒家经典。注释越注越长，越来越多。到东汉末年，一部儒家经典，注释达一百多万字，解释五个字，要用两三万字。这种烦琐的注释，显然已经走到尽头，不能再继续下去。魏晋玄学不再在儒家经典中打圈子，虽然大都仍以解释先秦典籍的面貌出现，但与两汉已有很大的不同。它已经不是严谨的注释，而是以儒道两家的典籍为依托，发挥自己的观点。它已经不再把儒家的著作当成经典。他们最喜谈论的是《周易》《老子》和《庄子》。这三部书内容玄远，便于玄学家们按己意阐释和发挥，被称为三玄。

魏晋玄学不仅在思想资料方面兼综儒道，而且在某些时候，硬把儒家和道家拉在一起。例如，"无"是《老子》的范畴，孔子从来没有讲过。王弼却曲为解释，说："圣人体无，无又不可训，故不说也。"圣人指孔子。这是说，孔子也是以"无"为本原的，由于"无"不好用言辞表达，所以他不谈"无"。这是把两汉神学化的孔子，又改装成兼有道家思想的思辨哲学家。

玄学的本无的世界观是错误的。它在历史上的功绩和作用，是把人们的思想从神学化的儒学中解放出来。它仍然维护封建的名教，但论证的方法与两汉不同。无论是世界观以无为本的阐述，或是名教出于自然的论证，它都明显地表现出兼综儒道的特色。玄学对于中国佛教思想和宋明理学，都有重大影响，它是中国传统文化中不可缺少的环节。魏晋以后，玄学不再以学派或完整的学说而存在，但它那超脱的风格、缜密的思辨以及"得意忘言"（只要理会意思可以忘去言词）的方法等，对后世都有很大的影响。

3. 儒佛道三教合流

对中国传统文化有重要影响的，还有佛教和道教。

佛教是外来的宗教，东汉时传入我国，最初被视为神仙方术一类，不受重视，影响不大。东晋以后，佛教经典大量译出，佛教在动乱中广泛传播，在社会、文化方面的影响，越来越大。于是，与中国的传统文化发生矛盾，又在矛盾过程中逐步趋于融合。这是一个漫长的过程。从佛教方面说，除了对传统世俗的伦理、习俗作一定的妥协之外，并在翻译佛教经典和阐释佛教教义时，引入老、庄和魏晋玄学的思想、概念，使佛教中国化，直至后来出现典型中国化的佛教派别——禅宗。从传统文化方面看，经过漠视和抗拒，逐渐接纳和吸取佛教文化，使中国传统文化，在思想、学说和艺术方面，都融合进佛教的因素。

道教始于东汉，是把老子和神仙结合起来的宗教。东晋以后，道教吸取魏晋玄学和佛教思想，开始有理论。唐代以后，由于统治者的提倡，影响才逐渐增大，无论在理论影响和宗教影响方面，仍比不上佛教。但是，道教追求长生、成仙，编造众多的神仙、神灵，不仅对统治者有吸引力，在民间的风俗习惯中，都有巨大影响。道教的炼丹术，本来是迷信活动，但其中包含有某些科技的原理和方法。在文学艺术方面，道教和佛教一样，都有相当大的影响。

隋唐以后，以儒家思想为王，融合佛、道（包括道家与道教），成为思想文化发展的趋势。

唐代的思想家、学者，无一不受佛、道的影响。"文起八代之衰"的文学家、思想家韩愈，坚决反对佛教，因此触怒了皇帝，差点被杀。但是，韩愈提出的"道统"说，认为尧、舜、禹、汤、文、武、周公、孔子、孟子，有个一脉相承的道统，孟子以后，道统中断，将由他来继续。这种思想却不是儒家传统，而是受佛教"祖统"的影响编造出来的。韩愈的学生李翱，著《复性书》，自称是阐释儒家思想，但他把喜、怒、哀、乐等"情"同"性"对立起来，主张灭情复性，却明显是受佛家的影响。儒家讲性，无论主张性善或性恶，都没有把性同喜怒哀乐等情分割开来，对立起来。

与韩愈同时的柳宗元，是无神论者，但他不排斥佛教。他认为佛教思想，与儒家思想有相合之处。比如，人皆有佛性的说法与仁相合；佛学重变化与《易》经相合。他把佛教作为百家之一看待，认为诸子百家以及佛老都有所长，应该取各家之长。他批评韩愈排佛是"忿其外而遗其中，是知石而不知韫玉"，因为对佛教表现的不好的方面气愤而抛弃佛学中某些优良的东西，犹如只见石头而不知石中藏有美玉。

柳宗元对思想学说的态度是正确的，所以在坚持无神论的同时，能够对佛学采取分析的态度，吸取其中有益的东西。韩愈排佛，简单地排斥、否定佛学。然而，他也不能不受到佛教的某些影响。可见，思想文化的吸取融合，是一种不可抗拒的规律，无论主观的意愿或见解如何不同，终归不能脱离这个总的趋向。

4. 理学是三教融合的成果

宋代以后，宋明理学一直主宰着我国思想界，是我国传统文化中很重要的部分，而宋明理学，却是隋唐以来儒、佛、道三家逐步融合产生的成果。

宋明理学，虽然公认是儒家的正统，但它既不同于先秦儒学，也不同于两汉儒学。宋明理学仍然致力于提倡三纲五常，但它不像两汉儒学那样以神学方法论证这一主题，而是用说理的方法、思辨的方法来论证。这里，不仅吸取了魏晋玄学，也吸取了佛、道两家的思想。

宋明理学分理学和心学两大派。

　　理学的前驱周敦颐，著《太极图说》，认为天地万物的本原是"太极"，这个太极无形无象，已经具有后来理学家的"理"的意义。周敦颐讲的是儒家的学说，而阐述学说的内容和体系，则吸取了佛、道思想。他的太极图，就是根据道士陈抟的无极图加以改变而成，他的主静说，也明显受到佛家影响。

　　周敦颐的学生程颢、程颐兄弟，是理学的奠基人。他们提出，"理"是天地万物的本原，"万物皆只是一个天理"，理永恒存在，万物都要遵循它而不能违反它。二程不仅吸取魏晋玄学关于体用、本末等理论说明理是体、是本，其他万事万物都是用、是末；也吸取了佛教关于佛性的学说，说明他们提出的"性即是理"，仁、义、礼、智不仅是人性所固有的，也是天理中所固有的。二程所以能够建立思辨性较强的、超越前人的理论体系，与吸取玄学和佛教思想分不开，程颐说，程颢"出入于老释者几十年"，可见佛、道两家对他们的影响很深。

　　理学的集大成者朱熹，是二程的再传弟子，所以后人又称理学为程朱理学。朱熹把理的至高无上性讲得更为全面和完善。他说："宇宙之间，一理而已"。朱熹的理，是超时空的绝对观念。理既然是超时空的绝对，千差万别的具体事物又怎么会都具有这个理呢？朱熹提出"理一分殊"，并袭取佛家的"月印万川"加以解释。理是一个，但在不同时空，又表现为多种多样。如同月亮只有一个，印在河湖泊中却有千千万万。二程、朱熹有关理的论述，相当细密，这里只简单地略举特点。只是这些，也可以看出他们的论述，与先秦儒家和两汉儒家都有很大的不同，而受玄学、佛学思想的影响颇深。

　　宋明理学的另一派是心学。心学的代表人物是南宋的陆九渊和明代的王守仁，所以又称为"陆王心学"。心学根据孟子的某些说法，袭用禅宗观点和方法加以发挥，成为同理学有区别的一派。

　　心学并不完全反对理，它不同于理学的地方，是把心放在第一位。陆九渊认为"心即理"，并说："宇宙便是吾心，吾心便是宇宙"。王守仁根据孟子人人具有"良知良能"的说法，提出"致良知"。圣人与一般人的区别，在于良知是否被私欲所蒙蔽。因此，只需去掉私欲，就可以恢复良知，做什么事都能符合天理。只要把良知换成佛性，心学和禅宗就很难区别。可见，心学受佛教的影响比理学一派更为明显。

宋明理学"以理杀人"，窒息人们的精神，阻碍传统文化的发展，妨碍社会的进步。但是也要看到，宋明理学体系的完备，论证的精密，都超过前人。尽管正统的理学家否认他们吸取儒家之外的思想学说，但事实上，却正是吸取了佛、道、玄学的养料，才产生宋明理学。从两汉儒学到宋明理学，都说明思想、文化领域各派思想的互相渗透、吸取，是不以人们的意志为转移的规律；也说明，兼容并收的杂家精神，是正确的，长期延续的。

（二）从"霸王道杂之"到儒佛道并用

从思想学说的领域看，传统文化的杂家性格，已经相当清楚。如果从历代统治集团的政策措施来观察这个问题，情况会更加明显。

1. 独尊儒术未禁止各家思想的传播

如前所述，汉初的黄老政治，虽以无为为主，但也是兼采各家，实行"霸王道杂之"的政策。汉武帝采纳董仲舒的建议，"罢黜百家，独尊儒术"，是否改变了汉初以来形成的传统呢？答案是否定的。

罢黜百家，只是把儒学之外的各家学说，排斥在官学之外，使之与仕途隔绝。独尊儒术，是举贤良时，只有学习儒术的人才有资格，使官吏都来自儒生。这种政策，使儒家思想成为正统思想，使儒学成为当官的进身之阶。但是，这并没有禁止儒家之外各家思想的讲授和传播，更没有在实际措施中拒绝采纳其他各家的主张和办法。

汉武帝时的大臣汲黯，曾经当面对汉武帝说："陛下内多欲而外施仁义，奈何欲效唐虞之治乎！"这话是符合实际的。"唐虞之治"，即尧舜之治，是儒家理想的治世。汲黯批评汉武帝私欲多，只是表面上讲讲儒家的仁义，那是不能达到尧舜那种治世的。汉武帝实际上仍然采用法家的主张。为了加强皇帝的权力，他用法较文景时代严厉，又好用酷吏。他的尊崇儒术，只是外表，或只是为政的一个方面，不是完全按儒家的主张办事。

汉武帝还好神仙之术，这也同儒家思想毫不相干。他刚刚当了皇帝，就特别注重祭祀鬼神。后来一个叫李少君的人，自称他曾经同神仙安期生在海上相遇，有办法求仙不死。汉武帝完全按照他的办法去做。当然没有结果，而李少君却死去。汉武帝不仅没有因此觉悟，反而认为李成仙化去。于是，有更多的方士上书谈神仙之事。著名的有少翁和栾大。他们都用方术（大约是古代的魔术）取得汉武帝的信任，先后被封为将军。栾大更在数月之间佩六印，封侯，尚公主，"贵振天下"。他们的骗局被发现，先后被诛杀，但汉武帝求神仙之心并未稍减，多次东巡，都与求神仙有关。汉武帝十七岁即位，七十一岁死去，当了五十多年的皇帝，求神仙五十多年，可以说是当了皇帝想成仙的典型。从这个侧面，也可以窥见汉武帝的独尊儒术，并不是真正信奉儒家学说，而是以它文饰各方面的措施，他求仙的措施，也要用儒术文饰一番。

汉武帝执行的经济政策，如盐铁官营，是裁抑豪富、增加国家财源的有效措施。显然，这也不是儒家的主张。

董仲舒的儒术已经不完全是先秦儒家学说，而融合和掺杂别家的主张。在汉武帝的实践中，又有一些不符合董氏儒术的举措，或只以儒术文饰它。因此，完全可以说，汉武帝的举措，比董仲舒的儒术更富于杂家的性格。同汉初一样，他仍然是霸王道杂之，不过重点有所不同而已。

2. 两个儒法并用的人物

汉末以后，董仲舒的儒学已经失去吸引力。但是，"霸王道杂之"的原则，仍在起作用，只是重点略有转移。

历史上的曹操，不是小说或舞台上的白脸大奸臣，而是文武兼备、多才多艺的人。曹操很会打仗，注有《孙子兵法》，流传至今。他一生大都在战争中度过，但"夜则思经传"，可见对儒家典籍很有研究，而且会吟诗作赋。别的资料还说他草书写得好，仅次于当时草书大家张芝；围棋也下得好，可以与当时的国手一较高下。

从政策措施看，曹操法令严明，好用权术，注意屯田以足食强兵等，这都是法家传统。但是，他也重视儒学，写的文告表章，经常谈仁说义。建安八年（203 年）平定袁绍之后，他下令说："丧乱之后，十有五年，后生者不见仁义礼让之风，吾甚伤之。其令郡国各修文学，县满五百户置校官，选其乡之俊造而教学之，庶几先王之道不废，而有以益于天下。"政权刚刚比较稳定，立即重视儒家的教化。可见，曹操很懂得马上得天下、不能马上治天下的道理，仍然是儒法并用、霸王道杂之。只是直到他去世，统一还未完成，战争还在继续，所以儒家的一面表现得不太显著。

建安二十四年，孙权和刘备的联盟破裂，孙权向曹操称臣，称说天命，劝曹操当天子。曹操"以权书示外曰：'是儿欲踞吾着炉火上邪！'"曹操的臣下也劝他正位，说汉家已经只存名号，而且根据图谶，气数已尽，现在孙权又称臣劝进，应该"畏天知命"，不再谦让了。但曹操不同意，说："若天命在吾，吾为周文王矣。"就是说，他只愿意做周文王，让他的儿子去当天子。这固然表现曹操处理这个问题持十分慎重的态度，深恐代汉之后遭受各方面的反对，像被放在炉火上一样难受。同时，也反映儒家的君臣观念对他颇有影响，他早已是事实上的皇帝，也知道下一步必然代汉，但只愿意当周文王而不愿意当王莽。

诸葛亮是另一种类型的人物。他终身以复兴汉室为目标，终于死于北伐军中，真正做到了"鞠躬尽瘁，死而后已"。他忠于刘备，也忠心地辅佐十分庸懦的后主刘禅。诸葛亮一点当皇帝的野心也没有，也没有人怀疑他有这种野心，所以后人称赞他"受六尺之孤，摄一国之政，事凡庸之君，专权不失礼，行君事而国人不疑"。这是很不容易做到的。他勤政爱民，《诸葛亮传》称他"抚百姓，示仪轨"，"开诚心，布公道"，死后百姓私祭在田间路旁，可见他深得民心。从这些方面看来，诸葛亮似乎是儒家的理想人物。

但是，诸葛亮在其他方面的特点也很突出。他隐居隆中的时候，"自比于管仲、乐毅"。管仲帮助齐桓公称霸，乐毅为燕国一度征服齐国，都是春秋战国时期著名将相，但不是儒家的理想人物。可见，诸葛亮的理想不完全同于儒家。诸葛亮著名的《隆中对》，为刘备分析天下形势，赤壁之战前劝说孙权同刘备联盟抗拒曹操，这些著名的说辞，颇有战国纵横家的风格。他行军打仗，很有章法，还著有《兵法》五卷（已失传），当然是对兵家很有研究。他为人淡泊，其《诫子书》中说："夫君子之行，静以修身，俭以养德，非淡泊无以明志，非宁静无以致远"，又富于道家气息。他为政、治军都赏罚严明，"尽忠益时者虽仇必赏，犯法怠慢者虽亲必罚"，挥泪斩马谡是著名的例子，这又是法家的本色。

总的看来，与曹操完全不同类型的诸葛亮，在治国的方略方面，二人却都是霸王道杂之的。可以说，时势的需要，使兼收并蓄的杂家特点，在政治家身上表现得更为强烈和明显，所以这迥不相同的两人却有如此的相似之处。

3. 儒家为主，兼容别家

东晋以后，佛教、道教兴起，成为重要的社会思潮。佛教、道教，与两汉以来处于独尊地位的儒学，经过矛盾冲突而趋于调和融合。这一趋向，在政治的措施方面，较之思想学说方面，表现得更早、更明显。

南北朝时期，儒佛道三家矛盾冲突较为激烈。但是，无论是北方的少数民族的统治者，还是南方的汉族统治者，绝大多数都是三家并用。当然，这时的儒学，也已经不是纯儒，而是儒法阴阳各家的混合物。

南朝梁武帝，是这一时期最为信仰佛教的统治者，他几次到佛寺为僧，让臣下用大量的钱把他赎出来继续当皇帝。他是唯一的试图以佛教为国教的皇帝。但是，即使是梁武帝也十分重视儒学，也精通儒学。他曾经亲自讲授儒家经典，注疏儒家经典，设置五经博士，让通晓儒学的士子当官。他把佛教放在最高的位置，并认为老子、孔子都是佛的弟子，提倡三教同源，佛儒道并用。北方少数民族君主都接受汉族文化，大都儒佛或儒佛道并重。周武帝毁佛，但这并非他的本意。他十分重视儒学，宣布儒佛道的次第，儒第一，道次之，佛最后。由于当时佛教势力大，反对这种次第，矛盾激化演变而为毁佛。

　　这一时期，国家分裂，政权多，朝代更替频繁，因此不可能有统一的方针。儒佛道三家并用，只是总的趋势，各个政权和各个时期，对于三家的政策，并不一致。但是，由于儒家是入世的，佛道是出世的，所以总的说来儒学实质上占据主导地位。儒家的三纲五常思想，是封建政权所必需，即使统治者十分信奉佛教，也不得不提倡。因此，在绝大部分时间里，儒学总是列为国学，让士子学习；相应地，在伦理道德方面，总是以忠孝为主。即使是诏令、朝仪等，也离不开儒家的格式，包括掺杂阴阳五行说的奉天承运之类的提法。这些，都不是出世的佛教或道教所能代替的。当然，佛教在这些方面也做过一些让步，包括认可忠孝，把忠孝包括在它的教义之中，但是，三纲五常毕竟同出世的佛道有一定距离。所以，这一时期的儒学，虽然不是稳居正统地位，但从传统文化的角度看，儒家为主，兼容别家的格局，仍未改变。

　　4. 唐太宗制定儒佛道并用的政策

　　唐代统一全国，随着政治稳定，经济发展，文化也随之繁荣，儒学的传播超迈前代。佛教在唐代之前没有公开的派别，佛教分为若干"宗"，如法相宗、华严宗、净土宗、禅宗等，都开始于唐代。佛教宗派的出现，佛经的大量译出，以及佛教寺院拥有大量土地形成寺院经济，都是当时佛教大发展的标志。道教在这一时期进一步吸取佛、儒，使原有比较粗糙的教理趋于细致严密。由于统治者的提倡，《老子》《庄子》等书，被列为"真经"，作为科举考试的内容之一。道教的著作大大增多，第一次出现道教的总集——《道藏》。

　　唐代文化的繁荣同唐太宗制定的儒、佛、道并用的政策是分不开的。唐太宗李世民，是文治武功都有卓越表现的君主。他随唐高祖李渊起兵反隋时，就已经注重儒学，如建立文学馆，以杜如晦等人为十八学士。即位后，他更采取一系列措施推崇儒学，如考定"五经"、建立国子监、以儒学取士等，都是他即位后创设或完善的。他重视民间疾苦，深知民众的力量，多次根据先秦儒学大师荀子的话说："舟所以比人君，水所以比黎庶，水能载舟，亦能覆舟"，用以警惕自己和告诫子孙。他"轻徭薄赋，选用廉吏，使民衣食有余"。他强调居安思危，"每思危亡以自戒惧，用保其终"。这些言论和政治措施，都符合儒家仁政的精神。

唐太宗也尊崇佛教和道教。著名僧人玄奘从印度回来，唐太宗对他优礼有加，支持玄奘更加系统和准确地翻译佛教经典，并为之作序，这就是著名的《大唐三藏圣教序》。他还支持建寺度僧等活动。由于李渊起兵时曾得道士的支持，又因为皇帝姓李，同道教祖师太上老君同姓，所以李渊时代规定了道先、儒次、佛后的次序。李世民没有公开否定这次序。但从他的实践看，是把儒学放在最重要的地位，同时对佛、道都加以尊崇和利用。佛、道都是出世的宗教，所以它们之间的竞争比对儒家的竞争更为激烈。对此，唐太宗采取调和矛盾的办法，一面下诏说"道士女冠可在僧尼之前"，一面又私下说：佛、老尊卑，不以谁暂时在上为胜，我修佛寺比道观早，凡有功德都归佛氏，你们应理解我的用心。

其后，唐代的君主基本沿袭儒佛道并用的政策，即使略有侧重，但总的方针没有变更。不仅如此，这个政策在唐代以后基本上固定下来，为历代统治者所沿袭。金朝是女真族建立的王朝，统治华北地区以后，很快学习和掌握汉族统治者的经验，崇儒尊孔，推行文治，对于佛教，金朝前期的几代皇帝都十分崇信，海陵王、世宗等尊崇儒学的皇帝，虽然不那么信奉，对它有所贬抑，但也只是有所限制，仍然利用它。当时全真教兴起，信徒日增，金统治者一度怕它聚众抗金，加以取缔，旋改用保护和利用的政策，同佛教一样尊崇。

元朝是蒙古族建立的王朝，早在成吉思汗时代，就利用各种宗教宣扬他的成德。进入中原地区之后，把佛教放在第一位，先尊奉禅宗，后尊奉喇嘛教。道教也受到重视。成吉思汗曾邀请全真教领袖丘处机去西域见面，称之为神仙，一度最受尊崇。后来与佛教辩论失败，被置于佛教之下。在元代，中央政府中设有管理僧、道的专门机构，地方也设有僧、道的衙门，与行政机构并列。对于儒学，蒙古人最初不知道有什么用处。忽必烈即位后，设立国子监，选贵族官僚子弟学习儒家学说，尊崇孔子，提倡理学。元代虽然恢复科举制度较晚，但它创立一个规定，儒家的四书五经，都以二程和朱熹的注解为准。这个规定，被明清两代所沿袭，对思想文化影响颇大。

5. 以佛治心，以道治身，以儒治国

宋王朝对儒佛道的态度与政策，基本上与唐代一样。少数皇帝如宋徽宗，特别迷信道教，自称"教主道君太上皇帝"，用道士抗拒金兵，结果被俘。总的看来，在宋辽金元时期，少数民族政权，与汉族政权对于儒、佛、道三家的利用上，虽有一些差别，但三家或三教（当时有的统治者把儒学也视为一种宗教）并用的格局则始终未变。

经过几百年的儒佛道并用，统治者以及三方面的领袖总结出儒佛道妥协、协调和分工的更好方案。南宋孝宗说："以佛治心，以道治身，以儒治国。"佛教的修持讲究觉悟，所以用来治心；道教追求长生久视，所以用来治身；儒家提倡三纲五常，所以用来治国。这样，三教并用，就不是简单地排列先后次序，而且明确分工，用其所长，由妥协而更加协调了。在北方，禅宗高僧万松，也向元朝大臣耶律楚材提出过"以儒治国，以佛治心"，为耶律楚材所采用。这种用其所长的原则，不仅对巩固统治更为有力，而且也避免许多纠纷。所以明清两代大抵都采用这一原则。

明代十分明确地以儒治国，开国皇帝朱元璋十分重视儒学。他命人编订儒家经典，供士人学习。他把唐代以来的学校、科举制度，进一步制度化。从中央到地方村社，都设立学校；考试用八股文，以四书五经命题，以程朱理学为解释儒家经典的标准。

朱元璋的重视儒学，是自觉地利用它巩固自己的专制极权统治。朱元璋制定的法律十分严酷，他对待臣下猜疑，动辄责打甚至诛杀，晚年更是大杀功臣，大兴文字狱。这些都是为了加强其专制极权的统治。因此，他虽然尊崇儒学，但不能容忍儒家学说中具有的民主性思想。孟子书中有"民为贵，社稷次之，君为轻"等民本思想，朱元璋对此公然说："此老在今日，宁得免乎？"意思是说，孟子如果在今天，岂能允许他活下来！并下令删削《孟子》一书，只刊《孟子节文》。明代与国外交往较多，以儒学为主的中国文化，这一时期更多地传播到朝鲜、日本以及东南亚。但在国内，在专制极权的统治下，以程朱理学为主的八股取士，删削和歪曲儒学中的优秀部分，使思想界日趋禁锢，儒学也日益失去原有的进步性。当然，传统文化的优秀部分并没有完全丧失，进步思想家李贽、王夫之、黄宗羲、顾炎武等人，都继承和发展传统思想，但在当时却不占主导地位。

从两汉到明清的两千多年中，从霸王道杂之到儒佛道并用，大抵都是以儒家学说为主，吸取和融合各种思想学说，从而不断地有所发展。但是，这种以儒家学说为主兼容别种思想学说的政策，毕竟有它的限度。19世纪，以民主、自由为核心的西方思想学说传入中国，这一次，封建统治者不能像过去那样，对民主、自由的思想学说，采取兼容并蓄的政策，因为它超出了封建主义所能容许的范围。传统的文化政策终结了，传统文化也告一段落。

（三）杂家的启示

从以上的概述中，我们可以得到什么认识？或者说，《吕氏春秋》这一杂家的出现，以及杂家精神的延续，对我们有些什么启示呢？

1. 杂家出现的必然性

《吕氏春秋》之所以能够成为先秦各家最大的综合者，固然有吕不韦及其宾客的主观努力，但客观条件也不容忽视。在《吕氏春秋》之前，已经有人做了综合各家的工作，特别是《荀子》这方面做得更为深广。可以说，如果没有《荀子》综合各家在先，《吕氏春秋》综合各家就不可能做得这样出色。当然，《荀子》的综合各家，不论他是否自觉，也有其必然性，换言之，经过长时期的百家争鸣，战国末期，综合各家思想已经成为思想文化的发展的必然趋势。所以，荀子综合各家和杂家的出现，都不是偶然的，都是顺应这一趋势的产物。

汉代以后，公开的杂家不存在了，但是，杂家的精神，亦即综合各家思想使之融为一体的精神，却长期延续。董仲舒的儒家、阴阳家以及其他各家的综合，魏晋玄学的儒道的综合，宋明理学的儒佛道的综合，都是杂家精神延续的

体现。而它们的出现，都不是偶然，是时代的要求以及思想、文化发展规律所决定的。以理学为例，没有长时期儒佛道三家思想的矛盾、排斥和争论，就不会出现综合儒佛道的理学。

在思想、文化发展的长河中，新的思想的出现是必然的，不同思想的矛盾和争论是必然的，各种思想的综合和融合也是必然的。这是杂家的产生和杂家精神长期延续的依据。

2. 有选择的综合

强调上述必然性，并不是说一切都是命定的、事先安排好的，任何思想都可以综合和必然综合，没有好坏之分、优劣之别。从总的趋势看，思想和学说的综合和融合是必然的，但是这并不否定短时期的、与此相反的情况出现。从综合来说，也有优劣之分，只有和平时代的要求和民众的需要的思想，才能促进社会进步。以此为主导的综合才是好的综合。这里，就有一个人的主观选择的问题，也就是如何综合，综合得好或不好的问题。

战国末期，韩非的学说也是一种综合，但是他的综合只适合专制君主极权统治的需要，对百姓、对社会和对文化的发展，都没有好处，因而是一种不好的综合。秦始皇采用他的学说，失败了。后世的封建君主大都离不开韩非的学说，但也不敢完全采用它。秦始皇焚书坑儒，否定诸子百家，以吏为师。这是毁灭文化的措施，与文化发展的规律背道而驰，结果是文化倒退，天下大乱，百姓遭殃，秦王朝也二世而亡。

相反的例子是人们称赞的文景之治和贞观之治。它们都是综合各家学说，选择较佳方案的结果。前面提到，朱元璋采取了文化专制政策，窒息儒家学说的民主性因素，使思想、文化受到禁锢。但是，朱元璋深知民间疾苦，

退避三舍

不像秦始皇那样滥用民力，而又一味以严酷的刑罚维持统治，所以，明代虽赶不上汉唐，但它的经济也有比较大的进步。朱元璋的综合可以说好坏兼而有之。

是综合还是反对综合，是综合优秀的、进步的思想，还是综合平庸的甚至恶劣的、反动的思想，虽然有时代给予的影响，但人的主观选择也起到很大的作用。

3. 传统文化有弹性也有限度

中国的传统文化以儒家思想学说为主导，不是偶然的。儒家强调君臣父子之义，又主张仁政，强调损益，它既能适合封建统治的需要，又富于弹性，能够容纳别的思想学说，因此，在长期的封建社会中，朝代虽然不断更替，文化也不断变化发展，但儒家学说始终占据主要的地位。董仲舒以儒学为主，综合了阴阳、道、法诸家；魏晋玄学理论上以道家为主，落到实处仍是儒家的名教；宋明理学，则是从理论上吸取佛、道两家，使儒学发展到新的阶段。这些学说，同先秦儒学比较，都有相当大的差异，但是儒家的主要部分，都一直保留着。这充分说明，儒学的生命力很强，弹性很大。

孔子说："殷因于夏礼，所损益，可知也；周因于殷礼，所损益，可知也；其或继周者，虽百世，可知也。"这是认为，殷代的礼仪制度，是根据夏代的损益而成；周代的礼仪制度是根据殷代的损益而成。周之后，也会根据周代的礼仪制度加以损益，所以就是以后一百代，也可以预先知道。可见，孔子认为随着时间的变化，礼仪制度会有所废止，有所增添。但这只是次要部分的损益。他认为的君臣父子之义，宗法的君主制不会变，其他则可损益。正是这种观点，使儒家思想很有弹性，在漫长的封建社会中，适应各种变化，始终居于主导地位。

先秦儒家提出仁，主张实行仁政，富于民本思想。同时又强调礼，以维护君主制。在儒家学说中，这是同一观点的不可分割的两个侧面：以民为本，为的是君做主；君要稳稳地做主，必须以民为本。儒家学说的这一核心，在封建社会中，起到稳定发展的作用，同时，也使得儒学本身富于生命力和弹性。

但是，儒学的弹性也有限度，这个限度就是不能超越封建君主制。中国历史上改朝换代很多，以儒学为主导的传统文化都能适应。到近现代，一旦废除君主制，它就不能适应，充分说明儒学的限度。这也说明，我国的传统文化，在今天是不可能按过去的损益方法延续下去的。

4. 杂家精神仍将延续

传统文化不可能照老样子略加损益地延续，不能再像过去一样，保留宗法的、封建的主体，部分损益地延续下去。但是，文化发展不可能与过去的历史截然分开，只能在原有基础上，吸取、融合新的因素而继续发展。换言之，杂家的精神，综合、融合固有的、新产生的思想学说的精神，仍将延续下去。

近代史上，西学和中学的矛盾冲突，从戊戌变法算起，已有一百年左右。顽固坚持旧的一套的国粹派失败了，主张割断传统全盘西化也行不通，这说明，反对综合是不行的。怎样综合呢？按过去的老办法，所谓"中学为体，西学为用"的综合行不行呢？历史也已证明它行不通。这说明，杂家精神虽然必将延续，然而，按老办法的延续都已经不行。

封建时代过去了，封建君主制过时了，传统文化中一切维护封建礼教的思想、理论和学说都过时了。传统文化不能中断，不会中断，但是，古代的思想、理论、学说，都必须深入地分析，加以消化、改造，才能综合、融合进我们当代的文化之中。比如，古代的民本思想，在孟子那里，在《吕氏春秋》那里，都是卓越的，在漫长的封建社会中起着良好的作用。但是，即使是这些卓越的思想，如果不加分析、改造，盲目崇拜，把它等同于现代的民主，那么，必然对文化发展和社会进步起不良的影响。

深入地分析和认识我国丰富的传统文化，改造和吸取其优秀的成分，以建立符合当代社会进步和人民需要的中国文化，是我们这一代和几代中国人的艰巨的事业，也是光荣的事业。两千多年以前，吕不韦及其门客，能够综合先秦百家之长，集腋成裘，写出有益于中国古代文化发展和社会进步的《吕氏春秋》；我们当代的中国人，必定能够超越古人，综合中国传统文化和世界各种文化的优秀部分。创造出当代的中国文化，以促进中国的繁荣兴旺，使中国文化更加光彩地列于世界文化之林。

第四章　《吕氏春秋》与诸子学说

《吕氏春秋》成书之际，诸子百家经过长期争鸣，产生了丰富的思想积累，诸子学说各执一端，各有其所崇与所蔽。作为一部要整合先秦文化的集成之作，《吕氏春秋》对各家学说均按自己的务实标准进行取舍，形成了自成体系的新的思想流派，所以其与战国百家之学既有扬弃，又有创新，不仅是对诸子学说的一次总结，也是对先秦文化的一次承前启后的整理。

一、《吕氏春秋》与诸子之学

（一）集众狐之白成千镒之裘

战国末年，随着政治形势上统一趋势的日渐明朗，诸子百家各学派出于自身发展的需求，开始吸收别派之长，出现了统一百家思想的尝试。但是，它们都希图使别家屈从己说而以一己之见一统众家，如《荀子》之《非十二子》及《解蔽》虽承认诸子持之有故，言之成理，但其态度却以讽刺和批判为主；《庄子·天下》已认识到诸家皆有所长，却又认为各家皆"一曲之士也"，而采取悲观的态度自视"举世皆浊我独清"。这在诸子学派势均力敌的战国时代自然行不通。当时统一思想可以有两种模式，一种如前所述，而另一种则是高屋建瓴地审视百家，根据一定的原则，去粗取精，兼收并蓄，再加以适当的创造，从而组合成新的理论。在前一种模式被实践证明只能失败后，吕不韦以其政治家的远见、博大的胸怀及成功商人的敏锐头脑应时而动，发起了以第二种方式统一思想的活动——《吕氏春秋》的编纂。

《吕氏春秋》的编纂目的是欲成一代兴王之宝典，又以"法天地"为指导思想，故能海涵百家精华，积极、客观、公正地对待诸子。它超越学派偏见，不持一家之言去排斥异己，而是推崇"物固莫不有长，莫不有短，人亦然。故善学者，假人之长，以补其短"，提倡博采众长，其着眼点在肯定各家所长，而非指摘其短。《不二》篇说："老耽贵柔，孔子贵仁，墨翟贵廉，关尹贵清，子列子贵虚，陈骈贵齐，阳生贵己，孙膑贵势，王廖贵先，儿良贵后。此十人者，皆天下之豪士也。"对各家皆用一字总结其长处，且将他们并称为天下之豪士，其博采众家之长、打破门户藩篱的意图显而易见。

《吕氏春秋》强调破除成见，取各家之长而弃其短，但它对于诸子的思想也并非原封不动地照抄，开设百家之学的陈列馆，而是在引用的同时进行改造创新，使其具备若干新的性质，成为吕氏理论体系的有机组成部分。例如它在自然观上提出的"法天地""因者无敌"，在教育学上提出的"凡学，非能益也，达天性也""师徒同体"，在生命观上提出的"达乎死生之分"，在情欲问题上提出的"令人得欲无穷"，在养生问题上提出的"全天""节性"，在人性问题上提出的"性异非性"等，都是其所独有的精辟见解。此外，《有始》篇开创了分野说，《本味》篇则成为食谱学的鼻祖，这些都是吕氏门客创造性的火花。这足以说明，吕氏门客并不是一批"滕文公"，《吕氏春秋》也不是一部杂抄汇集，而是一部有着统一思想的、自成体系的专著，因而洪家义谓之"卓然成一家之言"。

《吕氏春秋》不是材料汇编，不是论文集，它以汇千江万河于一海的气魄，在先秦各种文化学说面前不摆出一副审判官的姿态，而采取择善而从的后继者的态度，不掩前人之长，不窃他人之功，对于前人批评贬抑者少，积极肯定者多，以继承和发扬为主，吸收中有创新，这正是一种"述而作"的可贵态度。

（二）《吕氏春秋》与诸子著作之差异

《吕氏春秋》长期被归为子书，但实际上它与其他先秦诸子著作差异极大，这主要表现在：

1. 命名方式不同

诸子的代表性著作，除《论语》外，基本上都是以其代表人物之姓或姓名加尊称"子"而构成，如《老子》《墨子》《庄子》《孟子》《荀子》《孙子》《韩非子》《公孙龙子》等，而《吕氏春秋》却独取"春秋"为名，这本身就表明其本意不在于入"子"之列，而在于以史为宗归。

2. 成书方式不同

诸子著作多为后生门人辑录前贤言论及著述而成，蒋伯潜《诸子通考》说："诸子之书，多非自著，由弟子后学记述成书；即出自著，亦本为单篇，由后人编纂成书。"而《吕氏春秋》则不同，它是依预定计划写成，纲举目张，条分理顺，结构整齐。张舜徽将二者差异总结为："我国先秦古书，多无大题，大半由后人所纂录，故篇章次第，多无伦叙。至于形式整齐、体例缜密，篇题书名，均由前定，依预定规划撰成之书，则实以《吕氏春秋》为第一部，前此未有也。有此一书，而著述之体，为之一变。"这种差异反映在文体上，则表现为诸子著作诸体纷呈：《论语》《孟子》基本为论说体，《荀子》《韩非子》虽有了较整齐的篇章形式，但究其文体，则依然是政论、杂文、经说、注释、驳难、问答，甚至书信及韵文体纷然杂陈。这样的作品，充其量只能是个人杂集，与史类著作是相去甚远的。相比之下，《吕氏春秋》各篇中心突出、文字均衡，史论结合、理事相得，是我国最早的有形式系统的著述。从这个角度上说，《吕氏春秋》比其他子书具备了更多的史著形式因素。

3. 思想内涵不同

虽然诸子之书的产生与发展也是一个历史的过程，儒、道、墨、法、名、阴阳诸家及其主张都不是绝对对立的，有的还兼有几个学派的特征，但就各个学派的代表作品而言，其思想大多确有师承、流派的传衍关系或思想理论、学术方法的继承关系。而《吕氏春秋》则对诸子作了调和统一，兼收并蓄，融合诸家，并在宇宙观、历史观、认识论、人性论、养生论及军事、音乐等各方面作了综合和发挥，故而它难于归为任何一家。《汉书·艺文志》之前，涉及诸子分类的著作有《庄子·天下》《尸子·广泽》《荀子·非十二子》《荀子·解蔽》《吕氏春秋·不二》《韩非子·显学》及司马谈《论六家要旨》等，它们都没有提到杂家的说法，至《七略》及《汉书·艺文志》始别出心裁，单列出一门"杂家"，但这个称谓本身就有不伦之弊。梁启超《饮冰室专集·中国古代学术流变研究》中说："至如杂与小说，既不名一家，即不得复以家数论。"蒋伯潜也说："此二书皆成于门客之手，非吕不韦、刘安所自著。作者非一人，宜其杂矣。虽然，专门乃可名家。家而曰'杂'，实为不词。"这是说只有具备某种特定的思想才可称之为家，而杂家凑集众说，无一定宗旨，根本不合于"专门名家"之旨。将《吕氏春秋》划为子部杂家类之所以会有如此多的不尽人意之处，其实正因为它是与其他子类著作不同种类的作品。假如我们从史籍的角度去看待《吕氏春秋》对诸子的糅合，那我们则可以将其视为一部诸子思想的总结之作，它将对诸子的评判无声无息地寓于对诸家思想的取舍之中，因而不仅是单纯的论史，而且也是一部带有学术史意味的著作。

就文化传统而言，文、史、哲不分家是我国文化中的一个普遍现象，孔孟称之为事、文、义，刘知己称之为才、学、识，清代古文家称之为义理、考据和辞章，章学诚"六经皆史"说的也是这个意思。它们不仅同源，而且有着相同的功用——经世致用，先秦时期尤其如此，故而当时的著作大多亦文亦史，并无明确的界限可言，所以会有将《吕氏春秋》划归子部之事。这虽无可厚非，但我们必须要注意到《吕氏春秋》与其他诸子著作之间确实存在不小的差异。

二、《吕氏春秋》与战国文学

（一）《吕氏春秋》之古朴文风

《吕氏春秋》成书于战国末年，由于有着极为务实的编纂态度，所以其行文较多地继承了先秦文风古朴的特点，这主要表现在以下几个方面：

求实尚信的史料甄选

在引用前人观点及言论时，《吕氏春秋》能清楚地举出其人其书之名目，不掠人之美。如其书中所引《诗经》《尚书》《易经》《孝经》《商箴》《周箴》等皆列举其书名；对孔子、墨子、曾子、慎子、詹子、子华子等人的话也都列举其人名。虽然台湾学者田凤台批评它"吕氏一书，泛引古事，以证其说，然作者常误引载籍，或张冠李戴，或年代不合，要皆引用之时，未详核典籍，仅凭记忆传闻，致鲁鱼之混，读者茫然"，但其多数记载还是确凿可信的。其许多引文可与今之原文相符，如其引《易》："复白道，何其咎，吉。"引《诗》："纠纠武夫，公侯干城。"皆与原文完全相同。而其记武王胜殷，与《周书》记载相符；记晋文公出亡、返国及伐原、战城濮之事，则与《左传》相符。历代学者对其史料价值非常重视，如明南雍《经籍考·子类》就说："秦吕不韦集四方辩博之士成此书，……其人无足论者，然史角往鲁之说，足以祛明堂位祭统之诬成王伯禽，学者不可以不之考也。"冯友兰更将其推崇为"史家之宝库"。

《吕氏春秋》本身在史料上也继承和发扬了孔子、子贡、孟子等人考辨史事、不轻信史书的传统。其《察传》篇旨在对传言进行审查，可以说是评辨史书疑点的第一篇专题文献。该篇举出若干订讹实例，如孔子辨"乐正夔一足"及"丁氏穿井得一人"等，尤为重要的是记述子夏纠正史书误文一例："子夏

之晋过卫。有读史记者曰：'晋师三豕涉河。'子夏曰：'非也，是己亥也。夫己与三相近、豕与亥相似。'至于晋而问之，则曰：'晋师己亥涉河也。'"该篇题旨为"辞多类非而是，多类是而非，是非之经，不可不分"。这是告诫人们，读史要细心辨察，否则就不能了解事实真相。可见吕书自身在史料上虽有不够详慎之处，但在原则上它依然是强调要考辨史事的。这也不失为一种客观求实的态度。

质朴简约的行文风格

作为诸子文学的总结之作，《吕氏春秋》备受历代学者之关注。桓谭《新论》评《吕氏春秋》："书成，皆布之都市，悬置千金以延众士，而莫有能交易者，乃其事约艳，体具而言微也。"这是说它记事凝炼，言简意赅。

明汪一鸾《吕氏春秋·序》评其文字："至论其文则神奇而不弔诡，浩荡而不谬悠，峻洁而不凌兢，婉约而不懦缓，含弘而不庞杂，独造而不偏枯，遍采诸家之文，而斧藻之，遂夐（远）出其表也……斯又后世文章家之所望而震惊焉者。"这评价是相当高的，说其文神奇而不诡辩，浩荡而不冗繁，简洁而不单薄，婉约而不模糊，丰富而不庞杂，创新而不偏执，遍采众家文辞之长，故远胜于诸子之文，足以令后世之人望而兴叹。

明李明春《吕氏春秋·序》亦说："盖其文有简而奇者，若《檀弓》《左传》；有严而奇者，若荀卿；有丽而奇者，若《国语》；有核而奇者，若《管子》；有纵横而奇者，若《鬼谷》《战国策》；有揣事情极变化而奇者，若韩公子；亦有怪诞幽渺不可考而奇者，若漆园吏；至其备天地古今万物之事，明君臣父子道德忠义之经，则又柱下叟、子舆氏所不摈于门墙者也。"这是赞扬其文之奇、其所含内容之丰富及义理之精到。

清方潜颐《读吕子》说："然而文字章法之妙，议论之精，辞足理足，有意于古而笔无不古，择其雅驯者，直可侧之经，以与圣贤相抗。"这里以吕书议论之精妙雅驯而誉之为堪与诸经抗衡。

田风台则评其文："余读吕览之文，陈古鉴今，专精证验，得书之教，为后世政书论说之典范。两汉议政之书，皆出自吕书，东莱之博议，明代之八股，破题大结，皆推衍吕书而得者也。至于赞其文辞之美，巧誉其文字之说，方之左国、荀卿，比之鬼谷、漆园，明人喜议之习。为之者不循实以责名，而专尚文字翻腾之巧，试以吕书论之，诸多篇章，仅积前古例成篇，非仅无奇，又何可以方之漆园、左国，文人舞文弄墨之笔，以之议人评事，其失实之弊，诚不可以道里计也。"他肯定吕书在政论文体上的贡献，但对后人对其文辞的溢美却极力批判。

从前人的诸多评判中，我们不难看出，《吕氏春秋》的文风与其内容一样，是集合了诸子散文的诸多特点的：

1. 质朴

《吕氏春秋》行文极为简洁，不尚辞藻，如《有始》篇讲："天地有始，天微以成，地塞以形。天地合和，生之大经也，以寒暑日月昼夜知之，以殊形殊能异宜说之。夫物合而成，离而生。"短短几句话，便将它对宇宙生成及变化规律的认识做出了总结，并举出论据"寒暑日月昼夜"及"殊形殊能异宜"。这除了要归功于古汉语本身的简洁外，与作者强大的逻辑组织能力也密不可分。再如《审己》篇说："凡物之然也，必有故，而不知其故。虽当，与不知同，其卒必困。先王名士达师之所以过俗者，以其知也。水出于山而走于海，水非恶山而欲海也，高下使之然也。稼生于野而藏于仓，稼非有欲也，人皆以之也。"这样的行文，说的都是人尽皆知的常理，举的也是生活中随处可见的自然现象，其文平朴近人、自然舒展，纵使千载而后读之，亦无须注释。

2. 生动

《吕氏春秋》中不少哲理或政论性言论都是通过一些文辞生动的小故事来说明的，这也给人以十分鲜明的印象。有人认为它是我国古代小说之先河，其中很多篇章写得相当精彩，妙语解颐，趣味盎然。如将人主不愿听取直谏喻为"障其源而欲其水"，说不善于统治人民的君主"若决积水于千仞之上，其谁能挡之"，把一个人失去权势比为"吞舟之鱼陆处则不若蝼蚁"，形容那些不调查研究的"愚者"以讹传讹是"数传而白为黑，黑为白，故狗似玃，玃似母猴，

母猴似人，人之与狗则远矣"。像这样的比喻在《吕氏春秋》中不胜枚举，它们语句简洁，生动形象，不失为我国古代文学的精华。从这些故事、寓言中，还衍生出许多我们今天仍在使用的成语，如"集腋成裘""刻舟求剑""户枢不蠹"等，可见《吕氏春秋》的文学成就影响之深远。此外，从《去宥》所记齐人欲得金之事，我们还可看出《吕氏春秋》勇书时人今语，虽然有时其所载之对话并非完全合于史实，但其对对话的大量采用无疑大大增加了其书的生动性与可读性，这一点也被后世文章家所广为传扬。

3. 简约

《吕氏春秋》编辑态度严肃，对文字的审定极严格，明确提出要达到"一字不易"的境界。据《史记·吕不韦列传》记载，书成之后，"布咸阳市门，悬千金其上，延诸侯游士宾客有能增损一字者予千金"。历代对此做法虽有种种争议，且多将其归为吕不韦沽名钓誉及炫耀权势之举，但其书行文之简明切实却是不容否认的。《吕氏春秋》中各篇均为短文，几百字便能说透文意，其文用语精当、字斟句酌。如《不二》篇总结老耽等十家精要，全用四字句，句式排比整齐，对每家之旨皆用一字概括，大有惜墨如金之势。《尊师》述十数种为学之方，其文为："凡学，必务进业，心则无营，疾讽颂，谨司闻，观欢愉，问书意，顺耳目，不逆志，退思虑，求所为，时辩说，以论道，不苟辩，必中法，得之无矜，失之无惭，必反其本。"基本用三字句或四字句排比，既有分又有合，用语洁净而包罗详富。

富于变化的引用方式

《吕氏春秋》既以"纪治乱存亡""知寿夭吉凶"为立意之本，又以"上观上古，删拾春秋，集六国时事"为资料来源，则其"述"前人之作的部分自不在少数。以其引书来看，不仅述经籍事迹，而且述古语文辞，其具体方法有：

1. 直接引用

即所称引文辞完全符合于某种经籍。如《贵公》篇引《尚书》："《鸿范》曰：'无偏无党，王道荡荡。无偏无颇，遵王之义。无或作好，遵王之道。无或作恶，遵王之路。'"此与今传《尚书》原文完全相符。

2. 文辞稍异

即所引述者与原文大体相符，但文辞略有不同，如《乐成》有："子产治郑，使田有封洫，都鄙有服，民相与诵之曰：'我有田畴而子产赋之，我有衣冠而子产贮之。孰杀子产，吾其与之。'后三年，民又诵之曰：'我有田畴，而子产殖之。我有子弟，而子产诲之。子产若死，其使谁嗣之？'"此段文字亦见于《左传·襄公三十年》，其文为："郑舆人诵曰：'取我衣冠而褚之，取我田畴而伍之。孰杀子产，吾其与之。''我有子弟子产诲之，我有田畴子产殖之。子产而死，谁其嗣之？'"两段文字内容完全相同，只在措辞和语序上稍见差异。这大约是因为转述而改变了文辞。

3. 文辞全异而义理相合

如《当务》篇说："楚有直躬者，其父窃羊，而谒之上。上执而将诛之，直躬者请代之。将诛矣，告吏曰：'父窃羊，而谒之，不亦信乎？父诛，而代之，不亦孝乎？信且孝而诛之，国将有不诛者乎？'荆王闻之，乃不诛也。孔子闻之曰：'异哉直躬之为信也！一父而载取名焉。故直躬之信，不若无信。'"《论语·子路》也谈及此事，其文为："叶公语孔子曰：'吾党有直躬者，其父攘羊而子证之。'孔子曰：'吾党之直躬者异于是：父为子隐，子为父隐，直在其中矣。'"这与《当务》篇不仅有繁简之不同，而且在事件主角及经过上也有较大出入，但二者的寓意却显然是一致的。由此可见，《吕氏春秋》的引用方式实际包含了原文照录、稍做变通及仅述其意这三个不同的层次，这反映了它不甘于单纯之"述"的作风，也体现了它冲击孔子《春秋》所规定的"述而不作"的界限的尝试。

"解在乎"他文的写作技巧

为使形式更见连锁呼应，详略得当，《吕氏春秋》如同韩非之文采取"其说在"的办法一样，在写作技法上也采用了"解在乎"他文的格式，即在本篇只简举某项事名而略去具体内容，而在别篇详述其事，如《应同》篇末为"解

在乎史墨来而辍不袭卫，赵简子可谓知动静矣"，而其具体内容则放在《召类》篇中讲述；《去尤》篇有"解在乎齐人之欲得金也，及秦墨者之相妒也，皆有所乎尤也"，而两事均见于《去宥》篇。其文为：

> 齐人有欲得金者，清旦，被衣冠，往鬻金者之所，见人操金，攫而夺之。吏搏而束缚之。问曰："人皆在焉，子攫人之金，何故？"对吏曰："殊不见人，徒见金耳。"此真大有所宥也。

从这里我们可以看出，吕书撰成之后确实是经过一定的统筹编排的，否则仅依大纲由众门客分撰，写成之篇章必因各不相谋而难免有重复之处。故只有经过统一审定，删繁就简，才会有这种"解在乎"的形式出现。也因为有了这种形式，《吕氏春秋》才越发显得自成体系。此法后被司马迁所采，创立了互照的手法。

杂糅诸法的评论方式

在对事件的评论方法上，《吕氏春秋》也呈现了杂糅诸法的迹象。其书采用最多的是直抒胸臆，如《长见》篇记公叔痤临死向魏惠王已推荐公孙鞅，惠王不听，结果公孙鞅西游秦，终助秦孝公强秦之事，其直接发表评论说："秦果用强，魏果用弱，非公叔痤之悖也，魏王则悖也。"并由此得出经验教训"夫悖者之患，固以不悖为悖"。亦有借他人之言发表自己的意见者，如《去私》篇记祁黄羊为晋平公荐贤事末加："国人称善焉。孔子闻之曰：'善哉！祁黄羊之论也，外举不避仇，内举不避子。'"这是借孔子之口发表了对此事的评论。更有一言不发，纯粹让事实说话的寓论于史者，如《淫辞》篇末载惠子为魏惠王制定法定，制成后，受到普遍赞誉，翟翦亦表示赞许，但当惠王问他此法是否可行时，他却说不可行，问其原因，翟翦对曰："今举大木者，前呼舆譑，后亦应之，此其于举大木者善矣，岂无郑、卫之音哉？然不若此其宜也，夫国亦木之大者也。"该篇以此作结。《吕氏春秋》只是完整地叙述了这件事而没有发表任何评论，但其观点已通过翟翦之语明确地列出。如果说《左传》"君子曰"开创了中国史论之先河，那么《吕氏春秋》则将历史评论推进到一个新的阶段。

（二）《吕氏春秋》与史论文学

《吕氏春秋》的编辑以资政为目的，它大量采用历史事实，以古论今，十分注重史的勾勒，如讲到战争、君主、国家诸问题时，都从源头讲起，线索明晰，分析具体深入。这些特点显示了它与史论文学有密切的关系。以《重言》篇为例，开篇先点题"人主之言，不可不慎"，接着便列举殷高宗居丧三年不言、周成王桐叶封弟以及荆庄王"不鸣则已，一鸣惊人"等事例，说明只有"重言"，才能"言无遗者"。它在殷高宗事后评论道："古之天子，其重言如此，故言无遗者"；在周成王桐叶封弟事后亦说："周公旦可谓善说矣，一称而令成王益重言，明爱弟之义，有辅王室之固"；对荆庄王例也得出"成公贾之隐也，贤于太宰嚭之说也"的结论。可见，《吕氏春秋》各篇虽以论文形式出现，但其在陈述自己见解的同时，对史实做了大量评论，所以称它为史论是有一定道理的。由于其书采用以事说理的论证方法，故其所称引之人物不胜枚举，且引人不限于古圣先贤，对古之暴君恶臣、今之时君世主、奸臣名将、诸子之流、勇士刺客，甚至深为当时统治者所不齿的"盗跖"等，都有称引。在其书中，不仅对神农、黄帝、尧、舜、禹、汤、文、武及桀、纣、周厉、周幽乃至齐桓、晋文、宋康、齐滑等贤愚之王可觅其踪迹，而且对伊尹、比干、管仲、鲍叔牙及干辛、恶来、竖刁、易牙等良奸之臣亦可窥其斑痕，连匡章、颜阖、乌获、孟贲等形形色色之人在其书中也都各占一隅。由此观之，《吕氏春秋》包举古今之意不言自明，称其为"春秋家言"是毫不夸张的。就其内容而言，《吕氏春秋》虽以论说事理为主，但其说理之论据多为历史事实，故我们不妨如夏祖恩所言，将其设想为"史论"：其先审篇旨，后重事例者，可视为对史实的分类评说；而先举事例，后点论题者，则如今之历史评论一般无二。

《吕氏春秋》的这种多处引史、论史的做法给后人留下许多资料，成为后世许多书籍的资料来源。蔡伯尹曾说："汉兴，高堂生、后仓、二戴之徒，取此书之十二纪为《月令》，河间献王与其客取其《大乐》《适音》为《乐记》，司

马迁多取其说为《世家》《律》《历书》，孝武藏书以预九家之学，刘向集书以系七略之数。"这说明《吕氏春秋》在汉代被大量引用。《月令》取自十二纪，已被梁玉绳所证明；《礼记》之《乐记》为《荀子·乐论》与《吕氏春秋》乐论合并的产物。蔡伯尹强调了司马迁对吕书内容的吸收，实际上司马迁在体例上对《吕氏春秋》所采亦颇多。他不仅仿十二纪的形式创造了十二本纪，而且在"纪"之内涵上亦与《吕氏春秋》有相通之处。《史通》说："年仰他人者，虽纪实传；年得自主者，虽传实纪。"能自主纪年的，唯有帝王，所以"纪"实际是为帝王而设，而《吕氏春秋》的十二纪也是以天子顺时布政来立论，这与《史记》之"纪"一脉相通。章学诚更认为："吕氏之书，盖司马迁之所取法也，十二本纪，仿十二月纪；八书，仿其八览；七十列传，仿其六论，亦微有所以折中之也。"《史记》的编著体例，是将十二本纪列前、八书居中、七十列传在后。这样的安排，不能说不是根据了《吕氏春秋》的编排顺序。《史记·伯夷列传》提到"其传曰"，《索隐》说这是指《韩诗外传》和《吕氏春秋》。虽有学者指出此"传"与《史记》之列传并非同类之传，但司马迁采用"列传"之名，则足以说明《吕氏春秋》与"列传"是有某种联系的。

《吕氏春秋》的成书，对后世产生了很大的影响。除淮南王刘安亦步亦趋地主编了《淮南子》外，汉时著名政论家陆贾、贾谊、晁错等亦因袭其撷人之长补己之短的成法，均采数家、博取众说以成己见。徐复观《两汉思想史》说："两汉思想家，几乎没有一个没有受到十二纪纪首——《月令》的影响。"这已超出了关于体例的范畴，但由此足见由《吕氏春秋》所首创的十二纪影响之大。梁启超称："《吕氏春秋》，实类书之祖，后世《艺文类聚》《太平御览》《永乐大典》等，其编纂方法及体裁，皆本于此。"然而田凤台指出："类书之修，四库之编，虽集众为书，然仅备资料检阅，以汇萃为功，非若吕氏淮南之欲成一家言者也。惟宋之世，温公之《通鉴》，或可拟之。"这里指出了《吕氏春秋》与《资治通鉴》之间存在某种共同的特点，间接地说明《吕氏春秋》与史传文学是有密切关系的。历代类书虽效仿了《吕氏春秋》规模庞大、包含宏富的形式，但却未能汲取其"欲成一家之言"的精髓，这不能不说是一种遗憾。

　　综上所述，战国时代百家争鸣、精彩纷呈的时代特征在《吕氏春秋》一书上留下了深刻的烙印。其对诸子百家取长补短，在许多地方仿佛都能看到不同派别的思想印痕，但当凝神细品时，却会发现此中见解与原说存在些微的差异，而这些差异往往能起到完善原说的作用。同时，从文学修辞方式来看，《吕氏春秋》承袭了先秦文学中的诸多优点，如求实尚信的引用原则、富于变化的写作技巧、风格多样的批评评论等。上述优点使《吕氏春秋》对后世的史传文学产生了重要的影响，从司马迁的《史记》到司马光的《资治通鉴》，都受到了《吕氏春秋》的影响。对战国百家之学而言，《吕氏春秋》是一个总结，但对后世史传文学而言，《吕氏春秋》则在一定程度上具有开创性的意义。

三、《吕氏春秋》与道家之学

　　道家学说偏重于自然和人生。他们致力于探讨宇宙的本源以及万物衍化的程序和规律，也探讨人的本性和人生的究竟。在先秦诸子中，他们的概括力最强，抽象程度最高，眼界最开阔，胸怀最广大，因此，《吕氏春秋》对这家学说的扬弃最多，用来作为全书的理论基础。

　　道家的主要人物是开创者老子和他的继承者庄周。此外，还有一支派人物。

（一）　对老子的扬弃

　　老子著有《道德经》五千言（简称《老子》），其中的一个基本范畴便是"道"。这个"道"不是当时人们常说的"道"，而是具有特殊内涵的道。所以《老子》一开头就声明："道可道，非常道。"那么，这个"道"的内涵究竟是什么呢？目前，学术界的看法还不一致。但一般认为，这个"道"既有本源论意义，又有规律性意义。"有物混成，先天地生，寂兮寥兮，独立而不改，周行而不殆，可以为天下母。吾不知其名，字之曰'道'，强为之名曰'大'。"《吕

氏春秋》说："道也者，视之不见，听之不闻，不可为状。……道也者，至精也，不可为形，不可为名，强为之谓之'太一。'"显然，这里的"道"是来自《老子》的。但有一点不同：《老子》"强为之名曰'大'"；《吕氏春秋》"强为之谓之'太一'"，把"大"改造为"太一"。值得注意的是，这个改造不仅是换了一个名称，实质也起了变化。《老子》在上引那段文字之后接着说："'大'曰'逝'，'逝'曰'远'，'远'曰'反'。"这是一个宇宙发展的循环过程。《吕氏春秋》在上引那段文字之后说："先圣择（释）两法一（按即'太一'），是以知万物之情。故能以一听政者，乐君臣，和远近，说（悦）黔首，合宗亲。"这是说：只要掌握了事物发展的规律，便可以了解万事万物的变化情况。只要按照规律听理政治，就可以使君臣和乐，远近团结，人民欢欣，宗亲无间。这是把"道"作为观察事物和治理国家社会的指导思想。"……故知知一（道），则若天地然，则何事之不胜，何物之不应。"这是说，只要掌握了"道"，无论做什么事，无论遇到什么情况，都能应付。这里的"道"也就是规律。这是《吕氏春秋》对《老子》"道"的改造和发展。

"无为"是《老子》把"道"运用于政治人生的一个重要范畴。运用于政治的叫作无为而治。"道常无为而无不为。""圣人处无为之事，行不言之教。""为无为，则无不治。"等等。《吕氏春秋》汲取了这一思想，但作了重要的补充和发展。《老子》的"无为"是从天道自然思想中引发出来的，但如何从"自然"到"无为"，却有点玄虚，实践起来比较困难。《老子》的无为而治，比较空洞，也不易于施行。《吕氏春秋》汲取了这一思想的合理性，同时给予补充发展，使它变成容易实践和施行的一条原则。首先，《吕氏春秋》提出了君臣分工理论。它把当时天文学上的"天圆地方"说，改造为"天道圜（圆），地道方"，并引进政治领域。它说："主执圜（圆），臣处方，方圜（圆）不易，其国乃昌。"这是什么意思呢？它说："何以说天道之圜（圆）也？精气一上一下，圜（圆）周复杂（匝），无所稽留，故曰天道圜（圆）。何以说地道之方也？万物殊类殊形，皆有分职，不能相为，故曰地道方。"这种自然法则怎样运用于君臣分工呢？它说："圣王法之，以令（全）其性，以定其正，以出号令。

令出于主口，官职受而行之，日夜不休，宣通下究，灢于民心，遂于四方，还周复归，至于主所，圜道也。……百官各处其职、治其事以待主，主无不安矣。"这就是说：君主只要按照事物的本性，制定正确的方针国策，发出号令就行了。至于具体的政务和事务，那是百官的职能，君主就不必干预了。这就是君臣分工论。这个理论弥补了《老子》从自然到无为之间的不足，同时也发展了《老子》的思想。《吕氏春秋》把"无为"限定在君主一方，而"无为"的含义只是不干涉臣下的职能而已。臣下还是要有为的。其次，君主也不是真正的"无为"。它说：

> 因者，君术也；为者，臣道也。为则扰矣，因则静矣。因冬为寒，因夏为暑，君奚事哉？故曰：君道无知无为，而贤于有知有为，则得之矣。

> 凡事之本，必先治身，啬其大宝。

> 昔者先圣王，成其身而天下成，治其身而天下治。……故反其道而身善矣；行义则人善矣；乐备（服也）君道，而百官已治矣，万民已利矣。三者之成也，在于无为。

这里的"无知无为"指的是不干预、不扰乱臣下的职事。君主并非无所事事，做个懒汉就行了。他要修身养性，体道行义，力服君道，才能做到"无为"。

> 凡君也者，处平静，任德化以听其要。若此，则形性弥赢，而耳目愈精；百官慎职，而莫敢愉綖，人事其事，以充其名。

> 故古之善为君者，劳于论人，而佚于官事，得其经也。

> 贤主劳于求人，而佚于治事。

可见，君主的"无为"是为了集中精力"听其要"和"论人""求人"，否则，是不能做到"无为"的。

由此看来，《吕氏春秋》的"君道无为"，实际上是要求君主提高自己的修养和素质，增长自己的才智和能力。这样，就把《老子》那个比较空洞而略带消极的"无为"变成了一个内容充实而更加积极的"无为"了。

《吕氏春秋》对《老子》的认识论也做了阐发。《老子》四十八章云："不出户，知天下。不窥牖，见天道。其出弥远，其知弥少。是以圣人不行而知，不见而名，不为而成。"这段话含意很模糊，是说主观内省呢？还是指把感性认识加工为理性认识呢？很难琢磨。《吕氏春秋》在引用了这段话之后说："不出者，所以出之也，不为者，所以为之也。此之谓以阳召阳，以阴召阴。东海之极，水至而反；夏热之下，化而为寒。"这是同类相召，物极必反的意思。在另外的篇章中更有进一步的阐明。

德也者，万民之宰也。月也者，群阴之本也。月望则蚌蛤实，群阴盈；月晦则蚌蛤虚，群阴亏。夫月形乎天，而群阴化乎渊；圣人形德乎己，而四方咸饬乎仁。

夫审天者，察列星而知四时，因也。推历者，视月行而知晦朔，因也。

有道之士，贵以近知远，以今知古，以益所见，知所不见。故审堂下之阴，而知日月之行、阴阳之变；见瓶水之冰，而知天下之寒、鱼鳖之藏也；尝一脟肉，而知一镬之味、一鼎之调。

这样，所谓"不出者，所以出之也，不为者，所以为之也"，就很容易理解了。原来是"有道之士"，根据自然规律，按照事物理数，借助于某些现象的提示，进行推理，方可以"知天下""见天道"，才可以"不行而知，不见而名，不为而成"。这就把《老子》的那段话作了唯物主义的解释，一点神秘的味道都没有了。

必须指出，《吕氏春秋》并非全面汲取《老子》学说，而是有所舍弃，甚至有所批判的。"玄""无"这类深微奥妙的范畴被舍弃了，"小国寡民"的思想，也不予理睬。而对于"绝圣弃智"这类遏止文明发展的论调则隐然予以批判。《老子》说：

绝圣弃智，民利百倍；绝仁去义，民复孝慈；绝巧去利，盗贼无有。

不尚贤，使民不争；不贵难得之货，使民不为盗；不见可欲，使民心不乱。……常使民无知无欲，使夫智者不敢为也。为无为，则无不治。

《吕氏春秋》虽然也说过"至智弃智，至仁忘仁，至德不德"，"至言去言，至为无为"这类话，但它是以"智"以"仁"以"德"以"言"以"为"为基础的，不可与《老子》的"绝圣弃智"相提并论。在《吕氏春秋》中，我们可以随时看到推崇圣贤、颂扬仁德、嘉许才智的言论。

天下虽有有道之士，国犹少。千里而有一士，比肩也；累世而有一圣人，继踵也。士与圣人之所自来，若此其难也，而治必待之。……主贤世治，则贤者在上；主不肖世乱，则贤者在下。

这里说的是圣贤难得，而治世又必待圣贤而成。

是故圣王之德，融乎若月之始出，极烛六合而无所穷屈；昭乎若日之光，变化万物而无所不行。

士尹池谏于荆王曰："宋不可攻也，其主贤，其相仁。贤者能得民，仁者能用人。荆国攻之，其无功而为天下笑乎！"故释宋而攻郑。……宋在三大万乘之间。子罕之时，无所相侵，边境四益，相平公、元公、景公以终其身，其唯仁且节与？故仁节之为功大矣。

以上说的是德的伟大和仁的功效。

智之所以相过，以其长见与短见也。今之于古也，犹古之于后世也。……故圣人上知千岁，下知千岁也。

凡智之贵也，贵知化也。

智短则不知化，不知化者举自危。

以上说的是才智的可贵。

至于欲，不但不可以禁止，恰恰相反，止是君主用民的前提。

同恶同好，志皆有欲，虽为天子，弗能离矣。

使民无欲，上虽贤犹不能用。夫无欲者，其视为天子也与为舆隶同，其视有天下也与无立锥之地同，其视为彭祖也与为殇子同。天子，至贵也；天下，至富也；彭祖，至寿也。诚无欲，则是三者不足以劝。舆隶，至贱也；无立锥之地，至贫也；殇子，至夭也。诚无欲，则是三者不可以禁。……故人之欲多者，其可得用亦多；人之欲少者，其［可］得用亦少；无欲者不可得用也。

这就是《吕氏春秋》的人欲观。

以上所引几段《吕氏春秋》的文字，显然与《老子》思想相对立。为什么会有这种对立呢？我以为反映了二者之间在社会史观上的对立。一是向前看，一是向后看。向后看，虽然看出了矛盾，却不敢正视矛盾，而要设法消解矛盾，使历史回到"无矛盾"状态。向前看，也承认矛盾的存在，但却敢于面对矛盾，力图解决矛盾，使历史向前迈进一步。这便是它们对立的症结所在。

（二）对庄子的扬弃

庄子思想在《吕氏春秋》中也占有相当的分量。《吕氏春秋》对庄子思想也是采取吸收、改造和批判的态度。

任天顺性是庄子思想中的一个突出部分。任天即因任自然，顺性即依顺物性。《庄子·马蹄》集中地阐明了这一思想。《马蹄》认为，马自有其"真性"，伯乐驯马，是违反马的"真性"的。土、木自有其本性，陶工抟埴，木匠治器，是破坏土木本性的。民自有其常性，圣人"为仁""为义"，是违反民之常性的。因此，它说："夫残朴以为器，工匠之罪也；毁道德以为仁义，圣人之过也。"马之"诡衔""窃辔"，"伯乐之罪也"。总之，一切任其自然，不加任何干预。在《骈拇》中还批评了精于辨色的离朱、精于辨音的师旷、善于辩说的杨、墨。认为他们所做的事情都是"非天下之至正也"。什么是至正呢？他接着说："彼正（至）至（正）者，不失其性命之情。……长者不为有余，短者不为不足。是故凫胫虽短，续之则忧；鹤胫虽长，断之则悲，故性长非所断，性短非所续，无所去忧也。意仁义其非人情乎！彼仁人何其多忧也！"

《吕氏春秋》汲取了这一思想，但作了根本的改造。《本生》说：

始生之者，天也；养成之者，人也。能养天之所生而勿撄之谓天子。天子之动也，以全天为故者也。此官之所自立也。立官者，以全生也。

人之性寿，物者抇之，故不得寿。物也者，所以养性也，非所以性养也。今世之人，惑者多以性养物，则不知轻重也。不知轻重，则重者为轻，轻者为重矣。若此，则每动无不败。以此为君，悖；以此为臣，乱；以此为子，狂。三者国有一焉，无幸，必亡。

这里也说不要违反自然，不要拂乱人性，但并不是放任自流，而要人的参预。只有在人（主要是"天子"和"官"）的参预下，才能实现"全天""全生"

和“养性”的目的。此其一。其二，《马蹄》所鼓吹的任天、顺性，目的在于争取个性解放，绝对自由。而《本生》所宣扬的全天、养性，目的却在于治国、平天下。二者大异其趣。

《吕氏春秋·必己》讨论“外物不可必”的问题，其中自“庄子行于山中”至“胡可得而必”一段文字出于《庄子·外篇·山木》。毫无疑问，《吕氏春秋》是接受了这个观点的。但从两篇的全文看，立意则大相径庭。《山木》从不可知论出发，而走向“避世”和“游世”。“洒心去欲，而游于无人之野。”“人能虚己以游世，其孰能害之！”而《必己》则把这类现象视为必然性中之偶然性。它说：

人主莫不欲其臣之忠，而忠未必信，故伍员流乎江，苌弘死，藏其血三年而为碧。亲莫不欲其子之孝，而孝未必爱，故孝己疑，曾子悲。

“人主莫不欲其臣之忠”，“亲莫不欲其子之孝”，是一般情况，是必然性。“而忠未必信”，“孝未必爱”则是特殊情况，是偶然性。决不能把特殊当作一般，从而得出不忠不孝是正确的结论。所以《必己》最后说：

君子之自行也，敬人而不必见敬，爱人而不必见爱。敬爱人者，己也；见敬爱者，人也。君子必在己者，不必在人者也。必在己，无不遇矣。

从“外物不可必”引出了“必在己无不遇矣”的结论，即加强主观修养以应付客观的偶然性。这样，就把《庄子》的消极观点改造为积极观点了。

《吕氏春秋》有些文字颇类《庄子》而实质却不相同。例如《下贤》中有一段文字讴歌“得道之人”的伟大，说：

得道之人，贵为天子而不骄倨，富有天下而不骋夸，卑为布衣而不瘁摄（屈），贫无衣食而不忧慑（惧也），狠（恳）乎其诚自有也，觉乎其不疑有以（用）也，桀（特立也）其必不渝移也，循乎其与阴阳化也，恳恳（黾勉貌）乎其心之坚固也，空空（悾，诚也）乎其不为巧故也，迷（弥）乎其志气之远也，昏（冥）乎其深而不测也，确乎其节之不瘅也，就就（由，迁就）乎其不肯自是［也］，鹄（浩）乎其羞用智虑也，假（易，轻也）乎其轻俗诽誉也，以天为法，以德为行，以道为宗，与物变化而无所终穷（“穷”为衍文），精充天地而不竭，神覆宇宙而无（望）［穷］，莫知其始，莫知其终，莫知其门，莫知其端，莫知其源，其大无外，其小无内，此之谓至贵。

这段引文冗长而枯燥，但为了比较分析，却不得不引。这段文字与《庄子》《逍遥游》《刻意》《山木》等篇对"至人""真人"的描述很有点相似。

《逍遥游》：

若夫乘天地之正，而御六气之辨（变），以游无穷者，彼且恶乎待哉！故曰：至人无己。

《刻意》：

夫不刻意而高，无仁义而修，无功名而治，无江海而间，不道（导）引而寿，无不忘也，无不有也，澹然无极而众美从之，此天地之道，圣人之德也。……精神四达并流，无所不及，上际于天，下蟠于地，化育万物，不可为象，其名为同帝。纯素之道，惟神是守，守而勿失，与神为一，一之精通，合于天伦。……能体纯素，谓之真人。

《山木》：

若夫乘道德而浮游则不然。无誉无訾，一龙一蛇，与时俱化，而无肯专为；一上一下，以和为量；浮游乎万物之祖，物物而不物于物，则胡可得而累邪！

《吕氏春秋》的"得道之人"就是"圣人""真人"。《庄子》的"至人""真人"就是"得道之人"。两书对这些"人"的描述确有相似之处。但是，如果把两书各自描述的全文加以比较就可以看出，精神实质是完全不同的。《下贤》所描述的"得道之人"是：能富贵，能贫贱，有自觉的信念，坚贞不移，志气远大，智慧深邃，谦虚谨慎，不用阴谋，不故弄玄虚，不介意毁誉，以自然为榜样，以德行为准则，以规律为根本，办事顺因事物，精神充塞宇宙，应接事物神妙，常人看不出始终，摸不着门径，既能控制宏观，也很精于微观。这是一种理想人格。这种人格是把许多杰出人物的优秀成分集中起来塑造而成的，是一个政治家的完美形象。《庄子》各篇描述的则不然。《逍遥游》所描述的是一位"无待"的人物，天马行空，独来独往。《刻意》所描述的是一位"天人"，远离尘世，与天同体。《山木》所描述的是一位"游世"人物，摆脱人间

累患，"游于无人之野"。这三种人都是虚构出来的，即使有，也只能是仙、道之类的隐者。这类人的精神风貌与《下贤》中"得道之人"的精神风貌，简直不可同日而语。要说它们之间有什么关系。最多也只能说，《吕氏春秋》借用了《庄子》的一些概念、范畴，而更新了它们的内涵。这也是一种改造吧。

《吕氏春秋》对《庄子》书中的某些消极思想则予以抛弃。如《庚桑楚》中的"大乱之本，必生于尧舜之间，其末存乎千世之后。千世之后，其必有人与人相食者也"。《胠箧》中的"窃钩者诛，窃国者为诸侯。诸侯之门而仁义存焉"。《养生主》中的"吾生也有涯，而知也无涯，以有涯随无涯，殆矣"。以及《齐物论》所表述的无可否、无大小、无美丑、无成毁、无是非等思想，都是弃而不用的。而对于某些激烈而危害最大的言论，则予以批判。

《庄子·盗跖》是一篇借盗跖之口痛骂先王和孔子，诋毁儒家道德伦常的激愤之作。说"汤武以来，皆乱人之徒也"，说"尧不慈，舜不孝……汤放其主，武王伐纣……皆以利惑其真而强反其情性，其行乃甚可羞也"，骂孔子"多辞谬说"，"矫言伪行"，"诈巧虚伪"，"罪大极重"。还贬斥了儒家眼中的一些忠臣义士。在《胠箧》篇更提出了"盗亦有道"的命题：

> 故盗跖之徒问于跖曰："盗亦有道乎？"跖曰："何适而无有道邪？夫妄意室中之藏，圣也；入先，勇也；出后，义也；知可否，智也；分均，仁也。五者不备而能成大盗者，天下未之有也。"

《胠箧》作者故意不区分"盗亦有道"与"圣人之道"的"道"的不同性质，然后加以评论说：

> 由是观之，善人不得圣人之道不立，跖不得圣人之道不行；天下之善人少而不善人多，则圣之利天下也少而害天下也多。故曰："……圣人不死，大盗不止。虽重圣人而治天下，则是重利盗也。"

这样，盗跖与明君贤相就没有什么区别了，而祸首则是"圣人"。这些言论，从某种角度说，揭露了统治者的罪恶，撕去了他们的伪装，从而打掉了他们的尊严，扫除了他们的威信。这样，他们还有什么资格进行统治呢？同时，这些言论也揭露了所谓道德伦常的虚伪性，戳穿了所谓礼乐教化的欺骗性。这样，

他们还有什么方法进行统治呢？毫无疑问，《吕氏春秋》是不能容忍这些言论的。因为《吕氏春秋》是站在封建统治阶级立场，为封建国家创建理论基础的，怎能允许这类敌对思想的存在呢？所以《吕氏春秋·当务》在征引了跖的言论之后，说："辨若此，不如无辨！"在《当务》看来，"辨而不当论，信而不当理，勇而不当义，法而不当务，（是）惑而乘骥也，狂而操吴干将也。大乱天下者，必此四者也"。盗跖的言论就是"大乱天下者"之首。显然，这是对《庄子》思想的严厉批判。

道家思想，除老、庄外，还有一些支派，如关尹、杨朱、子华子、子列子、詹何等。《吕氏春秋》对他们的思想言论也间有所取。这里就不一一赘述了。

四、《吕氏春秋》与儒家之学

儒家偏重于社会人事和伦理道德。他们所着力研究的是人际关系，包括君臣关系直到朋友关系。他们认为，处理人际关系的最佳粘合剂是仁、义、礼、智、信，而辅之以刑政。为了汲取历史上的有益经验，他们提倡学习，学习古代的礼乐文化。他们认为最好的方法是教化，教化可以征服人心。所以他们又提倡个人修养，以便实现他们的主张。这些都很切合《吕氏春秋》的需要，也符合吕不韦的宗旨。如果说，道家学说从自然原理层面上贯穿着《吕氏春秋》全书，那么，儒家学说则从社会秩序层面上贯穿着《吕氏春秋》全书。《吕氏春秋》中多次提到孔子之名（有时孔、墨并提），大多以正面形象出现，而对儒家思想的吸取，比重也很大，当然《吕氏春秋》对儒家思想也和其他各家一样，并非全盘接受，也是有所改造、有所提高、有所批判的。

儒家思想的代表人物是孔丘、孟轲和荀况。此外还有一些支派后学。

（一）对孔子的扬弃

孔子是儒家的祖师，所以《吕氏春秋》特重孔子。首先是他的伦理思想。

下面先从《论语》中选录几条，以资比照：

齐景公问政于孔子，孔子对曰："君君，臣臣，父父，子子。"公曰："善哉！信如君不君，臣不臣，父不父，子不子，虽有粟，吾得而食诸？"

曾子曰："吾日三省吾身——为人谋而不忠乎？与朋友交而不信乎？传不习乎？"

子夏曰："贤贤易色；事父母，能竭其力；事君能致其身；与朋友交，言而有信，虽曰未学，吾必谓之学矣.'

一鸣惊人

君臣是国家的中枢，父子是家庭的骨干，所以这两轮特别重要。朋友关系不为政治、血亲所限，是人际关系中最广泛的一轮，每个人在日常生活中都能碰到，所以也很重要。

这些思想都为《吕氏春秋》所汲取。《壹行》说：

先王所恶，无恶于不可知，不可知，则君臣、父子、兄弟、朋友、夫妻之际败矣。十际皆败，乱莫大焉。凡人伦，以十际为安者也，释十际则与麋鹿虎狼无以异，多勇者则为制耳矣。不可知，则知无安君、无乐亲矣，无荣兄、无亲友、无尊夫矣。

"不可知"意为无准则。无准则人伦就要大乱，与麋鹿虎狼无异，勇力最多的就可以专制一切。在《恃君览》中谈到周边后进各族时说：

此四方之无君者也。其民麋鹿禽兽，少者使长，长者畏壮，有力者贤，暴傲者尊，日夜相残，无时休息，以尽其类。

没有君长就会导致互相残杀，同归于尽。可见，《吕氏春秋》对人伦问题十分重视。这一思想无疑是从孔子那里来的。但是，有所发展，有所提高。《论语》有两段孔子答问君臣关系的记载：

子路问事君。子曰："勿欺也，而犯之。"

季子然问："仲由、冉求可谓大臣与？"子曰："……所谓大臣者，以道事君，不可则止。今由与求也，可谓具臣矣。"曰："然则，从之者与？"子曰：

"杀父与君，亦不从也。"

孔子说：臣对君不能欺骗，却可以犯颜直谏。大臣要以道事君，君若不听则辞职不干。具臣对于杀父杀君的行为也不能听从。《吕氏春秋》接受了"勿欺而犯"和"以道事君"的观点，而对"杀父与君，亦不从也''却有所突破。《振乱》说：

夫攻伐之事，未有不攻无道而罚不义也。攻无道而伐不义，则福莫大焉，黔首利莫厚焉。禁之者，是息有道而伐有义也，是穷汤、武之事而遂桀、纣之过也。

商汤伐桀，武王伐纣，在孔子看来，都是杀君行为，是不能容许的。但在《吕氏春秋》看来，这是"攻无道"，"罚不义"，是造福于国家、施利于人民的大好事。《简选》又说：

武王虎贲三千人，简车三百乘，以要甲子之事于牧野而纣为禽（擒）。显贤者之位，进殷之遗老，而问民之所欲，行赏及禽兽，行罚不辟（避）天子，亲殷如周，视人如己，天下美其德，万民说（悦）其义，故立为天子。

把武王擒纣说成是行罚天子而大力颂扬，这更是孔子所不能容忍的。可见《吕氏春秋》的臣道观比孔子的臣道观大大前进了一步。

孝是维系亲子关系的强韧纽带，而亲子关系却是人伦之始，最容易培养道德情感，因而孝道也最易于为人们所接受。所以孔子经常以孝教导弟子。他说：

弟子入则孝，出则弟（悌），谨而信，泛爱众，而亲仁。行有余力，则以学文。

可见，孔子把孝放在行为准则的第一位。他又说：

今之孝者，是谓能养。至于犬马，皆能有养。不敬，何以别乎？

所谓孝，不仅是生活上的赡养，尤其重要的是敬。敬与不敬是人区别于犬马的一个标志。在敬的基础上，他还提出了更高的要求。

子曰："父在，观其志，父没，观其行，三年无改于父之道，可谓孝矣。"

曾子曰："吾闻诸夫子：孟庄子之孝也，其他可能也，其不改父之臣与父之政，是难能也。"

孔子为什么如此重视孝道呢？因为孝道与政治与忠君有密切关系。

或谓孔子曰："子奚不为政?"子曰："《书》云：'孝乎唯孝，友于兄弟。'施于有政，是亦为政。奚其为为政！"

有子曰："其为人也孝悌，而好犯上者，鲜矣！不好犯上，而好作乱者，未之有也！君子务本，本立而道生。孝弟也者，其为仁之本与！"

正因为孝与政、孝与忠有如此密切的关系，所以后来曾子学派专门发展了孔子的孝道，把孝的外延大大扩充了一番。这些，基本上为《吕氏春秋》所汲取。《吕氏春秋》中的《孝行览》就是专门阐发孝道的：

凡为天下治国家，必务本而后末。所谓本者，非耕耘种殖之谓，务其人也。务其人，非贫而富之，寡而众之，务其本也。务本莫贵于孝。人主孝，则名章荣，下服听，天下誉。人臣孝，则事君忠，处官廉，临难死。士民孝，则耕耘疾，守战固，不罢（败）北。夫孝，三皇五帝之本务，而万事之纪也。

这简直是汉代"以孝治国"的张本。不过这还是表层的，孝还有深层的作用。

民之本教曰孝，其行孝曰养。养可能也，敬为难。敬可能也，安为难。安可能也，卒为难。父母既没，敬行其事，无遗父母恶名，可谓能终矣。仁者，仁此者也；礼者，履此者也；义者，宜此者也；信者，信此者也；强者，强此者也。乐自顺此生也，刑自逆此作也。

把孝奉为五常之本，这是《吕氏春秋》对孝道的发展。《吕氏春秋》还把孝道的理论提高了一个层次。《精通》篇讲了一个申喜认母的故事，然后说：

故父母之于子也，子之于父母也，一体而两分，同气而异息。若草莽之有华实也，若树木之有根心也，虽异处而相通，隐志相及，痛疾相救，忧思相感，生则相欢，死则相哀，此之谓骨肉之亲。神出于忠，而应乎心，两精相得，岂待言哉！

这里是说，同源同构是互相感应的基础。虽有几分神秘，却为孝道提供了哲学根据。

《吕氏春秋》对孔子的孝道也有所修正。如在《应同》篇就提出了"子不遮乎亲"的命题，并说："父虽亲，以黑为白，子不能从。"这是隐然对"三年

无改于父之道""子为父隐"的否定。

仁、义是儒家学说中两个重要范畴。仁是孔子学说的核心，义是孟子学说的重点。孔、孟书中对仁、义的论述，俯拾皆是，在《吕氏春秋》中也是触目可见的。《适威》说："古之君民者，仁义以治之，爱利以安之，忠信以导之，务除其灾，思致其福。"可见《吕氏春秋》把"仁义"作为"君民者"的首务。但是，《吕氏春秋》却认为，光讲仁义是难以推行的，必须加以补充才行。《有度》说：

孔、墨之弟子徒属充满天下，皆以仁义之术教导于天下，然而无所行，教者术犹不能行，又况乎所教！是何也？仁义之术外也。夫以外胜内，匹夫徒步不能行，又况乎人主？唯通乎性命之情，而仁义之术自行矣。

这是说，孔、墨的弟子徒属大力宣扬仁义，而仁义却得不到推行。原因何在？在于仁义之术只是外现的，缺少内养基础。内养就是"通乎性命之情"。如果人们（包括孔、墨及其弟子，也包括人主及其臣属）通过内养掌握了性命之情，仁义之术就能通行无阻了。这不是对仁义的否定，而是对仁义的补充，目的在于更有效地推行仁义。《吕氏春秋》把道家的性命之情嫁接到儒墨仁义之术的身上，这也是一种改造和提高的途径。

（二）对孟子的扬弃

孟子继承了孔子的学说，又发扬了孔子的学说。他把孔子的义利观、臣道观、民本思想、人格自觉等方面都向前推进了一步。《吕氏春秋》汲取了孟子的成果，而又有所改造和发展。

《孟子》七篇，一开头就强调义的重要性：

孟子见梁惠王。王曰："叟！不远千里而来，亦将有以利吾国乎？"孟子对曰："王何必曰利？亦有仁义而已矣。……苟为后义而先利，不夺不餍！"

这就是说，如果把利置于义之上，势必酿成弑君夺权的大祸。所以必须先义后利，以义制利，上下才得以安宁。

孟子曰："生，亦我所欲也；义，亦我所欲也。二者不可得兼，舍生而取义者也。生亦我所欲，所欲有甚于生者，故不为苟得也；死亦我所恶，所恶有甚于死者，故患有所不辟（避）也。"

这是把义置于生命之上。《吕氏春秋》汲取了这一思想。

士之为人，当理不避其难，临患忘利，遗生行义，视死如归。有如此者，国君不得而友，天子不得而臣。大者定天下，其次定一国，必由如此人者也。

君子计行虑义，小人计行其利、乃不利。有知不利之利者，则可与言理矣。……凡乱人之动也，其始相助，后必相恶。为义者则不然，始而相与，久而相信，卒而相亲，后世以为法程。

这些思想显然来自孟子。但值得注意的是，《吕氏春秋》在"义"的上面增加了一个"理"字。"当理不避其难"，"有知不利之利者，则可与言理矣"。"理"具有客观规律性，比"义"更深了一个层次。

春秋战国时代，重民思潮的兴起，天子权威的跌落，宗法礼制的崩溃，天命观念的淡薄，学术文化的下移，促使了人格的觉醒。人们开始意识到自身的价值。其中呼声最高的要算是孟子。他说：

圣人与我同类者。

人皆可以为尧舜。

舜，人也；我，亦人也。尧舜与人同耳。

颜渊曰；"舜何？人也；予何？人也。有为者亦若是。"

得志与民由之，不得志独行其道。富贵不能淫，贫贱不能移，威武不能屈。此之谓大丈夫。

《吕氏春秋》完全接受了这一思想。

士议之不可辱者大之也，大之则尊于富贵也，利不足以虞（娱）其意矣。虽名为诸侯，实有万乘，不足以挺（动也）其心矣。诚辱则无为乐生。

这与"富贵不能淫"云云完全一致。

尧不以帝见善绻，北面而问焉。……尧论其德行达智而弗若，故北面而问焉。

这是"尧舜与人同耳"的最好注脚。

天生人而使有贪有欲。……故耳之欲五声，目之欲五色，口之欲五味，情也。此三者，贵贱愚智贤不肖欲之若一，虽神农、黄帝其与桀、纣同。

学者师达而有材，吾未知其不为圣人。……圣人生于疾学。不疾学而能为魁士名人者，未之尝有也。

这是说，圣人与凡人，富贵与贫贱，智者和愚者，就其本源来说，都是一样的，没有什么差别。圣人之所以成为圣人在于疾学，不疾学就是凡人了。反之，凡人如果愿意疾学，也能成为圣人。换句话说，每个人都有自己的人格尊严。这种思想也是来自孟子的。

孟子的臣道观是建立在人格尊严基础之上的。除了上下级关系之外，在人格上是完全平等的。

孟子告齐宣王曰："君之视臣如手足，则臣视君如腹心；君之视臣如犬马，则臣视君如国人；君之视臣如土芥，则臣视君如寇仇。"

这完全是一种对等关系。如果君主不"致敬尽礼"，贤士、大臣就不再见他，不与他合作。

孟子曰："古之贤王好善而忘势，古之贤士何独不然？乐其道而忘人之势。故王公不致敬尽礼，则不得亟见之。"

王公对贤士不致敬尽礼，是对贤士人格的侮辱。贤士为了维护自己的人格尊严，当然就不再见他了。孟子又说：

故将大有为之君，必有所不召之臣。欲有谋焉，则就之。其尊德乐道不如是，不足与有为也。

这倒不是故意摆架子，而是对君主的考验。如果君主前来就谋，说明他是"尊德乐道"的，那就是一个英明有为的君主。否则，那就不值得为他出力了。如果君主有错而又拒绝劝告，经过几次反复，大臣就有权改换君位，或者辞去不干。

齐宣王问卿。孟子曰："王何卿之问也？"王曰："卿不同乎？"曰："不同。有贵戚之卿，有异姓之卿。"王曰："请问贵戚之卿？"曰："君有过则谏，反复之而不听，则易位。"……问异姓之卿？曰："君有过则谏，反复之而不听，则去。”

诸侯危社稷，则变置。

齐宣王问曰：“汤放桀，武王伐纣，有诸？”孟子对曰：“于传有之。”曰：“臣弑其君，可乎？”曰：“闻诛一夫纣矣，未闻弑君也。”

以上这些观点对《吕氏春秋》影响很大。《不侵》引用豫让的话说：“夫众人畜我者，我亦众人事之。……夫国士畜我者，我亦国士事之。”这与“君之视臣如手足”云云的态度完全一样。《报更》又说：

国虽小，其食足以食天下之贤者，其车足以乘天下之贤者，其财足以礼天下之贤者，与天下之贤者为徒，此文王之所以王也。……堪（高也）士不可以骄恣屈也。

若夫有道之士，必礼必知，然后其智能可尽也。

在《下贤》《报更》《观世》《期贤》等篇中讲了许多生动有趣的故事，说明君主必须尊重贤士、臣属的人格尊严，才能得其所助。《应同》还说：

臣不遮乎君。君同则来，异则去。故君虽尊，以白为黑，臣不能听。

故废其非君，而立其行君道者。

若此者，天之所诛也，人之所仇也，不当为君。今兵之来也，将以诛不当为君者也，以除民之仇而顺天之道也。

这些思想都与孟子一脉相承。

但是，《吕氏春秋》对孟子的某些思想则予以抛弃和批判。

孟子把卿分为两类：一类是“贵戚之卿”，另一类是“异姓之卿”。前者的权利大于后者。孟子还说“为政不难，不得罪于巨室”。这些思想是对宗法制的维护。《吕氏春秋》都予以抛弃了。在禅让问题上，孟子特别强调“天与贤，则与贤；天与子，则与子”。保留了浓厚的天命观念。《吕氏春秋》讴歌禅让，却只强调“与贤”，彻底抛弃了天命。至于爱有差等，民贵君轻等思想，《吕氏春秋》也没有接受。在战争问题上，孟子过分强调了仁政的作用和精神的力量。他说，只要施行仁政，修其孝悌忠信，则“可使制梃以挞秦楚之坚甲利兵矣”。《吕氏春秋》虽然也重视仁政和精神力量，但同时也不忽视士卒的选练和武器

的精良。它说："世有言曰：'……锄櫌白梃，可以胜人之长铫利兵。'此不通乎兵者之论。"这显然是对孟子的批判。

（三）对荀子的扬弃

荀子是儒家八派之一，他与孟子学派对立，而宗师孔子。他对孔子学说既有继承，也有发展。他的思想对《吕氏春秋》也有一定的影响。

荀子是以"性恶"论著称的。他说：

人之性，恶；其善者，伪也。

性者，本始材朴也；伪者，文理隆盛也。无性则伪之无所加，无伪则性不能自美。

凡性者，天之就也，不可学，不可事。

今人之性，生而有好焉……生而有疾恶焉，生而有耳目之欲，有好声色焉。这些都是人的自然本性，是"无待而然"的。那么，怎样对待这种恶性呢？他说：

古者圣人以人之性恶，以为偏阴而不正，悖乱而不治，故为之立君上之势以临之，明礼义以化之，起法正以治之，重刑罚以禁之，使天下皆出于治，合于善也。

他认为这种自然之性完全是坏的，必须临之以君上，化之以礼义，治之以法正，禁之以刑罚，然后才能使之合于善。这种说法碰到了一个不可解决的矛盾：既然人人生来就是性恶的，那么，由谁来进行改造而使之合于善呢？是"圣人"吗？那么"圣人"生来便是性善的了。如果不是，那么，"圣人"之善又是由谁来改造的呢？荀子是不能自圆其说的。《吕氏春秋》接受了荀子的思想而克服了荀子的矛盾。

性者所受于天也，非人之所能为也，武者不能革，而工者不能移。

天生人而使有贪有欲。欲有情，情有节。圣人修节以止欲，故不过行其情也。

性者，万物之本也，不可长，不可短，因其固然而然之，此天地之数也。

……贤不肖之所欲与人同，尧、桀、幽、厉皆然。

情欲是天生的，是万物的本能，不是人工所能改变的，圣贤与不肖，天子与庶民无一例外。这与荀子思想没有什么两样。问题在于怎样看待？荀子认为这种性是坏东西（"偏阴而不正，悖乱而不治"），所以要用权势、礼义、法正、刑罚来改造它。《吕氏春秋》则认为这是"天地之数"，无所谓好坏。所以只能"因其固然而然之"。它说：

> 耳虽欲声，目虽欲色，鼻虽欲芬香，口虽欲滋味，害于生则止。……由此观之，耳目口鼻，不得擅行，必有所制。

生，也是人的一种自然欲望，而且是最大的欲望。用大欲望制约小欲望，这种自我约束、自我调节的方法，比礼义刑正这类外在的强制要自然得多，也有效得多。尤有进者，在《吕氏春秋》看来，正是情欲才是君主用民的前提。

> 使民无欲，上虽贤，犹不能用。……善为上者，能令人得欲无穷，故人之可得用亦无穷也。

> 用民有纪有纲，一引其纪，万目皆起，一引其纲，万目皆张。为民纪纲者何也？欲也，恶也。何欲？何恶？欲荣利，恶辱害。辱害所以为罚充也，荣利所以为赏实也。赏罚皆有充实，则民无不用矣。

> 人情欲生而恶死，欲荣而恶辱。死生荣辱之道一，则三军之士可使一心矣。

> 主之赏罚爵禄之所加者宜，则亲疏远近贤不肖皆尽其力而以为用矣。

> 赏罚之柄，此上之所以使也。其所以加者义，则忠信亲爱之道彰。

荀子以情欲为坏，必须进行改造，《吕氏春秋》以情欲为自然，必须加以利用。这是《吕氏春秋》对性恶论的改造，也克服了荀子的矛盾。

《吕氏春秋》的情欲观，是由道家、儒家和法家三个元素构成的。结果，既不是道家的，也不是儒家的，更不是法家的，而是它自己的。这就是《吕氏春秋》的高明处。

天人之际，即人与自然界的关系，是荀子着力探索的一个重点。

> 天行有常，不为尧存，不为桀亡。……列星随旋，日月递昭，四时代御，阴阳大化，风雨博施，万物各得其和以生，各得其养以成。

天的运行有自己的规律，不因人事好坏而改变。天体的运动变化，万物的生养成毁都是自然而然的，并没有什么神的主宰。

故明于天人之分，则可谓至人矣。……天有其时，地有其财，人有其治。夫是之谓能参。

天人之间没有任何关系，只是自然分工不同。人利用天时、地财治理自己的事情，与天、地鼎立而三。

从天而颂之，孰与制天命而用之！望时而待之，孰与应时而使之！因物而多之，孰与骋能而化之！

人不应该做自然的奴隶，也不应该消极被动，而应该充分发挥主观能动性，掌握自然规律，顺应自然规律进行生产，以满足自己的需要。

以上这些闪光的思想都为《吕氏春秋》所汲取。

天行不信，不能成岁；地行不信，草木不大。春之德风，风不信，其华不盛，华不盛，则果实不生。……天地之大，四时之化，而犹不能以不信成物，又况乎人事！

天地阴阳不革，而成万物不同。

这里说的是天地四时的运行有自己的规律，这种规律是不能改变的。

夫稼：为之者，人也；生之者，地也；养之者，天也。

譬之若良农，辨土地之宜，谨耕耨之事，未必收也。然而收者，必此人也，始在于遇时雨。遇时雨，天地也，非良农所能为也。

这里说的是人与天、地的自然分工。而人必须遵循自然规律进行耕作，才能有所收获。

以上这些思想都与荀子一脉相通。但《吕氏春秋》也有与荀子不同的地方。荀子保留了"神道设教"，而《吕氏春秋》则保留了"天人感应"。

《荀子·天论》说：

雩而雨，何也？曰：无何也，犹不云而雨也。日月食而救之，天旱而雩，卜筮然后决大事，非以为得求也，以文之也。故君子以为文，而百姓以为神。以为文则吉，以为神则凶也。

明明不信鬼神迷信，却不反对进行鬼神迷信的活动。为的是文饰统治者的意图。这就叫作"神道设教"，即假鬼神的威灵以慑服百姓。

《荀子·礼论》又说：

祭者，志意思慕之情也，忠信爱敬之至矣，礼节文貌之盛矣，苟非圣人，莫之能知也。圣人明知之，士君子安行之，官人以为守，百姓以成俗。其在君子，以为人道也；其在百姓，以为鬼事也。

明知无鬼，却进行一些鬼事活动。目的是满足人们感情的需要，同时也是借助鬼神推行人道，即宣扬"忠信敬爱"的教条和训练"礼节文貌"的规范。这是"鬼道设教"。

不管是"神道设教"也好，"鬼道设教"也罢，毕竟是给鬼神迷信活动留下了一点余地，而且在社会上造成了广泛的影响。这是荀子的无神论不够坚决彻底之处。

《吕氏春秋》在天人关系中也保留了一些神秘成分。《贵信》说："信而又信，重袭于身，乃通于天。以此治人，则膏雨甘露降矣，寒暑四时当矣。"《制乐》又说："今室闭户牖，动天地，一室也。"接着便列举了成汤、周文王、宋景公三人如何以善行德言转祸为福的故事。

《吕氏春秋》引进了阴阳家的天人感应说，可能是为了诱导君主守信施德，但这毕竟是一种落后的方式，而且对后世造成了恶劣的影响，这是《吕氏春秋》在天人关系上的一大缺陷。

儒家除了孔、孟、荀之外，还有一些支派后学。他们的思想也间为《吕氏春秋》所取。例如《执一》所说的"为国之本在于为身，身为而家为，家为而国为，国为而天下为。故曰：以身为家，以家为国，以国为天下。此四者，异位同本"，就是脱胎于《大学》中的修身、齐家、治国、平天下的。又如《具备》所说的"故诚有（又）诚，乃合于情，精有（又）精，乃通于天。［乃］通于天，水［火］木石之性，皆可动也，又况于有血气者乎"，就是从《中庸》"至诚之道，可以前知"衍化出来的。而《召类》所说的"类同相召，气同则合，声比则应"那段话，则是对《周易·文言传》中"同声相应，同气相求"

的发挥。如此等等，不及细说。

五、《吕氏春秋》与墨家之学

墨家学说在战国前期盛极一时，影响很大。他们主要以"兼爱""非攻"等十大主张为世人所瞩目。《吕氏春秋》对这十大主张汲取了一部分，抛弃了一部分，批判了一部分。

"兼爱"是墨家学说的轴心。《兼爱上》：

圣人以治天下为事者也，不可不察乱之所自起。当察乱何自起？起不相爱。

接着它把人伦的混乱，盗贼的出现，大夫的相争，诸侯的相攻，都归结为"不相爱"。怎么办呢？它说：

若使天下兼相爱，国与国不相攻，家与家不相乱，盗贼无有，君臣父子皆能孝慈。若此，则天下治。

只要人人做到兼相爱，天下就太平无事了。又说：

凡天下祸篡怨恨其所以起者，以不相爱生也。……何以易之？子墨子言曰："以兼相爱、交相利之法易之。……天下之人皆相爱，强不执弱，众不劫寡，富不侮贫，贵不傲贱，诈不欺愚。凡天下祸篡怨恨可使毋起者，以［故］仁者誉之。"

只要做到"兼相爱、交相利"，不但社会秩序大定，道德水平也会大大提高，从而一切"祸篡怨恨"的事也就不会发生了。这种思想也贯穿在其他篇章中。

《尚贤中》：

若昔者三代圣王尧、舜、禹、汤、文、武者是也。……其为政乎天下也，兼而爱之，从而利之，又率天下之万民，以尚尊天事鬼，爱利万民。

《尚贤下》：

天子亦为发宪布令于天下之众曰："若见爱利天下者必以告，若见恶贼天下者亦以告。若见爱利天下以告者，亦犹爱利天下者也。"

这两段引文是说，圣王、天子都必须以"兼爱""爱利"为政。《吕氏春秋》汲

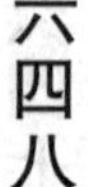

取了这一思想。

圣人南面而立，以爱利民为心，号令未出而天下皆延颈举踵矣，则精通乎民也。

古之君民者，仁义以治之，爱利以安之，忠信以导之，务除其灾，思致其福。

威太甚则爱利之心息，爱利之心息而徒疾行威，身必咎矣，此殷、夏之所以绝也。

"爱利"一词是《墨子》书中常用的熟语，显然，这些思想是来自墨子的。但《吕氏春秋》却作了改造。"兼相爱、交相利"的口号不提了，"尊天事鬼"也避而不用。只是强调为君上者必须爱利下民。这比墨子现实得多了。

"尚贤"是墨子学说中的一个重点，也是《吕氏春秋》汲取较多的部分。《墨子·尚贤上》载：

子墨子言曰："古者，王公大人为政于国家者，皆欲国家之富，人民之众，刑政之治。然而，不得富而得贫，不得众而得寡，不得治而得乱，则是本失其所欲，得其所恶。是其何故也？"子墨子言曰："是在王公大人为政于国家者，不能以尚贤使能为政也。是故国有贤良之士众，则国家之治厚；贤良之士寡，则国家之治薄。故大人之务，将在于众贤而已。"

"大尚贤者，政之本也。"

这是说明尚贤的重要性，关系到国家贫富、众寡、治乱的大问题，是政治的根本。他又说：

故古圣王以审以尚贤使能为政，而取法于天。虽天亦不辨贫富、贵贱、远迩、亲疏，贤者举而尚之，不肖者抑而废之。

故古者圣王之为政，列德而尚贤。虽在农与工肆之人，有能则举之。高予之爵，重予之禄，任之以事，断予之令。……举三者授之贤者，非为贤赐也，欲其事之成。

这里是说，要尚贤就不能分出身、分地位、分职业，只要是贤者、能者，就举而任之。而且要使他们有职、有权、有威信，以便他们顺利地完成任务。

这些思想也为《吕氏春秋》所接受。《先识》说：

地从于城，城从于民，民从于贤。故贤主得贤者而民得，民得而城得，城得而地得。

故三代之所贵，无若贤也。

这里是说贤人的重要性，关系国家的盛衰、强弱，所以历代君主都尊贵贤者。

凡国不徒安，名不徒显，必得贤士。

身定、国安、天下治，必贤人。……得贤人，国无不安，名无不荣；失贤人，国无不危，名无不辱。先王之索贤人，无不以也，极卑、极贱、极远、极劳。

这是说，君主的荣辱，国家的安危，天下的治乱，都与"得贤""失贤"有关。所以从前的君主为了求贤，不惜以卑贱的姿态，不辞劳苦，到极远的地方去访寻贤人。

言极则怒，怒则说者危，非贤者孰肯犯危？……无贤则不闻极言，不闻极言，则奸人比周、百邪悉起。若此则无以存矣。

贤者之事也，虽贵不苟为，虽听不自阿，必中理然后动，必当义然后举，此忠臣之行也。

功名之立，由事之本也，得贤之化也。非贤，其孰知乎事化？故曰：其本在得贤。

这里是说贤人能犯危极谏，举动必中理义，而且能掌握客观事物的变化。在另外几篇中还多次谈到求贤不能讲究贵贱、穷达，用贤不能干预他们的职权，等等。这些思想都与墨子息息相关。但在贤的内涵上却更加丰富了（如"中理""知化"等），对择贤的标准也有所补充。

《吕氏春秋》的《节丧》《安死》显然是来自《墨子》的《节葬》。但在论证方面却深入了一层。《节丧》一开头便说：

审知生，圣人之要也；审知死，圣人之极也。知生也者，不以害生，养生之谓也；知死也者，不以害死，安死之谓也。此二者，圣人之所独决也。

从"知生""知死"的高度看待节葬、节丧问题，这是《墨子》所不及的。

《吕氏春秋》对《天志》《明鬼》基本上弃而不用，对《尚同》《非命》也避而不谈。而对《非乐》《非攻》却予以批判。

凡乐，天地之和，阴阳之调也。始生人者，天也，人无事焉。天使人有欲，人弗得不求。天使人有恶，人弗得不辟（避）。欲与恶所受于天也，人不得与焉，不可变，不可易。世之学者，有非乐者矣，安由出哉。

这段话显然是针对《墨子·非乐》而发的。从人性自然的角度批判"非乐"，的确是切中肯綮的。

凡为天下之民长也，虑莫如长有道而息无道，赏有义而罚不义。今之世，学者多非乎攻伐。非攻伐而取救守。取救守则乡（向）之所谓长有道而息无道、赏有义而罚不义之术不行矣。……是非其所取而取其所非也，是利之而反害之也，安之而反危之也。为天下之长患，致黔首之大害者，若说为深！

这是针对《墨子·非攻》而发的。《吕氏春秋》把战争分为"义"与"不义"两类。从这个前提出发，抓住了墨子的矛盾（墨子是主张"长有道而息无道、赏有义而罚不义"的）穷追不舍，确实驳得墨子无言以对。

六、《吕氏春秋》与法家之学

战国初期，法家便在政治实践中崭露头角。商鞅变法之后，法家势力有增无已。特别是在秦国，法家思想成为一切方针政策的理论基础，秦王政更是一个法家崇拜者。但是，吕不韦却不为这种氛围和气势所慑服，依然坚持自己的立场和主张，对待法家和其他各家一样，该汲取的汲取，该批判的批判，既不反对，也不屈就。

《吕氏春秋·用民》说："汤、武用夏、商之民也，得所以用之也，管、商亦因齐、秦之民也，得所以用之也。"在得民之用这一点上，把管仲、商鞅与成汤、武王并提，可见《吕氏春秋》对法家是不怀偏见的。

《吕氏春秋》对法家的汲取主要有四点：

1. 公天下思想。《商君书·修权》：

故尧舜之位（莅）天下也，非私天下之利也，为天下位（莅）天下也。论贤举能而传焉，非疏父子、亲越人也，明于治乱之道也。

《慎子·威德》：

立天子以为天下，非立天下以为天子也。立国君以为国，非立国以为君也。立官长以为官，非立官以为官长也。

再看《吕氏春秋·贵公》：

昔先圣王之治天下也，必先公，公则天下平矣。……凡主之立也，生于公。

天下非一人之天下也，天下之天下也。阴阳之和，不长一类；甘露时雨，不私一物；万民之主，不阿一人。

《去私》：

尧有子十人，不与其子而授舜；舜有子九人，不与其子而授禹。至公也。

王伯（霸）之君亦然，诛暴而不私，以封天下之贤者，故可以为王伯（霸）；若使王伯（霸）之君诛暴而私之，则亦不可以为王伯（霸）矣。

《恃君览》：

群之可聚也，相与利之也。利之出于群也，君道立也。

置君非以阿君也，置天子非以阿天子也，置官长非以阿官长也。

一望而知，《吕氏春秋》的这一思想是来自法家的，但在论证上却有所提高。《吕氏春秋》从历史的角度论证，君道之立，是出于群众的共同利益，所以国君不能谋求私利。又从法自然的角度论证"公"的合理性。君主要像阳光雨露一样，普利万民。这比法家进步了。它们的旨趣也不完全相同。法家的"公天下"旨在论证法的公正性（"有法而行私谓之不法"）而《吕氏春秋》则旨在论证政权的公有性（"神农十七世有天下，与天下同之也"）。二者侧重点有所不同。

2. 法治思想。申不害说：

君必有明法正义，若悬权衡以称轻重，所以一群臣也。

慎到说：

法虽不善，犹愈于无法，所以一人心也。

马王堆帛书《经法》：

> 法者，引得失以绳，而明曲直也。……刑名立，则黑白之分已。

> 案法而治则不乱。

《韩非子·有度》：

> 故矫上之失，诘（追究）下之邪，治乱决缪（谬），绌羡齐非，一民之轨，莫如法。

以上几段引文都在说明法治的优越性。法的最大好处便是有一个明确的统一的标准，使人们按照统一标准而统一认识、统一行动。这一点也为《吕氏春秋》所接受。

> 法也者，众之所同也，贤不肖之所以（用）力也。

> 同法令，所以一心也……故一则治，异则乱；一则安，异则危。

但是，如何实现"统一"，二者则不相同。法家认为，只有赏罚才可以实现法的统一功能。商鞅说：

> 好恶者，赏罚之本也。夫人情好爵禄而恶刑罚，人君设二者以御民之志而立所欲焉。夫民力尽而爵随之，功立而赏随之。人君能使其民信于此，明于日月，则兵无乱矣。

《吕氏春秋》虽然也承认赏罚是两种必要的手段，但更强调德教的作用。它说：

> 善为君者，蛮夷反舌殊俗异习皆服之，德厚也。

> 强令之笑不乐，强令之哭不悲。……罚虽重，刑虽严，何益？

> 胜（任）理以治国则法立，法立则天下服矣。

> 故先王之制礼乐也，非特以欢耳目、极口腹之欲也，将以教民平好恶、行理义也。

这是儒、法互补，把法治建立在德治的基础上，治身与治心并举，而以治心为本。这样，既发挥了两家的长处，也克服了两家的短处。

3. 时异法变思想。这是法家最闪光的思想。商鞅说：

> 是以圣人苟可以强国，不法其故；苟可以利民，不循其礼。

> 三代不同礼而王，五伯（霸）不同法而霸。

治世不一道，便国不法古。

慎到说：

治国而无法则乱，守法而不变则衰。

《吕氏春秋》完全汲取了这一思想。

先王之法，经乎上世而来者也，人或益之，人或损之，胡可得而法？虽人弗损益，犹若不可得而法。东（夷）、夏之命（名），古今之法，言异而典殊。故古之命（名）多不通于今之言者，今之法多不合乎古之法者。

故治国无法则乱，守法而弗变则悖，悖乱不可以持国。世易时移，变法宜矣。

这一思想显然来自法家，有的字句都一样。

4. 法不阿贵思想。这也是法家思想的精华。

商君治秦，法令至行，公平无私，罚不讳强大，赏不私亲近。

刑无等级，自卿相将军以至大夫庶人，有不从王令、犯国禁者，罪死不赦。

法不阿贵，绳不挠曲。法之所加，智者弗能辞，勇者弗敢争。刑过不避大臣，赏善不遗匹夫。

《吕氏春秋》汲取了这一思想。

赏罚，法也。

主之赏罚爵禄之所加者宜，则亲疏、远近、贤不肖皆尽其力而以为用矣。

凡赏，非以爱之也，罚，非以恶之也，用观归也。所归善，虽恶之，赏；所归不善，虽爱之，罚。此先王之所以治乱安危也。

这里说的就是法不阿贵，赏罚不以亲疏、远近、贤不肖、爱恶为转移，唯一的标准是善与不善。《吕氏春秋》在这个基础上又有所突破。法家为了维护君主的绝对权威，因而所谓"法不阿贵"只能做到"刑过不避大臣"，最多也不过法及太子而刑其师傅。《吕氏春秋》则突破了这一局限。它把刑法及于国君，乃至及于天子。《直谏》中记载的葆申鞭笞楚文王的故事，《简选》中提出的"行罚不避天子"，便是明证。

《吕氏春秋》对法家的严刑重罚、君主独断、君臣相猜，则是予以批判的。

商鞅说：

立君之道，莫广于胜（任）法。胜（任）法之务，莫急于去奸。去奸之本，莫深于严刑。故王者以赏禁，以刑劝，求过不求善，藉刑以去刑。

韩非说：

刑胜（任），治之始也。

明主不养恩爱之心，而（擅）威严之势。……用法之相忍，以弃仁义之相怜。

吾以是明仁义爱惠之不足用，而严刑重罚可以治国也。

峭其法而严其刑。

罚莫如重而必，使民畏之。

对此，《吕氏春秋》完全加以否定。

严刑厚赏，此衰世之政也。……

今世之言治，多以严刑厚赏，此上世之若客（苛察之形误）也。

凡用民，太上以义，其次以赏罚。

威亦然，必有所托，然后可行，恶乎托？托于爱利。爱利之心谕，威乃可行。威太甚则爱利之心息。爱利之心息而徒疾行威，身必咎矣，此殷、夏之所以绝也。

可见《吕氏春秋》竭力反对严刑厚赏，而主张以爱利为本。

法家是主张君主独断的。申子曰："能独断者，故可以为天下主。"商鞅说："权者，君之所独制也。……权制独断于君则威。"韩非说："道无双，故曰'一'。是故明君贵独道之容。"与此相反，《吕氏春秋》则认为君主独断会给自己、给国家造成严重祸患。它说："亡国之主，必自骄，必自智……自骄则简士，自智则专独……专独位危，简士壅塞。""专独"会导致"亡国""位危"，可见弊害之大！

在君臣关系方面，《吕氏春秋》与法家也是截然对立的。韩非说："故君臣异心，君以计畜臣，臣以计事君，君臣之交，计也。"又说："人主之患在于信人，信人则制于人。"又说："术者，藏之于胸中，以偶众端而潜御群臣者也。"

《吕氏春秋》则认为，君臣之间应该亲密无间，其乐融融。

故贤主之求有道之士，无不在以（用）也，有道之士求贤主无不行也，相得然后乐。不谋而亲，不约而信，相为殚智竭力，犯危行苦，志欢乐之。

忠臣亦然，苟便于主，利于国，无敢辞违，杀身出生以殉之。

《吕氏春秋》的君臣关系虽然有点理想主义，但比法家的君臣关系合理得多。一般说，君臣的阶级立场、社会地位都很接近，虽然也有矛盾，但共同利害关系却是主要的。而法家把君臣的矛盾面强调到不适当的程度，以致压倒了共同利害关系，这是不符合实际的。

七、《吕氏春秋》与名家之学

自孔子提出"正名"问题之后，开始引起了人们重视。战国时代，"名实相怨"的情况更加严重，所以名实关系的争论也随之兴起。当时各派差不多都参与了这场辩论，有的还专以名实之争著称一时，汉人称之为"名家"。综观这场争论，大别之，可分为两派。一派注重实际和应用，姑名之曰"实用派"；一派注重概念辨析，姑名之曰"概念派"。《吕氏春秋》对"实用派"多所汲取，而对"概念派"则多所批判。

实用派可以"墨辩"和荀况为代表。

夫辩者，将以明是非之分，审治乱之纪，明同异之处，察名实之理，处利害，决嫌疑。

异形离心交喻，异物名实玄（互）纽，贵贱不明，同异不别。如是，则志必有不喻之患，而事必有困废之祸。故知（智）者为之分别制名以指实，上以明贵贱，下以辨同异。贵贱明，同异别。如是，则志无不喻之患，事无困废之祸。此所为有名也。

这两段话都是说明名学兴起的原因及其应用价值的。

所以谓，名也；所谓，实也；名实耦，合也。

异类不吡（比），说在量。

凡议，必将立隆正（标准）然后可也。无隆正，则是非不分，而辩讼不决。

这两条说的是辩论规则。

这些思想都为《吕氏春秋》所汲取。

至治之务，在于正名。

名正则治，名丧则乱。使名丧者，淫说也。说淫，则可不可而然不然，是不是而非不非。故君子之说也，足以言贤者之实，不肖者之充而已矣，足以喻治之所悖、乱之所由起而已矣，足以知物之情、人之所获以生而已矣。

这里说的也是正名的重要性和名学的应用价值。不过这里的应用，直接与用人、治乱、人生以及了解事物的情况联系起来，比墨、荀更加明确而具体些。

言者以谕意也。言意相离，凶也。

凡乱者，刑（形）名不当也。……其患在乎所谓贤，从不肖也；所为（谓）善，（而）从邪辟［也］；所谓可，从悖逆也。是刑（形）、名异充，而声、实异谓也。夫贤不肖，善邪辟，可悖逆，国不乱，身不危，奚待也？

这里是说，名实不符或名实相反的危害性。说的是贤，实际上却是不肖；说的是善，实际上却是邪恶；说的是可，实际上是背理乱政。这是形的内容与名不符，声音的称谓与实际不合。如果以不肖为贤，以邪恶为善，以背理乱政为可，那么势必就要造成国乱、身危的大患。这是对墨、荀思想的发挥。"理也者，是非之宗也。"理是判断是非的根本依据。这是对荀子"隆正"的明确化。

"概念派"以惠施、公孙龙为代表。他们辩论的命题，虽于概念的探讨不无裨益，但与实际和应用距离很远，最易滑向诡辩，所以《吕氏春秋》予以严厉的批判。

惠施的观点倾向于合"异"为"同"，把眼光落在事物的大同上而忽视它们的小异。他的命题有：

至大无外，谓之大一；至小无内，谓之小一。

天与地卑，山与泽平。

大同而与小同异，此之谓小同异；万物毕同毕异，此之谓大同异。

《吕氏春秋》与诸子学说

鈎（姁，老妪）有须，卵有毛。

公孙龙的观点与惠施相反，倾向于见异不见同，把一事物的属性分割成几个概念，以至概念脱离事物而独立存在。他的命题有："坚白石二"（把一块石头，分为坚的石头和白的石头），"白马非马"（马是一般的马，白马是特殊的马，特殊的马不等于一般的马），"鸡三足"（概念的足一，实际的足二，一加二，故三）。

其他的辩者还有些奇怪的命题，如"马有卵"，"火不热"，"龟长于蛇"等等。

这些观点都遭到《吕氏春秋》的批判。"坚白之察、无厚之辩，外矣！"坚白指《公孙龙子·坚白论》，无厚指《邓析子·无厚论》。这类辩论应该弃绝了！

《吕氏春秋》在《离谓》篇列举了两则邓析的行事：一则是关于溺尸的买卖；一则是教人诉讼。然后加以谴责，说他"以非为是，以是为非，是非无度，而可与不可日变。"应该遭到诛杀！在《淫辞》篇列举了公孙龙、惠施的言论，认为他们"言心相离……所行非所言也。"而"言行相诡，不详莫大焉！"《吕氏春秋》对这类"淫辞"（即诡辩）往往加以讽刺。说明它对这派名家的思想观点是深恶痛绝的。

不过，名家个人如果有什么合乎理义的言行，《吕氏春秋》也加以表彰。如《开春论》叙述惠施以"文王之义"说服了魏惠王太子推迟葬期的故事之后，说："惠子不徒行说也，又令魏太子未葬其先君，而因有（又）说文王之义。说文王之义，以示天下，岂小功也哉！"说明《吕氏春秋》是对事不对人的。这点精神也很可贵。

八、《吕氏春秋》与阴阳家之学

阴阳、五行，就其源头说，是两种不同的概念。五行滥觞于《尚书·洪范》箕子答武王问。阴阳滥觞于《国语·周语》伯阳父论地震。可是，到了战国时代，这两种思想便逐渐结合起来，谈阴阳也谈五行，谈五行也谈阴阳。《管子·四时》便是二者结合的明证。

《吕氏春秋》中的阴阳五行学说的比重也不小，比较集中地体现在《十二纪》中的首篇，以及《制乐》《明理》《应同》等专篇。但还不能说阴阳五行学说是贯穿全书的思想。因为《十二纪》只占全书三大部分之一，《制乐》等篇则只占全书的几十分之一，而散见于其他各篇的被认为是阴阳家的思想，并不一定就是阴阳家思想。所以，我认为阴阳五行思想在《吕氏春秋》中只能占局部地位，还牵涉不到全局。

《吕氏春秋》《十二纪》的首篇，除个别字句稍异外，差不多全同《礼记》中的《月令》。关于二者孰先孰后的问题，留待后面再谈，这里先谈一下《十二纪》的指导思想问题。我认为《十二纪》是受了《管子·四时》的影响。

《管子·四时》说：

是故阴阳者，天地之大理也。四时者，阴阳之大经也。刑德者，四时之合也。刑德合于时则生福，诡则生祸。……是故圣王务时而寄政焉，作教而寄武焉，作祀而寄德焉。此三者，圣王所以合于天地之行也。

这就是说，《吕氏春秋·十二纪》首篇旨在沟通天、地、人三者之间的关系，探寻三者的共同规律，以便为行政、教化、施事建立一个可靠的根据。这也是贯彻《序意》中提出的"上揆之天，下验之地，中审之人"的旨义。这样，《吕氏春秋·十二纪》首篇虽同《月令》，但由于系统、结构的不同，意义也就不一样了。《月令》在《礼记》的系统、结构中，是为"天命""宗法""礼制"等思想服务的，带有浓厚的守旧气息。而在《吕氏春秋》的系统、结构中，这种气息便被大大冲淡了。这一点，我们只要读一下各纪首篇之后的四篇论文，就可以体察得出来，如果通观全书，那就更为明显了。读者翻检原文，自可明了。

《吕氏春秋·制乐》列举了商汤、周文王和宋景公的三个故事，都是以善行、善言转祸为福的。接着《明理》又举了许多因"众邪之所积"而造成的"阴阳失次，四时易节"的恶果，又列出许多奇奇怪怪的现象。从表面看，都是证明"天人感应"关系的存在，实际上则是说明音乐与政治关系的密切。

欲观至乐，必于至治。其治厚者其乐治（台，以也）厚，其治薄者其乐治（以）薄，乱世则漫以乐矣。

故乱世之主，乌（怎能）闻至乐？不闻至乐，其乐不乐。

这是以乐观政的传统观念。《吕氏春秋》的这两篇文章，旨在表彰贤明君主的勤政、施惠、爱民，鞭挞"乱世之主"的胡作非为。不是有意宣扬神秘主义和迷信思想，而是力图寻求与政治相连的因果关系。当然，尽管意图是好的，但这种方式毕竟是落后的，反映了《吕氏春秋》的局限性。

《应同》也是一篇"天人感应"的文字。"凡帝王［者］之将兴也，天必先见祥乎下民。""夫覆巢毁卵，则凤凰不至；刳兽食胎，则麒麟不来。"这些都是"天人感应"的例证。但是，也与前两篇一样，意不在于宣扬"宿命"和迷信，而是力图寻求历史发展规律，以及治乱的因果关系。

《商箴》云："天降灾布祥，并有其职（常理）。"以言祸福人或召（招）之也。

类同相召（招），气同则合，声比则应。……祸福之所自来，众人以为命焉，不知其所由。

凡兵之用也，用于利，用于义。攻乱则脆，脆则攻者利。攻乱则义，义则攻者荣。……故割地宝器，卑辞屈服，不足以止攻，惟治为足。

可见《吕氏春秋》还是力图以"人招"解释祸福，以义、利、治、乱解释战争胜负的。这反映了《吕氏春秋》试图摆脱"天人感应"而又摆脱不了的困境。

除了以上几家之外，还有兵家、农家对《吕氏春秋》也有一定的影响。后面还要谈到，这里从略。

以上只是以举例的方法谈了一些《吕氏春秋》扬弃诸子学说的情况，当然不免"挂一漏万"之讥。但是，就从这些情况看，也可以说明《吕氏春秋》不是一部资料汇编，也不是一个思想杂凑的拼盘，而是按照既定的宗旨，把汲取的思想资料进行取舍、改造、充实、提高和批判。熔铸于一炉，造成了一部有系统、有结构、有中心、有枝辅的完整著作——"一家之言"的著作。

第五章 《吕氏春秋》思想综述

一、《吕氏春秋》的思想底蕴

学术界历来对《吕氏春秋》的哲学价值评价不高，是"战国杂家思想代表……是即缺乏中心思想的一派，以言哲学，应居末流"，但是《吕氏春秋》对诸子"兼收并采，而去其一偏之说……最能代表秦汉间思想潮流"，在中国古代思想史上有着非常重要的地位，是先秦诸子到汉代儒学发展中非常重要的一环，本书试图在前人研究的基础上论证《吕氏春秋》之所以"大出诸子之右"并对汉代学术有着"无孔不入的影响"，除了以它的"兼容并蓄"的渗透融合力之外，还与它的哲学思想密不可分。《吕氏春秋》以阴阳观念为根基建构的思想体系及其事理思维模式可与西方现代观念的历史主义相提并论。

《汉书·艺文志》把《吕氏春秋》归录于"杂家"，其实家派分说代表的只是汉儒对先秦思想的看法，这种分派远远不能揭示先秦诸子思想发展的真实脉络。

胡适说司马谈所谓的"道家"即《汉书·艺文志》的"杂家"。但对《吕氏春秋》而言，《汉书·艺文志》所整合的"杂家"定义远远不能涵盖司马谈《论六家要旨》所说的"道家"的意旨。《论六家之要旨》论"道家，使人精神专一，动合无形，赡足万物。其为术也，因阴阳之大顺，采儒墨之善，撮名法之要，与时迁移，应物变化，立俗施事，无所不宜。指约而易操，事少而功多"，"以虚无为本，以因循为用，无成势，无常形，有法无法，因时为业；有度无度，因物与合"。《汉书·艺文志》称"道家"："道家者流，盖出于史官，历记成败存亡祸福古今之道，然后知秉要执本，清虚以自守，卑弱以自持，此君人南面之术也。合于尧之克攘，《易》之嗛嗛，一谦而四益，此其所长也。及放者为之，则欲绝去礼学，兼弃仁义，曰独任清虚可以为治。"胡适突出了战国晚期的杂家与《史记》中所言的"道家"和"杂家"在思想发展过程中的传承关系。胡适又颇为注重《论六家之要旨》中"道家……采儒墨之善，撮名法之要"与《汉书·艺文志》"杂家"的"兼儒、墨，合名、法"之"兼"的相同之处，却没有对《吕氏春秋》符合《汉书·艺文志》所谓"道家"之"历记成败、存亡、祸福、古今之道"的特点给以应有的重视。

《吕氏春秋·序意》说"凡十二纪者，所以纪治乱存亡也，所以知寿夭吉凶也。上揆之天，下验之地，中审之人，若此则是非可不可无所遁矣"，《论六家之要旨》虽然没有明示《吕览》为"道家"之列，但《吕氏春秋》显然不是其他五家。司马迁在《史记·吕不韦列传》中说《吕氏春秋》"以为备天地万物古今之事"，而《吕氏春秋》更以"是非可不可无所遁"为宗旨，这与《汉志》道家"历记成败存亡祸福古今之道"亦相吻合。"杂家"之说可能偏于了它的参错综合之义，但"杂家"的综合只是一个过程，而不是目的，《汉书·艺文志》说杂家"及荡者为之，则漫羡而无所归心"。《汉书·艺文志》所录杂家二十，《吕氏春秋》为第八，显然并非末流之荡者，杂家之"所归可知国体、可贯王治"其实与诸子皆务为治的观念相契。杂字，《玉篇》释为："糅也，由同也"，《国语·郑语》所谓"以土与金木水火杂，以成百物"以为证。但自《汉志》将《吕氏春秋》列入杂家，后人多以"杂"字有掺杂不纯的意思，因此贬低杂家著作的价值显然不公平。但本书意图不在辨析《吕氏春秋》的家派归属，而是希望从一个新的视角探讨其在中国古代思想发展中应有的地位。

（一）《吕氏春秋》的认识论基础

吕书的哲学思想历来未受到学界的足够重视，一方面与自《汉书·艺文志》以来《吕氏春秋》被列入杂家，而一直被人以子学形态研究有关，另一方面也是由于近代研究者受西方哲学价值观念影响的原因。"如果拿西方哲学的标准来衡量对照，中国的作品，几乎都是'非哲学的'"。西方的哲学是以认识论为基点的，哲学和一般思想的不同在于哲学必须对本身有自觉或反思，而这种自觉或反思是哲学最广义的认识论基点，至于反思的结果，可能认定哲学必须建立在理性分析、客观实证、主体直觉、玄思冥想、心灵体验或道德践履种种不

老马识途

同基础的观点之上，但这只是认识论的基点不同，而同为哲学的认识论的基点之一。

从西方哲学传统的模式来看，与西方古代哲学的"认识论"和"思维逻辑"同步齐驱甚至更为早熟的哲理思维，在中国古代乃至全部中国传统思想中是极值得重视的。先秦诸子哲学思想的发展可以分为三个阶段，《吕氏春秋》是战国末年积极、肯定、务实功利学说中以混杂综合和"大一统"思想为倾向的典型代表。战国末期的思想转型和《吕氏春秋》的产生有诸多原因，从思想发展的脉络来看，这是以《庄子》为代表的极端相对和虚无主义的认识论所迫而引发出来的反应。

战国末期的思想转型有诸多原因。正如陈启云师所说战国末期思想发展有三种倾向，一是强调人世间（社会、国家）威权和秩序，二是注重宇宙自然的定律法则，其三则是混杂综合的学术风气和"大一统"的思想趋势。《吕氏春秋》同时具有这三种倾向，正如《荀子》《管子》和《庄子·天下》等篇，努力把"物各有理，不可以相薄……万物所异理而道尽"的各家各种思想安置在一个庞大的结构体系中。《吕氏春秋》可谓是应运而生。

1. 相对与绝对

以《庄子》为代表的先秦思想发展第二阶段的极端怀疑主义认为，人的智力和知识是有限的、不可靠的，但假如人所得到的是有限的、相对的，那么这些有限、相对的知识和道理，则是人所能达到的极致，对人而言则是绝对和极限的。如果宇宙没有中心，那么，每一地方都可以是它的中心——"我知天下

之中央，燕之北，越之南是也"。而如果万物都是相对的，那么相对性的存在和相对性的真理对万物来说则是终极性的。因而人类唯一的绝对性的收获，就是人的特殊的、相对的存在和认知的方式。

《吕氏春秋》认为人的认识能力是有限的："目固有不见也，智固有不知也，数固有不及也"。从根本上来说，所谓"世界、宇宙、自然、道"只不过是"人所认知、知道的世界、宇宙、自然、道"，而不是"世界、宇宙、自然、道的自身本体"，人不能知道"不是人所知道的世界"。基于对人智力和能力的有限和相对性的体认，《吕氏春秋》认为："知不知，上矣。过者之患，不知而自以为知。"并说：

> 天固有衰嗛废伏，有盛盈蚡息；人亦有困穷屈匮，有充实达遂。此皆天之容物理也，而不得不然之数也。古圣人不以感私伤神，俞然而以待耳。（《知分》）

"天固有""不得不然之数"都表明那是"世界、宇宙、自然、道的自身本体"，况且"天为者时，而不助农于下"，"天下时，地生财，不与民谋"。对于这些"天固有""不得不然之数"，人无法知道，也无法掌控，但是通过天有"衰嗛废伏"、"盛盈蚡息"，可以得知人亦有"困穷屈匮"和"充实达遂"——这是出于"天固有"的"理"与"数"。如果人能知道和体察到这些，就是知"道"了，这也是人力所能达到的"知"的极限了。尽管这是相对有限的认知，但对人而言就是绝对的，如果一味追求"天固有"的无限与绝对，那么只会有徒自"伤神"而已。

虽然《吕氏春秋》有对无限与绝对的不可认知的感叹和无奈，如：

> 命也者，不知所以然而然者也。人事智巧以举错者，不得与焉。（《知分》）

> 呜呼！有疾，命矣夫。（《音初》）

但《吕氏春秋》肯定人在自然中的定位与作用，认为人力虽有不及之处，但是人的努力是可以把握和掌控的，也是不可或缺的。如《慎人》说：

> 功名大立，天也。为是故，因不慎其人，不可。夫舜遇尧，天也。舜耕于

历山，陶于河滨，钓于雷泽，天下说之，秀士从之，人也。夫禹遇舜，天也。禹周于天下，以求贤者，事利黔首，水潦川泽之湛滞壅塞可通者，禹尽为之，人也。夫汤遇桀，武遇纣，天也。汤、武修身积善为义，以忧苦于民，人也。（《慎人》）

舜遇尧、禹遇舜、汤遇桀、武遇纣是可遇不可求的"命"或天意，就算再怎么费尽心机也未必能够如愿。但是修身积善、忧苦于民、受到天下人的爱戴风从，则是完全凭靠人的努力和作为，这就是《不广》所说的"时不可必成，其人事则不广"。

对于诸多的相对性及不确定性，《吕氏春秋》认为人之"己"是可以掌控和把握的，这是以《庄子》为代表的极端相对和虚无主义的认识论所迫而引发的反思和抉择，在《必己》中更可略见一斑。《必己》引用事例旨在说明"外物不可必"，人的一些内在品德，如忠、孝、智、勇、礼、养生之术亦不足恃，而且"处于材不材之间"的"和调"也未必可恃，但《吕氏春秋》认为尚有"可必"之处，这就是人之"己"。

《吕氏春秋》虽然认同外在事物没有定则，千变万化，甚至同一行为或事物，在不同的外部条件下还会有不同结果的可能，但这所谓的"无限"只是一观点，人还是需要用一定的标准如后果、效用或利害得失（小法）来决定一事物的知识和道埋。故而《必己》引用庄子却仍否定庄子"处于材不材之间"，它并不赞同"得其所一而同焉"，"合之以是非"的"两行"（《庄子·齐物论》）。《吕氏春秋》注重一定目的的实现（相对的、有限的目标的实现），并进而强调目的达成的方法和手段，即要因情势而权变（"与时俱化""以禾为量"，"物物而不物于物"），把握人之所能及，尽人之所能为，这就是所谓的"必己"。它说："必在己，无不遇矣。"

这是由《吕氏春秋》看重"己"之作为以及目的之实现所决定的，也因而体现了《吕氏春秋》务实功利的一面，但不能因此把这一趋利思潮完全归结为"主体思想的迷失"或是对理想之"道"的放弃。

2. 现实与理想

在战国末期，外在环境（政治、社会）急切需要有效的应变之策和解决战争以及诸多危机的方法，不能像《庄子》所主张的那样无穷无尽地怀疑下去，更不能"言而无用"地长期论辩下去。对于人类苦难处境的认识的增进，战国末期的思想将关注的焦点转向历史现实，集中在人类得以生存和延续的社会、文化和国家的具体现实中。而这种把注意的焦点集中于人类社会，并把人当作万物的尺度的视角与庄子强调相对性、反对人类中心论是极端对立的。

《吕氏春秋》说："说淫则可不可而然不然，是不是而非不非。故君子之说也，足以言贤者之实、不肖者之充而已矣，足以喻治之所悖、乱之所由起而已矣，足以知物之情、人之所获以生而已矣。"要尽人之所能，抓住相对可以付诸实施、对人有所用的要点，故而《吕氏春秋》主张"王者执一，而为万物正。军必有将，所以一之也；国必有君，所以一之也；天下必有天子，所以一之也；天子必执一，所以抟之也。一则治，两则乱"。并认为"以一听政者，乐君臣，和远近，说黔首，合宗亲；能以一治其身者，免于灾，终其寿，全其天；能以一治其国者，奸邪去，贤者至，成大化；能以一治天下者，寒暑适，风雨时，为圣人"。

《吕氏春秋》所说的"一"，与"太一"的意义密切相关。在《吕氏春秋》中，"太一""一""道"三者的内涵是相同的。《大乐》说：

道也者，至精也，不可为形，不可为名，强为之，谓之太一。

太一出两仪，两仪出阴阳。阴阳变化，一上一下，合而成章。浑浑沌沌，离则复合，合则复离，是谓天常。天地车轮，终则复始，极则复反，莫不咸当。日月星辰，或疾或徐，日月不同，以尽其行。四时代兴，或暑或寒，或短或长，或柔或刚。万物所出，造于太一，化于阴阳。（《大乐》）

"太一"有"简易""不易""变易"三意。"道也者，至精也"。"太一"（"道""一"）是简之又简者，然道之中存有变易之因素，此因素发而为形态即是两仪，两仪之变幻则成万物，这是"太一"的"变易"之意。道所存之变易因素虽形而为两仪，成就而为万物，但是道的本身乃永恒存在，永恒不变，这就是"太一"的"不易"之意。

　　《吕氏春秋》所说的"太一"不是固定僵化的死物，它包容万象而没有常态。"太一"（无穷的真理，"道"，"一"）可以在人的经验世界，在具体的历史中体现，它的表现变化不一。人是以人的相对的有限的理性，在人的具体的历史现实中了解无穷的真理（"太一"，"一"，"道"）。人可以"以寒暑日月昼夜知之，以殊形殊能异宜说之"。它"离则复合，合则复离"，"终则复始，极则复反"，"或疾或徐"，"或暑或寒，或短或长，或柔或刚"，"阴阳变化"，就是上述所说的"变易"。同时它既简易"至精"，又缤纷变化，但是它不以人的意志为转移，是"天常"，"一也齐至贵，莫知其原，莫知其端，莫知其始，莫知其终，而万物以为宗"。人如能把握此三者则是知"太一"（即《论人》所说的"知一"），亦即"得道"，可以兼顾理想（"不易"）与现实（"变易"），如《下贤》所说："得道之人……以天为法，以德为行，以道为宗。与物变化而无所终穷，精充天地而不竭，神覆宇宙而无望。"

　　《吕氏春秋》肯定"道"（即"太一"，"一"。下同）的抽象意义，但是认为在现实中"道"（真理）又是具体而不同的，是理想与现实间的辩证与妥协之"道"，也就是动态的、现实而丰富的。所谓"得道"就是在现实中既要以理想的"道"（"以道为宗"）为标准又要权衡实际的情势（"与物变化"），这与它的以客观现实为基点而又兼顾理想之"道"的"认识论"密切相关。

　　注重客观的形势，但又试图使"道"（理想）与现实中的情势、事势会通，既不纯以"道"（理想）空论，也不单纯地看重事势，反对玄思但不离"道"，就是"有准不以平，有绳不以正"的权变，也就是说要有"一"而无"一"。是"知一""执一"而"用众"，根据不同的情势而权变，"齐万不同"而达到"治"与"安"的目的，也因此显示了它既不离"道"而又功利务实的一面。如《爱类》中说：

　　民寒则欲火，暑则欲冰，燥则欲湿，湿则欲燥。寒暑燥湿相反，其于利民一也。利民岂一道哉！当其时而已矣。（《爱类》）

只要可以达到"利民"的目的，所采取的措施可以是多种多样的，甚至有时会是相反或对立的。另外《举难》也称："夫欲立功者，岂得中绳哉？"这是一种

在现实中体察情势的立场，《博志》则说"择务，当而处之"。

《吕氏春秋》有《贵当》篇，即言指举措贵在恰当，所谓"贵当者，贵行事而当其道也"，即《博志》之"择务，当而处之"之义。《吕氏春秋》认为在现实人世中"事无大小，固相与通"，其区别只是在于当立足点不同，其时、事、势不同时，人的作为也因而不同；在相同的动机和目的下，不同的行为选择会有截然不同的结果。关键是"为之必缘其道"，既要察情势、有取舍，又要"就大务"，《吕氏春秋》说：

> 此贤者不肖之所以殊也。贤不肖之所欲与人同，尧、桀、幽、厉皆然，所以为之异。故贤主察之，以为不可，弗为；以为可，故为之。为之必缘其道，物莫之能害，此功之所以相万也。（《贵当》）

在现实社会政治中，"道"都是以具体的"道"呈现的，二者之间并无矛盾。《吕氏春秋》认为人之所求不可偏离"道"，不可不知"至道"。虽然达"至道"可能是人所不可及的，但人若违背"道"，就会使具体的"道"，如现实中的具体的目的，如"治""安""全国完身""欲""贵生"等等，不能实现。

《吕氏春秋》认为要在理想之"道"与现实事势之间达到最大程度的和谐，即它所说的"适""因""当""宜"等。强调思想与现实客观的情况是否吻合，是否契合当前所需。所依据的现实客观情形（"势"），包括天时、事态发展走向以及"人之情"、人心所向之"势"等等。诸如"智者之举事必因时"，"非务相反也，时势异也"等等为学界所注重的《吕氏春秋》的"顺天""审时""因循"之术，都可以看作是《吕氏春秋》"适""因""当""宜"的立场。《吕氏春秋》认为只有这样适时、适地、适人地全盘考量才是真正的"知一""得道"。

如上所论，《吕氏春秋》这种在现实中权变的立场是以谋求一定目的的实现为前提的。如在《应言》中借白圭之言批评惠子"言蜗焉美，无所可用"。但如果把惠施的是非无定论加之以目的性的约束和规范，就可以变"言美而无用"为有用。如在上文所引《爱类》中，当把"利民"作为了目的，惠施之言就是"有用"的。由惠施"言蜗焉美，无所可用"到"利民岂一道哉！当其时而已矣”的“贵当”，那么惠施之言就是“言美而有用”了。可见《吕氏春秋》虽然批评惠施“言无所可用”，但认为惠施的是非无定论在一定的条件下是可用的。

《吕氏春秋》有其功利性的一面，但同时也不离“道”，《务本》引《易》曰：“复自道，何其咎，吉”。在《吕氏春秋》看来，“道”是审时度势与时变化，兼顾理想与现实，是义理、事势、事理的互动。《吕氏春秋》在“认识论”上是以“功利”“客观实证”为基点，这与惠施的“认识论”思想以及《庄子》所代表的认识论立场是有一贯性的。它的这一思想倾向是古代先哲在认识论问题上自觉反思的选择，是思想史发展中非常关键的一环。

3. 众与一

假如人的思想是有限的、是片面的，无法认识无限，但是诸多“有限”可以汇成“无限”。《吕氏春秋》认为由诸多可见可观的“殊形殊能异宜”则汇成不可观不可察的“大经”。“大经”即是“道”，“道”“其大无外，其小无内”，吕氏春秋谓之“至贵”。从理念上来说，“其大无外，其小无内”的抽象理念是有用的，“无外”就是“无限”。

《吕氏春秋》认为“大”可以包容万物，可以积水成渊，成就“无限”。《谕大》篇引《商书》曰：“五世之庙，可以观怪。万夫之长，可以生谋。”还认为：

> 故务在事，事在大。地大则有常祥，不庭，岐毋，群抵，天翟，不周，山大则有虎、豹、熊、螇蝔，水大则有蛟、龙、鼋、鼍、鳣、鲔……空中之无泽陂也，井中之无大鱼也，新林之无长木也。凡谋物之成也，必由广大众多长久，信也。（《谕大》）

《吕氏春秋》在对待诸子思想的《不二》篇中说：

> 老聃贵柔，孔子贵仁，墨翟贵廉，关尹贵清，子列子贵虚，陈骈贵齐，阳生贵己，孙膑贵势，王廖贵先，儿良贵后。有金鼓，所以一耳也；同法令，所以一心也；智者不得巧，愚者不得拙，所以一众也；勇者不得先，惧者不得后，所以一力也。故一则治，异则乱；一则安，异则危；夫能齐万不同，愚智工拙

皆尽力竭能，如出乎一穴者，其唯圣人矣乎！（《不二》）

《吕氏春秋》用"贵"字，显见其吸纳、平和的立场，也因此包容老耽、孔子、墨翟、关尹、子列子、陈骈、阳生、孙膑、王廖、儿良的思想的"有限"。在《吕氏春秋》看来，"物固莫不有长，莫不有短"，以文纳众长的立场"贵"百家之说，是试图以"大"包容诸多"一隅""一偏"的"有限"，而成就"无限"。

《不二》所说的"一"是"大一"，是包容"愚智工拙"之"万"的，可以使"万""如出乎一穴"，故不需要消解百家中的所谓矛盾。它不是消除或泯灭某一个，或用某一个杀死另一个，也不是扬一抑十。它虽由诸多的或愚或智、或工或拙组成，但不是"多"或"万"（或"两行"），而是整体性、系统性的"大一"。《吕氏春秋》的这一立场与"一"的辩证意义密切相关。

《吕氏春秋》的这一包容立场与《荀子·解蔽篇》的批评显然是不同的。《荀子·解蔽篇》曰：

> 墨子蔽于用而不知文，宋子蔽于欲而不知得，慎子蔽于法而不知贤，申子蔽于执而不知知，惠子蔽于辞而不知实，庄子蔽于天而不知人……故由用谓之道，尽利矣；由欲谓之道，尽嗛矣；由法谓之道，尽数矣；由执谓之道，尽便矣；由辞谓之道，尽论矣；由天谓之道，尽因矣：此数具者，皆道之一隅也。夫道者，体常而尽变，一隅不足以举之。曲知之人，观于道之一隅而未之能识也，故以为足而饰之，内以自乱，外以惑人，上以蔽下，下以蔽上。此蔽塞之祸也。

《荀子·解蔽篇》强调诸子认识的有限性，认为墨子、宋子、慎子、申子、惠子和庄子等人或偏于或用（利）、或欲（嗛）、或法（术）、或执（便）、或辞（论）或天（因），而"观于道之一隅"。《荀子·解蔽篇》强调的是诸子之"蔽"与"偏"，重在批评。

而《吕氏春秋》认为人的有限的认识，所谓"一偏"相对而言也是"一长"。它说："物固莫不有长，莫不有短，人亦然"。对于诸子的"偏"（"有限"）或"对立"不是简单的调和、折中或消灭，而是由《吕氏春秋》的

“贵”和“大”包容，在“一”之下被化解。

从这一角度来说《吕氏春秋》的“太一”还可以理解为“大一”，大至可容万物，无限是由众多有限汇成的，如它说：“天地至大矣，至众矣，将奚不有为也？而无以为。为矣，而无以为之。”《吕氏春秋》的“一”是由“多”组成和呈现的，但它是“一”，而不是“多”。

可见《吕氏春秋》这一整体包容的立场也与庄子不同。《庄子·天下篇》说：

> 天下大乱，贤圣不明，道德不一，天下多得一察焉以自好。譬如耳目鼻口，皆有所明，不能相通。犹百家众技也，皆有所长，时有所用。虽然，不该不遍，一曲之士也……天下之人各为其所欲焉以自为方。悲夫，百家往而不反，必不合矣！后世之学者，不幸不见天地之纯，古人之大体，道术将为天下裂。

《庄子》批评诸子的“一察”“一曲”，认为“百家往而不返，必不合矣”，强调的是“道术将为天下裂”。

《吕氏春秋》虽然也认为人与物“莫不有短”，但从《吕氏春秋》的观点来看，庄、荀所谓各家“一察”“一曲”或“一隅”之所以是“偏”，是因为被当作唯一、固定的观点和方法，故而是孤立僵化的。“一察”“一曲”或“一隅”的“偏”或“短”，在《吕氏春秋》的整体性的“大一”中，可以“齐万不同”，使“万”“如出乎一穴”，那么“愚智工拙”皆可“尽力竭能”，都能成为“长”。

更具体地说，《吕氏春秋》谋求的是由“广大、众多、长久”的途径，达到“物之成”的目的。《吕氏春秋》虽在着重现实事功方面与《荀子·非十二子》有相同之处，但荀子强调的是“不足以合文通治”（它嚣、魏牟）、“不足以合大众，明大分”（陈仲、史䲡）、“不知一天下、建国家之权称”（墨翟、宋钘）、“不可以经国定分”（慎到、田骈）、“多事而寡功，不可以为治纲纪”（惠施、邓析）的批评，而《吕氏春秋》强调的是诸子之“贵”认为他们各有所长，各有所用。《吕氏春秋》主张“假人之长，以补其短”，“天下无粹白之狐，而有粹白之裘，取之众白也”。诚如钱穆先生所说，如果“不能尽广大之量，则彼此之间不能无异同，仅足以相争，而不足以相胜，各有所见，亦各有所弊，各有所长，亦各有所短"。

综上所论，《吕氏春秋》所说的"一"，强调的是"一"（大一）在立场上的绝对性，但同时也并不妨碍具体方法的相对性。对于诸多有限、片面的纷杂和冲突，如何可以"得而具"，如何使"是非可不可无所遁"，既需要"无限"的"道"（"一"）的抽象理念也需要具体的"有限"，这是《吕氏春秋》"其大无外，其小无内，谓之至贵"的意旨。对于诸子百家的思想要"见""天地之纯，古人之大体"，强调诸子百家之说在此"见"之下均各有其功用，并且可以合而为"一"，同时也就把义理与事功合为一体（与荀子相似，但同后来的李斯的对事理的排斥成为对比），从而兼顾了"理"与"事"。《吕氏春秋》这一立场显示了与荀子、庄子的互异，而与汉儒有着相同之处。

4．"离事言理"与"以事言理"

汉代司马迁《史记·太史公自序·论六家之要指》曰：

易大传："天下一致而百虑，同归而殊涂"，夫阴阳、儒、墨、名、法、道德，此务为治者也，直所从言之异路，有省不省耳。

刘向、刘歆《诸子略》为《汉书·艺文志》之所本，其曰：

诸子十家，其言虽殊，辟犹水火，相灭亦相生也。仁之与义，敬之与和，相反而皆相成也。《易》曰："天下同归而殊途，一致而百虑。"今异家者各推所长，穷知究虑，以明其指，虽有蔽短，合其要归，亦《六经》之支与流裔。使其人遭明王圣主，得其所折中，皆股肱之材已。

诸子……皆起于王道既微，诸侯力政……蜂出并作，各引一端……虽有蔽短，合其要归，亦《六经》之支与流裔……若能修六艺之术。而观此九家之言，舍短取长，则可以通万方之略矣。

汉儒说诸子之学各有所长，各有所短，"相反而皆相成"，既相互对立，又相互补充，同时认为"舍短取长，则可以通万方之略"。虽然据此难以说明司马迁和刘向、刘歆父子的以历史事理为主的汉代儒学就是受了《吕氏春秋》的影响，但是从《吕氏春秋》和汉儒对诸子的态度和立场来看，都是既认同诸子之义理又兼顾事势与事理。不过汉儒引《易》曰："天下同归而殊途，一致而百虑"（庄子所谓"天地之纯，古人之大体"，《吕氏春秋》的"一"），并进一步明确指出诸子（后起学术）与六艺（古代文化）的关系，而六艺是理与事兼顾的事理思想，事理思想也是古代中华文化发展延续一体的要素。《吕氏春秋》书中也引《易》曰："复自道，何其咎，吉。"这是出于对"道"的体认，是与汉儒相通的。有趣的是，可以将上引《史记》《诸子略》诸条作为《吕氏春秋》对诸子思想的《不二》篇的一种详解。不妨再把《吕氏春秋》对待诸子思想的《不二》篇兹录如下：

老聃贵柔，孔子贵仁，墨翟贵廉，关尹贵清，子列子贵虚，陈骈贵齐，阳生贵己，孙膑贵势，王廖贵先，儿良贵后。有金鼓，所以一耳也；同法令，所以一心也；智者不得巧，愚者不得拙，所以一众也；勇者不得先，惧者不得后，所以一力也。故一则治，异则乱；一则安，异则危；夫能齐万不同，愚智工拙皆尽力竭能，如出乎一穴者，其唯圣人矣乎！（《不二》）

从中不难看出《吕氏春秋》的《不二》篇与《史记》《诸子略》的关联。

虽然汉儒是以承继孔子《春秋》为旨趣（如司马迁是以司马谈遗嘱承继孔子《春秋》为旨归，《太史公自序》曰："幽厉之后，王道缺，礼乐衰，孔子修旧起废，论诗书，作春秋，则学者至今则之。自获麟以来四百有余岁，而诸侯相兼，史记放绝。"），但不能就此否认《吕氏春秋》与汉代儒学有着渊源或影响的关系，《吕氏春秋》是战国诸子"离事言理""徒托空言"向汉代儒学"以事言理"转型发展中关键的一环。

距《吕氏春秋》成书十几年的陆贾（公元前240年—公元前170年）有"粗述存亡之征"（《史记·郦生陆贾列传》）的《新语》和"记录时功"（《后汉书·班彪传》）的《楚汉春秋》，陆贾认为历史"乃去事之戒，来事之师也"（《新语·至德》），《春秋》是"追至去事，以正来世"（《新语·本行》），"善言古者合之于今，能言远者考之于近"（《新语·术事》）。这与《吕氏春秋》以史为鉴以事言理的立场是相同的。另外对汉代思想文化学术演变有很大影响的贾谊，在《过秦论》中说："是以君子为国，观之上古，验之当世；参以人事，察盛衰之理，审权势之宜；去就有序，变化优势；故旷日长久，而社稷安矣。"这与上文所论《吕氏春秋》的兼顾义理、事势、事理的思想如出一辙。

而司马迁更是把"究天人之际，通古今之变，成一家之言"作为《史记》之大旨。虽然如后人所论，"吕氏之书，盖司马迁之所取法也。十二本纪仿其十二月纪，八书仿其八览，七十列传仿其六论，亦微有所以折中之也"，但《吕氏春秋》对《史记》的影响远不止在"体裁"上，而更重要的是本文所论及的《吕氏春秋》所具有的"载之空言，不如见之于行事之深切著明"的古代中华文化"事理思想"的影响。

汉儒是以事理之学为核心，是由战国诸子"离事言理"转向不单纯"徒托空言"而"以事言理"。简而论之，汉代的儒学是经学，而经学即是史学，史学则是超越了"离事言理"的哲学。冯友兰说："在中国的哲学里，历史哲学，汉代可以说是最发达"，而《吕氏春秋》在中国思想发展史中有着不可或缺的地位，它是由先秦诸子"离事言理"向汉代儒学"以事言理"转型发展中的关键一环。《吕氏春秋》对于汉代儒学所具有的影响或渊源，表明中国思想的发展不是中绝、中断性的，而是连贯性的发展。

（二）《吕氏春秋》的事理思想

《吕氏春秋》包罗万象，涉及政治、哲学、伦理、教育、逻辑、语言、心理、音乐、军事、农业、养生等各领域的问题。但概括地说，无非是自然、社会、个人的行事三方面及其相互关系的问题，这都是人类的反思对象。《吕氏春秋》对历史的诠释、反思所得的治国理念，不仅有人事经验的基础，同时也具有形而上学的内涵。

《吕氏春秋·序意》说："凡十二纪者，所以纪治乱存亡也，所以知寿夭吉凶也。上揆之天，下验之地，中审之人，若此则是非可不可无所遁矣。"正是要超越"天"（可以理解为时间）、"地"（空间，地域）、"人"（人众），力图有超时代、超地域的价值，而不随着时间的流逝或历史的变迁而消亡或过时，不为一时一地所局限，而是要随着人的存在而存在，从而使一切历史或现实、"是非可不可"都"无所遁"。

"是非可不可无所遁"是《吕氏春秋》的意旨。吕不韦将其书"号曰《吕氏春秋》"，可能表明了吕不韦把深刻的哲理深蕴在叙事的背后和寄寓在历史过程的叙述中的意图。尽管《吕氏春秋》全书所论之事，上至天文，下至地理，小至人的生死荣辱、立身处世，大至社会政治的体制运作，但《吕氏春秋》并不是以囊括具体的万物万事而达到"是非可不可无所遁"的意旨的。

1.《吕氏春秋》号曰"春秋"的意旨

西方以"唯理"，以正反绝对对立"不能容中"的思维方式为传统，如"天国"与"人间"的极端对立，"god"与"devil"不可相容。在西方，把视野从永恒的理念范畴转到变化多端的历史领域，是黑格尔的历史哲学，因此有人认为黑格尔是历史主义的先河。黑格尔说柏拉图发明了辩证法："柏拉图运用辩证法以指出一切固定的知性规定的有限性。他从一推演出多，但仍然指出多之所以为多，复只能规定为一。"黑格尔"根本改变了关于概念只是抽象共相的传统观念，提出了关于具体共相或具体概念（或称对立统一、具体的普遍）的学说"。"这个概念本身是不能以感性来直观和表象的，它只是思维的对象、产物和内容，是自在自为的事情，是 logos，是存在的东西的理性，是带着事物之名的东西的真理；它是应该放在逻辑学之外的 logos"。

在西方 19 世纪末 20 世纪初兴起的历史主义的基本想法是：人类文化的一切内容（人文），包括人的思想、行为的本质、目的、意义、效应、价值和限度等等，都是人在特定的时间和空间中产生而存在的——历史的产品和历史的存在，因此，都要在历史中去理解。这种想法，看起来简单，却是西方现代文化中兴起的现代文化意识。历史主义不仅是一种历史知识理论或历史社会科学方法论，而且是现代人对真实的理解一个决定性的转折点——是经过数百年历史的发展所产生的对世界的特有的现代观念，是现代思想的基础。

在"中国传统文化中，历史是众学之母"。《春秋》是纪年记事的史书，司马迁在《史记·太史公自序》中记壶遂问："昔孔子何为而作《春秋》哉？"史公作答时，引子曰："我欲载之空言，不如见之于行事之深切著明也。"并借题发挥说：

> 夫《春秋》，上明三王之道，下辨人事之纪，别嫌疑，明是非，定犹豫，善善恶恶，贤贤贱不肖，存亡国，继绝世，补敝起废，王道之大者也。

> 《春秋》文成数万，其指数千，万物之散聚，皆在《春秋》。故有国者不可以不知《春秋》……为人臣者不可以不知春秋，守经事而不知其宜，遭变事而不知其权。

在《史记·十二诸侯年表》中司马迁也说，

> 鲁君子左丘明惧弟子人人异端，各安其意，失其真，故因孔子史记具论其语，成左氏春秋。铎椒为楚威王传，为王不能尽观春秋，采取成败，卒四十章，为铎氏微。赵孝成王时，其相虞卿上采春秋，下观近势，亦著八篇，为虞氏春秋。吕不韦者，秦庄襄王相，亦上观尚古，删拾春秋，集六国时事，以为八览、六论、十二纪，为《吕氏春秋》。及如荀卿、孟子、公孙固、韩非之徒，各往往捃摭春秋之文以著书，不同胜纪。

司马迁认为孔子著《春秋》，实际上是借编撰史书来表明自己的政治主张；孔子之后，左丘明左氏春秋，铎椒铎氏微，虞卿虞氏春秋，吕不韦等都有这种意识。司马迁在《史记·高祖功臣侯者年表第六》亦说：

> 居今之世，志古之道，所以自镜也，未必尽同。帝王者各殊礼而异务，要以成功为统纪，岂可绲乎？

这是司马迁对历史和《春秋》以事言理思想的深刻体悟与阐发。《史记·太史公自序》中说"诗书隐约者，欲遂其志之思也"，索隐案曰："谓其意隐微而言约也；正义诗、书隐微而约省者，迁深唯欲依其隐约而成其志意也。"《汉书》所说的"易本隐以之显，春秋推见以知微"也是此意。

吕不韦将其书命名为"春秋"，可能确有把深刻的哲理蕴藏在历史过程的叙述中的企图。司马迁在《史记·太史公自序》和《报任安书》中曾两次提到"不韦迁蜀，世传吕览"，并将《吕览》与《周易》《春秋》《离骚》《国语》《孙子兵法》《韩非子·说难》《诗三百篇》等并称为"大抵贤圣发愤之所为作也。此人皆意有所郁结，不得通其道也，故述往事，思来者"（《史记·太史公自序》）。这是司马迁对《吕氏春秋》有类于《春秋》"微言大义""诗书隐约"之"欲遂其志"的体察，也表明司马迁认为《吕氏春秋》是以"以事（历史）言理"为其意旨，和对《吕氏春秋》承继《春秋》"微言大义"意识的认同。刘向在《新序》《说苑》中多次称引《吕氏春秋》，而且在奏疏中明引暗用《吕氏春秋》的词句，如《谏起昌陵书》中说："秦相吕不韦，集智略之士而造《春秋》，以言薄葬之意，皆明于事情者也。"《文选·杨德祖答临淄侯笺》注引桓谭《新论》说"秦相吕不韦请迎高妙作《吕氏春秋》……而莫能有变易者，乃其事约艳、体具而言微也"，这是汉儒以事理之学的历史思维对《吕氏春秋》事理思想的理解和认同。

从《吕氏春秋》来看，《序意》说："凡十二纪者，所以纪治乱存亡也，所以知寿夭吉凶也。上揆之天，下验之地，中审之人，若此则是非可不可无所遁矣。"流露了《吕氏春秋》试图包罗万象、"以为备天地万物古今之事"（《史记·吕不韦列传》）的意向。而《吕氏春秋》"所以纪治乱存亡""所以知寿夭吉凶"是在人事与历史中探究的，在《吕氏春秋》中，但凡贵生适欲、君道臣节、刑德赏罚、尊师劝学、节葬制乐、求贤用众、荡兵振乱、谨听审应、正名审分、去宥察传、贵公去私、务大慎小、重农任地、直谏达郁、首时不广、贵信忠廉等等不胜枚举。

虽然，《吕氏春秋》试图以十二纪、八览、六论包揽人世万象，并在形式上自成系统，但是仍然给后人留下驳杂无序的口实而遭诟病："杂家之书……六论盖绪余，故杂乱复重，每篇义类兼不贯，盖其每立一义，必引事以明之，引事既已又论其事，或支出他义，如是者多，岂抄取他书失于删削耶，抑其简多错乱佚脱，连贯之迹不明耶。"（清·刘咸炘《读诸子杂家》）汪中《述学补遗》也说，《吕氏春秋》有"抵牾者"：《振乱》《禁塞》《大乐》三篇以墨子非攻救宋及非乐为过，而《当染》篇全取墨子，《应言》篇司马喜事则深重墨之学。根据王范之的考查，与墨者相抵牾者，除《振乱》《禁塞》两篇外，还有《荡兵》主"义兵"，《怀宠》主攻伐寝兵，都与"非攻""救守"相反对。更不乏论者斥其为"折衷主义"，认定该书不仅丧失了先秦哲学的独创精神，而且内容重复，往往互相抵牾。

其实在《吕氏春秋》的系统中，《吕氏春秋》并无意消解所谓的"驳杂""矛盾"，或诸子百家的思想冲突、托古与反古的矛盾等等。所谓"矛盾"与"抵牾者"，只是《吕氏春秋》的皮相。因为"文信侯本自以其书为史也"，尤其《吕氏春秋》的十二纪，以囊括万物的时间序列为篇题，显示了《吕氏春秋》试图以容纳一切的"时间"包罗万象的企图。在"时间"中，并不需要没有差异、矛盾甚或对立，或者说春、夏、秋、冬四季本身就是"冲突""对立"和"不相容"，但是在"一年"的"时间"中又是和谐统一的，寒暑成岁时是天经地义的，也因此构成自然世界的和谐。

十二纪纪首将春生、夏长、秋收、冬藏的自然法则运用到思想的配置中，使诸子思想并行不悖，颇受古今学者关注，也有学者进一步指出《吕氏春秋》以十二纪月令为架构的思想融合只是形式上的融合。但这却足以说明《吕氏春秋》对时间序列的重视，"时间"或历史意识是《吕氏春秋》架构整体的一个非常重要的取向。因为"时间"可以包容天地万物，而诸子百家思想只是万物中的一部分，诸子思想的不同也有如四时彼此间的差异一样，在《吕氏春秋》的十二纪的"整体"（"大一"）中，达成"众异，则万物备矣"的结果。

八览六论虽没有这样的形式体例可以支持诸子思想的兼容并蓄，但是其"八""六"之数也充分显示了《吕氏春秋》包揽天地万物、众生百态的意图。从今存六十三篇的八览和三十六篇的六论来看，也主要是以"人"和"事"或"事理"为中心展开的。如熊铁基先生就认为八览是供君主阅览的，主要讲君主应该注意什么，做什么和怎样做。洪家义先生认为六论内容是与"地"相应的，认为《吕氏春秋》的"事理隐藏在现象的背后，处在现象的深层或底层"。

冯友兰在《吕氏春秋集释序》中说："此书不名曰吕子，而名曰《吕氏春秋》，盖文信侯本自以其书为史也。"钱穆先生的《国学概论》从历史发展的立场，考古书所谓"经"义（"经"者，对传与说而言之，乃纲纪之言）时曾说，《吕氏春秋》肇立十二纪，纪即"经"也，所以纪综群篇；曰八览，览，揽也，所以总揽；曰六论，所以经纶先秦诸子众说。梁启超更称《吕氏春秋》"实类书之祖，后世《艺文类聚》，《太平御览》，《永乐大典》等，其编纂之方法及体裁，皆本于此"。王利器先生也说："《史记·十二诸侯年表》以孔子之修《春秋》，与吕不韦之为《吕氏春秋》相提并论，于学术源流，大有关系。一则以《吕氏春秋》比义孔子之修《春秋》，即以《十二纪》之治历明时，比义《春秋》之书'春王正月'，此大一统之义法也。"

无论梁启超所说"类书之祖"，还是钱穆先生说《吕氏春秋》称"纪""览""论"，犹称"经"也，抑或冯友兰的"以其书为史"，都从不同的侧面揭示了《吕氏春秋》以事言理的倾向，和《吕氏春秋》在万象纷纭、千变万化的历史与人事现象背后蕴涵有深层的事理取向。

《吕氏春秋》"鉴远而体周"，"其为书时寓规讽之旨，求其一言近于揣合而无有"，《四库总目提要》说《吕氏春秋》"较诸子之言，独为醇正……多引六籍之文与孔子曾子之言……其持论颇为不苟"，也都不同程度地表述了《吕氏春秋》以事言理的思想倾向。章学诚则明确说："《吕氏春秋》以春秋家言，而兼存典章者也，当互见于《春秋》《尚书》，而猥次于杂家，亦错误也……古者春秋家言……诸家著书往往以春秋为独见心裁之总名……吕不韦之书，虽非依经而文，而崇仰获麟之意……吕氏之书，司马迁之所取法也……名曰《春秋》，则吕氏犹较虞卿《晏子春秋》为合度也。"

《吕氏春秋》的实用和功利的特点一向被学界重视，权衡和考量是否"贵生""重己"，在以符合"利生"的前提下，着重人生务实所带来的功效。但《吕氏春秋》这种实用性和功利性以及它的借用历史经验论道的行文作风，并不能以此否认或抹杀它的哲理底蕴和它对永恒不变的"道"的深刻认知和宿求。这可能正是学界试图从诸子中寻找《吕氏春秋》思想源头的原因。诚如陈师所言，中国古代思想家的著作多为经世救时之作，在政治、经济、社会、道德、伦常上富有实用价值，但并不能因其富有实用价值而否认它们的较深厚的知识内涵和较高明的纯理精神。

2.《吕氏春秋》的"事"与"理"

在《吕氏春秋》中，随处可以看到它引用历史或与其同时代的具体事例为论说佐证，以及它对历史事件的反省。根据田凤台先生的统计，全书一百六十篇，扣除十二纪纪首与《序意》不论，其余一百四十七篇中没有引用事例为证的只有三十三篇，也就是说，《吕氏春秋》援引事例的比率高达八成之多。另据统计，全书载录完整故事三百四十余则，寓言二百八十三余首。《吕氏春秋》所援引的事例无论是历史事件抑或是历史故事、寓言或传说，都表明了《吕氏春秋》以事言理的意图。

《吕氏春秋》十二纪纪首用阴阳五行说为经纬，作为其理论的框架和体系，把自然界和社会中的一切事物举凡天文律历、宗族风俗、生物变化、农桑渔牧以及衣食住行包罗容纳。阐明四季十二月的天文、历象、物候等自然现象，旨叙十二月政治所行，天子每月在衣食住行等方面应遵守的规定，以及为顺应时气在郊庙祭礼、礼乐征伐、农事活动等方面应发布的政令，要求天子行事制令要"无变天之道，无绝地之理，无乱人之纪"。《吕氏春秋》用十二月（季节符号）的形式固定每年、每月、每季的社会政事、祭祀、生产、生活等等，十二纪纪首所建构的准则不仅是具体、特殊的时间和空间规定，也兼有超越时空的意义。

又如在《吕氏春秋》八览《有始览》每篇之末，俱采用提纲挈领式手法，都有"解在乎"之句，然后铺陈于后，诸篇中"解在乎"云云所举某人某事皆详其实于另一篇。

《有始篇》有："解在乎天地之所以形，雷电之所以生，阴阳材物之精，人民禽兽之所安平。"其中一解后见于《尽数》；《应同》篇末云："解在乎史墨来而辍不袭卫，赵简子可谓知动静矣。"《去尤》末云："解在乎齐人之欲得金也，及秦墨者之相妒也。"《听言》云："解在乎白圭之非惠子也，公孙龙之说燕昭王以偃兵及应空洛之遇也。"《谨听》末云："解在乎胜书之说周公，可谓能听矣；齐桓公之见小臣稷，魏文侯之见田子方也，皆可谓能礼士矣。"《务本》云："解在郑君之问被瞻之义也，薄疑应卫嗣君以无重税"。《谕大》云："解在乎薄疑说卫嗣君以王术，杜赫说周昭文君以安天下，及匡章之难惠子以王齐王也”。

从《有始览》的这种提纲挈领式的手法可以看出，《吕氏春秋》不仅仅是停留在直观、孤立的事件的浅表层面就事论事，而是要从历史不同的兴衰治乱和深切著名的具体事例中，了解和疏通抽象的无限的真理（“一”“太一”“道”）。

《吕氏春秋》认为人对“道”的了解与把握要从感性直观开始，到知性的抽象规定（不变），再上升到理性的具体概念并用于具体的实践当中（变）。就是说“道”（“一”）是要用于指导具体的人事，而不是停留在玄思和“空言”的境地，是要将抽象的“道”付诸历史及现实人事的具体实施中，而不仅仅停留在“抽象的普遍”（即抽象的概念或“抽象的共相”）。简而言之是事（史）—事理（“知化”，一）—事的事理思想。《有始》篇说：

> 天地有始。天微以成，地塞以形，天地合和，生之大经也。以寒暑日月昼夜知之，以殊形殊能异宜说之。（《有始》）

《吕氏春秋》认为抽象之理蕴含在具体的百态之中，所谓的“抽象”的“大经”是在具体的万象百态中展现的。人“以寒暑日月昼夜知之”，从百态不一的人类活动的变迁中，可以找出（更确切地说是抽绎出）其间的共同法则（“一”“道”“太一”），从特殊中抽出普遍性，从有限中找到无限，从变动中找出不变。从认识方式的角度来说，要把握共同法则，不能停留在直观或表象的感知思维方式上，否则不可能“知一”，也不可能取得对世界的整体的看法，甚至也得不到真正理解某个个体事物的知识。《任数》有云：

> 耳目心智，其所以知识甚阙，其所以闻见甚浅。以浅阙博居天下，安殊俗，治万民，其说固不行。十里之间，而耳不能闻；帷墙之外，而目不能见；三亩之宫，而心不能知。其以东至开梧，南抚多颛，西服寿靡，北怀儋耳，若之何哉？（《任数》）

这是《吕氏春秋》对人仅仅停留在事物的直观表象，对人仅知“事”的嘲讽。它认为“耳目知巧固不足恃”，要“唯修其数行其理为可”，也就是要从“事”中总结出抽象的“理”“数”（“一”“道”“太一”）。如果只停留在孤立的没

《吕氏春秋》思想综述

有相互联系的现象的浅表层面，就只会"虽闻曷闻，虽见曷见，虽知曷知"。

固然《吕氏春秋》认为抽象的"理""数"（"一""道""太一"）极为重要，承认其相对的独立性，并说"世之所不足者，理义也"，但同时也认为人要在复杂多变、百态不一的具体的事势中权变地运用此"理"和"数"，适时恰当地融合事实与义理。《吕氏春秋》反对把"理""数"（"一""道""太一"）的相对独立性绝对化，否则仅仅"以理义斫削，神农、黄帝犹有可非，微独舜、汤……故以绳墨取木，则宫室不成矣"。《吕氏春秋》既强调"举错以数，取与遵理"，又要"动作当务，与时周旋"。又如《当务》称：

> 辨而不当论，信而不当理，勇而不当义，法而不当务，惑而乘骥也，狂而操吴干将也，大乱天下者，必此四者也。（《当务》）

同篇还举了遵"理"而悖于人事的极端例子：

> 纣之同母三人，其长曰微子启，其次曰中衍，其次曰受德。受德乃纣也，甚少矣。纣母之生微子启与中衍也，尚为妾，已而为妻而生纣。纣之父、纣之母欲置微子启以为太子，太史据法而争之曰："有妻之子，而不可置妾之子。"纣故为后。（《当务》）

太史"据法"，"立纣"，虽合于"理""法"，但是有悖于人事常理，《吕氏春秋》称之为"用法若此，不若无法"。吕氏春秋所说的"当务"，不但要合于"理""法"，还要适时适势适事地对具体、细微之事进行处置，也就是要明察利因何出，害因何生而采取相应的措施，而不是单单以"逻辑推演真理"的方式孤立、僵化和死板地固守"理"。《吕氏春秋》反对脱离背景，避开现实与理想间的矛盾而只依赖抽象概念的"离事言理"的方式，如在《离俗》中也讽喻到：

> 梦有壮子，白缟之冠，丹绩之祠。东布之衣，新素履，墨剑室，从而叱之，唾其面，惕然而寤，徒梦也。终夜坐不自快。明日，召其友而告之曰："吾少好勇，年六十而无所挫辱。今夜辱，吾将索其形，期得之则可，不得将死之。"每朝与其友俱立乎衢，三日不得，却而自歾。（《离俗》）

> 齐之好勇者，其一人居东郭，其一人居西郭。卒然相遇于途，曰："姑相饮

乎？"觞数行，曰："姑求肉乎？"一人曰："子肉也？我肉也？尚胡革求肉而为？于是具染而已。"因抽刀而相啖，至死而止。勇若此不若无勇。（《当务》）。

《吕氏春秋》用这些例子，都借以说明人不能避开现实与理想间的矛盾而不顾具体的实际情境追求纯理性，反对固化、僵死的，只依赖抽象概念的"离事言理"的方式。

3.《吕氏春秋》的超越理念

《吕氏春秋》所说的"理""数"（"一""道""太一"）是来自于人对万事万物的认识，是人总结得到的既抽象又包含着特殊与具体的真理，它不只是"抽象的共相"（概念），而且是"具体共相"（概念）。

上节所引《有始》篇说的"大经"，即是"理""数"（"一""太一""道"），它是在具体的万象百态中展现的，是人运用理性从"寒暑日月昼夜""殊形殊能异宜"等等相对、具体和有限中总结和抽象出来的；它所具有的"具体的共相"，也即是"众"之"殊形殊能异宜"都具有的共同点。

同时它也是人以"法天地"为宗旨，得到的同于天地的法则。最为典型的如十二纪纪首，强调必须依照节气时令的自然法则，规范人的各种行为，正如它所说："古之治身与天下者，必法天地。"正是因为这一由人抽象总结出来的法则同于天地之理，所以才是人应遵循的法则；人如果遵循"天地"之"道"，就可以达到像天地自然一样的长久。《有始》说：

天地万物，一人之身也，此之谓大同。众耳目鼻口也，众五谷寒暑也，此之谓众异。则万物备也。（《有始》）

冯友兰先生解释说天地万物的所谓"大同"又是"同中有异"的，是"众异"。"就'大同'方面说，一切事物可以说是'毕同'。就'众异'方面说，一切事物可以说是'毕异'"。"同"，古文作"同"，《说文解字》曰："同，合会业。从凡口。""凡，重复也。"清段玉裁注云："帱帐所以覆也。""口皆在所覆之下，是同之意也。"又："口"，古文作"口"。《说文解字》曰："口，人所以言食也。"段玉裁注云："言语、饮食两大耑；舌下亦曰口所以言别味也。"由此可见，"同"的本意就包含"异"的因子，把所有的"异"容纳而成为一个"整体"。"大同"和"众异"也可以理解为抽象的"一"与具体的"一"（"一般"与"个别""共相"与"殊相"），以及"抽象的共相"和"具体的共相"的关系。

《吕氏春秋》所说的"理""数"（"一""太一""道"），从时间方面来讲，它是超越一切历史、时代拘囿和道德判断，不局限于某个具体的时代，具有永恒性；从空间而言，是可以超越一切地域，不局限于某些具体的人众，具有普遍性。这是它的抽象的一面。同时它不仅仅是"抽象的普遍"，而且是"具体的普遍"，是一种在历史和动态中，以调和具体与抽象的方式去分析解决人的认识与现实问题的方法和立场，既要在"变"中体察和把握"不变"，又要知"不变"之"变"。

因此，《吕氏春秋》不但从认知层面，而且在行事操作层面的目的与方法上也尤为注重"知一"而"执一"。如果说在认知层面要把握"一"的"简易""变易"与"不易"这三方面的话，那么在具体的行事中就要注重"不易"的权变，这种权变是方法上的"变"和立场上的"不变"。

简而言之，是《吕氏春秋》所说的"贵当"（处事立场上的不变与作为中的权变）。陈奇猷解释"贵当"云："贵当者，贵行事而当其道也"，"择务，当而处之"。体察与把握"变"之"不变"，同时又要呼应"不变"之"变"，而不是简单僵化地墨守成规。从经验引出原则、观念，并使之适应现实，而不以主观强迫现实符合和适应所谓的"原则和观念"，而要参照现实中的时、势、情。既要有原则又无定法，要与时俱化，以动态的客观现实作为判断是非的标准。《吕氏春秋》因而说：

是故有天下七十一圣，其法皆不同。非务相反也，时势异也。（《察今》）

夫欲立功者，岂得仲绳哉？（《举难》）

道德……无讠无訾，一龙一蛇，与时俱化，而无肯专为；一上一下，以禾为量。（《必己》引用庄子之语）

《吕氏春秋》认为这样为国持身，则为得道。这也是《吕氏春秋》极为重视"本"的思想基础。《吕氏春秋》在《务本》等篇反复阐说着"知本""务本"的道理。如《本味》篇言："功名之立，由事之本也，得贤之化也。"《行论》称："凡事之本在人主。"《用众》称："凡君之所以立，出乎众也。立已定而舍其众，是得其末而失其本。得其末而失其本，不闻安居。"《孝行》："凡为天下，治国家，必务本而后末。所谓本者，非耕耘种植之谓，务其人也。务其人，非贫而富之，寡而众之，务其本也。务本莫贵于孝。"另外，《尽数》篇以"察阴阳之宜，辨万物之利"为"便生"之本，《先己》篇以"治身"为"凡事之本"。虽然它所说的"本"，因讨论的问题和针对的对象不同而有不同的内涵，是根据具体问题、实际情况而下的论断，但《吕氏春秋》对"本"的这种理解，也正反映了《吕氏春秋》基于对"一"的体悟而在现实中灵活运用的倾向。它说：

故凡能全国完身者，其唯知长短赢绌之化邪。（《执一》）

执一者至贵也，至贵者无敌。（《为欲》）

在《吕氏春秋》看来，天地自然万物、万象百态人生，所有发生之事都有其产生的道理，"皆有以"，有"自"，并因此要为事物的由来、发展、走向寻求理由和原因。它在很多篇章中阐明这一观点，如：

凡物之然也，必有故。而不知其故，虽当与不知同，其卒必困。先王、名士、达师之所以过俗者，以其知也。水出于山而走于海，水非恶山而欲海也，高下使之然也。稼生于野而藏于仓，稼非有欲也，人皆以之也。（《审己》）

剑不徒断，车不自行，或使之也。（《用民》）

凡国之存也，主之安也，必有以也。不知所以，虽存必亡，虽安必危。所以不可不论也。（《直谏》）

《吕氏春秋》试图解释即便是天地之运行也是"或有使之者"，"春气至则草木产，秋气至则草木落。产与落，或使之，非自然也。故使之者至，物无不为；使之者不至，物无可为。古之人审其所以使，故物莫不为用"。

它认为万事万物的由来与发展，都是"非自然也"，并不是自然而然就如此的，无论是用历史事实证明抑或是用推理分析，"圣人上知千岁，下知千岁，

非意之也，盖有自云也"。虽然万事万物各有其"自"，《吕氏春秋》认为是"势使之"然，故而重要的是要"审其所以使"，从而达到"莫不为用"的目的。

《吕氏春秋》这种基于从现实的情势中理解事实为立场，把握义理、事势、事理间的互动，与现代西方的历史主义着眼于实在的人的经验世界认知证实事物的立场有着异曲同工之处。《吕氏春秋》注重"理""数"，认为不能仅仅知道有限、孤立之物，不能局限在感性与经验上的狭隘，而应当洞察、推概和总结异中之同，同时又不能陷入简单、僵化与绝对的巢穴，或停留在空洞的玄想的"数""理"层面，而强调在现实中的权变之"术"。在《吕氏春秋》看来，一切真实存在的事物（"理""数"）都是具体的，根据这一原则，任何正确的"术"，只能是具体的"术"，符合实际的"术"，但"术"万变不离"数""理"。故而《吕氏春秋》有在"大一"之下的各个相对甚或矛盾和对立，或者称之为事理思想通变的多元。

故人主之性，莫过乎所疑，而过于其所不疑；不过乎所不知，而过于其所以知。故虽不疑，虽已知，必察之以法，揆之以量，验之以数。若此则是非无所失，而举措无所过矣。（《谨听》）

可见《吕氏春秋》反对固化的"知性"，注重"理性"，既承认绝对又不否认相对，既反对绝对又不仅仅停留在相对的层面，体常而尽变。《吕氏春秋》有在"大一"之下的多个相对，在《吕氏春秋》看来"一"（道）既是抽象的又是具体的，它认为"一"是亘古不变的，而人对此亘古不变的"一"的真正之知是在人事现实中把握其变化莫测，并以此作为立场与方法，在实际中应对各种互不兼容的绝对。这种立场可以看成是"历史主义"的立场。"历史主义"不是认为一切绝对的都是相对的，而是认为一种绝对的在实际上是相对于另一种绝对的，因此，在事实上可以容纳许多在范畴上不同的甚至互不兼容的绝对范畴的界定指标。这种用意和立场不是相对的，而是绝对的，但是这种绝对仍然不是范畴性绝对的，而是在事实上的用意和立场。

《吕氏春秋》认为人的认识由于受到空间和时间的局限是有限的，而世界不但万象纷纭，而且变化无穷，作为解决这一困境的方法需要执一而应万，"唯修其数行其理为可"。人需要"知一"——知抽象之"数""理"，而真正的"知一"而"执一"是见诸行事而达道——在万象纷纭的人事中应乎"一"（"数""理"）的千变万化：

> 凡智之贵也，贵知化也。（《知化》）

> 智短则不知化，不知化者举自危。（《骄恣》）

> 危困之道，身死国亡，在于不先知化也。（《知化》）

"一"是抽象的又是具体的，是从"知性"上升到"理性"，"抽象"落实到"具体"，是一种力图从运动、发展和全面中把握"一"（"道"），并在现实中使"一"（"道"）对象化、并使之变成现实的东西。因此在实际中可以应对各种互不兼容的绝对性的思想、信仰和价值对人形成的困惑和困境。

如果说"哲学"所企求的是永恒不变的真理，那么《吕氏春秋》所祈望达到的"是非可不可无所遁"的目的是以人及人的历史为思考的基点和核心，系统、辩证和深刻地而不是零碎、刻板、肤浅地表达出对于宇宙、社会和人生的观察和思考，并具有广阔的时间及空间的包容量，是具体的但又具有共时性，也就是超越了具体的时间和空间。《吕氏春秋·谨听》引《周箴》曰："夫自念斯学，德未暮。"又《务本》引《易》曰："复自道，何其咎，吉。"《序意》所云："凡十二纪者，所以纪治乱存亡也，所以知寿夭吉凶也。上揆之天，下验之地，中审之人，若此则是非可不可无所遁矣。"都表明了《吕氏春秋》言事而不离道的思想底蕴。《吕氏春秋》对历史的诠释、反思所得的治国理念，不仅有人事经验的基础，同时也具有形而上学的内涵，体现了中国古代独特的事理思想，也是黑格尔"历史哲学"的精华。

负荆请罪

《吕氏春秋》意识到任何历史事件或经验均受惠并受制于特定的空间和时

间的局限，认为万事万物"皆有自"。历史和现实是在特定的空间运行的，清晰的时间意识和真切的空间意识是人经历和体悟历史的基点，社会、宇宙都是人的立场下的历史。《吕氏春秋》虽然有以功利性的"谋物之成"为目的，但是认为只有"法天地"之道才能"长久"，这是《吕氏春秋》在现实与理想间的最大的权衡。《吕氏春秋》的这一以人的现实与功利为基点的立场是中国古代思想史发展中非常关键的一环，是古代先哲在认识论问题上自觉反思的选择结果。

二、《吕氏春秋》的思想构成

《吕氏春秋》是一部奇书，与它的前人及同时代学者的著作相比，无论在内容上还是在形式上，都有自己的独到之处。要而言之，内容与形式上各有两大特色。

从思想内容方面说，首先它能够以积极客观的态度对待先秦的文化遗产，自觉地公开地申明要采集诸家之所长，超出学派门户之成见，力图吸收和包容各家学说中在它看来有价值的成分，并把它们归集在一起。它这样做的根本推动力来自时代的潮流。战国后期，全国政治形势明显地趋向统一，割据称雄的时代已渐过去。与此相适应，文化上也由分裂的状态向汇合的方向演变。在争鸣中涌现出的百家，在争鸣的同时加强了彼此间的相互吸收与融合。各家各派的学说，同早期的情况相比，都已经杂而不纯。例如，带有总结性质的《荀子》，虽师法仲尼，实际上与孔子的"天命仁学"已相距甚远，它主张法制，反对神鬼，热心辩察，可以说它是兼儒法、合道墨；《韩非子》熔法、术、势于一炉，同时也吸收了老子的思想；后期墨家的墨经六篇，抛弃了墨子的天鬼思想，对于惠施、公孙龙的辩学做了纠正和吸收；邹衍之徒所发挥的阴阳五行学说中，有儒、老及原始五行说等多种成分；《易传》出于儒家后学之手，而其中有着老子天道观的深刻影响。《庄子·天下》篇已经意识到百家之学皆有其长又有其短，故能采取超然诸子的立场来评论诸子。但是，并非人人都能客

观地对待别人的学术成果。长期以来，各家之间争辩相当激烈，自是而相非，"皆以其有为不可加矣"（《庄子·天下》）。如孟之非杨、墨，墨、庄之非儒，其言词都很尖刻偏激，所造成的极深的门户成见，难以迅速消除。即使到了战国末期的荀子也难免此种弊端。他接受辩察之学，却攻击墨子，惠施；他借重法治以补充德治，却呵骂慎到、田骈；在他眼中，甚至孟子、于思也毫无是处，只有他所效法的孔子才是一无所蔽的圣人。这种态度不能说是很客观的。《吕氏春秋》则不然，它能以较为自觉的态度跟随时代前进和文化发展的潮流，非但不拘泥于一个学派，而且有意识地要破除学派的成见。在这个问题上它比《庄子·天下》的认识更明确，不光有认识，还在书中切实加以体现。

《吕氏春秋》着眼于诸子的长处。《不二》篇说：

老耽贵柔，孔子贵仁，墨翟贵廉［兼］，关尹贵清，子列子贵虚，陈骈贵齐，阳生贵己，孙膑贵势，王廖贵先，儿良贵后。此十人者，皆天下之豪士也。

《吕氏春秋》认为，以上十家学说虽不能单独治国，但各有自己的优点，诸子都是出类拔萃的人物。《观表》篇还以相马为例，列举古代十位相马专家，有的相口齿，有的相面颊，有的相目，有的相胸，有的相股……他们相马的着眼点不同，却都能由此入手断知马的体性，"凡此十人者，皆天下之良工也"。推而广之，任何事物任何人都有长处和缺点，人们应当博采众长，使真理更加完备。《用众》说：

物固莫不有长，莫不有短，人亦然。故善学者，假人之长，以补其短……虽桀纣犹有可畏可取者，而况于贤者乎？

天下无粹白之狐，而有粹白之裘，取之众白也。

在那个众恶归于桀纣、诸子舌战未息的时代，《吕氏春秋》采取这种态度要算是相当客观的了。《墨子·亲士》篇早就说过："江河之水，非一水之源也；千镒之裘，非一狐之白也。"《吕氏春秋》将这一真理的否定命题发展为肯定命题，并且作为自己行动的重要原则。有人据吕书关于裁剪众狐之白以拼接白裘的比喻指斥该书主张拼凑体系，这种理解实在太表面化。《吕氏春秋》以狐裘的生动比喻说明摆脱学派的偏见，以广阔的胸怀汇集"众勇"，"众力""众智"

的重要性，它要择取的是各种优秀成果，并不是无批判的吸收，取来之后，还要加工通融，使之形成新的力量，发生新的作用。《吕氏春秋》认为统一的国家必须有统一的思想，《不二》篇题名"不二"就是赞成政令和文化的统一，"一则治，异则乱"，"听众人议以治国，国危无日矣"；但这种统一不是用一家之言去统一百家，也不是一概推倒，另起炉灶，铸造新说，而是摄取各家精华，舍弃其不足，在统一的原则下，按照各自的特点，从不同的方面发挥其应有的作用，这叫作"齐万不同，愚智工拙，皆尽力竭能，如出乎一穴"（《不二》），或者叫作"因性任物而莫不宜当"（《执一》）。《吕氏春秋》具有汇千江万河以成大海的气魄，它在先秦诸子面前不摆出一副历史审判官的姿态，而采取了择善而从的后继者的态度，不掩前人之长，不窃他人之功以增己誉，对于前人批评贬抑者少，积极肯定者多，以继承和发扬为主。这种态度在当时的历史条件下也是很可取的。

战国时期诸子百家之学，基本上属于新兴地主阶级的封建主义新文化思潮，如万马奔腾，姿态万千。其间有学术流派和学术风格的差异，在政治上还存在着进步与保守的对立，但多数是新文化内部的竞争，其主流是前进的，各种不同的学术流派在认识发展史上各有其特定的作用。因此《吕氏春秋》以积极肯定的态度对待先秦诸子百家之言，是正确的，较之荀子非十二子的做法更公正一些；就其总结的广度而言，它包容孔、老、庄、墨、邹、杨、慎、商等诸子，分涉政治、经济、哲学、军事、道德等门类，汇合荆楚、邹鲁、三晋、燕齐等地区文化传统，比荀子要全面得多。用这种较为客观的态度和做法在理论上对先秦文化进行大规模系统综合工作的，在当时也只此一家。

《吕氏春秋》在思想内容上的第二个特色是，评论历史事件与时政，不迎合最高统治者的口味，不受当时朝令夕改的政策的直接左右，不回避非今、非秦或贬秦的言论，能独立进行理论上的探讨和道义上的褒贬。上一个特色是能打破学派、门户之偏见，这一个特色是能不受君王权威的约束。封建时代的思想家慑于当权者的威势，一般不敢直接指斥当时的国家政治。除了歌功颂德者外，正直之士虽有感于时弊，在提出批评时，也不得不对当权者作形式上的敷衍。战国时期确曾出现过一批敢于直言的"士"，如墨翟、孟轲，攻击王公大人奢侈暴虐，很有点儿为民请命的勇敢精神。但是他们在暴君昏王面前，也常常委婉其辞；并且他们处在诸侯争雄的时代，诸侯有求于贤人才士，士如不见容于这个诸侯国，可以往他国找出路。《吕氏春秋》的时代则不同，秦国强大，行将一统天下。吕书撰写时，秦王政已经成年，其欲实行专制独裁的倾向日渐显露。作为秦国相邦的吕不韦，在组织学者总结历史经验与分析社会现实问题时，却能够不以秦国的是非为是非，超出学派以至国家的局限，从整个地主阶级和统一大业的长远利益出发，采取比较严肃认真的态度，大胆地说出若干不利于秦国威望，有碍于秦先君的声誉，甚至冒犯秦王政的话，它所提出的治国之道也在许多方面与当时秦国的政治相抵触，这对于一个当权的大臣来说，是难能可贵的，说明吕不韦具有一定的政治远见和理论上的坚定性。

《吕氏春秋》中"非今"的观点很突出。《先己》说：

当今之世，巧谋并行，诈术递用，攻战不休，亡国辱主愈众，所事者末也。

《振乱》说：

当今之世，浊甚矣，黔首之苦，不可以加矣。天子既绝，贤者废伏，世主恣行，与民相离，黔首无所告愬。

《谨听》说：

无天子，则强者胜弱，众者暴寡，以兵相残，不得休息，今之世当之矣。

《期贤》说：

当今之时，世阇甚矣。

《听言》说：

今天下弥衰，圣王之道废绝，世主多盛其欢乐，大其钟鼓，侈其台榭苑囿，以夺人财，轻用民死，以行其恣，老弱冻馁夭膌，壮狡〔佼〕汔尽穷屈，加以死虏，攻无辜之国以索地，诛不辜之民以求利。

当时的形势，秦国国富兵强，对六国的战争取得一连串的重大胜利，二周相继而亡，合纵战线崩溃。攻战不休的主要是秦国，恣行的世主主要是秦王。若仅仅站在秦国的立场上看问题，应该是大好形势，可是吕书却认为无天子、强凌弱、攻战频、诈巧行、百姓苦，是天下黑暗的表现。这是超越了秦国的立场，站在弱小国家和同情下层民众的立场上说话的。当然，从全书看，它并不否认使用武力统一国家的必要性，不过它主张"义兵"，即人主应以兵诛暴振民，而不应恃兵肆掠恣行。《吕氏春秋》对于秦国进行的封建统一战争的进步性肯定得不够，看法有片面性，但是我们要看到，由于这种战争是剥削阶级的战争，在起进步作用的同时，必然有其残酷的破坏作用，敢于揭示这一点仍然需要一定的勇气，也有它的合理性。

书中所列历史故事，凡涉及秦国的，都按作者所闻照录，即使有暴露秦国先君过失的，也不掩饰，这是它朴实、认真的地方。如《不侵》载公孙弘为齐国孟尝君出使秦，不屈于秦昭王的威势，迫使昭王以礼相待。《悔过》载秦缪公兴师袭郑，因不听蹇叔忠谏，导致兵败将辱，公然批评缪公是"智不至也"。《去宥》指责秦惠王"失所以为听矣"，并以轻蔑的口气说："人之老也，形益衰，而智益盛，今惠王之老也，形与智皆衰邪？"《应言》对于秦魏之争做客观记述，无丝毫庇秦轻魏的意味。《吕氏春秋》对于史实与传说分不太清楚，所记历史故事并非全是可靠无讹的史料，然而它不去故意篡改历史，不随心增删旧闻遗说，它宝贵的史料价值也正在这里。《吕氏春秋》也不像后来一些史书，有那么多的避讳。高诱在《音初》注中说："荆，楚也。秦庄王讳楚，避之曰荆。"其实大谬不然，高诱用汉代学者的眼光看《吕氏春秋》，结果他错了。如《长攻》述楚文王取息与蔡，数言"楚"而不避，《行论》书"楚庄王"，亦不讳"楚"字，《执一》述齐王与田骈论政，数言"政"而不避。既不避秦先王之讳，也不避今王之讳。说明该时代避讳绝非通行的禁令，至少《吕氏春秋》是不予理会的。"荆"是楚国的别称，如同"梁"是魏国的别称，皆以地域而称其国，不是为了回避什么。

《吕氏春秋》中值得特别重视的是对秦王政不指名的批评规劝。庄襄王时吕不韦即为秦相，秦王政即位时年仅十三岁，大权掌握在吕不韦手中。但秦王政不是傀儡人物，随着成年的到来，他要收揽权力。他为人刚愎自用，少恩而暴虐。在吕不韦眼中，秦王政并不是将来一统天下后的理想天子，所以书中无一句恭维秦王的话，无一处表白秦王可以为新天子的意思。当时的情势，虽然吕不韦的势力占据上风，但他已感觉到秦王政的咄咄逼人之势并看出秦王政骄横专断的不良倾向。他编写《吕氏春秋》的目的之一就是企图巩固自己作为辅佐功臣的地位，并以仲父和王者师的身份对秦王政进行劝导，避免秦国被秦王政引向邪路。书中常有批评人主垄断权力、独裁专横的话，强调人主应无为而治，君道在于任人用贤。《审分》说：

> 不知乘物，而自怙恃，夺其智能，多其教诏，而好自以。若此则百官恫扰，少长相越，万邪并起，权威分移，不可以卒，不可以教，此亡国之风也。

《任数》反对"人主以好暴示能，以好唱自奋；人臣以不争持位，以听从取容"，认为"耳目知巧，固不足恃，惟脩其数，行其理为可"。《骄恣》又严肃而尖锐地指出：

> 亡国之主，必自骄，必自智，必轻物；自骄则简士，自智则专独，轻物则无备；无备召祸，专独位危，简士壅塞。欲无壅塞必礼士，欲位无危必得众，欲无召祸必完备，三者人君之大经也。

这些话直率尖锐，切中秦王政的要害。可惜秦王政不是个纳谏的君王，他欣赏韩非的思想，主张君权至上，绝对不能容忍吕不韦提出的君主无为、大臣有为的开明政治。吕不韦的本意在于为整个地主阶级阐发理想的为君之道，不在于维护君王个人的利益，能行为君之道者，臣下才承认他为君的权威，因此"君虽尊，以白为黑，臣不能听"（《应同》），甚至扬言要"废其非君，而立其行君道者"（《恃君》）。这样的话不能不触怒秦王政而造成二人激烈的对抗。其结果是秦王政借嫪毐事件免除吕不韦的职位并逼其自杀，而对《吕氏春秋》的批评警告则置若罔闻。当时秦王胜利了，吕不韦失败了，但后来的历史证明，吕不韦及《吕氏春秋》比秦王要高明些。秦始皇和秦二世由于背离封建治国的一般原则，实行残暴的独裁统治，激化了阶级矛盾，终于一夫作难而七庙堕，身死人手而为天下笑。贾谊在《过秦论》中指出：

> 秦王怀贪鄙之心，行自奋之智，不信功臣，不亲士民，废王道，立私权，禁文书而酷刑法，先诈力而后仁义，以暴虐为天下始。

如果说《过秦论》是总结秦朝覆灭教训的好文章，那么《吕氏春秋》早在秦国统一六国之前就看到了亡国的隐患，二者的许多见解有惊人的相似处。事情于已然之后易晓，而于未然之前难测，我们不能不佩服《吕氏春秋》所具有的远见卓识。这本书虽遭到一时的政治厄运，但它毕竟在许多方面经受住了历史的考验而流传了下来。清人卢文弨曾公正地指出，人们从该书里"求其一言近于揣合而无有"（《附考》）。正是由于《吕氏春秋》能独立思考，不趋炎附势，所以它才具有一定的科学性和预见性。

《吕氏春秋》在编排形式方面也有两大特色。首先它是依靠集体力量按预定计划而写成的，事先就确定了纪、览、论三大门类，各门类下又各统子目，形式上整齐划一。每一纪、览、论所属的若干篇文章，都大致有个中心思想，其篇幅略有长短之差，但各篇字数基本上是均匀的，都是较短的可以独立成篇的论文。每篇文章的题目皆以二字标明该篇主旨，文内大都首论题义，次举例证，有论有史，有理有事。文字朴实通达，不尚藻饰。这种有主编、有统一编写计划和统一体例而集体完成的理论著作，是中国思想史上的第一部。它所创造的这种著述方式为后人撰写学术著作开辟了一条新的途径。汉代的《淮南子》和《史记》，在编著方法和体例上都是受其直接影响的。

其次，《吕氏春秋》的宗旨是系统总结以往文化遗产，勾画未来治国的完整蓝图，所以在组织形式上表现为处处构成体系，具有系统性、完整性。

先说纪。春、夏、秋，冬各有孟、仲、季三纪，共十二纪。每纪的纪首（即第一篇）为该月的月令，记述该月的季节、气数、天象、物候、农事、政令，并与相应的五行、五方、五音、五色、五祀及天干等相配合，形成极为整齐的结构。春天主生，夏天主长，秋天主收，冬天主藏，《吕氏春秋》按四季的不同特点，将四组论文（每组四篇）分别归属四季之下。春天生育万物。联系到养生，故孟春纪中有《本生》《重己》；天地育养万物公而不私，为政应法天地，故有《贵公》《去私》。仲春纪的《贵生》《情欲》亦讲养生，而《当染》《功名》则是《贵公》《去私》的续篇。季春纪的《尽数》《先己》亦讲养生健身，《论人》《圜道》则由人道推到天道，由养身及于治国。夏天万物繁盛，是成长壮大的季节。联系到树人，故孟夏纪有《劝学》《尊师》《诬徒》《用众》。夏季燕歌虫鸣，联系到音乐对人的教化，故仲夏纪的《大乐》《侈乐》《适音》《古乐》，和季夏纪的《音律》《音初》《制乐》《明理》，皆是关于音乐的道理。秋季肃杀，所属论文大都与对外用兵，对内施刑有关。孟秋纪的《荡兵》《振乱》《禁塞》《怀宠》，仲秋纪的《论威》《简选》《决胜》《爱士》，皆论用兵之道或与之有关的内容。季秋纪的《顺民》《知士》《审己》《精通》四篇讲用贤顺民，虽然与兵事无直接关联，但《吕氏春秋》认为用贤胜于用兵，用兵需益民气，在这个意义上，这四篇仍然与军事有关。冬季为一岁之终，草枯虫蛰，人息粮藏。在人事上引申出死葬之义，从岁寒知松柏之常青联系到人品的忠贞、俭廉。孟冬纪的《节丧》《安死》述死葬之义，《异宝》论遗产，《异用》究生死存亡之原。仲冬纪的《至忠》《忠廉》《当务》《长见》述贤士应具之品格，季冬纪的《士节》《介立》《诚廉》《不侵》皆论士之节操。

次说览。览分为八，每览有文八篇。首列《有始览》一篇今佚，仅存七篇。览首论天地有始，万象有因，故称。《应同》，《去尤》《听言》《谨听》《务本》《谕大》六篇论任贤顺民为治国之本，其中心思路在于探究治乱、祸福之由来，以果求因，合于览首之义。《孝行览》论做人务本，本在孝道，故称。其下《本味》《首时》《义赏》《长攻》《慎人》《迂合》《必己》七篇虽与孝道无关，但皆述君子修己待时，无论显达或穷困应不失为人之本。《慎大览》论大国强国要谨慎从事。其下《权勋》《下贤》《报更》《顺说》《不广》《贵因》《察今》七篇皆论治国用兵方略，遇事要去小取大，把握纲纪。《先识览》认为有道之士应有先见之明。其下《观世》《知接》《悔过》《乐成》《察微》《去宥》《正名》七篇论述如何获得对客观事物的正确认识。《审分览》论为君之道在于正名审分，任贤使能。其下《君守》《任数》《勿躬》《知度》《慎势》《不二》《执一》七篇皆从不同角度阐发君王南面之术。《审应览》论人主应答臣下之问，应慎重其辞。其下《重言》《精谕》《离谓》《淫辞》《不屈》《应言》《具备》七篇，皆与意、言、行和察辩问题有关。《离俗览》论人主索求避世高洁之士以为师。其下《高义》《上德》《用民》《适威》《为欲》《贵信》《举

难》七篇皆谈审士用民以治国。《恃君览》论国之治，君不可无。其下《长利》《知分》《召类》《达郁》《行论》《骄恣》《观表》七篇，讲人主如何行为君之道，重在君德。

再次说论。共六论，每论有文六篇，六篇之间的联系不如十二纪、八览那样密切，但也有所归类。《开春论》由春天的生机，引出王者应厚德积善，救死缓刑。其下《察贤》《期贤》《审为》《爱类》《贵卒》五篇所论尚贤、养生、爱民，神速等，与春天的生机是有关系的。《慎行论》论君子计行虑义，小人计行期利。其下《无义》《疑似》《壹行》《求人》《察传》论人行事要据义合理，善于辨析真伪。《贵直论》论君要用直臣，听直言。其下《直谏》《知化》《过理》《壅塞》《原乱》论进谏、纳谏与拒谏的问题。《不苟论》论君子言行不苟，必中理当义。其下《赞能》《自知》《当赏》《博志》《贵当》五篇中心思想未离不苟之义。《似顺论》论事多似倒而顺，似顺而倒。其下《别类》《有度》两篇讲辨异类、别真伪，与该论主题有关；而《分职》《处方》《慎小》三篇则论贤主治国之术，与上两篇颇不连属。《士容论》论国士之仪态节操。其下《务大》与《有始览》的《谕大》多同，而》《《任地》《辩土》《审时》四篇是农学论文，后人研究，认为是古农家言，与士容毫不相干，大约杂凑于此，以足篇数。

总之，《吕氏春秋》在编排上虽未能完全避免重叠、杂合、牵强等缺点，但有一个大致严整的系统，其中各个部分皆有一个相对突出的重点论题。全书从论天，到治国，到做人，到养身；从哲学，到政治，到道德，到军事，到历史，到音乐，到经济，面面俱到，事事有论。一个封建国家中央政权所应处理的各个方面的问题，它基本上都提出了一套设想。《吕氏春秋》应当算作我国封建社会初期一部最完整的治国法典。

从思想渊源上看，对《吕氏春秋》影响较大者首推老子，书中提到老子五次，多次引《老子》文，若干基本思想直接来源于老子。《吕氏春秋》在哲学上最高的概念是"道"，有时又称做"一"或"太一"，表示宇宙最普遍的联系和最一般的规律，"道"是从老子而来。老子认为天道自然无为，"万物作焉而不辞，生而不有，为而不恃，功成而弗居"（《老子·二章》），《吕氏春秋》也认为"天无私覆也，地无私载也，日月无私烛也，四时无私行也"（《去私》）。老子提出"人法地，地法天，天法道，道法自然"（《老子·二十五章》），《吕氏春秋》从其中引申出"法天地"（《序意》）的思想。老子认为"圣人处无为之事，行不言之教"（《老子·二章》），《吕氏春秋》接受并改造了"无为"的概念，作为君主治国之道，"有道之主，因而不为，责而不诏，去想去意，静虚以待，不伐之言，不夺之事，督名审实，官使自司"（《知度》）。以上几点都是全书的主干思想，其他各种思想都以此为基本脉络而连贯成一体。此外，老子的以柔弱胜刚强的辩证法思想，重生轻利、避祸全生的思想，对于《吕氏春秋》都有影响。吕书中还有不少地方直接引录《老子》或模仿《老子》口气说话，如《贵公》："天地大矣，生而弗子，成而弗有"，"大匠不斲，大庖不豆，大勇不斗，大兵不寇"；《序意》："私视使目盲，五音令人耳聋"；《君守》："故曰不出于户而知天下，不窥于牖而知天道，其出弥远，其知弥少"；《任数》："至智弃智，至仁忘仁，至德不德"；《精谕》："至言去言，至为无为"；《乐成》："大智不形，大器晚成，大音希声"；《制乐》："故祸兮福之所倚，福兮祸之所伏"，等等。但《吕氏春秋》用老子而不拘守，承其绪又有所创新。它接受了老子尊重自然和客观规律、重视事物发展和矛盾转化的思想，剔除了其消极避世、寡欲去知的错误主张，比老子有所前进。当然也有后退的地方，如《制乐》篇用天人相感的神秘观点解释老子关于祸福相倚相伏的辩证观点就是一例，不过这种情况在全书是个别的。

庄周的影响不可忽视。《吕氏春秋》所接受的庄学多取自《庄子》外、杂篇，按前后顺序说来，《贵公》述管仲病与桓公论托国之臣，引自《庄子·徐无鬼》，文字略有出入；《贵生》记越国王子搜不肯为君与鲁君求颜阖而不得，引自《庄子·让王》；《论人》提出观人的"八观六验""六戚四隐"，是继承发展了《庄子·列御寇》的观人"九征"；《圆道》论天道圆地道方，主执圆，臣处方，天道无所稽留，取自《庄子·天运》："天道运而无所积，故万物成"和《庄子·在宥》："主者，天道也；臣者，人道也"；《当务》有盗跖论"盗亦

有道"，取自《庄子·胠箧》；《诚廉》记伯夷、叔齐的故事，取自《庄子·让王》，略有异；《慎人》载孔子穷于陈蔡论得道不穷，取自《庄子·让王》；《必己》从"外物不可必"，到"曾子悲"一段，取自《庄子·外物》，从"庄子行于山中"，到"胡可得而必"一大段，引自《庄子·山木》，记张毅、单豹养生而夭死，故事取自《庄子·达生》，文句稍有出人；《观世》述列子不受郑子阳粟而宁饥，取自《庄子·让王》；《任数》关于"因者君术也，为者臣道也……君道无知无为"的观点，来自《庄子·天运》："上必无为而用天下，下必有为为天下用，此不易之道也"；《执一》论"因性任物而莫不宜当"，"为国之本在于为身"的道理，来自《庄子·在宥》："无为也而后安其性命之情，故贵以身于为天下，则可以托天下"；《离俗览》记载舜让天下于石户之农、北人无择和汤求谋于卞随、让国于瞀光的故事，取自《庄子·让王》；《审为》记大王亶父由狄迁岐的故事，及子华子见韩昭侯论重生轻利，皆取自《庄子·让王》；《有度》从"通意之悖，解心之缪"到"无为而无不为"一大段，取自《庄子·庚桑楚》；《贵当》论"性者万物之本也，不可长，不可短，因其固然而然之，此天地之数也"，其思想来自《庄子·骈拇》："彼正正者，不失其性命之情……长者不为有余，短者不为不足……故性长非所断，性短非可续"。上述比较资料，仅举其大略，已可知《吕氏春秋》的宇宙观和社会观受庄子的直接影响，其中主要是强调万物本性不可变，"无为"在于使万物各安性命之情，天道运行无所滞留，君无为臣有为，先治身而后治国，崇贤士而轻圣人以及轻物重生等观点。在一定的意义上可以说，《吕氏春秋》是通过庄子而接受老子思想的，它保留了老庄学派中较为合理的成分。《吕氏春秋》对于庄子及其学派所鼓吹的"至人""神人"，十分尊崇，把其作为修养的最高楷模。《下贤》论有道之人"以天为法，以德为行，以道为宗，与物变化而无所终穷，精充天地而不竭，神覆宇宙而无望"，这即是《庄子·逍遥游》中所谓的能"乘天地之正，而御六气之辩，以游无穷"的"至人""神人"，《庄子·大宗师》中所说的"入水不濡，入火不热"的"真人"，和《庄子·山木》所形容的"乘道德而浮游""与时俱化"者，《庄子·刻意》所描绘的"精神四达并流，无所不极，上际于天，下蟠于地，化育万物，不可为象，其名为同帝”者，《庄子·天下》所谓的“以天为宗，以德为本，以道为门，兆于变化”的圣人。这是《吕氏春秋》未能摆脱《庄子》书中神秘主义的地方。

墨家思想在《吕氏春秋》中的比重大于儒家而仅次于老庄。《当染》篇大部分录自《墨子·所染》，又有所补充，其他各篇虽然直接引用《墨子》原书不多，却常常体现出墨家的精神。墨家的宗旨是“兼相爱，交相利”，注重尚贤、节葬、辩察。《吕氏春秋》的《听言》《离俗》《用民》《适威》皆讲爱利之为道，认为人君不能虚谈礼教，“君道天下之利”（《恃君览》），要“以民为务，忧民利，除民害”（《爱类》），这就纠正了某些儒者离开民利而侈谈爱人的偏向。儒墨皆主尚贤，其异在墨家尚贤不以亲亲为前提；《吕氏春秋》的尚贤旨近墨家，《当染》《知士》《审己》《谨听》《本味》《义赏》《先识》《观世》等篇皆反复论述发现和重用贤士的重要性，认为它关乎国之存亡、主之荣辱，人君应以贤者为师，不论其出身贵贱。墨家尚“义”，其道德思想中“义”的重要性在“仁”之上；《吕氏春秋》同样对“义”备极赞崇，“义也者，万事之纪也”（《论威》），“君子之自行也，动必缘义，行必诚义”（《高义》），“义者，百事之始也，万利之本也”（《无义》）。考之书中所列事例，“义”含有利人、救危、公正、有信等意义，无功受禄、害人卖友、暴虐奸诈皆属“不义”，“义”是道德行为的最高规范，这与儒家以“义”隶属于“仁”是不同的。墨家节葬，《吕氏春秋》的《节丧》《安死》两篇发挥墨子节葬的主张，并舍弃其中的鬼神思想，把它提到无神论的高度。墨家以辩察著称，《吕氏春秋》亦善于类比推理，主张辞与意相符，赞成“坚白石相盈”，对于墨家“故”“理”“类”等重要逻辑概念，有进一步的阐发，《正名》《离谓》《淫辞》《不屈》《应言》等篇，多取墨学，保存了若干重要的古代逻辑学资料，是考察先秦辩学的重要文献。不能否认，书中确有批评非乐、偃兵的地方，并且吕书不谈天志、明鬼，亦与墨子大相径庭。这只能说明《吕氏春秋》在接受墨学之时是有取有弃的，不能说明该书排斥墨学。还要指出，后期墨家，早已自动抛弃了墨子的天鬼思想，《墨经》六篇中亦无非乐、非攻等主张。《吕氏春秋》的

《吕氏春秋》思想综述

《荡兵》《振乱》等篇批评"偃兵"说时不用"非攻"二字是有原因的。按照《庄子·天下》的说法，"禁攻寝兵"是宋妍、尹文的主张。在战国末期，这种和平主义的思潮继续存在，惠施"欲以荆齐偃兵"（《韩非子·内储说上》），"公孙龙说燕昭王以偃兵"（《吕氏春秋·应言》），这些士人都是为六国诸侯说话的，主张去纷争讲团结以对付秦国的吞并，是"合纵"政策的热心拥护者，所以遭到吕不韦的激烈抨击，可知吕书的"义兵"说矛头所指，主要不是墨家，而是战国末年六国中的"偃兵"说。我们还有根据来证明，后期墨者有不少人在秦国服务，《去私》载"墨者有巨子腹䵍居秦"，为秦惠王所信用，巨子是墨者的首领，首领在秦为官，自当有一批门徒相随于秦，如《去宥》提到"秦之墨者唐姑果"就是其中之一。由此推论，吕不韦门下客士中应有后期墨家人物，他们参与编写《吕氏春秋》，所以书中记载了不少墨者的言论和故事，有姓名的即六七人之多，除腹䵍、唐姑果外，还有墨子（《当柒》）、孟胜（《上德》）、谢子（《去宥》）、墨者师（《应言》）等，多数被褒扬为义士智者。

　　《吕氏春秋》对于儒家思想也很重视，书中多次提到孔子及其若干弟子，往往孔墨并称。首先它肯定儒家维护封建宗法制度的三纲五常思想，认为"凡为治必先定分，君臣父子夫妇"（《处方》），"治乱之纪"在于明"同异之分，贵贱之别，长少之义"（《处方》）；其次它宣扬孝道，《孝行览》文与《札记·祭义》多同，全篇思想约出自曾子学派，所引曾子的言论与《论语》中曾子的思想相吻合，主要是讲治国务本，本在孝道，"夫孝，三皇五帝之本务，而万事之纪也"。它反对专恃威力治国，主张入主"行德爱人"（《爱士》），为此要用音乐配合道德教化，十二纪里有七篇论乐的文章，认为音乐可以移风易俗，音乐有正邪之分，这也是儒家正统的音乐理论。最后，它在教育问题上，提倡疾学尊师，《劝学》《尊师》《诬徒》等篇对于儒家的教育思想有所发挥。不过我认为，不可过高估计儒家思想特别是孔孟对《吕氏春秋》的影响，因为上述儒家思想，在全书中只能算作局部观点，未能成为贯穿始末的基本指导思想，而孔孟所喜欢谈论的天命及礼，该书则略而不及。《吕氏春秋》诚然强调君臣上下之分，但这是孔、墨、韩诸子的共同见解，儒家所特别重视的血缘宗法关系，全书吸收甚少。《正名》与《审分览》提出的"正名"概念，其主要含义不是"君君、臣臣、父父、子子"，而是"循名责实"的人君驭臣之术，其外延较为广泛。即如孝道，也仅有《孝行览》一篇文章孤单地处在该览之首，该览其余七篇皆与孝行无直接关联。儒墨相比，《吕氏春秋》中墨家学说的成分比儒家要多些和重些。

先秦时期从儒道合流中生出的阴阳五行学说，对于《吕氏春秋》思想体系的形成，起了很大的作用。《易传》明确提出"阴阳"的概念，"一阴一阳之谓道"（《系辞》），用阴与阳二气的交感起伏，说明自然与社会变化规律，还提出"同声相应，同气相求"（《文言》）的思想。《管子》书中的《四时》篇，以四时配五行，十干、五方；《幼官》篇以五行配五灵、五音、五臭、五味、五色；《五行》篇以五行配五祀；全书多处论政令与月令的一致或乖违会引起不同的天象后果。而以阴阳五行学说闻名于世的，要数齐国的邹衍。邹衍的著作今已不存，据《史记》的《孟荀列传》《封禅书》和李善的《文选·魏都赋注》所载，邹衍的哲学思想要点有三：一是"深观阴阳消息"，以阴阳消长说明四时的更替；二是"机祥度制"，即"天瑞""天谴"说；三是"五德转移"或称"终始五德"，以五行相生相胜解释朝代的兴衰。《吕氏春秋》将上述思想都吸收过来。十二纪纪首以阴阳二气的消长解释季节的变化，并配以五行、五方、五色、五音、五祀等；十二纪纪首认为政令要适应时令，否则即引起天灾，《制乐》篇宣扬为不善可以失福，为善可以止祸，《召类》讲同气相感，其中也有天人感应的思想，《应同》篇以五行相胜说明黄帝、禹、汤、文王的相继兴起，当是邹衍学派的五德终始学说。《吕氏春秋》用阴阳五行的思想搭起一个庞大的理论框架，将季节、生产、政事、祭祀、生活等都放置进去，形成一个既包含科学成分又笼罩神秘气氛的世界图式。它的系统性大大超过《管子》。

《吕氏春秋》肯定法的重要性和变法的必要性，这同先秦法家学说相一致。《慎势》论权力的重要，同于慎到、荀子和韩非的主张。《察今》论治国必有法，法必随时而变，则是商鞅和韩非的思想。《君守》所谓"智乎深藏，而实莫得窥"，和《知度》的以名责实，皆人君南面之术，这是受管仲学派和韩非重视"术"的思想的影响。不过《吕氏春秋》反对法家专恃威势法术以治国的主张，赞成恩威并行、赏罚俱施、法德相济，也拒绝韩非树立专制君权和以利害定是非等思想。

《吕氏春秋》的《荡兵》《振乱》《禁塞》《怀宠》《论威》《简选》《决胜》《贵卒》等篇，是先秦若干兵家的军事思想，其理论与孙吴、孙膑兵法相应合，又较多地反映了秦国在统一战争中的军事经验。

《吕氏春秋》的《上农》《任地》《辩土》《审时》四篇，是先秦最系统的农业学著作，包括了农业政策和农业技术。这几篇文章反映了吕不韦和秦国政府对农业问题的高度重视，它主张先农业、次工商，与商鞅"困末作而利本事"的政策有一定区别。

以上仅举其大端，足以证明《吕氏春秋》采撷思想资料极为广博。但它对于诸子的思想，不是原封不动地照抄，不是开设百家之学的陈列馆；各种思想资料经过它的加工改造，具备了若干新的性质，成为吕氏理论体系的有机组成部分。这个新的理论体系，虽然来自不同学派，但各主要部分之间基本上是协调的。其原因是：在客观上，战国时期的老庄、阴阳、儒、墨、法、兵、农各种学说流派，都是家族社会和农业文明的文化形态，是在同一棵文化大树的不同树枝上，开出的结实的或者不结实的各种文化之花，所谓一致而百虑，同归而殊途。它们各有所见，又各有所偏，只要将其相互对立的和与社会发展不相符合的部分剔除，把它们彼此结合起来是完全可能的，并且在事实上已有道法家、儒法家的存在。在主观上，《吕氏春秋》的主编和作者，做了大量的整理、分析、综合和提高的工作，确实把各家学说在新的基础上统一起来了。书中容纳了老庄的天道观和法天地的思想，墨家首功利、主尚贤的思想，儒家别贵贱、重教化的思想，阴阳五行家论阴阳、序五行的思想，法家重法审势的思想，以及义兵、重农等思想。它们之间本来就不互相矛盾，仅仅存在着看问题所由方面和角度的差别，完全可以同时为主流社会所接受，这不是折中调和，而是有选择的兼收并蓄。至于百家之学原有的相矛盾的地方，如老、庄消极避世与儒、墨、法注重人事之间的对立，老、庄天道自然无为与墨子天志明鬼之间的对立，儒家亲亲尚恩与法家尊贤尚功的对立，韩非树君主个人权威与墨家任贤使能的对立，《吕氏春秋》采用取其一弃其一的办法，基本上把这些对立解决了。当然，从今天来看书中自相矛盾的地方仍然不少，但在当时它却能自成体系、自圆其说，自立一家之言。它是综合家，不是杂家。

《吕氏春秋》不固守某一学派的门户之见，但它对于诸子并非平均看待，各家思想对该书的影响有大有小。就思想来源而言，该书究竟以哪一家为主，主要有四种看法：以《四库全书》编者为代表的一派认为它"大抵以儒为主，而参以道家、墨家"；以清代卢文弨为代表的一派认为，"《吕氏春秋》一书，大约宗墨氏之学，而缘饰以儒术"；以东汉高诱为代表的一派认为"此书所尚，以道德为标的，以无为为纲纪"（以上均见《吕氏春秋集释·附考》），也就是说以老、庄学派为主；今人陈奇猷则认为"阴阳家的学说是全书的重点"（《吕氏春秋校释·附录》）。

我认为，高诱的说法较为合乎实际。理由如下：

第一，书中对诸子百家的评价有高有低。全书多处孔墨并提，将孔丘、墨翟视为同等杰出的贤人高士，其他诸子都不及孔墨尊贵，但在提到孔墨同时又提到老子的地方，它总是将老子的地位置于孔墨之上。《不二》："老耽贵柔，孔子贵仁，墨翟贵廉（兼）……"是按照老、孔、墨的顺序排列的，在一定程度上反映出诸子在作者心目中地位高下的差别。《当染》说："孔子学于老耽"，肯定了老子为孔丘师的传说。《贵公》记述荆人遗弓的故事说：

荆人有遗弓者而不肯索，曰："荆人遗之，荆人得之，

又何索焉？"孔子闻之曰："去其荆而可矣。"老聃闻之曰："去其人而可矣。"故老聃则至公矣。

荆人的心胸较一般人宽阔，但止于荆国；孔子更宽阔，但止于人类；老子心胸最宽阔，包容天地万物，故曰"至公"。可知老子在书中最受尊崇。《有度》说：

孔墨之弟子徒属，充满天下，皆以仁义之术教导于天下，然而无所行，教

者术犹不能行，又况乎所教。是何也？仁义之术外也。夫以外胜内，匹夫徒步不能行，又况乎人主。唯通乎性命之情，而仁义之术自行矣。

所谓"通乎性命之情"，即老子说的效法自然，无为而无不为，《庄子》外、杂篇说的不失万物性命之情，因其固然而然之。《吕氏春秋》肯定并主张实行孔墨的仁义之术，但认为老、庄的学说是内学，抓住了事情的根本，孔墨之学是外术，需要依凭老庄之学然后才能发挥作用。

　　第二，在《吕氏春秋》的理论体系中，经过改造了的老、庄之学是骨干，儒、墨、兵、法等诸家思想是躯体。阴阳五行思想对于十二纪的形式系统的构成，起了很大作用，但它对于全书的内在思想观点，并未发生决定性的影响。在宇宙观上，荀子以前的儒、墨、法各家及辩察之士，均未提出抽象程度较高的理论体系，只有老庄学派具有较强的理论思维能力，善于从宇宙总体上考察问题，视野极为广阔。它在探索宇宙统一性过程中提炼出的哲学概念如"道"，能摆脱具体事物的局限，富于概括性，宜于表现宇宙最一般的规律。在认识论上，老庄的人因天的思想，提供了人的行为的基本准则。老庄已具有了哲学体系，其他各家最多具有哲学观点。老庄哲学所具备的这种高级抽象思维水平，使得它在理论上容易兼收其他诸家的学说，将它们变成自己的组成部分，因此它最适合作为综合百家的理论基础；反之，其他各家因其学说的相对具体性均难以包容老庄之学。《吕氏春秋》正是以老庄的天道观为基础，将阴阳、儒、墨等移植其上，从而形成自己的哲学理论的。"道"是老庄哲学的最高概念，也是《吕氏春秋》哲学的最高概念；人法天地自然是老庄人生观的最高命题，也是《吕氏春秋》人生观的最高命题；无为而无不为是老庄哲学的治国之道，也是《吕氏春秋》的治国之道，尽管含义有所变化。老庄哲学为《吕氏春秋》提供的是理论原则，阴阳、儒、墨提供的多是具体内容。如果说在哲学上《吕氏春秋》最得力于老庄学说，那么在社会历史、政治、道德、军事、教育等具体领域里，《吕氏春秋》则较多地采纳了阴阳、儒、墨、法各家的学说，这是《吕氏春秋》理论体系的特点。

三、《吕氏春秋》的政治思想

《吕氏春秋》是一部政治理论著作，因而政治思想是它的主体。吕不韦看到了战国末年统一的历史趋势，也看到了秦国最有可能完成这个统一的历史任务。身为秦国的丞相，他必须预先做好政治理论方面的准备，以迎接统一的到来。

究竟用什么样的理论作为统一国家施政理民的指导呢？为此，他不能不全面考评战国诸子提出来的各种学说，也不能不全面总结当时各国——特别是秦国施政理民的得失。秦国的政治，比较而言，在当时各国中是最先进的，效果是最显著的，但也不是没有缺点和隐患。荀况到过秦国，对秦国的社会、政治做了一番考察，而且还有所评论。

应侯问孙卿子（即荀况，下同）曰："入秦何见？"孙卿子曰："其固塞险，形势便，山林川谷美，天材之利多：是形胜也。入境，观其风俗，其百姓朴，其声乐不流污，其服不挑（佻），甚畏有司而顺：古之民也。及都邑官府，其百吏肃然，莫不恭俭、敦敬、忠信而不棋楛（滥恶）：古之吏也。入其国，观其士大夫，出于其门，入于公门，出于公门，归于其家，无有私事也，不比周，不朋党，倜然莫不明通而公也：古之士大夫也。观其朝廷，其间听决，百事不留，恬然如无治者：古之朝也。故四世有胜，非幸也，数也。是所见也。故曰：佚而治，约而详，不烦而动，治之至也。秦类之矣。兼是数具者而尽有之，然而县（悬）之以王者之功名，则偶偶然其不及远矣。是何也？则其殆无儒也邪！故曰：粹而王，驳而霸，无一焉而亡。此亦秦之所短也。"
这是一篇周详而客观的评论。肯定了秦自商鞅变法以后的许多长处，也指出了其中的重要短处。是霸者的政治，而不是王者的政治。

李斯问孙卿曰："当今之时，为秦奈何？"孙卿曰："力术止，义术行，秦之谓也。"

话虽简短，但很精辟。意思是说，法家的富国强兵之术够了，不能继续发展下去了。现在的关键在于要推行儒家的仁义之术。

吕不韦作为秦国的丞相，自然也了解这些优缺点和长短处。当然，他也不满足于霸业，而要把霸业推向王业。他希望秦统一之后能够成为一个王者之国。因此，他组织人力编著《吕氏春秋》，以期清除秦国的唯法主义的影响，转变秦王政的唯法是崇的观念。因此，《吕氏春秋》是一部王者的政治理论著作。

《吕氏春秋》的政治思想，我们在第二章第二节中已经谈了三点，此不重复。这里再谈三点内容。敬祈读者把两处文字串联起来看，以便得到一个完整的印象。

（一）民本思想

在阶级社会里，民本思想有一个发生、发展的过程。武王灭商之后，西周的统治者着实体验了人民的力量，更体验了民心向背的重要性。因此，西周初年出现了"显民""保民""爱民""和民"的思想。其中以"保民"最为突出。这是因为他们看到了"民情大可见，小人难保"的严酷事实。所以他们反复强调"怀保小民"，"子子孙孙保民"。所谓"保民"，实际上就是保持对民的统治。春秋时代，民的力量在各方面——生产、战争、政事——都显示出来了，因而，比较开明的统治者又掀起了一股重民思潮，提出了"忠民""利民""听民""惠民"等思想。孔子说："所重：民、食、丧、祭。"在他所重视的系列中，民居首位。可以说，这是对重民思想的总结。所谓"重民"，实际上就是重视民的作用。战国时代，随着神权的失落，随着人格的觉醒和制度的革新，民的地位又有所提高。除了保民、重民思想继续流行外，又出现了民本思想。《管子·霸言》："夫霸王之所始也，以人为本。民理则国固，本乱则国危。"《晏子春秋·内问》："卑而不失尊，曲而不失正者，以人为本也。"《礼记·大学》："大畏民志，此谓知本。"《庄子·在宥》："贱而不可不任者，物也；卑而不可不因者，民也。"《荀子·哀公》："君者舟也，庶人者水也，水则载舟，水则覆舟。"这些都是人本或民本思想的表述。

《吕氏春秋》继承了保民、重民思想，发展了民本思想。

1. 民本思想的根据

《吕氏春秋》的民本思想不同于诸子的地方，在于它作了理论论证。

首先，从社会起源的角度论证民本思想的合理性。

凡人之性，爪牙不足以自卫……然且犹裁万物，制禽兽，服狡虫，寒暑燥湿弗能害，不唯先有其备，而以群聚邪？群之可聚也，相与利之也。利之出于群也，君道立也。故君道立则利出于群，而人备可完矣。

这段话说明了两个问题：第一，君是出于群的，群是君的本；第二，群之所以立君，是自身利益的需要，因此，君的天职便是为群谋利，一切都要从群利出发。到了后来，君变成了帝王、天子，群变成了人民大众。尽管如此，君、群的性质却不能改变，帝王、天子还是要以人民大众为本，帝王、天子的一切作为还是要为人民大众除灾致福。这样，民本思想就是理所当然的了。

其次，从天道循环的角度论证民本思想的合理性。

安危荣辱之本在于主，主之本在于宗庙，宗庙之本在于民，民之治乱在于有司。《易》曰："复自道，何其咎？吉！"以言本无异则动有喜。

这里明确地提出了君主、国家（宗庙）的根本在于民众。根据便是《易·小畜·初九》的两句爻辞。《小畜》卦是由乾下巽上（☴）构成的，乾为阳刚而居卜位，受阻于阴巽，这是个不当位的。但初九阳爻居阳位，又是得位的。这样，卦不当位而爻得位，卦位和爻位发生了矛盾。不过，乾有刚健之性，只要积蓄力量，缓慢运行，还是可以突破阴巽的阻力，从自己的故道回归原位。最终还是可以化咎为吉的。那么，这两句爻辞怎样与民本思想发生关联呢？那就是最后一句话："以言本无异则动有喜。"什么叫"本无异"呢？即从现在回归原本状态。原本状态是：第一，君出于群。那么，现在君主就不要把自己凌驾于人民之上，以肆虐人民。第二，君的天职是利于群。那么，现在君主的一切行动就要有利于人民。什么叫"动有喜"呢？只要做到上面两条，那么，一切举措都能得到满意的效果。反之，如果君失其本，那就不得安宁了。"凡君之所以立，出乎众也。立已定而舍其众，是得其末而失其本。得其末而失其本，不闻安居。"这是以自然界回归的法则论证人类社会返本的合理性。在这里，就是论证民本思想的合理性。

《吕氏春秋》的这个理论是以历史经验为基础的。从国家出现之后，无数事实证明：君得其本则身荣国显；君失其本则身危国削。晋国师旷有一段话说明了这个问题：

师旷侍于晋侯。晋侯曰："卫人出其君，不亦甚乎？"对曰："或者其君实甚。良君将赏善而刑淫，养民如子，盖之如天，容之如地；民奉其君，爱之如父母，仰之如日月，敬之如神明，畏之如雷霆，其可出乎？夫君，神之主而民之望也。若困民之主（生），匮神乏祀，百姓绝望，社稷无主，将安用之，弗去何为？天生民而立之君，使司牧之，勿使失性。……天之爱民甚矣，岂其使一人肆于民上以从（纵）其淫，而弃天地之性？必不然矣！"

这段话是说，一个国君如果能履行君的天职，他就能获得民的爱戴；如果利用权力肆虐人民，就会被民抛弃。《吕氏春秋》说：

《周书》曰："民，善之则畜（好）也，不善则仇也。有仇而众，不若无有。"厉王天子也，有仇而众，故流于彘。

夫众之为福也大，其为祸也亦大。

这里所说的与师旷所说的都是一个道理。

实际上，《吕氏春秋》的民本思想是把历史经验理论化。

《吕氏春秋》的民本思想是有所为而发的，主要是为了消除商鞅的影响。商鞅在秦国的变法取得了极大的成功。变法后的秦国日见富强，从一个"不与中国诸侯之会盟，夷翟遇之"的弱国，一跃而为"天子致伯，诸侯毕贺"的强国。随着秦国势力的发展，商鞅的思想也日益深入人心。商鞅是一个法制主义者，主张君主"独制"，蔑视人民大众。他公开宣称：

民弱，国强；国强，民弱。故有道之国，务在弱民。

民辱贵爵，弱则尊官，贫则重赏。以刑制民则乐用，以赏战民则轻死。

他把国家和人民完全对立起来，并通过国家这个暴力工具，迫使人民处于软弱、贫穷和屈辱的境地。这样的极权国家，只能创造霸业，而不能建立王业，只能发挥一时效应，使国家强大一时，而不能使国家昌盛于久远。这一点，就连商鞅本人也是清楚的。

景监曰："子（指商鞅）何以中吾君（指孝公）？吾君之欢甚也。"鞅曰："吾说君以帝王之道比三代，而君曰：'久远，吾不能待。且贤君者，各及其身显名天下，安能邑邑（悒悒）待数十百年以成帝王乎？'故吾以强国之术说君，君大说（悦）之耳。然亦难比德于殷、周矣。"

吕不韦自然也看到了这一点。他身为相国，不仅要继续完成霸业（即翦灭山东六国），还要在统一中国之后，将霸业转变成王业，为秦国奠定万世之基。为此，他不能不预先从思想上、理论上做好转变观念的工作。首要的问题就是要转变人际关系的观念，包括君民关系、君臣关系，等等，以便建立一个封建中央集权国家的机制。把君民对立的关系转变为君民相倚的关系，把"弱民""贫民""辱民"的观念转变为"民本"观念，便是这个机制的一个组成部分。

所以，《吕氏春秋》一再提醒君主（也包括大臣）要搞好与民的关系，不能任意行事。

执民之命，重任也，不得以快志为故（事）。

这是提醒君主：掌握民命，责任重大，必须谨慎从事。

国亦有郁，主德不通，民欲不达，此国之郁也。国郁处久，则百恶并起，而万灾丛至矣。上下之相忍也，由此出矣。故圣主之贵豪士与忠臣也，为其敢直言而决郁塞也。

这是提醒君主要经常保持与民的通畅关系，使上德下喻，下情上达。如果发生阻塞，大臣们就要负责疏导，以免阻塞日久，出现"上下相忍"、不可收拾的局面。

必须指出的是，《吕氏春秋》的民本思想并没有现代意义上的民主成分。当时也有"民主"或"民之主"一词，那是指帝王和卿大夫的。《国语·晋语一》载："夫三季之亡也宜。民之主也，纵惑不疚，肆侈不违，流志而行，无所不疚，是以及亡而不获追鉴。"这里是说作为"民之主"的夏桀、商纣、周幽王纵情肆志，倒行逆施，所以直到灭亡都不知道追鉴前世成败以为戒。《左传·襄公三十一年》载："赵孟将死矣，其语偷，不似民主。"这里的"民主"是指晋卿赵孟。《吕氏春秋》所说的民本，是站在国家、君主的立场上说的。人民和土地一样，都是国家、君主的资本，绝没有"主权在民"的意思。《吕氏春秋·察今》说："夫不敢议法者，众庶也。"可见人民群众是无权参与政治的。但是，与法家的"弱民""贫民""辱民"相比，民本思想还是有其进步意义。因为这种思想包含着强民、富民、重民的因素。前者是以强制手段贬低人民的地位，迫使他们服从、卖力。这种压挤出来的积极性是难以持久的。后者是以德化手段，提高人民的地位，诱导他们顺服、出力。这样激发出来的积极性是比较能够持久的。

2. 民本思想的内涵

《吕氏春秋》的民本思想并不是一个空洞的口号，而是有其实在内涵的。

首先是"顺民心"。"先王先顺民心，故功名成。"民心是怎样的呢？"人情欲生而恶死，欲荣而恶辱。"这是人的天性。只要顺着天性治民，也就是顺民心了。"故古之圣王，审顺其天而以行欲，则民无不令矣，功无不立矣。"在《吕氏春秋》看来，人有生存欲望，是天赋的，自然的，也是应该满足的。但是，生存有各种不同的生存，应该满足怎样的生存呢？

《吕氏春秋·贵生》说：

子华子曰："全生为上，亏生次之，死次之，迫生为下。"故所谓尊生者，全生之谓。所谓全生者，六欲皆得其宜也。所谓亏生者，六欲分得其宜也。……所谓死者，无有所［以］知，复其未生也。所谓迫生者，六欲莫得其宜也，皆获其所甚恶者，服是也，辱是也。辱莫大于不义，故不义，迫生也。而迫生非独不义也，故曰迫生不若死。

法家主张置民于屈辱境地，即使民处于"迫生"状态，至多也只能处于"亏生"状态。《吕氏春秋》是反对法家主张的，自然要使民处于"全生"状态，即满足庶民的基本物质生活欲望和精神生活欲望。

始生之者，天也；养成之者，人也。能养天之所生而勿撄之谓天子。天子之动也，以全天为故者也。此官之所自立也。立官者，以全生也。

这里是说，天子应该顺天之性，保全生命。但按其逻辑推理，也包括所有的人在内。因为天生之者是一切人的性，不仅是天子，人养成之者，不仅天子应该做到，一切人都应该做到。职官之所以设立，就是要以"全生"为务的。"万物之形虽异，其情一体也。故古之治身与天下者，必法天地也。"治己与治人完全一致，都要"必法天地"。天子与职官法天地以"全天""全生"，他们治民也必须如此。这就是说，天子和职官也应该使民能够顺其天性，养其全生。所以，《吕氏春秋》所说的顺民心，顺民欲，首先就是要满足民的"全生"欲望。

当然，并不是每一个君主都能做到这一点，只有那些先成其身、乐备君道的君主才能做到。

昔者先圣王，成其身而天下成，治其身而天下治。……《诗》曰："淑人君子，其仪不忒。其仪不忒，正是四国。"言正诸身也。故反其道而身善矣；行义则人善矣；乐备君道而百官已治矣，万民以利矣。

所谓"反其道"就是遵循自然法则，所谓"行义"就是推行仁义政治。这就叫作"乐备君道"。只有君主乐备了君道，百官才能忠于职守，万民才能得到实利。

总之，因民性，顺民心，是民本思想的第一个内涵。

其次是"爱利民"。这是民本思想的核心。

爱利之为道大矣！……乱世之民，其去圣王亦久矣。其愿见之，日夜无间。故贤王秀士之欲忧黔首者，不可不务也。

圣人南面而立，以爱利民为心。号令未出，而天下皆延颈举踵矣，则精通乎民也。

爱利的力量十分伟大，就像一块巨大的磁铁，吸引着天下万民。只要君主以爱利民为心，精诚就能通达于民心。所以：

人主有能以民为务者，则天下归之矣。

上世之王者众矣，而事皆不同，其当世之急，忧民之利，除民之害同。

圣王通士不出于利民者无有。

那么，怎样爱民利民呢？

故仁人之于民也，可以便之，无不行也。

民寒则欲火，暑则欲冰，燥则欲湿，湿则欲燥。寒暑、燥湿相反，其于利民一也。利民岂一道哉？当其时而已矣。

《吕氏春秋》有许多爱民、便民、利民的例子：

《孟夏纪》：

是月也，继长增高，无有坏隳。无起土功，无发大众，无伐大树。

这是禁止官府兴师动众，以免妨碍生产。

《孟冬纪》：

是月也，乃命水虞渔师收水泉池泽之赋。无或敢侵削众庶兆民，以为天子取怨于下。其有若此者，行罪，无赦！

这是严禁官吏趁收赋之机对庶民敲诈勒索。

《上农》：

农不上闻，不敢私籍于庸，为害于时也。……农不敢行贾，不敢为异事，为害于时也。……泽非舟虞，不敢缘名，为害其时也。……数夺民时，大饥乃来！

这里是说，在农忙季节，要保证农业生产有足够的劳动人手和充裕的时间，使农业生产得以正常的、顺利地进行。

《爱类》：

《神农之教》曰：“士有当年不耕者，则天下或受其饥矣；女有当年不绩者，则天下或受其寒矣。”故身亲耕，妻亲绩，所以见致民利也。

帝王亲耕，后妃亲绩，为的是鼓励庶民努力耕织。这也是一种利民措施。

《顺民》：

文王处岐事纣，冤侮雅逊，朝夕必时，上贡必适，祭祀必敬。纣喜，命文王称西伯，赐之千里之地。文王载拜稽首而辞曰：“愿为民请炮烙之刑。”文王非恶千里之地，以为民请炮烙之刑，必欲得民心也。

为民请炮烙之刑，就是废除残酷的刑法，这也是一种爱民的表现。

爱民、利民的事例很多，不能遍举。以上所举的仅是关于轻徭、薄赋、不害农时、鼓励生产、废除酷刑的几个事例。这些事例都是属于民本思想范围的。

当然，民本思想的提出，最终目的是为了解决用民问题。《吕氏春秋·用民》：

今外之则不可以拒敌，内之则不可以守国。其民非不可用也，不得所以用之也。不得所以用之，国虽大，势虽便，卒虽众，何益？古者多有天下而亡者矣，其民不为用也。用民之论，不可不熟。

显然，民本思想是为了沟通君民之间的关系的，把对立导向统一，尽可能地调动庶民的积极性，激励他们的热情，使他们心悦诚服地为君主尽力、卖命。但这种思想对于提高庶民的地位，对于促进生产力的发展，也有一定的作用。

3. 任贤思想

自春秋末年孔子开创私学之后，文化便逐渐下移。随着阶级结构的变动和世卿世禄制的崩溃，下移的速度也越来越快。进入战国时期，已经有一大批智能之士从下层庶民中游离出来。庶民作为一个阶级虽然没有参与政治的权利，但作为个人，他们中间的优秀分子却有参加政权活动的可能。而且当时的统治者正是积极招揽他们，以适应改革的需要。《吕氏春秋》把这一潮流，向前推进了一步。《吕氏春秋》认为：

地从于城，城从于民，民从于贤。故贤主得贤者而民得，民得而城得，城得而地得。

这就是说，得地、得城要靠民，而得民却要依靠贤者。这样，贤者便成了统治者联系被统治者的一条纽带。因此，可以说，任贤思想也是民本思想的一个组成部分。

纸上谈兵

贤者参加政权之后，自然是站在封建地主阶级的立场，维护封建统治。但他们又是来自下层庶民，因而又不得不考虑下层庶民的利益。在封建社会刚刚形成和确立阶段，地主阶级和农民阶级还有相当的一致性，因此，贤者也确实能起到一些调节作用。所以，贤者参加封建政权，不但无害于封建社会，反而有利于封建统治的巩固。《吕氏春秋》正是看到了这一点，才大力鼓吹任贤思想。

在《吕氏春秋》中，"贤"通常称为"贤人""贤者""贤士"，也称"士""豪士""秀士""有道之士"，有时称"君子""圣人"，这是贤人中的佼佼者。这些人进入政权之后便是"忠臣"。《吕氏春秋》对贤者的品格、节操有许多描述：

贤者之事也，虽贵不苟为，虽听不自阿，必中理然后动，必当义然后举，此忠臣之行也。

士之为人，当理不避其难，临患忘利，遗生行义，视死如归。

吾闻古之士，遭乎治世，不避其任，遭乎乱世，不为苟在。（伯夷、叔齐语）

君子之自行也，动必缘义，行必诚义……故当功以受赏，当罪以受罚。赏不当，虽与之必辞；罚诚当，虽赦之不外。度之于国必利，长久长久之于主必宜，内反于心不惭，然后动。

以上引文说的都是贤人的操守，一切行事必当理与义，一切举动必利国利君。下面一段话是对贤者的全面描述：

士不偏不党，柔而坚，虚而实。其状朓（朗）然不偾（巧慧），若失其一。傲小物而志属于大，似无勇而未可恐狼（狠），执固横敢而不可辱害，临患涉难而处义不越，南面称寡而不以侈大，今日君民而欲服海外，节物甚高而细利弗赖，耳目遗俗而可与定世，富贵弗就而贫贱弗竭（去也），德行尊（遵）理而羞用巧卫（伪），宽裕不訾而中心甚厉（砺），难动以物而必不妄折。此国士之容也。

这是《吕氏春秋》为贤者精心塑造的高大形象和完善品格。从外貌到内心，从志气到节操，从才智到道德，无不涵摄其中。这样的贤者一旦入仕，当然就能在政治上发挥出巨大作用。

功名之立，由事之本也，得贤之化也。非贤其孰知乎事化？故曰其本在得贤。

这是说，贤者有预见事物发展变化的能力。

贤者之举事也，不闻无功。

大者定天下，其次定一国，必由如此人者也。故人主欲大立功名者，不可不务求此人也。

这是说，贤者有王佐之才，可以帮助君主大立功名。

孰当可而镜？其唯士乎！人皆知说（悦）镜之明己也，而恶士之明己也。镜之明己也功细，士之明己也功大。（列精子高语）

人主欲自知，则必直士。……存亡安危，勿求于外，务在自知。

这是说，贤者是君主的一面镜子。君主喜欢这面镜子，就能有自知之明，保持清醒的头脑。而君主有没有自知之明，能不能保持清醒的头脑，是关乎国家存亡和自身安危的大事。

贤主所贵莫如士。所以贵士，为其直言也。言直则枉者见矣。

言极则怒，怒则说者危，非贤者孰肯犯危？……无贤则不闻极言。不闻极言则奸人比周，百邪悉起，若此则无以存矣。凡国之存也，主之安也，必有以（因也）也。

故圣王之贵豪士与忠臣也，为其敢直言而决郁塞也。

这是说，贤者能够不顾一己之得失利害，敢与君主直言交争。直言交争，可以暴露贪赃枉法的官吏，可以消除奸人结党、邪恶暗生的隐患，可以疏通君民之间的渠道，以保持国存、主安的局面。

贤者的作用既然如此之大，那么，作为君主要想国安名显，当然就要知贤、礼贤、任贤了。而且要给予坚定的信任，不受任何干扰，以便充分发挥他们的智能。

绝（渡）江者托于船，致远者托于骥，霸王者托于贤。……释父兄与子弟，非疏之也；任庖人、钓者与仇人、仆虏，非阿之也，持社稷立功名之道，不得不然也。

凡国不徒安，名不徒显，必得贤士。

虽有贤者，而无礼以接之，贤奚由尽忠？

若夫有道之士，必礼必知，然后其智能可尽也。

故贤主之于贤者也，物莫之妨，戚爱习故，不以害之，故贤者聚焉。

《吕氏春秋》中关于尚贤、求贤、任贤的言论和事例很多，这里就不一一列举了。就从上引的那些材料看，已足够说明《吕氏春秋》对贤者的重视了。《吕氏春秋》之所以对贤者那样重视，不仅在于贤者可以沟通君民之间的关系，也不仅可以帮助君主平治国家，更重要的还在于可以制约君主的专独行为，这是封建中央集权君主制政体机制的一个组成部分。

（二）德治思想

德治思想是《吕氏春秋》政治思想中的一个重要组成部分，它继承西周以来的传统而与法家政治思想相对立。

德治思想与民本思想是一个问题的两面，相辅相成。所谓德治，就其实践而言，无非是要求统治者对人民的统治宽松些，惠利些，不要过于残暴，以免引起公开对抗。民本思想是德治思想的基础，德治思想是民本思想的体现。

战国时代是统一的、中央集权的地主封建制形成和确立的时期。这时，地主阶级和农民阶级、国家政权与人民群众之间的矛盾，还处于相对和缓阶段。所以，《吕氏春秋》的德治思想，从理论上说，是合乎时宜的。

德治并不排除法治和刑罚，相反还需要法治和刑罚作为必要的补充。不过，在《吕氏春秋》中，法治和刑罚是以德治为基础的，是促成德治的手段。这与法家的法制主义截然有别。

下面分三点进行陈述。

1. 德治思想的依据

《吕氏春秋》的德治思想有两条依据：一是历史经验，二是自然因顺。

德治思想早已有之，但真正被强调为一种政治思想，那是武王灭商前后的事。王国维说过："……殷周之兴亡，乃有德无德之兴亡。故克殷之后，尤竞竞以德治为务。"这话大体是符合实际的。武王灭商之后，鉴于亡殷的教训，确是十分强调德治。周公对君奭说：

> 在昔，上帝割申劝宁（文）王之德，其集大命于厥躬。天不可信，我道：唯宁（文）王德延。天不庸释于文王受命。

意思是说，文王是凭着德行得到天命的。我们不能迷信天命，以为一成不变，我们的办法是：只有继续秉持文王的德行。这样，上天才不会收回它授予文王的大命。召公告诫成王说：

> 王其疾敬德！相古先民有夏，天迪从子保，面稽天若。今时既坠厥命。今相有殷，天迪格保，面稽天若。今时既坠厥命。今冲子嗣，则无遗寿耇，曰：其稽我古人之德。

大意是说，你要速行建德！你看夏朝，起初天是爱护它保佑它的，开国之君也能顺天行事。现在早已坠命亡国了。你看殷朝，天也曾保佑过它，贤圣之君也能顺天行事。现在也已坠命亡国了。现在你冲龄即位，不要遗弃耆旧老成，要通过他们考察前人之德。这是召公用历史告诫成王：有德则兴，无德则亡，从而要求成王遵德行事。周公也告诫成王说：

> 自殷王中宗及高宗及祖甲及我周文王，兹四人迪哲。厥或告之曰："小人怨汝詈汝！"则皇（遑）自敬德。厥愆，曰："朕之愆。"允若时（是），不啻不敢含怒。

这是周公要求成王加强德的修养：即使有人骂你，你也不要含怒刑人，而要加倍自我修养。周公还说：

> 皇天既付中国民越厥疆土于先王，肆王唯德用，和怿先后继民。

> 王伻殷乃承叙，万年其永观朕子孙怀德。

这就是说，只有行德才能和悦人民，只有永远怀德才能保持万世王统。

春秋时代，随着重民思潮的兴起，随着礼治秩序的崩溃，各国统治者又把眼光落在德治上面。他们企图以德治扶持礼治，以挽救危亡的局面，所以《左传》等书中充满了德的言论。略举数例，以见一斑。

《左传·隐公四年》记有卫国州吁伙同宋、陈等国讨伐郑国一事，鲁隐公问他的大臣众仲："卫州吁其成乎？"众仲回答说："臣闻以德和民，不闻以乱。

……夫州吁弑其君而虐用其民，于是乎不务令德，而欲以乱成，必不免矣！"后来州吁果然失败。《左传·僖公十七年》载，齐桓公图谋伐郑，管仲两次谏阻："臣闻之，招携以礼，怀远以德；德礼不易，无人不怀。"又说："君若绥之以德，加之以训辞，而帅诸侯以讨郑，郑将覆亡之不暇，岂敢不惧！……且夫合诸侯以崇德也。"桓公乃止。《左传·襄公二十四年》载，鲁国的穆叔出使晋国，晋国的范宣子问他："古人有言曰'死而不朽'，何谓也？"穆叔回答说："豹（穆叔名）闻之：'太上有立德，其次有立功，其次有立言。'虽久不废，此之谓不朽。"说明德的层次很高。《论语》一书中，"德"字凡 39 见。孔子说："为政以德，譬如北辰居其所，而众星拱之。"又说"道（导）之以德，齐之以礼，有耻且格。"这两句话可以视为对德治思想的概括。从这些引文看，德治思想，在春秋时代，再次受到普遍重视。

以上所说的都是历史经验的总结。吕不韦及《吕氏春秋》的作者们对于这些历史经验当然了解，他们参考上古书记的主要目的，就是要从中吸取历史经验，德治问题自然也不例外。《吕氏春秋·顺民》说："夫以德得民心立大功名者，上世多有之矣。失民心而立功名者，未之曾有也。"这两句话就是对历史经验的总结。说明他们确实对德治的历史经验做过一番研究，并作为他们德治主张的一条重要依据。

战国时代，法家崛起，法术主义盛行。虽然儒、墨两家四处奔走，舌敝唇焦地宣扬王道、仁政、德治主张，但在政治实践中法术主义却越来越旺，特别在秦国，更有压倒一切的气势！

在这种形势下，《吕氏春秋》要高扬德治传统，那就不能停留在经验型的阶段上了。它必须把经验型的德治思想提升到理论高度，才有可能对抗法家的法术主义。

《吕氏春秋》的确是这样做了。它以道家的自然主义思想把德治经验转化为德治理论。

人与天地也同。万物之形虽异，其情一体也。故古之治身与天下者，必法天地也。

这是根据天、地、人三位一体的系统思想，论证人法天地的正确性。那么，在德治问题上如何法天地呢？

为天下及国，莫如以德，莫如行义。……故古之王者，德回乎天地，澹（赡）乎四海，东西南北，极日月之所烛，天覆地载，爱恶不臧（藏）。虚素以公，小民皆之（正），其之敌而不知其所以然，此之谓顺天。［其］教变容改俗而莫得其所受之，此之谓顺情。

所谓德治就是"顺天""顺情"，即因顺自然之道，顺应人情之欲。

人情欲生而恶死，欲荣而恶辱。

性也者，所受于天也，非择取而为之也。

既然人的性、情是天生的，人的欲望是自然的，那么，就应该在法规、礼义的制约下，满足人的生存欲望和荣誉要求，即满足人的正常物质生活和精神生活。这就是德治。

《吕氏春秋》还把公天下观念和法自然思想结合起来论证德治的合理性。

天下者，非一人之天下也，天下之天下也。阴阳之和，不长一类，甘露时雨，不私一物，万民之主，不私一人。……天地大矣，生而弗子，成而弗有，万物皆被其泽，得其利，而莫知其所由始，此三皇五帝之德也。

既然天下是万民的天下，就像宇宙是万物的宇宙一样，那么，主君就应该同阴阳之和、甘露时雨一样，普施德政于天下，使万民都能受到恩惠，就像万物受到自然恩惠一样。

这样，自然法则和天下为公就成了德治思想的另一种根据。

从此，德治便成为中国封建社会政治的一条重要理论。

《吕氏春秋》的德治思想在秦国显然是与法术主义针锋相对的。自从商鞅变法成功之后，法术主义压倒了一切。法制主义的一项重要内容，就是一味迷信赏罚，尤其迷信严刑重罚。

重罚轻赏，则上爱民，民死上；重赏轻罚，则上不爱民，民不死上。

怯民使以刑，必勇；勇民使以赏，则死。

重罚轻赏是上对民的爱，民就为上而死；反之，就是不爱民，民也不为上而死。

用刑罚驱使怯懦之民，就能使其勇敢起来；用赏赐驱使勇敢之民，就能使其为上而死。《吕氏春秋》对这种观点自然不能同意，而且进行了严厉的批判，它说："严罚厚赏，此衰世之政也！"

法家还排斥德政，摒弃仁、义。

故凡明君之治也，任其力，不任其德，是以不忧不劳而功可立也。

圣人见本然之政，知必然之理，故其制民也，如以高下制水，如以燥湿制火。故曰：仁者能仁于人，而不能使人仁；义者能爱于人，而不能使人爱。是以知仁义之不足以治天下也。

对此，《吕氏春秋》用两则故事做了回答。其一：

齐人有事人者，所事有难而弗死也。遇故人于途。故人曰："固不死乎？"对曰："然！凡事人以为利。死不利，故不死。"故人曰："子尚可以见人乎？"对曰："子以死为顾（反也）可以见人乎？"

这是对法家上下关系的辛辣讽刺。其二：

柱厉叔事莒敖公，自以为不知，而去居于海上。夏日则食菱芡，冬日则食橡栗。莒敖公有难，柱厉叔辞其友而往死之。其友曰："子自以为不知，故去；今又往死之，是知与不知无异别也。"柱厉叔曰："不然。自以为不知，故去；今死而弗往死，是果知我也。吾将死之以丑后世人主之不知其臣也，所以激君人者之行，而厉（砺）人主之节也。行激节厉（砺），忠臣幸于得察。忠臣察则君道固矣。"

三令五申

这是对法家君臣关系的严厉鞭挞。

这两则故事生动地说明了：君臣上下关系以利害结的危害性，以仁义结的优越性。《吕氏春秋》之所以高扬德治，原因之一，就是要消除法术主义的恶性影响。

2. 德治的优越性

德治有狭义和广义之分。狭义的德治主要是指轻徭赋，宽刑法，施恩惠，这是就实践而言的。广义的德治包括仁、义、礼、信、忠、爱、道、理等教化，这是就意识形态而言的。本节主要是谈广义的、意识形态的德治。

《吕氏春秋》把德治作为一项政令安排在"月令"之中。《孟春纪》载：

是月也，以立春。……命相布德和令，行庆施惠，下及兆民。庆赐遂行，无有不当。

可见《吕氏春秋》对德治的重视。

《吕氏春秋》认为，要推行德政，统治者本身就要具有德的品质，并且要在行动上体现出来。"德也者，万民之宰也。……圣人形德乎己，而四荒（方）咸饰乎仁。"德是万民的精神主宰。只要"圣人"自己把德体现在行动上，那么，四方万民受到感化就都能用仁修饰自己，从而精神力量便可以得到充分发挥。《吕氏春秋》中有两则故事，生动地说明了这个问题：

汤见祝网者置四面，其祝曰："从天坠者，从地出者，从四方来者，皆离（罹）吾网。"汤曰："嘻！尽之矣。非桀其孰为此也?!"汤收其三面，置其一面，更教祝曰："昔蛛蝥作网罟，今之人学纾（绪）。欲左者左，欲右者右，欲高者高，欲下者下，吾取其犯命者。"汉南之国闻之曰："汤之德及禽兽矣！"四十国归之。

周文王使人抇（掘也）池，得死人之骸，吏以闻于文王。文王曰："更葬之。"吏曰："此无主矣。"文王曰："有天下者，天下之主也；有一国者，一国之主也。今我非其主也?"遂令吏以衣棺更葬之。天下闻之曰："文王贤矣，泽及髊骨，又况于人乎?"

这两则故事是"圣人形德乎己，而四荒（方）咸饰乎仁"的最好注脚。商汤和周文王通过两件小事，体现了德的品质，感化了广大人民，结果，商汤得到了汉南四十国的归服，周文王得到了商朝天下的三分之二。其速度之快，方面之广，是任何其他手段所不能达到的。

德政的优越性不仅表现为速度快，方面广，更重要的还在于能够征服民心。

而民心一旦被征服，就可以使民乐为君上而死，因而也就可以无敌于天下。

夫以德得民心以立大功名者，上世多有之矣；失民心而立功名者，未之曾有也。

人主其胡可以无务行德爱人乎？行德爱人，则民亲其上。民亲其上，则皆乐为其君死矣。

古之君民者，仁义以治之，爱利以安之，忠信以导之。务除其灾，思致其福。故民之于上也，若玺之于涂（泥也）也，抑之以方则方，抑之以圆（圆）则圆（圆）。若五种之于地也，必应其类而蕃息于百倍。此五帝三王之所以无敌也。

德政还可以化险为夷，转祸为福。

楚国大臣士尹池出使宋国，了解到宋国君臣的一些德政。回来后，楚王正要发兵攻宋。于是士尹池谏曰：

"宋不可攻也。其主贤，其相仁。贤者能得民，仁者能用人。荆国攻之，其无功而为天下笑乎！"故释宋而攻郑。

强大的楚国不敢轻易攻取弱小的宋国。原因是，宋国君臣"能得民""能用人"。而"能得民""能用人"乃是德政的效应。所以，宋国之所以化解了一场战争灾难，归根到底，是得益于德政。

宋景公之时，荧惑（火星）在心（二十八宿之一）。公惧，召子韦而问焉，曰："荧惑在心，何也？"子韦曰："荧惑者，天罚也，心者，宋之分野也。祸当于君。虽然，可移于宰相。"公曰："宰相所与治国家也，而移死焉，不详。"子韦曰："可移于民"。公曰："民死，寡人其谁为君乎？宁独死。"子韦曰："可移于岁"。公曰："岁害则民饥，民饥必死。为人君而杀其民以自活也。其谁以我为君乎？是寡人之命固尽已，子无复言矣。"

子韦还走，北面再拜曰："臣敢贺君！天之处高而听卑。君有至德之言三，天必三赏君。今夕荧惑其徙三舍，君延年二十一岁。"……是夕荧惑果徙三舍。

宋景公讲了三句德言，居然使火星移位 90 里（一舍三十里），而且延寿 21 岁。这件事本身当然不可凭信。但《吕氏春秋》引用这件事却在于宣扬德政的神效。

推行德政，人民受到感化，久之，便进入道德自觉状态。

为天下及国，莫如以德，莫如行义。以德以义，不赏而民劝，不罚而邪止。

君子之自行也，动必缘义，行必诚义……故当功以受赏，当罪以受罚。赏不当，虽与之必辞；罚诚当，虽赦之不外。

这是说，人民受到德、义的长期感化，不用赏罚，也能自觉地努力工作，不为奸邪。而那些道德自觉更高的人，虽然受到赏赐，但不当功，他就一定推辞；如果犯了法，惩罚当罪，虽然得到赦免，他也不会接受。这需要高度的道德自觉，才能做到。

有道德自觉的人和没有道德自觉的人是大不相同的。前者与人相处，以义相结，可以信赖，而且久而弥笃。后者以利相结，朝三暮四，叛服无常，不可信赖。作为君主，当然希望自己的臣民是前者，而不是后者。

凡乱人之动也，其始相助，后必相恶。为义者则不然，始而相与，久而相信，卒而相亲，后世以为法程。

一个国家，自然是"乱人"越少越好，"义者"越多越好。但要做到这一点，君主本身就要有高度的道德修养，以诚待人，推行德政，施行教化，否则，是不能实现的。

德政不仅可以推行于中原，也可以推行于边区。因为凡是人，都具有天赋的人性，尽管言语、信仰不同，饮食、服装各异，风俗习惯不一，但都有共同的欲望。因此，都可以德化。"善为君者，蛮夷反舌殊俗异习皆服之，德厚也。"这也反映了战国末年民族融合的趋势。

三苗不服，禹请攻之。舜曰："以德可也。"行德三年，而三苗服。孔子闻之曰："通乎德之情，则孟门、大行不为险矣。故曰德之速，疾乎以邮传命。"

故义兵至，则邻国之民归之若流水，诛国之民望之若父母，行地滋远，得民滋众，兵不接刃而民服若化。

晋文公伐原，与士期七日。七日而原不下，命去之。谋士曰："原将下矣。"师吏请待之。公曰："信，国之宝也。得原失宝，吾不为也。"遂去之。

明年复伐之，与士期：必得原然后反。原人闻之，乃下。卫人闻之，以文公之信为至矣，乃归文公。故曰"攻原得卫"者，此之谓也。

以上三条引文都是说明德政在战争中的效应。

正因为德治有那样多的优越性，有如此大的功效，所以《吕氏春秋》大声疾呼，呼吁君主们速行德治。

凡王也者，穷苦之救也。

当今之时，世暗甚矣。人主有能明其德者，天下之士其归之也，若蝉之走明火也。

当然，《吕氏春秋》也知道，单纯地推行德治，是不现实的，还必须辅之以赏罚。

3. 德治与赏罚

《吕氏春秋》虽然讴歌德治，但它知道，真正推行起来，却不那么简单。还必须具备一定的条件和辅助手段。

孔、墨之弟子徒属充满天下，皆以仁义之术教导于天下，然而无所行。教者犹不能行，又况乎所教？是何也？仁义之术外也。夫以外胜内，匹夫徒步不能行，又况乎人主？唯通乎性命之情，而仁义之术自行矣。

这里的教者当指孔、墨之弟子徒属，所教者包括匹夫徒步和人主。仁义之术是外现的，性命之情是内养的。这段话的意思是说，仁义之术本来是好东西，但就是推行不开。为什么推行不开？关键在于缺乏内养。所谓内养，就是通乎性命之情。匹夫徒步如能懂得性命之情，就不会过分贪求；人主如能懂得性命之情，就不会过分剥削和残暴。这样，仁义之术自然就能推行了。这就是说，推行仁义之术必须以通乎性命之情为前提条件，外现必须以内养为基础。

《吕氏春秋》是反对专以刑杀为威、以赏罚治国的，认为这样做的结果，必然导致"以罪召罪""上下相仇"。

故乱国之使其民，不论人之性，不反人之情，烦为教令而过不识，数为令而非不从，巨为危而罪不敢，重为任而罚不胜。民进则欲其赏，退则畏其罪。知其能力之不足也，则以为（伪）继矣。以为（伪）继，知，则上又从而罪之，是以罪召罪。上下之相仇也，由是起矣。

这段话的大意是说，一个混乱的国家使用它的人民，不是因顺人的自然性情，只是依靠烦苛的教谕、屡变的政令、艰巨的危行、困重的任务，强制人民服从。不服从就要受到处罚。人民知道自己没有能力完成这些教令任务，又怕犯罪，只好继之以作伪欺诈。政府知道了，又要处罚他们，于是便形成了"以罪召罪"的恶性循环。结果便会发生"上下相仇"的局面。这是对法制主义中恶性成分的批判。

《吕氏春秋》并不全盘反对法制，只是反对专威，而赞成其"公平"的成分。也不笼统反对刑赏，只是反对专赖刑赏，而赞成刑赏适当，少刑多赏。其根据也是自然的人性。

民之有威力，性也。性者，所受于天也，非人之所能为也。……国无刑罚，则百姓之悟（互）相侵也立见。……故刑罚不可偃于国。

亡国之主，多以多威使其民矣。故威不可无有，而不足专恃。譬之若盐之于味。凡盐之用，有所托也。不适则败托而不可食。威亦然，必有所托，然后可行。恶乎托？托于爱利。爱利之心谕，威乃可行。威太甚，则爱利之心息。爱利之心息，而徒疾行威，身必咎矣。

人人生来都具有天赋的威力。有威力就要发生争斗。有争斗就会导致秩序混乱。为了制止争斗，就必须设置刑罚。但是，刑罚不能太多太严，否则又会走向反面。用什么来制约刑罚呢？那就是爱利。所以刑罚必须以爱利为基础。这与法家的刑罚观是截然不同的。

凡用民，太上以义，其次以赏罚。其义则（若也）不足死，赏罚则（若也）不足去就，若是而能用民者，古今无有。

这是把义同赏罚结合起来使用，以义为主，以赏罚为辅，赏罚从属于义。

《吕氏春秋》认为，赏罚有助于教化。

三王先教而后杀，故事莫功焉。

赏罚之柄，此上之所以使也。其所加者义，则忠信亲爱之道彰。久彰而愈长，民之安之若性，此之谓教成。教成则虽有厚赏严威弗能禁。故善教者，不

（义）以赏罚而教成，教成而赏罚弗能禁。

性也者，所受于天也，非择取而为之也，豪士之自好者，其不可漫以污也，亦犹此也。

这里是说，三王治国，总是先教后杀，亦即先德后刑。赏罚不仅能从消极方面起劝禁作用，而且能从积极方面起培养忠信亲爱之道的作用。培养久了，人民便能安于忠信亲爱之道，就好像天生之性一样。这就叫作教成。教成之后，任凭什么厚赏严威，也不能动摇它了。许多豪士之所以不受漫污，就是这个缘故。

那么，怎样利用赏罚引导人们向善呢？首先要分别对待。

使不肖以赏罚，使贤以义。故贤主之使其下也必义，审赏罚，然后贤不肖尽为用矣。

人们的道德自觉程度是参差不齐的。所谓不肖，就是没有什么道德自觉的人；所谓贤者，就是具有一定道德自觉的人。对这两种人要采取不同的方法使用他们。对前者用赏罚的方法，对后者用义的方法，这样，两种人就都能为你所用了。

其次，在赏罚之中又要以赏为主，以罚为辅。《吕氏春秋》借晋国大臣之口说：

闻善为国者，赏不过而刑不慢。赏过则惧及淫人，刑慢则惧及君子。与其不幸而过，宁过而赏淫人，毋过而刑君子。

这是以鼓励为主，以惩戒为辅，以引导人们向善。

当然，最关键的还在于君主能不能善用赏罚。用得好可以使民争行义，用得不好，也可以使民争为不义。例如：

晋文公反国，赏从亡者，而陶狐不与。左右曰：“君反国家，爵禄三出，而陶狐不与，敢问其说。”文公曰：“辅我以义、导我以礼者，吾以为上赏。教我以善、强我以贤者，吾以为次赏，拂吾所欲、数举吾过者，吾以为末赏。三者所以赏有功之臣也。若赏唐国（圖）之劳徒，则陶狐将为首矣。”

显然，晋文公的赏赐，主要是引导人们行义、行礼的。又如：

赵简子沉鸾徼于河，曰：“吾尝好声色矣，而鸾徼致之。吾尝好宫室台榭矣，而鸾徼为之。吾尝好良马善御矣，而鸾徼来之。今吾好士六年矣，而鸾徼未尝进一人也，是长吾过而绌〔吾〕善也。”

赵简子之所以沉死鸾徼，是因为他只会阿谀奉迎，而不干一件好事，所以《吕氏春秋》评论这件事说：“以理督责于其臣，则人主可与为善，而不可与为非；可与为直，而不可与为枉。此三代之盛教。”这是从反面教导人们争行义的。

“争行义”与“争为不义”是截然相反的。

凡治国令其民争行义也，乱国令其民争为不义也；强国令其民争乐用也，弱国令其民争竞不用也。夫争行义乐用与争为不义竞不用，此其为祸福也，天不能覆，地不能载。

由上可知：《吕氏春秋》的主观意图，是想把德治与法治、教化与刑赏有机地结合起来。德治为主，法治为辅；教化为主，刑赏为辅；赏赐为主，刑罚为辅。以此缓解统治者与被统治者之间的矛盾，抑制矛盾发展的速度，从而维持封建统治的粗安局面。但这种方法只能施行于矛盾相对和缓时期，等到矛盾发展到激化阶段，它就无能为力了。

（三）反君主专独思想

在原始公社时代末期，随着生产力的发展和私有制的萌芽，先后产生了三种权力，一是人民的权力，二是氏族贵族的权力，三是酋长的权力。到了阶级社会，社会性质起了根本变化，但三种权力的形式却延续下来。这就是民权、臣权、君权。三种权力之间存在着两种不同性质的矛盾。民权和臣权、君权之间的矛盾，属于阶级矛盾；臣权和君权之间的矛盾，属于统治集团内部矛盾。三种权力斗争的结果，在各国历史上的表现是各不相同的。同是奴隶主专政的社会，有的国家民权比较突出，形成了民主制；有的国家臣权比较突出，形成了共和制；有的国家君权比较突出，形成了君主制。中国属于后者。当然，所谓比较突出，只是相对而言的。在中国，从夏代起盲到秦始皇统一中国之前，君权虽然占着优势，但并不是说，民权和臣权一下子就被压下去了，突然销声匿迹了。相反，民权和臣权一直和君权进行着斗争，而且有时民权显得相当活跃，有时臣权显得相当活跃，有时民权和臣权联合起来压倒君权。但总的看，君权却一直占着主导地位。

秦始皇统一中国之后，三权之间的关系起了巨大变化。君权大大上升，臣权大大下降，而民权差不多完全被压倒了！从此，中国历史上出现了中央集权的君主专制的封建国家。为了避免概念上的混乱，本文把"君主专制"改为"君主专独"，以与《吕氏春秋》的用语相吻合。

所谓"君主专独"就是集一切权力于君主一人之手，蔑视一切人权，为所欲为，毫无约束。列宁说："国家实行君主制时，政权归一人掌握。"又说："君主制是一人独裁的政权。"马克思说："君主政体的原则总的说来就是轻视人，蔑视人，使人不成其为人。"又说："在普鲁士，国王就是整个制度；在那里，国王是唯一的政治人物。"这里所说的"君主制""君主政体"，从实质看，就是我们所说的"君主专独"。

君主专独的危害性，早在秦始皇统一中国之前，就有许多人看出来了，并且进行了一定的批判和斗争。如道家的老、庄，儒家的孟、荀。而比较系统比较全面的却是《吕氏春秋》。

《吕氏春秋》为了给秦王政"打防疫针"，根据大量的历史经验，针对当时盛行于秦国的法家的专制主义理论，进行了尖锐大胆的斗争。从理论到实际，从正面到反面，从劝导到威胁各个角度对君主专独进行了论述和揭露，把君主专独的不合理性和危害性相当清楚地展示出来。

下面具体谈谈《吕氏春秋》中反君主专独的思想。

1. 拆除君主专独的基石

（1）戳穿"君权神授"的谎言。在中国，自从国家出现之后，统治者就竭力神化君主，以加强和巩固君主的权力。为此，他们捏造了一个骗人的理论——"君权神授"。君主自称天子，认天帝为祖先，自命代"天"行事，一切只对"天"负责。这样，君主便取得了无边的权力，不为任何现实的力量所限制。这种君权起源论当然很荒谬，但它却像一道铁箍死死箍住人们的思想。只要这道铁箍不被砸断，君主专独就永远是"合理的"。要证明君主专独的不合理，首先就得砸断这道铁箍。《吕氏春秋》正是从这里下手的。《吕氏春秋》认为："昔太古尝无君矣。"后来，为了战胜自然界的侵害，为了维持人类社会的秩序，才产生了君主。它说：

凡人之性，爪牙不足以自守卫，肌肤不足以捍寒暑，筋骨不足以从利避害，勇敢不足以却猛禁悍，然且犹裁万物，制禽兽，服狡虫，寒暑燥湿弗能害，不唯先有其备，而以群聚耶？群之可聚也，相与利之也；利之出于群也，君道立也。

这就是说，人类为了自身的生存，就必须克服自然灾害；为了克服自然灾害，就必须结成群体；为了有效地发挥群体力量，就必须有一个领导者。于是产生了君主。

《吕氏春秋》在谈到人类还没有君主的时候，说：

其民聚生群处，知母不知父，无亲戚、兄弟、夫妻、男女之别，无上下、长幼之道，无进退揖让之礼……

其民麋鹿禽兽，少者使长，长者畏壮，有力者贤，暴傲者尊，日夜相残，无时休息，以尽其类。圣人深见此患也，故为天下长虑，莫如置天子也，为一国长虑，莫如置君也。

这就是说，为了人类自身不致在互相残杀中同归于尽，必须规定某些"道"和"礼"，建立必要的社会秩序；为了执行某些"道"和"礼"，为了维护必要的社会秩序，就需要一些大小君主。既然群体或社会都需要君主，那么，这个君主怎样产生呢？《吕氏春秋》认为必须具备两个基本条件：一是有能力的强者，二是得到群众的拥护。它说：

人曰蚩尤作兵。蚩尤非作兵也，利其械矣。未有蚩尤之时，民固剥林木以战矣。胜者为长。长则犹不足以治之，故立君，君又不足以治之，故立天子。天子之立也，出于君；君之立也，出于长；长之立也，出于争。

凡君之所以立，出乎众也。

《吕氏春秋》具体谈到商周开国之君时，也贯穿着这两条基本原则。它说：商汤灭夏之后，"遂其贤良，顺民所喜，远近归之，故王天下。"武王灭商后，

"显贤者之位……而问民之所欲。……天下美其德，万民悦其义，故立为天子。"商汤能够灭夏，武王能够灭商，说明他们是强者，但还要取得贤良、民众的拥护才能成为名副其实的王者。可见君权根本不是什么神授的。

《吕氏春秋》关于君权产生的理论，用今天的标准衡量，当然有其不足之处，但在当时却不失为一件犀利的武器。这件武器有力地戳穿了"君权神授"的谎言，把君权的来源从天上夺回到人间。这在理论上对君主专独是一个沉重打击。

（2）打破"家天下"的观念。自夏商以来，统治者还捏造了一个虚假的观念——"家天下"。这种观念的产生，实际上是原始社会末期产生的父家长制的放大，而在形式上却以"君权神授"为前提。他们硬说天帝把所有的人民和土地作为私产交给了自己。他们对全国人民和土地的所有权，就像一个父家长对子女奴婢和家产的所有权一样。既然天下是君主的私产，君主当然就拥有任意处置的特权，包括遗传子孙万代的特权。这样，不仅君主本身的权力是无限的，而且君主世袭也成为"合理"的了。这又是一道铁箍！它死死地箍住人们的观念。因此，要证明君主专独的不合理，还必须打破"家天下"的观念。《吕氏春秋》也这样做了。

《吕氏春秋》从上古无君、君出于众的前提出发，进一步揭出了"公天下"的旗帜。它说："凡主之立也，生于公。……天下非一人之天下也，天下之天下也。"这简直是把匕首，直接刺入"家天下"的心脏！既然天下是公的，君主当然没有任意处置的特权，更没有世袭的特权——除非你的子孙够得上君主条件。它说：

昔先圣王之治天下也，必先公，公则天下平矣，平得于公。尝试观于上志（古代记载），有得天下者众矣，其得之［必］以公，其失之必以偏。

凡君之所以立，出乎众也。立已定而舍其众，是得其末而失其本。得其末而失其本，不闻安居。

这两段话旨在论证：君主治理天下，必须出自公心，不能抛弃群众，否则就会丧失君位。

　　在另一个地方，《吕氏春秋》还列举了许多例子进一步说明这种观点，如"尧有子十人，不与其子而授舜，舜有子九人，不与其子而授禹，至公也"，又如祁黄羊向晋平公推荐自己的仇人解狐为南阳令，又推荐自己的儿子祁午做尉官，被孔子誉为"可谓公矣"。这些例子说明，君主无权把天下当作私产，随便传给子孙；只要符合条件，任何人都有权充当君主或参与国政。

　　"家天下"观念的被打破，对君主专独，特别是君主世袭制，又是一个沉重的打击。

　　2. 规定君主的义务和权限

　　（1）君主的义务。从"君权神授"出发，君主的义务只是对上帝而言的。对上帝的义务只有两条，一是祭祀，二是保持上帝授予的人民和国土。祭祀上帝表面上是尊敬上帝，实际上是为了取得"合法"统治权。第二个义务名义上是替上帝看守人民和土地，实际上是固守自己的家产。说到底，君主是没有任何义务的！国家是父家长制家庭的放大。父家长制家庭中的家长对妻子儿女奴婢握有生杀予夺之权，而不对家庭成员负有任何义务。君主对子民有过之而无不及。他对子民拥有奴役剥夺之权，却无任何应尽的义务。但是，按照"公天下"和"君出于众"的观点，情况则完全相反。君主没有任意宰割天下的权利，却有对群众应尽的义务。《吕氏春秋·恃君览》说："君道何如？——利而物（勿）利！"《吕氏春秋·贵公》说："伯禽将行，请所以治鲁，周公曰：'利而勿利也'。"所谓"利而勿利"，意思是说"务在利民，而勿以自利。"《吕氏春秋·行论》说："执民之命，重任也，不得以快志为故（事）。"《吕氏春秋·恃君览》接着说："置君非以阿（私）君也，置天子非以阿（私）天子也。……德衰世乱，然后天子利天下，国君利国。"这就是说，在正常情况下，君主只有利民的义务，而无利己的权利，这是君道的本质。只有到了"德衰世乱"的时候，天子才利用天下谋私利，国君才利用国家谋私利，那是不正常的现象。君主的义务很多，从振穷救苦到问疾吊丧等等，根据当时人民的需要而定。"民寒则欲火，暑则欲冰，燥则欲湿，湿则欲燥。……利民岂一道哉，当其时而已矣。"总之，君主要"忧民之利，除民之害"。"务除其灾，思致其福。"当然，对于这些义务并不是所有的君主都能做到。"圣王""贤主"能做到，"惑主""暴君"则做不到。做不到的就不能叫作"君"，应该废弃，让那些能做到的人充当。"废其非君，而立其行君道者。"

给君主规定义务，就等于在君主头上加上一道铁箍。这对君主专独是一个极大的限制。

（2）君主的权限。同样是君主制，在"君权神授"和"家天下"观念的支配下，君权是无限的。而在君出于群和"公天下"观念的支配下，君权就是有限的。《吕氏春秋》也是主张君主制的。它说："王者执一而为万物正。军必有将，所以一之也，国必有君，所以一之也，天下必有天子，所以一之也。……一则治，两则乱。"又说："凡为治，必先定分，君臣父子夫妇。君臣父子夫妇六者当位，则下不逾节，而上不苟为矣，少不悍辟，而长不简慢矣。"这两段话的意思是：一个国家只能有一个君主，而且这个君主一定要处于最尊的地位，否则就不能维持正常的社会秩序。但是，《吕氏春秋》从君出于群和"公天下"的立场出发，主张君权有限，反对君主"专独"。它认为，国家大事应由君臣共同治理。只有亲密合作，相互信任，才能成就功名；如果臣"自恃"、君"好独"互不配合，必将危害国家。

故贤主之求有道之士，无不以（用）也，有道之士求贤主无不行也，相得然后乐。不谋而亲，不约而信，相为殚智竭力，犯危行苦，志欢乐之，此功名所以大成也固不独。士有孤而自恃，人主有奋而好独者，则名号必废熄，社稷必危殆。

为此，《吕氏春秋》十分强调君臣之间的分工，不能越俎代庖，互相掣肘。它把君臣之间的分工，比喻天地之间的分工。它说："天道圜，地道方，圣王法之，所以立上下。……主执圜，臣处方，方圜不易，其国乃昌。"所谓"圜道"就是要"执要"，而不要陷入具体职责。执要的具体内容有四：一是"听要"，二是求贤，三是督责，四是发挥群臣的智能。"凡君也者，处平静，任德化，以听其要。"这里的"听要"是指大政方针问题。"得贤人，国无不安，名无不荣；失贤人，国无不危，名无不辱。先王之索贤人，无不以也。""要在得贤。

……天下之贤主岂必苦形愁虑哉，执其要而已矣。"这里的"执要"是指求贤。"凡主有识，言不欲先，人唱我和，人先我随，以其出为之入，以其言为之名，取其实以责其名，则说者不敢妄言，而人主之所执其要矣。"这里的"执要"是指对臣下的督责。"夫君也者处虚。素服而无智，故能使众智也。智反无能，故能使众能也；能执无为，故能使众为也。无智、无能、无为，此君所执也。""有术之主者，非一自行之也，知百官之要也。知百官之要，故事省而国治也。"这里的"执要"是指发挥臣下的智能。这些是君主的职权。臣下的职权有三条：一是尽职，二是荐贤，三是谏争。"为者，臣道也。""百官慎职"，"千官尽能"，"以其智强智，以其能强能，以其为强为，此处人臣之职也"。这些都是说臣下要埋头实干，尽量发挥自己的智能，做好本职工作。除了做好本职工作外，还有推荐人才的任务。《吕氏春秋》列举了许多典型例子，如管仲推荐隰朋，祁黄羊推荐仇人解狐和亲人祁午，鲍叔牙推荐管仲，沈尹筮推荐孙叔敖，等等。说明荐贤也是臣下的一项重要职责。但是，《吕氏春秋》最强调的还是谏争。"故忠臣廉士，内之则谏其君之过也，外之则死人臣之义也。"谏君之过与死臣之义相提并论，可见谏争是臣下的一项重要职权。为了行使这个职权，有时可能违反君主的意欲，遭到杀身之祸，那也在所不辞。"忠臣亦然，苟便于主，利于国，无敢辞讳，杀身出生以徇之。""直言交争，而不辞其患！"在《吕氏春秋》看来，君臣各有职权，通力合作而互不侵犯，才能治好国事，否则就会引起混乱，招致危亡。它特别强调君主不能侵犯臣权。《吕氏春秋·勿躬》说：

李子曰："非狗则不得兔，兔化而狗，则不为兔。"（注引陶鸿庆曰："原文当云：'非狗不得兔，狗化为兔，则不得兔'。"）人君而好为人官，有似于此。意思是说，君行臣职，则君降为臣，君降为臣就不能控制臣了。又说：

人主以好暴示能，以好唱自奋。人臣以不争持位，以听从取容，是君代有司为有司也。

这样，那些"奸邪险陂之人"，就有空子可钻。他们放弃自己的职守，专看君主的颜色办事，办对了有功，办错了无过。结果，"人主日侵，而人臣日得。

……尊之为卑，卑之为尊，从此生矣。此国之所以衰而敌之所以攻之者也。"反之，如果臣下有职有权，不受君主牵制，就可以把事情办好。有这样一个故事：鲁君派宓子贱治理亶父（地名），宓子贱害怕鲁君听信谗言，干扰自己的施政计划。有一次他叫两个小吏写字，自己却故意"从旁掣摇其肘"，致使"吏书不善"，而宓子贱却又怒其不善。小吏不知其用意，到鲁君那里诉苦。鲁君恍然大悟，立刻叫人回到亶父，告宓子曰："自今以来，亶父非寡人之有也，子有之也。有便于亶父者，子决之矣！"三年之后，亶父大治。这个故事生动地说明了君主不应乱干臣职。如果君主硬要胡来，臣下就可以拒绝合作，辞职不干。"君同则来，异则去。故君虽尊，以白为黑，臣不能听！"《吕氏春秋》主张君权有限论，是有充分根据的。它认为，人主和常人一样，其聪明才智总是有限的。以有限的聪明才智，包办一切，势必不能胜任。不能胜任却硬要逞能，势必造成混乱。

耳目心智其所以知识甚阙（缺），其所以闻见甚浅，以浅阙博居天下，安殊俗，治万民，其说固不行。"十里之间而耳不能闻，帷墙之外而目不能见，三亩之宫而心不能知"……君人者不可不察此言也。

因此，它要求君主要有自知之明，"存亡安危，勿求于外，务在自知"。怎样才能自知呢？要有一面镜子经常照照自己，要有一把尺子经常量量自己。这镜子、尺子就是忠臣直士。因此，它又要求君主礼贤下士，虚心纳谏，切勿骄恣专独。"贤主所贵莫如士，所以贵士，为其直言也。""士虽骄之，而己愈礼之。……去其帝王之色（不摆帝王架子），则近可得之矣。"《吕氏春秋·骄恣》：

亡国之主，必自骄，必自智，必轻物。自骄则简士，自智则专独，轻物则无备。无备召祸，专独位危，简士壅塞。欲无壅塞必礼士，欲位无危必得众，欲无召祸必完备。三者人君之大经也。

以上所述都是为了防止君主滥施权力，专断独行。这对君主专独也是一个极大的限制。

此外，《吕氏春秋》还以各种手段对君权加以限制。

3. 限制君权种种

（1）空间限制。《吕氏春秋》是主张局部分封的，它说："观于上世，其封建众者，其福长，其名彰。""诛暴而不私，以封天下之贤者，故可以为王伯（霸）。"过去，这是吕不韦的一大罪状。在某些人看来，一提分封，就必然要复辟奴隶制；一提分封，就是反对统一。其实，事情未必如此。分封是一种统治形式，与奴隶制并无必然联系。分封与统一也不是截然对立的。分封可以导致分裂，但不等于分裂。关键在于处理是否恰当。处理得好，分封并不妨碍统一，甚至有助于统一，汉、明两代便是实例。从《吕氏春秋》本身看，它并不赞成奴隶制，倒是赞成封建生产关系；它并不赞成割据，倒是主张统一。《吕氏春秋》主张分封是另有用意的。这个用意主要是从空间上限制君主的权力，同时也让更多的贤者分享政权。《吕氏春秋·博志》：

天子不处全，不处极，不处盈。全则必缺，极则必反，盈则必亏。

天子之地，方千里以为国，所以极治任也。非不能大也。其大不若小，其多不若少。……王者之封建也，弥近弥大，弥远弥小。海上有十里诸侯。

《吕氏春秋》的这个主张是有理由的：第一，天下是公的，既然是公的，谁有才能谁就可以管理。第二，一个人的聪明才智是有限的，以有限的聪明才智硬要求全求极求盈，势必走向反面。因此，任何个人没有理由也没有可能拥有无边的权力。相反，让更多的人分享权力却是有理出，也是有必要的。当然，《吕氏春秋》也意识到分封的结果可能造成尾大不掉之势，甚至导向割据混战。它说："王也者，势无敌也；势有敌则王者废矣。"因此，它特别强调"以大使小，以重使轻，以众使寡"。就是说，王者要在地盘上、地位上、实力上占绝对优势，能够控制局面。这样，就可以做到"便势全威"，相安无敌了。顺便说一下，从当时的实际情况看，采取适当的分封制也是必要的。列宁在谈到古代国家时曾指出："当时的社会和国家比现在小得多，交通极不发达，没有现代的交通工具。当时山河海洋所造成的障碍比现在大得多，所以国家是在比现在狭小得多的地理范围内形成起来的。技术薄弱的国家机构只能为一个版图较小、活动范围较小的国家服务。"中国的秦汉时代情况基本如此。在技术薄弱的条件下，国家版图过大，势必造成人力物力的极大浪费。这一点，西汉人就已经看

出来了。《新书·属远》："古者天子地方千里，中之而为都，输将繇使，其远者不在五百里而至。公侯地百里，中之而为都，输将繇使，其远者不在五十里而至。输将者不苦其劳，繇使者不伤其费。故远方人安其居，士民皆能欢乐其土。此天下之所以能长久也。及秦而不然，秦不能分尺寸之地，欲尽自有之耳，输将起海上而来。一钱之赋，数十钱之费，不轻能致也。上之所得者甚少，而民毒苦之甚深。故陈胜一动而天下不振！"贾谊把秦朝的灭亡归因于没有裂土分封，不免夸大其辞。但秦朝版图过大，造成了人力物力上的浪费，却是事实。同时，绝对统一，也不便于因地制宜，发挥地方优势。

如此看来，《吕氏春秋》主张适当的分封制，无论在主观上还是在客观上都是无可非议的。而在主观上以地盘限制君权的膨胀，则更是可以理解的。

（2）武力限制。按照正统观点，用武力对付君主，那是"犯上作乱""乱臣贼子"，是绝不允许的。商汤灭夏、武王伐纣，那是受"天命"的"圣人"的"代天行罚"，一般人是无权这样做的。《吕氏春秋》为了限制君权，对这个观点不得不有所突破。它认为有两类君主必须废弃，一类是愚君，一类是暴君。愚君要让贤，暴君要推翻。关于愚君，《吕氏春秋·士容》说：

以此（指愚蠢）为君，虽有天下何益？故败莫大于愚。愚之患必自用。自用则鬈陋之人从而贺之。有国若此，不如无有。古之与贤，从此生矣。

"与贤"就是"禅让"。"禅让"在《吕氏春秋》中是作为限制君权的一种手段，并非复古。关于暴君，《吕氏春秋》在《禁塞》《怀宠》《论威》《简选》等篇都有所论列。这里只节录《怀宠》一段，以见一斑。《怀宠》篇说，对于暴君，先是晓以义理，继之则兵入其境以示威慑，"若此而犹有忧（愎）恨（很）冒疾遂过不听者，虽行武焉亦可矣"。在正式行武之前，还要宣布对方的罪状，说明自己的目的。

曰：兵之来也，以救民之死！子（指被伐之国君）之在上无道、倨傲荒怠，贪戾虐众，恣睢自用也。辟远圣制，謷丑先王，排訾旧典。上不顺天，下不惠民，征敛无期，求索无厌，罪杀无辜，庆赏不当。若此者，天之所诛也，人之所仇也，不当为君。今兵之来也，将以诛不当为君者也！

这叫作"行罚不避天子"。这里虽然也提到"上不顺天""天之所诛",但也指出"下不惠民","民之所仇也"。这与"代天行罚"有所不同。当然,《吕氏春秋》所谓"行武"一般是局限在统治者之间的,诸侯对天子,诸侯对诸侯,权臣对权臣,还不敢公然号召广大人民群众起来推翻暴君。尽管如此,这种言论,对君主专独,也是一个极大的威慑!

（3）神力限制。《吕氏春秋》反对"君权神授",也不大相信一般迷信,但是,它对"天人相感"却很感兴趣。它说:"类固（同）相召,气同则合,声比则应。鼓宫而宫动,鼓角而角动。"感应本是自然界的现象,而社会感应则是通过人的意识活动表现出来的。古代唯心主义思想家一方面赋予自然感应以意识,同时又把这种感应牵强附会地移植于社会,于是形成了所谓"天人相感"的理论。《吕氏春秋·具备》说:

> 故诚有（又）诚,乃合于情,精有（又）精,乃通于天。乃通于天,水木石之性,皆可动也,又况于有血气者乎?

水木石对于"天"是有感应的,如"础润而雨"之类,但却毫无意识作用。唯心主义者硬把这种现象说成是石性动天的结果,而石性动天又是通过"精""诚"来实现的,这样,天、水、石就都成为有意识的东西了。既然水、木、石之性都可以动天,那么,人性就更可以动大了。接着又说:

> 信而又信,重袭于身,乃通于天。以此治人,则膏雨甘露降矣,寒暑四时当矣。

这样,"天人相感"的理论就被建立起来了。这个理论并不是《吕氏春秋》的发明,但《吕氏春秋》运用这个理论却是另有用意的。用意就在于以天的力量威慑君主,限制君权。《吕氏春秋·制乐》:

> 吾闻祥者福之先者也,见祥而为不善,则福不至;妖者祸之先者也,见妖而为善则祸不至。

这段话表面上是宣扬天意,实际上却强调人事。君主的行动可以引起天降祥妖,君主的行动也可以改变天意,主动权还是在于君主。例如同样是妖异,随着君主的态度不同而有不同的结果。接着又说:

> 文王寝疾五日而地动……文王曰："夫天之见妖也，以罚有罪也。我必有罪，故天以此罚我也。……昌也请改行重善以移之，其可以免乎？"于是谨其礼秩皮革……无几何，疾乃止。

这是接受警告，改过自新的结果。反之，

> 国有此物（指妖异现象），其主不知惊惶巫革，上帝降祸，凶灾必巫，其残亡死丧，殄绝无类，流散循（大）饥无日矣！此皆乱国所生也！

这是不接受警告，怙恶不悛的结果。由此可见，《吕氏春秋》引用"天人相感"的理论，主要目的在于制造精神枷锁，以制约君权。君主以"君权神授"欺骗人民，使自己的权力不受限制，《吕氏春秋》则以"天人相感"威慑君主，使君主不敢为所欲为，这也算是"以其人之道还治其人之身"吧！

（4）以法约束。《吕氏春秋》还试图以法约束君主。它说："胜（任）理以治国则法立。法立则天下服矣。"要使天下服法，首先君主就要带头服法。

> 荆（楚）文王得茹黄之狗，宛路之矰，以畋于云梦，三月不反。得丹之姬，淫，期年不听朝。葆申曰："先王卜以臣为葆，吉。今王得茹黄之狗，宛路之矰，畋，三月不反，得丹之姬，期年不听朝。王之罪当笞。"王曰："不谷免衣襁褓而齿于诸侯，愿请变更而无笞。"葆申曰："臣承先王之令，不敢废也。王不受笞，是废先王之令也。臣宁抵罪于王，毋抵罪于先王。"王曰："敬诺。"引席。王伏。葆申束细荆五十，跪而加之于背，如此者再，谓"王起矣"。王曰："有笞之名一也。"遂致之。……王乃变更。召葆申，杀茹黄之狗，析宛路之矰，放丹之姬。后荆国兼国三十九。令荆国广大至于此者，葆申之力也，极言之功也。

《吕氏春秋》引用这个故事，并对葆申大加赞扬，显然是在暗示：君主的行为也应遵守法的约束。这样，君主就会受到现实力量的制约。当然，这在封建君主制政体之下是无法办到的。不过，这也反映了吕不韦的政治思想是相当大胆的。

以上列举八点，角度虽有不同，目标却很一致，都是为了限制君权。限制君权也就是反君主专独的斗争。

当然，《吕氏春秋》反君主专独的斗争是有其局限性的。《吕氏春秋》的编者是吕不韦。吕不韦生活在公元前三世纪的中国，他出身于大贾，后来又食邑河南，家僮万人，而且还是一个位极人臣的相国。历史、阶级、政治地位不能不给这一斗争带来局限性。第一，《吕氏春秋》反君主专独，并不是为了反对封建制度，也不是反对君主制国家，只是反对君主专独，对君权加以限制而已。反对君主专独，旨在防止君主滥用权力为某一阶层或一家一姓的利益服务。限制君权意味着加强臣权。加强臣权，旨在保证国家政权为整个地主阶级利益服务。归根结底，还是为了维护封建制度，维护整个地主阶级的利益，使君主制国家长治久安。第二，《吕氏春秋》争取臣权和士权，是以协助君权为前提的，并不对抗君权。这充其量只是统治集团内部或地主阶级内部权力之争而已。至于民权，则完全被排斥在外。它明确地说："诸众齐民，不待知而使，不待礼而令。""民不可与虑化举始，而可以（与）乐成功。"老百姓只是驱使的对象，根本没有资格参与政权活动。在这一点上，他还不及孟轲，孟轲还能提出民贵君轻思想，承认国人有参与政治的权利。第三，《吕氏春秋》的斗争方式主要是说理、劝导、恫吓，最多只是在统治阶级内部动用武力，绝不敢号召广大人民群众起来进行暴力斗争。在这一点上，他又不及《左传》的作者。《左传》的作者（有时借别人之口）还能承认国人（平民）有逐君和杀君的权利，即承认国人暴力斗争的正义性。第四，《吕氏春秋》反对"君权神授"，却又承认"天人相感"，虽然在实践上各有用途，但在理论上却陷入自相矛盾。因为二者都是以人格神的存在为前提的。既然神可以过问人间政治的好坏，当然也可以干预人间君主的废立。这样，在君权起源问题上无异于自我解除武装，大大削弱了这方面的斗争性。《吕氏春秋》一会儿说"长之立也，出于争"，一会儿又说"圣人深见此患也，故为天下长虑，莫如置天子也"。这个"圣人"很容易变成"上帝"。这种混乱，就是理论上自相矛盾的反映。

尽管《吕氏春秋》的反君主专独思想有不少局限性，但基本上还是应该肯定的。它的意义至少有两点：

第一，对于君主专独的危害性，在先秦早就有人意识到了，而且有些言论还比较尖锐，但都是零星的，肤浅的。《吕氏春秋》在前人的基础上，大大前进了一步，对君主专独的认识比较系统，也比较深刻。它从理论上动摇了君主专独的根本——揭穿了"君权神授"的虚假性，打破了"家天下"的私有观念，使君主专独失去了理论依据和物质前提。它从君出于众、君利于群的观点出发，确定了君主应有的义务。它从"公天下"的立场出发，提出了君主应具备的条件，拆除了君主世袭制的基础，并确立了臣权和士权。它大量地深刻地暴露了君主专独的危害性，并由此提出了一系列制约君权的措施，从而把君权限制在一定的范围和一定的程度上。可以说，在反君主专独的斗争史上，《吕氏春秋》是起着承前启后、继往开来的作用。如果考虑到《吕氏春秋》的编者吕不韦所处的地位和环境，更可以看出这种斗争的可贵性。吕不韦身为秦国的相国，他当然十分了解嬴政的信仰和为人。他敏锐地觉察到君主专独可能将在嬴政身上体现出来，并将给秦国带来可怕的后果，因此，他不顾个人得失，甚至不顾生命危险，预防性地对君主专独进行了大胆尖锐的批判。这种精神对后世君臣不能不发生一定的影响。

第二，《吕氏春秋》的理论没有为嬴政所接受，编者却付出了生命的代价。统一之后，秦始皇把君主专独推到了第一个历史高峰。结果，比《吕氏春秋》所预料的还要坏，仅仅十五年，偌大的秦王朝便葬身于农民起义的烈火之中。君主专独遭到了武器的批判。然而《吕氏春秋》的心血也没有白费。它在秦朝是失败了，而在西汉却得到了胜利。西汉君臣在血与火的教训中，认真地探讨了秦朝速亡的原因。在许多原因之中，暴政是最突出的一条。而暴政乃是君主专独的直接恶果。这样，《吕氏春秋》中反君主专独的思想就不能不引起他们的注意了。人们常说，汉承秦制。这只是就其主要制度而言。如果从君主的思想、施政、作风看，则迥然不同。例如，秦、汉都是君主制，但专独的程度却有很大区别。这个区别决不能忽视，它直接影响到施政的好坏。一般来说，西汉的君主在"专独"方面，没有一个能与秦始皇相比。最鲜明的对照要算是汉文帝与秦始皇了。秦始皇是专独一切，拒谏饰非，草菅人命，为所欲为；汉文帝是广开言路，求贤纳谏，"宽大爱人"，以身守法。作为封建君主，他们不是站在两个极端吗?！人们常常把秦皇汉武相提并论，说他们都是专制君主。其实，他们虽有相似之处，但在"专独"方面也有很大的不同。司马光在其《稽古录》中说："迹其（汉武帝）行事，视秦始皇何远哉！止以崇儒重道，求贤纳谏，故其成败若是之殊也。"此外，武帝晚年还有一个"轮台罪己"诏哩！这些，秦始皇都是决然不能相比的。有趣的是，我们把汉初君主的言行检查一遍，大半都能在《吕氏春秋》中找到渊源。这难道是偶然的巧合吗?！当然，"文景之治"，主要功劳应该归于秦末农民大起义，决不能归于《吕氏春秋》。但是，如果把批判的武器与武器的批判结合起来理解，不是更全面一些吗?

（四）君道贵养

吕不韦始终考虑的问题是：统一之后的秦国如何才能保持稳定，并逐步走向大同的理想社会。进入大同就有可能不被后世的王朝所取代，秦国才能二世、三世以至千万世地传承下去。那么，应该怎么办呢？还是效法天地！就大自然的生命来讲，经过春天的生长之后，秋天尚未收获之前，万物的成长都是在夏天。夏天气温高，雨水充沛，光照时间长，能够给自然界生物的成长提供充足的养分。对大自然的生命来说，夏天就是一个养成的过程。所以君道的责任就是"养"。

君道贵养，首先就要求国家少设官职。吕不韦主张君主不要负责具体的政务，国家的行政事务交给各级官吏来处理。尽管君主不做具体的事务，但在制度安排上，国家也要尽量少设官职，少任命官员。因为官员多了，就势必加重人民的负担，违背了"养"的原则。

从国家的政策来讲，"养"就需要实行"德政"。董仲舒也说："夏者，天之所以长也，德者，君之所以养也。"德政是儒家的主张。吕不韦把主张德政教化的儒家思想吸收进来，成为这一章的理论基础。

"养"不仅是让人的物质生活得到充足保障，对于人来说，还有一个精神生活的问题。君主治理国家，必须要注意让人们在精神上获得快乐，这就需要音乐的熏陶。因为音乐和人的生理、心理都有相关性，轻松的音乐使人放松，而悲伤的音乐使人伤心。通过欣赏音乐，人的精神生活得到满足，同时还能对人民实施教化。

　　针对秦大量役使人民的现实，吕不韦提出君主治国要顺从百姓的意愿。君主不要把自己的意愿强加给人民，而是顺应民众的需求，尽量满足人民的意愿。这也是"养"。

治身少官

【原文】

　　汤问于伊尹曰："欲取天下，若何？"伊尹对曰："欲取天下，天下不可取；可取，身将先取。"凡事之本，必先治身，啬其大宝。

——《先己》

【今译】

　　商汤问他的大臣伊尹说："想治理好天下，怎么做才可以？"伊尹回答说："想治理天下，天下不是不可以治理。治理天下，先从治己之身开始。"万事之本，都是先从自身开始，要爱惜自己的身子。

【原文】

　　昔者先圣王，成其身而天下成，治其身而天下治。故善响者不于响于声，善影者不于影于形，为天下者不于天下于身。《诗》曰："淑人君子，其仪不忒。其仪不忒，正是四国。"言正诸身也。故反其道而身善矣；行义则人善矣；乐备君道而百官已治矣，万民已利矣。

——《先己》

【今译】

　　以前，古代的圣王，只有先让自身处于成熟的状态，天下才能得到治理；

只有把自身管理得好，天下才能被治理得好。所以好的声音，它的回音也是好的；形体正，影子也就正；自己管理约束得好，天下也就得到治理了。《诗经·曹风·鸤鸠》写道："那个品行端正的君子啊，他的仪容不会有差错。他的仪容不差错，正是各国君子的好榜样。"说得就是要管好自身。所以如果能返回到管好自身的道路上，那么自身就善了，所行就合于义。在他的示范下，国人尽皆向善和义了。乐于安守为君之道，那么各级官员就已经得到治理了，万民就会从中得到好处了。

【原文】

始生之者，天也；养成之者，人也。能养天之所生而勿撄①之，谓之天子。天子之动也，以全天为故者也。此官之所自立也。立官者，以全生也。今世之惑主，多官而反以害生，则失所为立之矣。

——《本生》

【注释】

①撄：扰乱。

【今译】

世间万物的产生均是天，能让万物得到很好成长的是人。能顺天意养万物而不加扰乱的人，我们称他为天子。天子要做顺从万物天性的事。这也是设置官员的自然原则。天子设置官员的目的，就是让他们做保全万物天性的事。今天的很多昏庸的君主，设置了数量很多的官员，官员一多其结果必然是：那些官员为了表现自己而胡乱作为，做许多伤害万物天性的事。如果这样，反而失去了当初设置官员的目的。

【述评】

夏天是万物生长茂盛的时候，在夏季，万物需要养育才能更好地成长。吕不韦借鉴了儒家学说，用来阐述万物产生之后，还需要养育的道理。

　　首先，君主自己要善于养自己。"治其身则天下治"，这是借鉴了儒家学说，其中主要是孔子的思想。孔子把其道德学说运用到了政治领域，孔子认为，君主的个人道德修养及个人人格力量决定了国家政治前途和老百姓命运。因此，孔子特别强调君主加强道德修养的重要作用。为此，君主必须要先修身正己。《论语·颜渊》说："政者正也，子帅以正，孰敢不正？"政治其实就是端正，你带头端正自己，还有谁不被端正呢！《论语·子路》说："其身正，不令而行；其身不正，虽令不从。"《子路》："苟正其身矣，于从政乎何有？不能正其身，如正人何？"意思是假如端正了自己，治理国政又有什么困难呢？自己本身都不能端正，怎么能够端正别人呢？《论语·颜渊》："子欲善而民善矣。"君主具有了善这一道德禀赋，便拥有了政治人格和权力权威，也就拥有了为政治国、安人

胡服骑射

安百姓的资质，民众也就善了。因为君主的地位及道德楷模作用使然，上善则下亦善，反之亦然。孔子把统治者的修身、修己看作是治国平天下、实现德治理想的前提。对此，吕不韦是认可的。

　　其次，君主在管理制度上也要予以保证，其中最重要的是谨慎设置官职和官员。这是吕不韦的发挥。《吕氏春秋》说："多官而反以害生"。官员多了反而伤害万物的成长。吕不韦也是针对秦当时的制度来说的。秦有立功授爵进而当官的传统。据《商君书·境内》记载："能得甲首一者，赏爵一级，益田一顷，益宅九亩，一除庶子一人，乃得人兵官之吏。"就是在战斗中斩获敌人一个头颅的，就可以得到一爵的赏赐，其好处是增加家里的田一顷，宅基地九亩和一个仆人等。对于指挥作战的军官们，则以整个作战单位的战绩为标准："得三十三首以上，盈论，百将、屯长赐爵一级。"百将是统领一百人的军官，相当于现在的连长，屯长，是统领五十人的军官，如果他们的部队杀敌数量达到三十

三人，也赐爵一级。而斩获更多的首级，在战斗结束后论功行赏的时候能够得到奖励就更丰厚，可以被授予更高等级的军爵。

在秦国，获爵是为吏做官的先决条件。《韩非子·定法》引"商君之法"说："斩一首者爵一级，欲为官者为五十石之官；斩二首者爵二级，欲为官者为百石之官。"如果士兵在战场上斩杀一人获赐爵一级，如果要做官的话，俸禄是五十石粟米的官。如果获爵二级的话，就可以做一个俸禄有一百石粟米的官。秦国好战，仗连年不息，而且大都打的是胜仗。这样获得赏赐爵级的士兵、军官都是特别多。不仅如此，父辈的军功只要家里人不犯法的话还可以世袭，这样即使按最低爵一级算的话，国家的负担也十分沉重。良田都为得军功者所有，许多人成为军功享有者的私家奴仆，农业生产、万物生长都受到严重影响。

《史记·秦始皇本纪》还记载说："始皇四年（公元前 243 年），百姓纳粟千石，拜爵一级。"除了立军功者以外，还可以用捐粟取得官阶，这是古代捐纳制度的开始。虽然秦始皇这样做的目的是为了赈济蝗灾，但是捐纳制度只能饮鸩止渴，官员越来越多，国家的财政负担也就越来越重，到财力入不敷出的时候，国家必然会出乱子。鸦片战争以后，清朝政府财政支出激增，于是广开捐例，规定京官自郎中以下、外官自道台以下，均可捐纳。捐纳收入在清政府财政收入中占 10%，最高年份达 48%。捐纳收入由临时性收入演变为经常性收入。这样官职像商品一样可以买卖，吏治更加腐败，更加加重了对人民的剥削。

官员越来越多，其后果吕不韦是十分清楚的。所以在这里喊出"多官而反以伤生"，希望给秦王嬴政以警告，同时也给后世带来了深刻的警示。

目前，我们国家的行政层级分别是省、市、县、乡，达到了四级，这是很多的。中国古代主要是两级，民国时期也只有三级。西方以美国为主的地方政治制度也就是州、县两级。而我们不仅层级多，每一层级又有党委和政府两套班子，官员在数量上又增加了一倍。官民比达到历史最高水平。有人做过统计，我国目前的官民比已达到 1∶26，比西汉时高出了 306 倍，比清末高出了 35 倍。即使是同改革开放初期的 1∶67 和 10 年前的 1∶40 相比，吃皇粮者所占总人口的比重攀升之快，也是史无前例的。当然也有人对此提出异议，但是我国目前官员多却是不争的事实。官员多，国家负担就重，就势必会与民争利，导致地方贫困。据河南《大河报》的一项统计表明，到 1999 年为止，陕西的官民比例为 1∶34；河北为 1∶40；河南为 1∶41；山西为 1∶27；宁夏为 1∶24；青海为 1∶22。在山西 32 个发不出基本工资的县中，有 8 个县官民比例在 1∶20 以下，大宁县为 1∶13 更有甚者，陕西省黄龙县是 9 个农民养 1 个官。越是落后的地区官员比例越高，导致许多乡、县两级财政负担十分沉重。

《吕氏春秋》提出的合理设置官位和官员数量，有利于人民生活改善，能让人民很好地成长，这一点对我们今天仍然是具有很大的启发意义的。

【思考】

吕不韦"多官而反以害生"的思想有没有"小政府，大社会"的内涵？

为政以德

【原文】

为天下及国，莫如以德，莫如行义。以德以义，不赏而民劝。不罚而邪止。此神农、黄帝之政也。以德以义，则四海之大，江河之水，不能亢矣；太华之高，会稽之险，不能障矣；阖庐之教，孙、吴之兵，不能当矣。

——《上德》

【今译】

治理天下和国家，没有比用德、用义来治理更好的了。用德、义来治理国家，不用奖赏，民众就会主动向善；不用惩罚，邪恶就会消失。这是神农和黄帝之时的政治。如果用德和义来治理国家，那么即使是四海和江河之水的力量也不能抵挡；即使像华山一样高大，像会稽山一样险峻，也不能阻挡；像阖闾一样训练出来的士兵，像孙武、吴起一样的军队也不能抵挡。

【原文】

凡用民，太上以义，其次以赏罚。

——《用民》

【今译】

凡管理民众，最好的方法是用义，然后才是赏罚。

【原文】

古之君民者，仁义以治之，爱利以安之，忠信以导之，务除其灾，思致其福。

——《适威》

【今译】

古代的君主管理人民，用仁和义来治理他们，用爱和利来安顿他们，用忠和信来引导他们。君主要务必去除民众遇到的灾害，整天考虑如何给人民带来福祉。

【原文】

类同皆有合，故尧为善而众善至，桀为非而众非来。《商箴》云："天降灾布祥，并有其职。"以言祸福人或召之也。故国乱非独乱也，又必召寇。独乱未必亡也，召寇则无以存矣。

——《应同》

【今译】

同类的事物都能够相互聚合，所以尧做好事，一切好事都聚集在尧的周围，桀做坏事，一切坏事都聚集在桀的周围。《商箴》说："上天降下灾异或显示吉

祥，都有它固定的对象。"这就是说，祸福是人招致的！所以国家乱不仅仅是乱而已，乱必然会招来外患。只是单独有乱，国家未必就会灭亡，一旦因乱招乱，国家就无法保存了。

【述评】

这几节文字来源于儒家学说、阴阳家学说。吕不韦借用儒家的"德治"以及阴阳家的"以德招德，以乱招乱"，一方面表达自己的治国主张，另一方面以此来教育告诫秦王嬴政。

首先，吕不韦赞同儒家的"德治"。所谓德治就是把道德运用于政治领域，在治理国家中，突出体现道德的作用，把道德作为规范来约束君主行为和管理民众，以道德教化作为一种主要的治国手段，运用道德的内在约束力以达到社会稳定之目的。德治重在教化、教养，与夏天万物茂盛生长需要养护有对应。吕不韦把德治为主的方针也是置于"法天地"原则之下的。

在先秦时期，提倡以德治国学说的主要是儒家。《论语·为政》记载孔子的话说："为政以德，譬如北辰，居其所而众星共之。"这段话意思是说，统治者如果实行德治，群臣百姓就会自动同绕着它转，这是强调道德对政治生活的决定作用。孔子的道德观可以用一个字"仁"来概括，孟子将孔子的"仁"发展为"义"。人皆有逐利之心，孟子的"义"就是要求拿出自我来广利天下，这贯穿了孟子的全部道德观。在孟子的"义"里，凝聚着广利天下的高尚精神、高尚行为的思想。吕不韦继承了孔孟的这一思想。"上德"就是"尚德"，"上义"，崇尚德治的意思。一旦以德治国，那么就不需要用赏罚来治理天下管理人民。

孔子的"为政以德"除了对君主的自身道德提出了更高的要求以及满足民众最基本的生活需要外，还体现为以道德原则对民众进行必要的管理。《论语·为政》说："道之以政，齐之以刑，民免而无耻；道之以德，齐之以礼，有耻且格。"刑罚是依靠外在强力来维持的，不足以服民众之心，民众只是由于惧怕惩罚而暂时收敛自己的行为。而德治则能防患于未然，通过内在信念来维护，通过潜移默化式的道德情感来自觉地约束自己，使人从内心深处产生避恶趋善之意识，其社会作用更为持久深远。孔子主张道德优先于刑罚，而反对以刑罚先于道德。这些观点都被吕不韦所采纳。《适威》篇说的"太上以义，其次以赏罚"就是很好地继承孔子的思想。这也是《吕氏春秋》的价值所在。

在中国古代社会政治的发展进程中，德治思想曾经产生过重要而深刻的影响，成为传统政治文化的重要内容之一。《吕氏春秋》则是把德治纳入治国实际方略的最早探索者之一。但是注重道德强化的结果就使得中国人缺乏探索精神。因为德治讲究先入为主，是在问题出现之前的预防。先入为主，往往已经对人的思想、行为进行了约束，人们就不会去做。而法治是处罚于后。处罚为后，则提倡人们去探索，先试试看，反正结果出来再说。这是中西方文化上的一个重大差异。

其次，吕不韦借用阴阳家"类固相召"的理论，警告秦王嬴政不要行不义。以德治国也是针对秦国一贯用法家思想治国的策略而作的批判。《上德》篇说："今世之言治，多以严刑厚赏。"而"严刑厚赏，此衰世之政也"。法家惯用严刑厚赏来治国，秦又以法家思想来治理国家的，从这里就可以完全看出，吕不韦是反对把法家思想作为治国的指导思想的，这也是吕不韦对秦王嬴政的告诫。

在当今社会，古代德治主义思想虽不能直接作为治国之道为我所用，但其思想精髓及合理内核仍具有显著的价值意义，并为当今实施以德治国方略提供了必要的思想资源。

【思考】

法律和道德的关系一直是人们议论的话题。你认为我国目前应该如何处理法律和道德的关系呢？

大乐和声

【原文】

凡音乐通乎政，而移风平俗者也。俗定而音乐化之矣。故有道之世，观其音而知其俗矣，观其政而知其主矣。故先王必托于音乐以论其教。

——《适音》

【今译】

大凡音乐都是与政治相通的，音乐能够起到移风易俗、教化人心的作用。风俗的形成是由于音乐能够潜移默化地教育人的结果。所以有道之世，通过听它的音乐就可以知道它的风俗，通过看它的政治就可以知道它的君主。所以，过去的君王必定使用音乐来实施教化。

【原文】

凡古圣王之所为贵乐者，为其乐也。夏桀、殷纣作为侈乐，大鼓、钟、磬、管、箫之音，以巨为美，以众为观；俶诡殊瑰，耳所未尝闻，目所未尝见，务以相过，不用度量。宋之衰也，作为千锺；齐之衰也，作为大吕；楚之衰也，作为巫音。侈则侈矣，自有道者观之，则失乐之情。失乐之情，其乐不乐。乐不乐者，其民必怨，其生必伤。其生之与乐也，若冰之于炎日，反以自兵。此生乎不知乐之情，而以侈为务故也。

乐之有情，譬之若肌肤形体之有情性也。

——《侈乐》

【今译】

大凡古代的圣王之所以十分重视音乐的原因，是因为音乐能够给人带来快乐啊。夏桀、商纣王制作违背和谐的音乐，用大鼓、钟、磬、管、箫等乐器演奏，把特别宏大的音当作美来欣赏，喜欢众多的乐器和演奏人员组成的庞大乐队。每次演奏一开始，就想听那些惊险刺激的音乐，这些乐曲平时耳朵从来就没有听过，这种阵势眼睛从来就没有看到过。追求过分的刺激，而不按照音乐固有的法则来行事。宋国的衰落，开始于制作"千钟"。齐国的衰落，开始于制作大吕钟。楚国的衰落呀，开始于盛行巫祝祷祀的音乐。规模庞大的音乐看起来好像是美，但是在真正懂得音乐的人看来，恰恰是失掉了音乐的本质。这种音乐反而不能使人快乐。音乐不能使人快乐的话，那么，它的老百姓必然会心生抱怨，人的本性必因此而受到伤害。人的本性和音乐之间的关系就像冰块遇到烈日，反而会受到伤害。这就是涵养情性的人不知道音乐的效果，而过分追求音乐刺激的结果。

音乐的作用是用来抒发人的内心情感的，就像人的肌肉皮肤身体各部分各有自己的功能一样。

【原文】

耳之情欲声，心不乐，五音在前弗听；目之情欲色，心弗乐，五色在前弗视；鼻之情欲芬香，心弗乐，芬香在前弗嗅；口之情欲滋味，心弗乐，五味在前弗食。欲之者，耳目鼻口也；乐之弗乐者，心也。心必和平然后乐。心必乐，然后耳目鼻口有以欲之。故乐之务在于和心，和心在于行适。

——《适音》

【今译】

耳朵的本性是要听声音的，但是如果心情不快乐，再好听的音乐在耳边也不想听。眼睛的本性是看色彩的，但是如果心情不快乐，再好看的颜色在眼前面也不想看。鼻子的本性是要闻香味的，但是如果心情不快乐，再好闻的香味在鼻子前也不想闻。口的本性是要品尝美食滋味的，但是如果心情不快乐，再好吃的美食在嘴前也不想吃。产生欲望的是耳目鼻口等器官，但是快乐不快乐，

却是由心情决定的。心情必定平和然后才会产生快乐。心情感到快乐，然后耳目鼻口等才会有欲望。所以能否让人感到快乐关键在于平和心情。而平和心情在于乐器安排、音高确定、演奏技巧等音乐行为是否适当。

【原文】

亡国戮民，非无乐也，其乐不乐。溺者非不笑也，罪人非不歌也，狂者非不武也。乱世之乐有似于此。君臣失位，父子失处，夫妇失宜，民人呻吟，其以为乐也，若之何哉？

凡乐，天地之和，阴阳之调也。始生人者天也，人无事焉。天使人有欲，人弗得不求；天使人有恶，人弗得不辟。欲与恶，所受于天也，人不得与焉，不可变，不可易。世之学者，有非乐者矣，安由出哉？

大乐，君臣、父子、长少之所欢欣而说也。

——《大乐》

【今译】

被灭亡的国家，受到暴虐统治下的人民，不是没有音乐，只是他们的音乐听起来让人感到不快乐。溺水的人因呛水而咳嗽，并不是不笑，而是即使笑也觉得不快乐。有罪当死的人不是不唱歌，而是唱起来也不觉得快乐。疯癫的人不跳舞，并不是不喜欢跳，而是跳起来也不符合舞蹈的节奏。乱世的音乐就是像这样的啊！君臣不在自己的位置上，父子不生活在一家里，夫妻关系不和，人民在痛苦呻吟。即使让他们听音乐，他们难道会感到快乐吗？

音乐是出于天地的和谐，阴阳的协调。最初生出人来的是天，人对天的安排是无能为力的。天使人有欲望，人不得不有所求来满足人的欲望。天使人有自己憎恶的东西，人不得不有所作为来躲避自己厌恶的东西。欲望和憎恶，都是受之于天，人是起不了多大作用的。对天的安排，人是不能改变的。世上的学者，有否定音乐作用的，不知他有什么根据？

真正的音乐，都是能够使君臣、父子、老少产生欢乐而感到高兴。

【述评】

在日常生活中，人们往往要进行长时间的重复劳动，为避免单调及精神上的疲劳，人们有时会自然地用唱歌来调剂精神。如采茶、放牧、摇船等等。扬州瘦西湖上的船娘就是一边摇船一边唱歌的，虽节奏并不一定与划船动作相合拍，但因有了歌唱的调节，就会使人感到轻松，减少旅途疲劳和枯燥感，增加游玩的兴致。这些日常生活中的现象背后往往隐藏着深刻的道理：人的精神活动往往影响着人体的生理甚至病理上的变化。精神好，心情愉快往往给人健康；精神差，心情差，也往往导致身体不健康，甚至生病。汉代文学家贾谊就是抑郁而死，《红楼梦》中的林黛玉也是因长期抑郁而生病，身体差，最后泪尽而亡。

精神上的愉悦对身体的影响，吕不韦早就觉察到了。所以在夏季，谈养身，必须要说到精神的愉悦。而要使人的精神得到愉悦，必须重视音乐的作用。所以在十二纪中的夏季部分，《吕氏春秋》的主要篇章安排的就是谈音乐。

《吕氏春秋》谈音乐，其中还有一个目的是借音乐来推行德治主张。上文说到吕不韦在政治上主张德治，但是到底如何推行德治，《吕氏春秋》提出的办法之一是重视音乐对人的潜移默化的教育作用。因为德治的特点就是作用于人的内心，让人的行为成为内心的自觉行动。实行德治，最高明的办法就是用音乐来熏陶。

首先，音乐与政治是相通的。"凡音通乎政"，就是说音乐与政治是相通的。"故治世之音安以乐，其政平也；乱世之音怨以怒，其政乖也；亡国之音悲以哀，其政险也。……故有道之世，观其音而知其俗矣，观其政而知其主矣。"真正的治世才会产生大乐。"古圣王之所为贵乐者，为其乐也"，乐者，乐也，音乐就是给人带来快乐。吕不韦认为，音乐一定要给人带来快乐。带来快乐就是给人审美愉悦。大乐是要让"君臣父子长少之所欢欣而说也"，这就要求国家稳定，人民生活平安幸福。所以《大乐》篇说："天下太平，万物安宁，皆化其上，乐乃可成。"大乐可成要依赖"天下太平，万物安宁"的治世，大乐

就是治世之乐。《大乐》篇曰："溺者非不笑也，罪人非不歌也，狂者非不武也，乱世之乐有似於此。君臣失位，父子失处，夫妇失宜，民人呻吟，其以为乐也，若之何哉？"如果人民处于乱世之中，怎么可能享受到音乐给人带来的快乐呢。

其次，把音乐和政治风化紧密地联系起来，认识到音乐对推行德治的巨大作用。因为音乐具有潜移默化的感染作用，它是作用于人的心理，而非外力的强迫。因为音乐的作用关键是能调适人的心情。音乐能给人带来快乐，人得到快乐就是得到了调养。所以，君主要重视音乐的作用。孟子说："仁言不如仁声之入人深也。"

因为德治是从人的内心开始发散的，如果人的内心不感到快乐的话，就不会去推广德治。而德治本身就是让人得到快乐。德治和音乐在给人"乐"方面是一致的。德治也是作用于人的内心，音乐也是作用于人的内心，所以，德治与音乐之间存在必然联系。《晋书·乐志》说："是以闻其宫声、使人温良而宽大；闻其商声，使人方廉而好义；闻其角声，使人恻隐而仁爱；闻其徵声，使人乐养而好施；闻其羽声，使人恭俭而好礼。"

第三，认识到音乐和人体健康之间的关系，人的精神情志活动与人体的生理、病理变化有密切的关系。人在欣赏平和的音乐时，舒缓的乐曲可以起到降压的作用，因为精神高度专注，心理处于放松的状态，这样有利于人体呼吸功能的调节，增大肺活量，进而使气血畅通，延缓大脑和其他身体部位的衰老，对人体能起到很好的修复作用。所以音乐能调节人的喜、怒、哀、乐、悲、忧、愁，进而改变人的情绪，给人带来心理上的愉悦，使脉搏、呼吸、血压、消化液的分泌、新陈代谢等得到调节而处于相互协调的状态。而如果听激烈的乐曲，因为强烈或反复的精神刺激，可使人体气机逆乱，气血阴阳失调，从而导致疾病的发生。而精神愉快，则有利于恢复健康。《黄帝内经·灵枢》就记载："因悲哀动中者，竭绝而失生；喜乐者，神惮散而不藏；愁忧者，气闭塞而不行；盛怒者，迷惑而不治；恐惧者，神荡惮而不收。"外界刺激太强或太久，超过人体机能调节的范围或承受能力，就会造成疾病。人类要健康长寿，就必须注重调摄精神，调和情志。

【思考】

从《吕氏春秋》中，你对我国目前的音乐政策有何看法？

执一不二

【原文】

天地阴阳不革，而成万物不同。目不失其明，而见白黑之殊。耳不失其听，而闻清浊之声。王者执一，而为万物正。军必有将，所以一之也；国必有君，所以一之也；天下必有天子，所以一之也；天子必执一，所以抟之也。一则治，两则乱。今御骊马者，使四人，人操一策，则不可以出于门闾者，不一也。

——《执一》

【今译】

天地阴阳不断变化，所以成就的万物就不同。眼睛只要没有失去视力，就能分辨出白与黑之间的区别。耳朵只要没有失去听力，就能听到高亢的音和低沉的音。君王要懂得统一的道理，就能成为万物的主人。军队必须要有将军，就是需要将军统一的指挥。国家必须要有君主，就是需要君主统一来发号施令，掌管天下。天下必须要有天子，目的也是进行统一管理。天子一定要懂得统一的道理，所以才能团结天下。统一则国家得到治理，不统一国家治理就将混乱。就像现在要驾驭四匹马拉的一辆车，如果让四个人每人手拿一个鞭子，那么就连门也出不去。原因是驾车的人没有统一起来听从一个人的号令。

【原文】

听群众人议以治国，国危无日矣。何以知其然也？老耽^①贵柔，孔子^②贵仁，墨翟^③贵廉，关尹^④贵清，子列子^⑤贵虚，陈骈^⑥贵齐，阳生^⑦贵己，孙膑^⑧

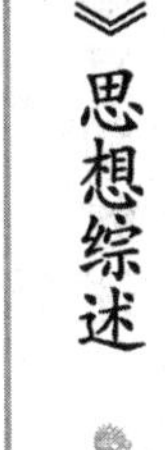

贵势，王廖⑨贵先，兒良⑩贵后。此十人者，皆天下之豪士也。

有金鼓，所以一耳；同法令，所以一心也；智者不得巧，愚者不得拙，所以一众也；勇者不得先，惧者不得后，所以一力也。故一则治，异则乱；一则安，异则危；夫能齐万不同，愚智工拙皆尽力竭能，如出乎一穴者，其唯圣人矣乎！无术之智，不教之能，而恃强速贯习，不足以成也。

——《不二》

【注释】

①老耽：即老聃，老子。春秋时期楚国人，道家学派创始人，相传著有《老子》（一名《道德经》）。

②孔子：（前551—前479），名丘，字仲尼。春秋时期鲁国人，儒家学派的代表人物，其弟子辑其言论为《论语》二十卷。

③墨翟：春秋时期鲁国人（一说宋国人），墨家学派创始人。

④关尹：名喜。道家人物，与老子同时。

⑤子列子：即列子，姓列，名御寇。春秋时期郑国人。

⑥陈骈：一作田骈，战国时期齐国人。作《道书》二十五篇。

⑦阳生：即杨朱。战国时期魏国人，字子居。又称杨子、阳子。

⑧孙膑：战国时期齐人。军事家，著有《孙膑兵法》。

⑨王廖：战国时期人，后为秦穆公时内史，又称内史廖、王子廖，其学派为兵家。

⑩兒良：战国时期人，其学派为兵家。

【今译】

听从于众人的言论来治理国家，国家离危亡也就不远了。怎么知道是这样的呢？因为各人的言论都不一样。老聃的学说重柔弱，孔子的学说重仁爱，墨翟的学说重清廉，关尹子的学说重清静，列子的学说重虚无，杨朱的学说重利己，孙膑用兵重威势，王廖用兵重先谋划好策略，兒良的学说重在预见用兵之后的后果。这十个人都是天下的豪杰之士啊！

　　设置金鼓是为了统一军队的号令，同一法令是为了统一老百姓的思想。使聪明的人不能逞其智巧，愚昧的人不会因其笨拙而吃亏，这是为了集中众人的智慧。使勇敢的人不能冒进，使胆怯的人不能畏缩不前，这是为了集中众人的力量。所以说，统一则国家得到治理，不统一国家就乱。统一国家就会安定，不统一国家就会有危险。

【述评】

　　这两节文字集中阐述了大一统和君主的权力要高度集中的中央集权专制制度的理论。

　　首先，这里的"一"可以理解为大一统。"一则治"就是说只有在大一统的局面下，国家才能得到治理。这是非常精辟的见解。国家处在分裂的状态下，是不可能得到治理的。只有国家统一，战争停息，人民才能休养生息。所以大一统是"养民"的前提条件。在夏季，谈养，不可避免地要说到国家统一的局面。这对我们今天也是有很大启发的。

　　其次，国家的权力要高度集中在君主一个人手里。吕不韦认为，如果国家的权力能够高度集中在君主一个人手里，那么国家就能够得到治理，国家也就处于安定的状态，如果做不到，那么国家就会乱，国家就会处于危险的状态。权力高度集中在君主一个人手里，在我国古代受到历代君主的普遍欢迎。这对中国古代政治制度的发展起到了决定性的影响。除了唐太宗、唐玄宗开元年间以外，历代帝王都是强化君主集权。明清时期尤甚，明代废除了丞相，清代雍正时期设立军机处，国家所有大权集于皇帝一人之身。

　　但是高度重视君主个人集权也有很大的缺点。最主要的就是君主权力被无限放大，缺少制约。这样国家就处于非常高的危险之中。一旦帝王死亡，为了争夺权位，势必发生政局动荡。即使在和平时期，因为整个国家的命运系于皇帝一身，所以帝王个人的修养成了万民幸福的依靠。如果帝王是个昏君，由于他的权力不受约束和限制，那么，天下百姓就必然处于危险之中。如果你生活

在英明的帝王统治时期，你就可能过上幸福的生活。如果你生活在好战的帝王时期，比如汉武帝，你就得准备天天打仗。南唐后主李煜是个文学家，北宋的徽宗是个艺术家，他们都不擅长治国，那么，在外敌入侵的时候，只能当亡国奴了。历史的经验证明，权力过分集中于最高统治者一人身上是十分危险的。相反，唐太宗时期，朝廷发诏令均需丞相副署才能生效的做法，开创了政治清明的典范。

最后，"听群众人议以治国，国危无日矣"，这是对民主的否定。如果治国听取群众的意见，那么国家就处于很危险的边缘了。为什么呢？因为各人所持的观点不一样，你听这个，那个就反对，每个人都有自己的主张。自己的主张背后是代表各自的利益。因此，只能将群众的意见置之不理。这似乎有道理，实际是为集权找理论依据。吕不韦因为主张集权政治，所以反对听取大家的意见。当代西方在政治制度上，实行代议制，设立议会。各个利益集团都有代表他们意见的议员。大家在议会中相互讨论与协调国家政策，维护各个阶层、群体的利益。在吕不韦时期，他是没有想到用代议制的形式。这是历史局限所在。

正是《吕氏春秋》强调权力高度集中于皇帝一人，又反对民主，这样的做法被历代帝王所采用。所以几千年的中国政治制度都是中央集权的专制制度。《吕氏春秋》的影响不可谓不深远。

【思考】

在中央集权制度下，民主的实现形式是什么？

因顺使民

【原文】

大寒既至，民暖是利；大热在上，民清是走。故民无常处，见利之聚，无之去。欲为天子，民之所走，不可不察。

——《功名》

【今译】

大寒天里，人民都往暖和的地方去；大热天里，人民都往凉快的地方跑。所以人民没有固定的居处，看到利益就聚集在一起，没有利益就离开。想要做天子的，老百姓的利益所向，不可不明察。

【原文】

殷汤良车七十乘，必死六千人，以戊子战于郕，遂禽推移、大牺，登自鸣条，乃入巢门，遂有夏。桀既奔走，于是行大仁慈，以恤黔首，反桀之事，遂其贤良，顺民所喜，远近归之，故王天下。

武王虎贲三千人，简车三百乘，以要甲子之事于牧野，而纣为禽。显贤者之位，进殷之遗老，而问民之所欲，行赏及禽兽，行罚不辟天子，亲殷如周，视人如己，天下美其德，万民说其义，故立为天子。

——《简选》

【今译】

商汤有性能优良的战车七十辆，敢死之战十六千人，在戊子之日与夏桀大战于郕，夏桀被打败，汤于是俘虏了夏桀的两位将军推移、大牺。汤率军攻上鸣条山，进而进入巢门，于是占有了夏的天下。夏桀逃走以后，汤开始施行仁义，抚恤百姓，尽做与夏桀残暴相反的事来满足贤良之士的愿望，顺着百姓所喜欢所盼望的事去做。于是人心归顺，以王道治理好了天下。

周武王精选勇士三千人，战车三百辆，在甲子之日与商纣王战于牧野，俘虏了纣王。把贤者能够发挥作用的官职职位公开出来，请商朝的遗老来做官；问百姓想要得到什么，满足百姓的愿望，封赏甚至都顾及百姓的家畜。即使是天子也不能逃避处罚，对商朝的百姓和周的百姓一样，把别人的都看作是自己的。天下的人都称赞武王的德和义，所以立他做天子。

【原文】

故民之于上也，若玺之于涂也，抑之以方则方，抑之以圜则圜；若五种之于地也，必应其类，而蕃息于百倍。

——《适威》

【今译】

所以说老百姓对于君主和百官而言，就像印玺正在被工匠刻印，让他们成为方的就成为方的，让他们成为圆的他们就成为圆的。就像五谷种在地上一样，什么样的品种就种在什么样的地上，只要种对了，就能生长，最后能有百倍的收获。

【原文】

故人之欲多者，其可得用亦多；人之欲少者，其得用亦少；无欲者，不可得用也；人之欲虽多，而上无以令之，人虽得其欲，人犹不可用也。令人得欲之道，不可不审矣。

善为上者，能令人得欲无穷，故人之可得用亦无穷也。

——《为欲》

【今译】

如果一个人的欲望越多，那么他被利用之处也就越多。如果一个人的欲望越少，那么他被利用之处也就越少。如果一个人一点欲望没有，那么这个人就不能用。如果一个人的欲望多，但是上面的领导没有善待他的欲望，那么即使他多欲，这个人仍然不能用。所以如何让一个人的欲望得到合理使用的道理，不得不认真加以对待。

善于做上面的领导的，如果能让人的欲望得到无穷的延伸，那么可以利用这个人的空间也是无穷的。

群狗相与居，皆静无争。投以炙鸡，则相与争矣。或折其骨，或绝其筋，争术存也。争术存，因争；不争之术存，因不争。取不争之术而相与争，万国无一。

凡治国，令其民争行义也；乱国，令其民争为不义也。强国，令其民争乐用也；弱国，令其民争竞不用也。夫争行义乐用与争为不义竞不用，此其为祸福也。

——《为欲》

【今译】

一群狗在一起待着，都安静而不争。如果给他们扔过去一只烤鸡，那么就会群起而争吃。有的啃鸡骨头，有的咬断鸡筋，争的道理就在这里面。争的道理之所以存在是因为有争，不争的道理之所以存在是因为不争。如果用不争之术来参与争，不管在哪个国家都是没有的。

凡是治理好的国家都是让他的百姓争着行仁义，而那些没有治理好的国家都是让他的百姓争着行不义。一个强国，总是让他的人民争着乐于为国家所用；相反，一个弱国，总是让他的人民争着不愿为国家所用。总是乐于行仁义乐于为国家所用和总是不愿意行仁义不愿意为国家所用，这就是导致祸福的原因。

【述评】

这几节文字讲的是一个道理，就是"因顺使民"。在吕不韦看来，君主和他的官员们治理国家的方法很简单，就是顺民所喜。为了证明这一点，《吕氏春秋》做了如下论述：

首先，人都有趋利的本性。《功名》篇说"民无常处，见利之聚，无之去"，老百姓都是很实在的，有好处就去，没有好处就不去。因此，要看到老百姓的这一点，要不断满足他们利益上的需求，他们就会拥护你。商汤和武王都是能够满足人们的欲望，所以得到了天下。夏桀和商纣王没有能满足人们的欲望，所以他们就失去了天下，甚至被杀。

其次，因"利"诱导。人趋利，或者说他有欲望，其实并不是坏事。因为统治者可以利用人的欲望来为自己的统治服务。这就涉及要对老百姓的趋利行为切实加以引导。

第三，以义御利。虽然人都有趋利的本性，但是也不能放任人们去逐利，而是要倡导人们讲仁义，做到"以义御利"。这里实际上涉及一个话题就是"义利之辨"。孔子认为"义"和"利"是对立的，他说："君子喻于义，小人喻于利。"孟子答梁惠王说："王何必曰利？亦有仁义而已矣。"也把义和利看作是矛盾的，强调要贵义贱利。荀子说"先义而后利者荣，先利而后义者辱"，主张先义后利。《吕氏春秋》提出"以义御利"，是对荀子思想的发展。

值得注意的是，"强国，令其民争乐用也；弱国，令其民争竞不用也"，这句话也能给我们今天以很大的启发。一个真正强大的国家。其标准是这个国家的人民都愿意为这个国家做出自己的奉献，而一个弱国却相反，人民都不愿为国家做奉献。用今天的话来说，就是一个国家的民族凝聚力的问题。这个标准很有价值。我们有时候会以 GDP 作为国家强大的标志，其实这只是一个方面。GDP 也只是反映一个国家经济上的实力，但是民族凝聚力却是一个国家的软实力。如果民族凝聚力强，整个国家的人心凝聚在一起，那么就会不可战胜。这让人不由地想起杜甫的诗《茅屋为秋风所破歌》，诗言"卷我屋上三重茅"，又说"但得广厦千万间，大庇天下寒士俱欢颜"，杜甫自己的房子被秋风所掀，但是杜甫想的却是别人家的房子被风刮掉，替人家着急。杜甫在这里表达的就是强烈的主人翁意识：国家不是李氏一家的，也是我们每一个人的，我们每一个人时刻都要替国家分忧，替万民解难。从杜甫的诗歌中，我们可以看到盛唐时期的民族凝聚力是非常强的。杜甫的诗的确代表了盛唐诗歌的特色，所谓"唐音"就体现在这个地方。杜甫的例子也印证了吕不韦观点的正确性。我们今天的 GDP 已经很高了，但是不是人人心里都想着愿意为国家做贡献？这个问题值得我们每个人思考。

对吕不韦所说的利用人的趋利性进行统治管理的思路，你有何看法？

（五）臣道贵收

吕不韦主张君主是不负责做具体事务的，国家的行政事务如德政教化等工作主要由各级政府官吏来承担。这样，各级官员成为国家政策执行者，国家治理的好坏也取决于官员的素质和作为，我们今天的人们常说：路线确定以后，干部就是决定的因素。因此，臣道也是十分重要的。

臣道是对君道的支撑，国家的治理，大同理想如果要实现，最终还是落实在依靠各级官员的努力工作上。只有官员们在实际工作中努力，最终才会有收获，如果官员不去做具体的事务，那么大同理想只能是空想，国家也就不会得到治理。所以臣道在整个大同理想的设计中起着"收获"的作用。同时也正因为各级官员承担着如此大的重任，所以要对臣严加约束。秋季气氛肃杀，有整齐收敛之意，因此，臣道放在秋季中论述。

那么，官员到底要遵守什么样的为臣之道呢？首先要认识到自己责任的重大，"民之治乱在于有可"，作为臣要准确定位自己的角色；其次，各级官员要贤明，要自身素质过得硬，同时要具有杰出的工作能力；再次，官员在执行过程中，要顺应民意，善于团结群众一起工作。另外为臣之道还要求官员敢于直谏，勇于纠正君主的过失，使国家利益得到最大程度的保障。

由于君主不负责做具体事务，这样就有可能使得各级官员在实际中胡乱作为，为了保证对各级官员的有效控制，吕不韦从法家吸收了"循名责实"的思想。《韩非子·定法》篇说："术者，因任而授官，循名而责实，操杀生之柄，课群臣之能者也，此人主之所执也。"术，就是君主有一套驾驭臣子的权术。因任授官，就是指君主是把某项名义的职务授给某人，这项职务所要求的工作已经在相关法律中做了明确规定。循名责实是指君王只关心某个官吏是否做到恪尽职守，是否按照规定的职责去完成工作。至于怎样完成工作要求，是臣子本身的事。君主要做的只是：完成任务有赏，完不成任务受罚。当然，君主也还是有责任的，这就是如何选择合适的人去担任某项职务。

本章融合了儒家、道家、法家的思想，体现兼容并包的特色。

民之治乱在于有司

【原文】

安危荣辱之本在于主，主之本在于宗庙，宗庙之本在于民，民之治乱在于有司。《易》曰："复自道，何其咎，吉。"以言本无异，则动卒有喜。今处官则荒乱，临财则贪得，列近则持谀，将众则罢怯，以此厚望于主，岂不难哉！

——《务本》

【今译】

安危荣辱的根本在于君主，君主的根本在于宗庙，宗庙的根本在于民众，民众的治理在于百官。《易·小畜》说："初九为阳，现在阳复还本位，哪里会有灾祸呢？不仅没有灾祸，反而是吉的征兆。"就是说"本"没有变化，"末"怎么动都是吉利的。现在作为治国之本的各级官员，他们处在各级岗位上就荒乱朝政，遇到财物就贪为己有，接近君主的人为了讨好君主几乎无有进谏，将帅率领大军遇到大战却临阵怯战，这样的官员希望这样做能得到君主的肯定和赏赐，不是很难吗？

【原文】

凡官者，以治为任，以乱为罪。今乱而无责，则乱愈长矣。人主以好暴示能，以好唱自奋，人臣以不争持位，以听从取容，是君代有司为有司也，是臣得后随以进其业。

——《任数》

　　凡是做官的人，应该把所管辖的地方得到治理作为自己的责任，如果管辖的地方得不到治理而陷入混乱，就应该认为自己有罪责。如果官员管辖的地方混乱无序而又没有得到相应的惩罚，那么混乱就会增加。君主不要喜欢显示自己的才能，不要亲自动手来显示才能。对君主的这种做法，群臣往往又不谏诤而求自保，往往会顺从君主的旨意来取得君主的欢心，这样的局面就是君主代替群臣来做臣了，是群臣在君主之后才能做自己应尽责的事。

【原文】

　　故乱国之使其民，不论人之性，不反人之情，烦为教而过不识，数为令而非不从，巨为危而罪不敢，重为任而罚不胜。民进则欲其赏，退则畏其罪。知其能力之不足也，则以为继矣。以为继，知，则上又从而罪之，是以罪召罪。上下之相雠也，由是起矣。

——《适威》

【今译】

　　所以乱国之君和他们的官员在驱使他的人民的时候，往往不论人的本性，不返回到人的实际情况中来，只顾自己而说那些让人烦的教诲而没有认识到自己的责任，多次更改法令让人无所适从；设置了非常危险的事让百姓去做，老百姓不敢做又要受到处罚；给人民设置了非常重的赋税和徭役等重大职责，而老百姓一旦不能胜任也要受到处罚。百姓如果按照君主的意思前进，他们想要得到封赏也会得不到。老百姓不按照君主的意思前进，那一定就会受到处罚。如果人民知道自己的能力不足想假装继续做下去的话，一旦被发觉，那么上面又会给他们加罪。这些做法都属于用罪来召罪。上下之间相互仇恨，于是就出来了。

【述评】

前几年，电视剧《水浒传》热播。大家对李雪健演的宋江较为认同，其中一个细节令人印象尤为深刻：宋江为招安见到皇帝，在朝堂上磕头的时候，李雪健故意把屁股撅得老高，头却重重地磕在地上，让人看了极为恶心。这个动作的表演非常好地解释了此时宋江"屁股指挥大脑"的心态。宋江是梁山头领，口口声声要为梁山众多英雄寻找出路，洗掉土匪的恶名。他坐在这样的位子上，脸就不能要了。所以此时的屁股比他的脸的地位要高。

那么，宋江为什么能被招安呢？根本的原因是宋江的政治斗争路线是只针对朝廷的昏官高俅、蔡京、童贯之流，而不是针对皇帝的。国家混乱不是皇帝的错，而是这些当官的不是东西。所以《水浒传》的第一回内容主要就是说"高俅发迹"，解释"官逼民反"的原因是"乱自上作"。注意，这里的"上"当然也有影射皇帝在内，但主要还是指那些地位高高在上的各级官吏。"乱"是各级官员胡乱行政导致的。其实，这种思想早在《吕氏春秋》中就已经有很好地阐述了。

《吕氏春秋》告诉我们："民之治乱在于有司。"这是吕不韦中央集权专制制度的一个富有特色的设计。在吕不韦看来，君主不需要亲自行政，只需掌握赏罚的权柄就可以了。《任数》篇说："古之王者，其所为少，其所因多。因者，君术也。为者，臣道也。为则扰矣，因则静矣。因冬为寒，因夏为暑，君奚事哉？故曰君道无知无为而贤于有知有为，则得之矣。"这段文字的意思是说：做君主的只要掌握御臣之术就可以了，具体行政上的事务让群臣去做。君主亲自做行政上的事，就是扰乱朝政。这就叫"君道无为"。这样，百官执行的好坏直接涉及国家治理的成败。所以官员是国家能否得到有效治理的关键。明白了这个道理，就要加强对官员的管理。收，不仅有"秋天农作物成熟可以收割"之意，还有"整齐"之意。《吕氏春秋》这里的"收"，也有对百官进行整齐肃正之意，所以对应"秋"。

吕不韦从执政者的角度认识到官员在国家政治生活中的重要作用，这对今天仍然有极大的启发。近几年，地方时有群体性事件发生，深入调查均发现是地方官员没有贯彻中央的规定，非法行政而出的问题。教育、规范、约束地方官员的行为的确任重而道远。

【思考】

你如何理解《水浒传》中"官逼民反"的含义？

窃符救赵

必审民心

【原文】

先王先顺民心，故功名成。夫以德得民心以立大功名者，上世多有之矣。失民心而立功名者，未之曾有也。得民必有道，万乘之国，百户之邑，民无有不说。取民之所说而民取矣，民之所说岂众哉？此取民之要也。

昔者汤①克夏而正天下。天大旱，五年不收，汤乃以身祷于桑林，曰："余一人有罪，无及万夫。万夫有罪，在余一人。无以一人之不敏，使上帝鬼神伤民之命。"于是剪其发，䥽其手，以身为牺牲，用祈福于上帝。民乃甚说，雨乃大至。则汤达乎鬼神之化、人事之传也。

文王②处岐事纣③，冤侮雅逊，朝夕必时，上贡必适，祭祀必敬。纣喜，命文王称西伯，赐之千里之地。文王载拜稽首而辞曰："愿为民请炮烙之刑。"文王非恶千里之地，以为民请炮烙之刑，必欲得民心也。得民心则贤于千里之地，故曰文王智矣。

越王④苦会稽之耻，欲深得民心，以致必死于吴。身不安枕席，口不甘厚味，目不视靡曼，耳不听钟鼓。三年苦身劳力，焦唇干肺，内亲群臣，下养百姓，以来其心。有甘脆不足分，弗敢食；有酒流之江，与民同之。身亲耕而食，

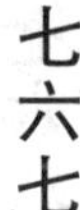

妻亲织而衣。味禁珍，衣禁袭，色禁二。时出行路，从车载食，以视孤寡老弱之溃病困穷颜色愁悴不赡者，必身自食之。于是属诸大夫而告之曰："愿一与吴徼天下之衷。今吴、越之国相与俱残，士大夫履肝肺，同日而死，孤与吴王接颈交臂而偾，此孤之大愿也。若此而不可得也，内量吾国不足以伤吴，外事之诸侯不能害之，则孤将弃国家，释群臣，服剑臂刃，变容貌，易姓名，执箕帚而臣事之，以与吴王争一旦之死。孤虽知要领不属，首足异处，四枝布裂，为天下戮，孤之志必将出焉！"于是异日果与吴战于五湖，吴师大败，遂大围王宫，城门不守，禽夫差⑤，戮吴相，残吴二年而霸。此先顺民心也。

齐庄子⑥请攻越，问于和子⑦。和子曰："先君有遗令曰：'无攻越。越，猛虎也。'"庄子曰："虽猛虎也，而今已死矣。"和子以告鸱子⑧。鸱子曰："已死矣，以为生。故凡举事，必先审民心，然后可举。"

——《顺民》

【注释】

①汤：即商汤。

②文王：即周文王姬昌。

③纣：即商纣王。

④越王：勾践。

⑤夫差：吴王。

⑥齐庄子：即田庄子，名伯。田常孙，田和父。

⑦和子：即田和。后为齐侯，称和子。

⑧鸱子：即鸱夷子皮，为田常子亲近侍从。

【今译】

过去的君王治理天下的策略是先顺民心，所以能够成就功名。以德得民心的而能立下大功名的人，自古以来有很多。相反，失去民心而能立功名的人，从来就没有过。得民心是有方法的，无论是万乘的大国，还是百户的小邑，没有人没有自己所喜欢的。按照人民所喜欢的去做，人民就会选择他。人民所喜欢的难道有很多吗？这是得到民心的关键啊！

　　从前商汤灭夏开始治理天下。天大旱，五年都没有收成。汤于是自己亲自到桑林进行祭祀，说："我一个人有罪，不要将罪过降到万民身上。即使万民有罪，也应该归结到我一个人身上。不能因为我一人的不材，使上帝鬼神伤害到百姓的性命。"于是剪了自己的头发，把自己的手指捆束起来，把自己的身体作祭祀用的祭品，用来向上帝祈福。民众十分高兴，雨于是大降。这样看来，汤是非常懂得鬼神和人事转移之道的变化的道理的，于是汤得到了人心。

　　周文王在岐山做纣王的大臣，受到冤屈和侮辱仍然守正不反。每天处理岐地政事按时不差，上献给纣王的贡品也适量适度，祭祀的时候也十分恭敬。纣王十分高兴，命文王称西伯，赐给他千里之地。文王再拜稽首而推辞说："愿意用千里之地来交换废除炮烙这种刑罚。"文王并不是不喜欢千里之地，用它来交换废除炮烙之刑，是为了得到民心。得民心比千里之地更加重要，所以说文王的这种做法是多么地明智啊。

　　越王勾践被吴王夫差打败退守会稽山，这样的耻辱，让勾践心中十分痛苦。他想深得民心，以致于将来能灭了吴国。于是勾践晚上睡不好觉，白天吃不下饭，眼睛不看美女，耳朵不听音乐。三年以来不怕吃苦，亲自参与劳动，有时累得口干舌燥也不休息。对内，亲近群臣，对下善养百姓，以得民心。有各种美味的甜食，如果不够分，就自己不吃。有酒也不独饮，而倒入江中，与民同饮。亲身参加耕种的东西才食，妻子亲自织布做成的衣服才穿。吃饭禁止吃山珍海味，穿衣禁止穿两种式样，女色禁止两人。有时出门走在路上，随车载着食物，用来探视孤寡、老弱、疾病、贫穷以及面容憔悴、营养不良的人。一旦遇到，勾践一定下车亲自拿食物送给他们。于是汇集诸官员大夫并告诫他们："愿一同与吴王请上天的裁正。今天一定要使吴、越两国，一同毁灭。士大夫舍命而与吴同日而死。我也与吴王接颈交臂而亡。这是我最大的愿望。如果我的愿望不能成功，也就是在内政方面，经过我们的努力还不能使我们的国家的实力达到灭掉吴国；在外交方面，我们还不能缔结诸侯之间的友好，使诸侯不能伤害到吴国，那么我就将离开越国，离开群臣，身带佩剑，手拿兵器，改变容

貌，改换姓名，拿着扫帚臣事吴王，化装成刺客以与吴王决死于一刻。我虽然知道这样做会腰颈断开，身首异处，四肢分裂，被天下人砍死，但是我的志向必将为天下人所知。"于是，后来果然与吴国在五湖大战，吴军大败，于是把吴王王宫包围起来，吴国都城的城门终于被攻破，夫差被擒，吴相被杀，灭了吴国两年以后终于称霸。勾践的成功，也是先得民心的结果。

齐庄子请求攻打越国，向和子征求意见。和子说："先君有遗命说：'不要攻打越国。越国是一只猛虎啊！'"齐庄子说："虽然是只猛虎，但是今天已经死了。"和子把这个情况告诉了鸱子。鸱子说："虽然死了，你也要把它当成是活的。"所以，不管做什么事，一定要先看民心然后才能去做。

【述评】

这段文字主要是说官员治理国家必须要顺应民心。仔细分析具有以下含义：

首先，各级官员要懂得民心可畏的道理。《荀子·哀公》："君者，舟也；庶人者，水也。水则载舟，水则覆舟。"把人民群众比作水，把统治者比作舟。舟浮水上，舟随水荡。所以得民心者，水就载舟，失民心者，水则覆舟。所以不是舟驭水，而是水载舟。在"舟"与"水"两者之间，水是主要的，舟是次要的。所以说当官的人一定要明白"民心可畏"的道理。唐代的魏徵也曾向唐太宗李世民说过"水能载舟，亦能覆舟"的道理。唐太宗就是重视"民心可畏"，开启了贞观之治的局面。汤顺应民心，他们治理好天下，勾践得了民心，夺得了天下。所以民心所向是十分重要的。

其次，官员为政要顺应民意。既然民心可畏，官员为政就要高度重视民意，就不能对人民的欲求漠然视之。顺应民心民意在今天仍然有极大的启发意义。中国革命时期，中国共产党顺应民心，革命取得了胜利。在淮海战场，由于得到广大人民群众的支持和拥护，使得军队的后勤得到保障，没有后顾之忧，最后取得了战争胜利。文革后期，安徽凤阳县小岗村的村民私自分田包干，时任安徽省委书记的万里顺应民意给予肯定，掀起了新时期中同农村改革的大潮。实践证明，只有顺应民意，才能得到人民群众的支持和拥护，各项建设事业才能成功。西方的民主选举恰恰是抓住了这一点。虽然参加竞选的人往往代表着某些集团的利益，但是在选举的操控上，确实是从民意出发的。参加竞选的人往往打着民意的旗号，喊出民众的呼声，竞选纲领也充分体现民众的要求，竞选口号和竞选演说也都有意地迎合民意。为了赢得大选，往往还搞了很多的民意调查。虽然最后的赢家是大利益集团的代言人，但是这种从民意出发赢得选举，从而掌握政权的做法确实是有道理的。这也可以看出《吕氏春秋》的杰出之处。

第三，官员的工作在本质上是为人民服务。汤祷于桑林就是为人民服务，文王以千里之地请废炮烙之刑，也是牺牲自身的利益为人民服务。只有为人民服务，才能赢得民心。新中国涌现了许多为人民服务的典型，雷锋、焦裕禄等人把自己的一生全部投入到了为人民服务的事业中，深受广大人民群众的爱戴。所以各级行政官员一定要深刻领会并牢记毛泽东同志说的"全心全意为人民服务"这句话。

当然，无论是畏民心，还是顺应民意，抑或为人民服务，吕不韦的本意不是为了同情人民，而是出于对统治者的劝说，尤其是对秦王嬴政的劝说，只是统治者的一种统治策略而已。

【思考】

你认为官员行政是应该顺应皇帝的意见还是顺应民意？为什么？

为官处方

【原文】

天道圜，地道方。圣王法之，所以立上下。

——《圜道》

【今译】

天道是圆的，地道是方的。圣王以天地之道为准则，来设立官员。

【原文】

明君者，非遍见万物也，明于人主之所执也。有术之主者，非一自行之也，知百官之要也。知百官之要，故事省而国治也。

——《知度》

【今译】

英明的君主，并不需要遍见万物，只要明白君主所掌握的统治之术就可以了。明白君主统治之术的人，并不是凡事一定要亲自去做，而是要知道如何让百官去做的要领。知道了如何让百官去做的要领，那么自己要做的事就省掉了而国家也就得到治理了。

【原文】

先王之立高官也，必使之方，方则分定，分定则下不相隐。尧舜，贤主也，皆以贤者为后，不肯与其子孙，犹若立官必使之方。今世之人主，皆欲世勿失矣，而与其子孙，立官不能使之方，以私欲乱之也，何哉？其所欲者之远，而所知者之近也。

今五音之无不应也，其分审也。宫、征、商、羽、角，各处其处，音皆调均，不可以相违，此所以无不受也。贤主之立官，有似于此。百官各处其职、治其事以待主，主无不安矣；以此治国，国无不利矣；以此备患，患无由至矣。

——《圜道》

【今译】

从前的君王设立官职，必定使他们职守分明。臣各有职，彼此不乱，每个人职责就会确定。职责确定不变，君臣之间就不会为了私利而相互隐瞒。尧和舜是贤明的君主，都把贤人作为自己的继承人，不肯把王位传给自己的子孙，就像设置官职必定使他们职守分明一样。当今的人主，都想让自己的子孙世代继承王位而不想失掉它，这样设立官职就不能使其职守分明，原因是私欲扰乱了它。为什么呢？因为他们的欲望太多，而眼光又短浅的缘故。

五音没有不相应的，这是因为五音各有其位置。宫、徵、商、羽、角，各自处在自己的位置上，不让五音的位置混乱，这样音就会调得准确，各音相和就没有不协调的。贤明的君主设立官职也与此是一样的啊。百官各自处在自己的位置上，治理分内之事以服务人主，君主就没有不安宁了。以此来治理国家，国家没有不兴旺的；以此来防备祸患，祸患就无从产生。

【原文】

故凡乱也者，必始乎近而后及远，必始乎本而后及末。治亦然。

——《处方》

【今译】

凡国家大乱，一定是由近及远，由本到末。国家得到治理也是这样。

【述评】

这几节文字主要是说为官处方。主要包括以下几层意思：

首先，作为国家治理的实际执行者，各级官员如何给自己定位，如何认清自己的角色是十分重要的。为什么说为官处"方"？"方"又是什么意思呢？这就不能不从《吕氏春秋》的天地观说起。《吕氏春秋·序意》篇说："爰有大寰在上，大矩在下，汝能法之，为民父母。"这是《吕氏春秋》设置官员的总的原则，也是为官者遵循的总原则。这个原则就是"法天地"的思想。

那么天地中到底有何"法"能让为官的人所效法的呢？根据《序意》就是"大寰在上，大矩在下"。而"大寰在上，大矩在下"实际就是"天圆地方"。

为官者一定要懂得"天圆地方"的道理。

那什么是"天圆地方"呢？"天圆地方"的观念来源很早，是上古人类社会生活中生发的一种源远流长并对后世影响深远的观念。近年来的考古发现如濮阳西水坡蚌壳龙虎图、含山凌家滩玉版玉鹰，以及良渚文化中常见的玉琮等，都表现出天圆地方的思想。据西汉《周髀算经》记载，早在西周初年，一位名叫商高的学者在与周公对话时，就说到过："方属地，圆属天，天圆地方"孔子也说过天圆地方。《大戴礼记》载曾参之言说："参尝闻之夫子曰：天道曰圆，地道曰方。"到了战国时期"天圆地方"的天地观比较流行。《楚辞·天问》说："圆则九重"，"地方九则"。《庄子·说剑》也说："上法圆天以顺三光，下法方地以顺四时。"《鹖冠子·泰录》说："无规圆者，天之文也；无矩方者，地之理也。"《周髀算经》也论证说："环矩以为圆，合矩以为方。方属地，圆属天，天圆地方。"据《晋书·天文志》，"天圆地方"属于盖天说。天像一把伞一样地盖在大地之上。《吕氏春秋》用"天圆地方"首先要表达的是君臣之间的严格界限。君就是君，君是天，是不可挑战的，也是无可怀疑的。君是天，臣是地。君永远大于臣，就像地永远被天覆盖一样。这样就树立起了君的无上崇高的地位。

不仅如此，天道还是人间政事的根本依据。《史记·天官书》说："北斗七星，所谓旋、玑、玉衡，以齐七政。"所谓"七政"，《尚书大传》解释说："谓春、秋、冬、夏、天文、地理、人道，所以为政也。道正而万事顺成，故天道，政之大也。"七政都是围绕北斗星来运作的，北斗星是中枢，而北斗又是天道的枢纽。宇宙中至高无上的中心是北斗星，在人间的则是帝王。"大中之道，在天为北辰，在地为人君。"（《续汉书·五行志》注引马融）在这样的认识下，帝王或君主也就具有来自天道的合理性，具有绝对的、不容质疑的权威。由此，人们的目光就从天上转到了人世，成为人世社会的不言而喻的依据。《白虎通·五行》说："地之承天，犹妻之事夫，臣之事君也。"臣按天理就是侍奉君的。所以国家真正能否得到治理，关键还是看君臣之间的角色定位。君臣之间一旦混乱，臣代君命，那么国家就不可能得到治理。"方圆不易，其国乃昌"，"方"与"圆"不能易位，这是国家治理的根本，国家治理一定要抓住根本，才能保持社会稳定，国家昌盛。乱是由本而始的，治也是有本而始的。所以《处方》篇说："故凡乱也者，必始乎近而后及远，必始乎本而后及末。"这与吕不韦一贯主张的高度中央集权专制制度的思想是一致的。

其次，君动臣静。与"天圆地方"相对应的是"天动地静"。《庄子·天道》篇说："其动也天，其静也地。"那个不断运动的是天，而地是不动的，是静止的。大家不知有没有去过河南省博物馆，那里面有一个仿天空的大厅。北极星那里正是天极，整个星空是围绕北极星不断旋转的。给人的直观感受就是天是运动的，由于人站在地球上，所以你感受到脚下的大地是静止的。《礼记·乐记》也说："著不息者天也，著不动者地也。"也是说高天运动不息，而大地静默不动。这种观念在战国时期是十分流行的，并且与社会政治形成关联。宋代的叶清臣曰："天以阳动，君之道也。地以阴静，臣之道也。天动地静，主尊臣卑。易此则乱，地为之震。"（《宋史》本传）纵观自然界，不同形状的物体具有明显不同的运动特性：圆形物体具有容易转动的特性，方形物体则具有稳定难动的特性。《孙子·势篇》说："木石之性，安则静，危则动；方则止，圆则行。"《尹文子·大道》上也说："圆者之转，非能转而转，不得不转也。方者之止，非能止而止，不得不止也。因圆之自转，使不得止；因方之自止，使不得转。"自然界具备这样的特点，那么"法天地"就是要求：君要动，臣要静。《太玄·玄摛》："圆则杌棿，方为吝啬。"所谓杌棿，音"乌捏"，意为不安；吝啬在这里并非小器的意思，它的原意是指收敛。说得明白一点，那就是说：天圆则产生运动变化，地方则收敛静止。用在社会政治上，君主即使不断变动，官员在各地也最好不动，各司其职。

《吕氏春秋》是主张禅让制的。《圜道》所说的"今世之人主，皆欲世勿失矣，而与其子孙"实际上是世袭制。秦的制度是世袭制，秦始皇帝为开始，然后二世、三世，以至千万世。君主都是你一家的，这就不是"动"。君主的轮换应是禅让，像尧禅让给舜，舜禅让给禹，这样就"动"起来了。但是无论哪个皇帝上来，官员最好不要动，以保证政治的延续，政局的稳定。但是吕不韦的设想在后代几乎完全落空，一个君主上台，天下总是传给他的子孙的，而且立即使用自己的亲信作为大臣，打击前朝的旧臣，不断演着"一朝天子一朝

《吕氏春秋》思想综述

臣"的活剧。朝廷也往往在换代的时候最不稳定。可见，吕不韦的见识是十分卓越的。

【思考】

吕不韦提倡的君主轮换而大臣不动的主张，为什么在古代中国实现不了？

任贤用众

【原文】

身定、国安、天下治，必贤人。古之有天下也者，七十一圣，观于《春秋》，自鲁隐公以至哀公十有二世，其所以得之，所以失之，其术一也：得贤人，国无不安，名无不荣；失贤人，国无不危，名无不辱。先王之索贤人，无不以也，极卑极贱，极远极劳。

——《求人》

【今译】

只有贤人任政，然后人民的生活才会安定，国家的安全才能保障，天下才能得到治理。古代有天下的圣人有七十一位，从《春秋》来看，自鲁隐公至鲁哀公十二代，那些能够使国家得到治理和不能够使国家得到治理的君主，他们的统治方法的成败关键只有一个：得到贤人来治理国家，国家就没有不安宁的，名声就没有不荣耀的。失掉贤人的，国家没有不危险的，名声没有不难听的。先王追索贤人，无所不用其极，无论是用最卑贱的手段，还是最辛劳的方法，只有能够求到圣人，都在所不惜。

【原文】

立功名亦然，要在得贤。魏文侯①师卜子夏②，友田子方③，礼段千木④，国治身逸。天下之贤主，岂必苦形愁虑哉？执其要而已矣。

——《察贤》

【注释】

①魏文侯：姬姓，魏氏，名斯，生年不详，前445—前396年在位。战国时期魏国的开国君主。魏文侯治国任用贤人，使魏国成为战国时期的强国。

②卜子夏：子夏（前507—前400），卜商，字子夏。春秋时期卫国人，孔子弟子。子夏少孔子四十四岁，是孔子后期学生中之佼佼者，才思敏捷，以文学著称。

③田子方：战国时魏人。名无择。魏文侯曾师之。

④段干木：姓段干，名木。战国初年魏国名士，隐居魏国，不受官禄。魏文侯以礼事之，过其门，必伏拭致敬。

【今译】

立功名也是这样，关键在于得到贤人的帮助。魏文侯拜子夏为师，与田子方结为朋友，以师之礼待段干木，于是自己不辛劳国家就得到了治理。天下那些贤明的君主，何必整天忧愁，唉声叹气呢，只要掌握治国的关键是使用贤人也就行了。

【原文】

物固莫不有长，莫不有短。人亦然。故善学者，假人之长以补其短。故假人者遂有天下。

——《用众》

【今译】

万物都是有它的长处和短处的，人也是这样。所以善于学习的人，总是把别人的长处学过来以弥补自己的短处。所以善于向贤人学习，借用他们的智慧来治理天下，天下就都归附于你了。

【原文】

天下无粹白之狐，而有粹白之裘，取之众白也。夫取于众，此三皇五帝之所以大立功名也。凡君之所以立，出乎众也。立已定而舍其众，是得其末而失其本。得其末而失其本，不闻安居。故以众勇无畏乎孟贲[1]矣，以众力无畏乎乌获[2]矣，以众视无畏乎离娄[3]矣，以众知无畏乎尧、舜矣。夫以众者，此君人之大宝也。

——《用众》

【注释】

[1]孟贲：古之大力士，相传能生拔牛角。

[2]乌获：古之大力士，相传力能举千钧。

[3]离娄：黄帝时明目之人，相传隔百步之外能看见针孔。

【今译】

天下没有纯粹是白色的狐狸，但是有纯粹是白色的皮衣，是因为从众多的狐狸身上取来的缘故。从人民大众中吸取智慧，是三皇五帝之所以能够成就大功名的原因。因此，凡是国君即位，都是出于众人的拥护。如果即位完成以后就疏远拥戴自己的人，是得到末而失去根本。得到末而失去本，没有听说君主还能安居于位的。所以说大家都勇敢，就不怕孟贲了，大家都有力气，就不畏惧乌获了。大家的眼睛都往一处看，也就不怕离娄了。如果能够集中众人的智慧，也就能够与尧舜相比肩了。因此，用众的道理是君主统治驭人的法宝。

【述评】

在中国人的心目中，汉文帝、唐太宗等贤君，包拯、海瑞等清官贤臣名扬天下，深受人民的爱戴，历代小说、戏曲也都对他们歌功颂德。这反映了中国人心目中的一个很重的心结：渴望贤人政治。贤人政治一直是中国历史上最具普遍意义的政治理想。这里节选的几节文字也是论述贤人政治的，反映了吕不韦对贤人政治的看法。

什么是贤人政治？就是治理天下的人是贤人。这是基于人治的一种政治设计。与西方思想家以客观化的法律和制度来制约、规范政治权力及其运作过程的思路不同，中国古代思想家一贯坚持的是一种以道德人格来提升现实政治境界的贤人政治理论。《求人》篇说："身定、国安、天下治，必贤人。"就是这种理论的阐述。

中国人从来就是重人的。西方人明知道人是猴子进化而来的，但他们还是相信人是上帝造的。谁能说猴子进化人类的关键环节不是上帝操控的呢？因为有了上帝，就有了一个人类的裁判者。反映在现实中，人与人之间的争夺与是非，到底是你对我错，还是我对你错？需要一个第三者来裁判。过去是上帝，现在是法律。在天上是上帝，在人间是法律。所以西方是法治社会。但是中国就不是这样了。《老子》第42章说："道生一，一生二，二生三，三生万物。"以"道"来取代上帝。"道"是个什么东西呢？"道"是万事万物运动的客观规律。这样，老子就把我们从唯心主义道路上拖回至唯物主义的道路上，避免了中国人陷入宗教信仰的泥潭。

问题来了？中国人有了是非怎么办？谁对谁错的问题让谁来裁判？不是上帝，而是人。但是人都是有私心的。在评判是非的问题上，必然带上人为的因素。《庄子·齐物论》说："物无非彼，物无非是。自彼则不见，自是则知之。"意思是说，物没有是非，从他人的角度看，自己都是不正确的，从自己的角度看，自己都是正确的。《齐物论》又说：

即使我与若辩矣，若胜我，我不若胜，若果是也，我果非也邪？我胜若，若不吾胜，我果是也，而果非也邪？其或是也，其或非也邪？其俱是也，其俱非也邪？我与若不能相知也，则人固受其黮闇，吾谁使正之？使同乎若者正之？既与若同矣，恶能正之！使同乎我者正之？既同乎我矣，恶能正之！使异乎我与若者正之？既异乎我与若矣，恶能正之！使同乎我与若者正之？既同乎我与若矣，恶能正之！然则我与若与人俱不能相知也，而待彼也邪？

这段话虽然有点长，但意思是不难理解的：假如我和你辩论，你胜了我，我没有胜你，你就是对的吗？我就是错的吗？如果我胜了你，你没有胜我，我就是对的吗？你就是错的吗？是我们两人有一人对、有一人错呢？还是我们两人都对或者都错了呢？我和你都不知道。凡人都是有偏见的，我们让谁来给我们做评判呢？假如请意见和你相同的人来评判，既然他的意见已经和你相同了，又怎么能评判呢？假如请意见和我相同的人来做评判，既然他的意见已经和我相同了，又怎么能评判呢？假如请意见和你我都不相同的人来做评判，既然他的意见已经和你我都不相同了，又怎么能评判呢？假如请意见和你我都相同的人来做评判，既然他的意见已经和你我都相同了，又怎么能评判呢？所以说我和你以及其他人都不能评判是非了。

上面的这段话很能代表中国人的思维，任何中国人做出的评判都带有偏见，而没有客观的标准。所以，在我们国家，即使有法律人们也不信。因为法律也是人执行的。所以中国人有事情第一个反应是找熟人，熟人好办事，没有熟人再找政府，即使不得已而不得不上法院，上了法院也是先找熟人，看能不能走关系，这就是公共关系学。注意公关，注意拉人际关系，是中国人的传统思维方式。

在这样的文化环境中，国家治理只能寄希望于贤人。因为只有贤人才会秉公办事，才会客观公正，才会将个人主观意志最小化。而贤人的范围主要有二：一是贤君，一是贤臣。《吕氏春秋》论述的"贤人"仅指后者。魏文侯就是任用贤人为臣的典范。

贤人政治很显然有其合理性，从理论上说，贤人政治要好于西方的民主政治。民主政治依靠选举，选举出来的人实际上往往并不是能人，大多数只是个好人。民主政治的最大好处是不让恶人当政，或者说，民主的结果是选了一批"好人"上台执政。好人并不是"能人"。好人执政只能说国家不会坏到那里去，但要想治理好也是不现实的。现在农村中的村委会直选也反映了这个问题。但是贤人政治也有很大的缺陷：就是现实中真正遇到的贤人来掌握政权还是很少的。在某种程度上看，贤人政治只是一种理想。尤其是家天下的模式下，君主是世袭的，父亲贤明不代表儿子也贤明，儿子贤明，也不代表孙子还是贤人。

如果不是贤君来掌管政权，那么天下就十分危险了。当然，在《吕氏春秋》整个思想体系中，吕不韦的设计还是很合理的。在"天圆地方"那部分里，我们已经指出了贤君是受禅而来的，不是世袭而来的，这样就避免了贤君不贤的问题。如果按照吕不韦的设计，君主是选拔贤明的人进行禅让而继位，再用贤臣治国，那的确是十分理想的状态。这对我们今天还是有启发的。今天我们是中国共产党执掌政权，党和国家领导人不是世袭，而是长期在实践中经过锻炼证明是品行能力各方面都杰出的党员，也就是说不仅是好人，也是能人。这些党员绝大多数都是出自普通人民群众的家庭，如果我们的干部选拔机制能够得到严格执行的话，选拔上来的也都是贤人，那我们国家必将大治。吕不韦设计的贤人政治的理想在今天也就得以初步实现了。

【思考】

《吕氏春秋》倡导贤人政治的哲学基础是什么？

顺说直谏

【原文】

言极则怒，怒则说者危。非贤者孰肯犯危？而非贤者也，将以要利矣；要利之人，犯危何益？故不肖主无贤者。无贤则不闻极言，不闻极言，则奸人比周，百邪悉起。若此则无以存矣。凡国之存也，主之安也，必有以也。不知所以，虽存必亡，虽安必危。所以不可不论也。

——《直谏》

【今译】

臣敢于直言，不加隐讳，君主就会发怒。君主发怒，进言的人就有危险了。不是贤明的人，哪个愿意冒这个危险呢？而不是贤人，那么他们进说的目的是为了要得到私利好处，想得到好处的人，因进说而不得不冒着危险，这对他来

说，又有什么好处呢？所以不肖的君主身边是没有贤人的。没有贤人就听不到真话，听不到真话，那么奸人就会结党，各种邪恶的事情都会出现。如果这样的话，国家就无法生存了。凡是国家的生存，君主的安危，一定是有原因的，不知道它的原因，虽然国家目前还存在但是必定会灭亡，虽然国家目前还是安全的但是必定会遭遇危险。所以直言谏说的利害，作为君主不能不知道。

【原文】

善说者若巧士，因人之力以自为力，因其来而与来，因其往而与往，不设形象，与生与长，而言之与响，与盛与衰，以之所归。力虽多，材虽劲，以制其命。顺风而呼，声不加疾也；际高而望，目不加明也。所因便也。

——《顺说》

【今译】

善于进说的人就像灵巧的工匠一样，善于借用别人的力量把它作为自己的力量，顺着它的来势而来，顺着它的去势而去，丝毫不露痕迹，随着它的出现而出现，随着它的发展而发展，如同言语和回声一样相随，随着它的兴盛而兴盛，随着它的衰败而衰败，以它的发展趋势而结束。尽管它的力量很大，才能很强，也能很好地控制它的命运。顺着风喊，声音并没有加大，但是很远就能听得到；登上高处而望，眼睛并没有更亮，但是可以看到很远的地方。这都是有所凭借的缘故啊！

【述评】

唐太宗和魏徵的故事，家喻户晓。魏徵敢于直谏，唐太宗虚心纳谏，成为古代谏说制度最好的一个范例。谏说制度一直是我国古代长期以来实施的一项监督制度。但是系统论述谏说制度理论的却是《吕氏春秋》。以上节选的这几节文字集中反映了《吕氏春秋》建立向君主谏说制度的思想。

首先，建立向君主谏说的制度是十分必要的，因为这关系到国家的生死存亡。《直谏》说："不闻极言，则奸人比周，百邪悉起。若此则无以存矣。"如果没有建立向君主谏说的制度，君主就会为所欲为，没有了监督。《吕氏春秋》设计的政治制度是君主制的中央集权的政治制度，所有的权力集中在君主一个人身上。一旦君主一时主观上受到蒙蔽，认识发生偏差，做出了错误的决策而又没有人反对，那么"百邪悉起"，国家的利益、民众的生活就会受到损失。所以说"凡国之存也，主之安也，必有以也"。谏说制度实质是监督制度的一种。这是君主制中央集权制度下预防腐败的重要制度。

谏官制度是中国古代十分重要的一项制度设计。西汉时期在"郎中令"下设"谏大夫"，专掌议论谏说，俸禄八百石，官阶还是比较高的，没有定员限制。东汉改称"谏议大夫"，地位有较大下降，俸禄下降为六百石。唐代武则天时期，谏官制度比较健全。中书省和门下省均设有补阙拾遗。"左"隶属门下省，"右"隶属中书省。杜甫、白居易等人均做过左拾遗。白居易说："左右拾遗，掌供奉讽谏，凡发令举事，有不便于时，不合于道者，小则上封，大则廷净。"（《旧唐书·白居易传》）谏官有机会直接向皇帝提意见。这是谏官的制度设计。宋代的谏官，称为司谏、正言。职责是向皇帝提出批评和建议。按规定，谏官每月向皇帝报告一次，即使弹奏不实，也不受惩罚。王夫之对宋代的谏官制度评价说："谏官者，以绳纠天子，而非以绳纠宰相者也。"（《宋论》卷4）明初也设置了谏议大夫，但不久即废。在制度设计上，谏官的地位往往比较低，左右补阙，官阶为从七品上；左右拾遗，官阶为从八品上。虽然待遇地位都低，但是权力却很大。这样的设计，使得谏官敢于直谏。因为一旦直谏成功，自己就立了功，可以得到重用，官阶升得也快。另一方面，即使不成功，也没有罪，不被惩罚。谏官的官阶低、俸禄低、权力大是有意设计的。用经济学的术语来讲，投入小而产出巨大，投入与产出是极不成比例的，这样的制度设计大大刺激了人们的冒险精神，使谏官敢说，愿说，给了谏官们讲真话的空间。在某种程度上，真的起到监督的作用。而明代以后，谏官制度大大衰微，腐败也就越来越严重。

其次，臣子的谏说不一定被君主接受，一旦不接受，谏说之人就可能面临风险。尽管如此，《吕氏春秋》仍然主张谏说是作为大臣的责任。《士节》篇

说："士之为人，当理不避其难，临患忘利，遗生行义，视死如归。"这段文字的意思是说：贤士无论在什么情况下，应只问是否当理，是否有利于国家，而不能考虑个人的安危，包括在必要的时候不惜牺牲自己的生命。《忠廉》篇说："苟便于主利于国，无敢辞违，杀身出生以徇之。"这简直就是孟子"杀身成仁"的翻版。"当理不避其难"的"视死如归"精神是积极的人生观，一直激励着世世代代的仁人志士，为了国家的利益，前赴后继，维护着中华民族的生存和延续，从这个意义上说，是积极的。

第三，讲究谏说的方法。《顺说》篇提出的是顺从君主爱好，因势利导加以劝说，以达到目的。谏说也要讲究策略，这里提出的策略就是"因人之力以自为力，因其来而与来，因其往而与往"，也就是要善于揣摩君主的心理，投其所好，因势利导，达到谏说的目的。《吕氏春秋》特别推崇的就是像《战国策》中《触龙说赵太后》的方法，先顺着君主的意愿说，赵太后的意愿是心疼长安君，不想让长安君当人质，然后指出真正爱长安君是为他的长远着想，而要替长安君的长远着想，只有送他去做人质，换来救兵。这种谏说是容易成功的。

《战国策》中有大量的寓言故事，为什么呢？其中的一个原因就是纵横家的文化水平比诸侯国的国君高。战国时期，一些纵横家对当时的国际形势是很了解的，有的本身就是大学者、大政治家，而那些诸侯国的国君往往并不是雄才大略的人，有的人智商也并不高，有的文化水平还是相当低的。纵横家在游说的时候，就像一个成年人对小孩子讲大道理一样，你不用通俗易懂的寓言故事来游说，他听不懂，也听不进去。用故事的形式，一方面能吸引他，另一方面使君主容易听得懂，容易接受。总之，谏说也好，游说也好，都是要讲究方法的。

【思考】

今天我们国家也着力反腐败，那么在制度设计上与《吕氏春秋》有什么不同？古代的谏官制度哪些设计可以为我们所借鉴？